D1734422

# Ein Beitrag zum Business-to-Business-Marketing für life-cycle-orientierte SysBau-Leistungen im Schweizer Hochbau

Markus Schulte

Institut für Bauplanung und Baubetrieb ETH Zürich
Bereich Baubetriebswissenschaften und Bauverfahrenstechnik
Prof. Dr.-Ing. G. Girmscheid

v/d/f  vdf Hochschulverlag AG an der ETH Zürich

Dissertation 14451, Eidgenössische Technische Hochschule Zürich,
Zürich, 2002

Herausgeber

**Prof. Dr.-Ing. Gerhard Girmscheid**
Institut für Bauplanung und Baubetrieb
ETH Zürich
Professur für Baubetriebswissenschaften
und Bauverfahrenstechnik

Autor

**Dr. sc. techn. Markus M. Schulte**
Institut für Bauplanung und Baubetrieb
ETH Zürich

**Bibliografische Information Der Deutschen Bibliothek**
Die Deutsche Bibliothek verzeichnet diese Publikation in der
Deutschen Nationalbibliografie; detaillierte bibliografische
Daten sind im Internet über http://dnb.ddb.de abrufbar

© 2003
vdf Hochschulverlag AG an der ETH Zürich

ISBN 3 7281 2838 4

# Geleitwort

Ausgehend von der heute weitgehend fragmentierten Abwicklung der Bauprozesse erfolgen Planung, Ausführung und Bewirtschaftung von Gebäuden in den einzelnen Wertschöpfungsphasen getrennt durch verschiedene Anbieter. Durch diese sequentielle und separierte Verantwortungs- und damit Betrachtungsweise werden Gebäude nicht phasenübergreifend nach einer Life-Cycle-Orientierung gestaltet und optimiert (Schnittstellenproblematik, fehlende Innovationen etc.). Da die Nutzungskosten eines Gebäudes nach sechs bis acht Jahren ebenso hoch sind wie die Kosten seiner Erstellung, erhält die Life-Cycle-Betrachtung von Gebäuden und baulichen Anlagen eine volkswirtschaftliche und betriebswirtschaftliche Dimension. Untersuchungen zeigen, dass eine Senkung der Betriebskosten über die Nutzungszeit (30 Jahre) um ca. 4% den Investitionskosten entspricht. Der heutige Wettbewerb konzentriert sich nur auf die Investitionskosten und lässt das Potenzial der Verbesserung des Kosten-/Nutzenverhältnisses in der Betriebsphase ausser Acht. Dies wird sich durch Life-Cycle-Systemkonzepte, die eine ressourcenschonende Wirkung erzeugen, ändern.

Die vorgelegte Arbeit wurde im Rahmen des in der Professur Baubetriebswissenschaften und Bauverfahrenstechnik konzipierten Forschungsansatzes „Systemanbieter Bau", der die genannten Life-Cycle-Systemkonzepte berücksichtigt, entwickelt.

Die Arbeit fokussiert im Rahmen dieses Forschungsansatzes auf die marktorientierten Potenziale, die den Kundennutzen erhöhen. Ziel der Arbeit war es, ein Vermarktungsmodell für Systemleistungen mit wettbewerbsinduzierter, life-cycle-orientierter Gebäudeoptimierung zu entwickeln. Als Forschungsobjekt wurde das Erfahrungsobjekt „Gesamtleistungen im Hochbau" ausgewählt. Innerhalb des Erfahrungsobjekts wurden als Erkenntnisobjekte die Segmente des B2B-Marketings als erfolgsrelevant zur Einführung von Systemanbieterleistungen angenommen. Der Arbeit liegen die empirisch-induktiven Forschungsmethodiken der qualitativen Sozialforschung zugrunde. Die Ausarbeitung der Dissertation erfolgte mit der Zschokke Generalunternehmung AG im Rahmen des Forschungsprojekts „KicK", dessen Ziel die systematische Erforschung der Vergabekriterien professioneller Bauherren war.

Die wissenschaftliche Leistung besteht darin,

1)  dass eine erste, systematische empirische Untersuchung über das Bewertungsverhalten von professionellen Auftraggebern durchgeführt wurde;

2)  dass aufbauend auf den empirischen Ergebnissen theoriegeleitet die Zielfunktionen für Handlungsalternativen des B2B-Marketings für GU/TU abgeleitet wurden;

3)  dass ein Entscheidungsmodell zur Vermarktung von SysBau-Leistungen entwickelt wurde.

Ferner wurden diese einzelnen Forschungsstufen durch Triangulation validiert.

Der wissenschaftliche Gehalt der Arbeit besteht darin, dass auf der Basis einer qualitativen empirischen Untersuchung systematisch die Anbieterbewertung im Business-to-Business-Markt der Schweizer Bauwirtschaft ermittelt wurde. Darauf aufbauend wurden theoriegeleitet mittels Marketingtheorien sowie allgemeinen institutionsökonomischen Theorien – Buying-Center-Theorie und Transaktionstheorien – Handlungsempfehlungen für Marketing- und Positionierungsstrategien von GU-/TU-/ Systemanbieterleistungen abgeleitet. In einem weiteren Schritt wurde ein dynamisches, prozessorientiertes, in ein sich veränderndes Umfeld eingebettetes Vermarktungsmodell als Entscheidungsmodell entwickelt. Die operationsanalytische Konzeption des Entscheidungsmodells für die Vermarktung von Systemanbieterleistungen entwickelt die empirisch fundierten und theoriegeleiteten Zielfunktionen zu Handlungsalternativen, die dem dynamischen Umfeld und der marktphasenorientierten Entwicklung gerecht werden.

Die Validierung des Modells erfolgt auf der Basis der Triangulation von validierter und reliabilitierter Empirie, die, eingebettet in den theoretischen Bezugsrahmen der Marketing- und Institutionsökonomietheorien, das Entscheidungsmodell strukturiert. Damit wird im Forschungsprozess die Wirklichkeit konstruiert.

Der wirtschaftliche Wert der Arbeit ergibt sich aus den folgenden Aspekten:

1) Die aus den empirischen Untersuchungen abgeleiteten Handlungsempfehlungen für GU-/TU-/Systemanbieter für Marketingpositionierungen der Anbieterpotenziale sind direkt in der Praxis anwendbar.

2) Das Entscheidungsmodell wird Leistungsanbieter, die sich zu Systemanbietern mit Life-Cycle-Orientierung entwickeln, bei der Gestaltung von Handlungsalternativen unter Zuhilfenahme der Zielfunktionen im Business-to-Business-Marketing unterstützen. Ferner werden solchen Unternehmen Strategien zu einer erfolgreichen Marktphasenentwicklung aufgezeigt. Im Rahmen der Betriebs- und Baubetriebswissenschaften wurden systematisch Bewertungskriterien der professionellen Bauherren zur Beurteilung von Gesamtleistungen ermittelt und daraus theoriegeleitet Marketingkonzeptionen und Handlungsempfehlungen entwickelt.

Besonderer Dank gilt der Zschokke Generalunternehmung AG, Zürich, die durch die persönliche Unterstützung von Herrn Hans-Peter Domanig, Vorsitzender der Geschäftsleitung der Zschokke Generalunternehmung AG und Mitglied der Zschokke-Konzernleitung, und seinen Mitarbeitern zum Gelingen der Arbeit und der Forschungsanstrengungen des IBB beigetragen hat. Der besondere Dank gilt auch den Bauherren und Vertretern der Verbände, die durch Offenlegung ihrer Anforderungen die substanzielle Basis zu den Aussagen dieser wissenschaftlichen Arbeit gelegt haben.

Es soll noch erwähnt werden, dass der Doktorand im Rahmen der Fertigstellung seiner Dissertation mit seinem Kollegen, Herrn Oliver Behnen, den „Venture 2000"-Wettbewerb mit einem E-Commerce-Projekt gewonnen hat; daraufhin erfolgte die Gründung eines sehr erfolgreichen Unternehmens, die auch vom Doktorvater unterstützt wurde.

Herr Dr. Schulte hat in seiner Dissertation einen hervorragenden Beitrag zum Business-to-Business-Marketing für life-cycle-orientierte SysBau-Leistungen im Schweizer Hochbau geleistet. Persönlich möchte ich mich bei Herrn Dr. Schulte für seinen ausserordentlichen Einsatz am Institut bedanken.


Zürich, April 2002                                          Prof. Dr.-Ing. Gerhard Girmscheid

Meinem Vater (†1997) und meiner Mutter

# Vorwort des Verfassers

Im Anschluss an mein Studium des Bauingenieurwesens an der Technischen Universität in Braunschweig gab mir Professor Dr.-Ing. Gerhard Girmscheid die Gelegenheit, meine wissenschaftliche Ausbildung durch ein Doktorat am Institut für Bauplanung und Baubetrieb der ETH Zürich fortzusetzen. Die vorliegende Arbeit entstand auf seine Anregung und gliedert sich ein in die von ihm im Bereich Baubetriebswissenschaften und Bauverfahrenstechnik des Instituts für Bauplanung und Baubetrieb unternommenen Forschungsbemühungen zur wissenschaftlichen Behandlung des Konzeptes des Systemanbieters Bau (SysBau).

Bei der Erstellung der vorliegenden Arbeit gestaltete sich insbesondere der Informations- und Gedankenaustausch zwischen den innerhalb des SysBau-Konzeptes mit verschiedenen Forschungsfeldern befassten Doktoranden als ausserordentlich hilfreich. Die Institutionalisierung dieser Zusammenarbeit erfolgte im Rahmen von regelmässig durchgeführten Forschungskolloquien unter der Leitung von Professor Dr.-Ing. Gerhard Girmscheid. Für seine intensive fachliche und persönliche Unterstützung gilt Herrn Professor Dr.-Ing. Gerhard Girmscheid als Doktorvater mein herzlicher Dank.

Bedanken möchte ich mich auch bei Professor Dr.-Ing. Fritz Berner für die Übernahme des Korreferats.

Besonderer Dank gilt auch der Zschokke Generalunternehmung AG für die sowohl in fachlicher als auch finanzieller Hinsicht gewährte Unterstützung des dieser Arbeit zugrunde liegenden Forschungsprojektes. Stellvertretend für die vielen Mitarbeiter der Zschokke Generalunternehmung AG gilt mein Dank insbesondere dem Vorsitzenden der Geschäftsleitung, Herrn Hans-Peter Domanig.

Da sich die empirischen Untersuchungen dieser Arbeit auf die Bereitschaft vieler Vertreter der Bauwirtschaft stützten, an Einzelinterviews bzw. an schriftlichen Befragungen teilzunehmen, möchte ich mich auch bei all diesen Interviewpartnern bedanken.

Zürich, April 2000                                        Dr. Markus M. Schulte

# Inhaltsübersicht

# Zusammenfassung

Systemanbieter (SysBau-Anbieter) leisten in der Bauwirtschaft die gesamtheitliche, d.h. life-cycle-orientierte, Optimierung eines zu erstellenden Gebäudes hinsichtlich Planung, Erstellung und Bewirtschaftung aus einer Hand. Ihre Leistungen erbringen sie auf der Grundlage eines Systemkonzeptes, das sie einer stetigen projektübergreifenden Weiterentwicklung unterziehen. Ihre projekt- und auftraggeberspezifischen Lösungsvorschläge entwickeln und realisieren sie im Wettbewerb mit anderen Anbietern. Ein entscheidender Erfolgsfaktor für SysBau-Anbieter ist die strukturierte Erfassung der Kundenbedürfnisse sowie deren Bedienung in Form von wettbewerbsfähigen Angeboten. Das Ziel der Arbeit ist es deshalb, die Kundenanforderungen an attraktive Sys-Bau-Leistungsangebote zu analysieren, zu strukturieren und in Handlungsalternativen zum Marketing umzusetzen.

Aufbauend auf den dieser Arbeit zugrunde liegenden Fragestellungen der Praxis und der Darstellung des Standes der Forschung erfolgt die Identifizierung der Forschungslücke und Ableitung der innerhalb dieser Arbeit zu beantwortenden Fragestellungen. Anschliessend erfolgt die Vorstellung des gewählten empirischen Untersuchungsweges, der in der Triangulation von qualitativen und quantitativen Befragungen sowie der Analyse vorhandener Literaturquellen besteht. Danach werden für das weitere Verständnis Begriffe und Zusammenhänge aus dem Bereich der Marketingtheorie und der Bauwirtschaft erläutert. Ferner werden unter der Konstruktion eines theoretischen Bezugsrahmens grundlegende Theorien zur Erklärung des Beschaffungsverhaltens von Institutionen sowie zur Gestaltung und Abwicklung von Markttransaktionen und Austauschprozessen dargestellt. Hierauf aufbauend erfolgt die Einordnung des Marketings von Generalunternehmungen (GU), Totalunternehmungen (TU) und SysBau-Anbietern in die allgemeine Marketingforschung. Hieraus ergeben sich bereits erste theoriegeleitete Handlungsalternativen zum Marketing von SysBau-Anbietern. Unter dem Einsatz von qualitativen und quantitativen Erhebungsmethoden der Sozialforschung werden dann die heutigen Anforderungen der Auftraggeber an attraktive GU- und TU-Leistungsanbieter ermittelt. Unter Rückgriff auf die vorliegenden theoriegeleiteten Hinweise zum Marketing dieser Leistungen werden die Auftraggeber-Anforderungen an GU-/TU-Anbieter auf die zukünftigen SysBau-Anbieter projiziert. Hieraus erfolgt anschliessend unter der Konstruktion eines Vermarktungsmodells die Ableitung von Handlungsalternativen zur Positionierung von SysBau-Anbietern sowie zur Markteinführung von SysBau-Leistungen in die Schweizer Bauwirtschaft. Im Weiteren werden Vorschläge zur konkreten Ausgestaltung von SysBau-Leistungen während ihrer Einführungs- und Wachstumsphase unterbreitet.

Aus der Rückkoppelung der vorliegenden Forschungsergebnisse zu den eingangs formulierten Forschungszielen ergibt sich der bestehende, weitergehende Forschungsbedarf, der zum Ende dieser Arbeit als Anregung für kommende Forschungsprojekte dargestellt wird.

# Summary

System providers ("SysBau providers") in the building industry supply an overall, i.e. life cycle-oriented optimisation of a building in progress in terms of planning, construction and management all delivered by the same provider. Their services are based on a system concept undergoing continual inter-project development. They develop and implement project and client-specific solutions in competition with other providers. Substantial factors for the success of a SysBau provider are the structured assessment and fulfilment of customer needs in terms of competitive offers. The aim of this thesis is therefore to analyse and structure customers' demands on attractive SysBau performance offers and to translate them into suggestions for marketing activities.

Starting out on practical questions related to this field and the evaluation of the latest developments in research, the research gap is identified and the questions to be answered within the scope of this paper deducted. This is followed by a presentation of the selected empirical evaluation method consisting of the triangulation of qualitative and quantitative interviews as well as the analysis of existing bibliographical sources. Thereafter, terms and contexts from the fields of marketing theory and building industry are explained to ensure clear-cut understanding. A theoretical frame of reference is then elaborated to elucidate basic theories explaining the provision behaviour displayed by institutions and concerning the outlining and execution of market transactions and exchange processes. This is used as a base for reviewing the marketing approach of general contractors and SysBau providers within the framework of overall marketing research and permits the deduction of preliminary theory-guided operating suggestions for marketing activities to be displayed by SysBau providers. Applying qualitative and quantitative survey procedures as used in social science, clients' current demands on attractive service providers are assessed. In the light of the above theory-guided suggestions for the marketing of such services, current client demands on attractive providers are projected to future SysBau providers as well. This results in the formulation of a marketing model from which operating suggestions for the positioning of SysBau providers and the market launch of SysBau services in the Swiss construction industry are derived. In addition, the paper offers suggestions for the actual layout of SysBau services during the launch and growth phases.

Feedback of the research results gathered on the initially formulated research aims prompts the identification of the existing additional research needs which are translated into the suggestions for future research projects concluding the thesis.

# Inhaltsverzeichnis

# Abkürzungsverzeichnis

| | |
|---|---|
| AG | Aktiengesellschaft |
| BoeB | Bundesgesetz über das öffentliche Beschaffungswesen |
| bzw. | beziehungsweise |
| sFr. | Schweizer Franken |
| ca. | circa |
| d.h. | das heisst |
| etc. | et cetera |
| ELT | Einzelleistungsträger |
| f. | folgende Seite |
| ff. | folgende Seiten |
| GU | Generalunternehmer |
| GLT | Gesamtleistungsträger |
| GP | Generalplaner |
| ggf. | gegebenenfalls |
| i.d.R. | in der Regel |
| LM95 | Leistungsmodell 95 |
| $m^2$ | Quadratmeter |
| Mio. | Million(en) |
| Mrd. | Milliarde(n) |
| o.g. | oben genannt(en) |
| PE | Projektentwicklung |
| SysBau | Systemanbieter Bau |
| SBB | Schweizerische Bundesbahnen |
| TU | Totalunternehmer |
| u.a. | unter anderem |
| u.U. | unter Umständen |
| vgl. | vergleiche |
| z.B. | zum Beispiel |

# Abbildungsverzeichnis

# Tabellenverzeichnis

# 1 Einführung in den Untersuchungsgegenstand

## 1.1 Kontext

In der heute in der Schweizer Bauwirtschaft anzutreffenden Praxis erfolgen Planung, Ausführung und Bewirtschaftung von Gebäuden in der Regel getrennt durch verschiedene Anbieter. Die seitens der Nachfrager nach Leistungen zur Erstellung (Planungs- und Ausführungsleistungen) von Gebäuden durchgeführten Anbieterwettbewerbe beinhalten dabei als massgebliches Wettbewerbskriterium nur die Kosten zur Planung und zur Erstellung eines Bauwerkes, nicht jedoch die Kosten seiner Nutzung. Das Eigeninteresse der Bauwirtschaft beschränkt sich im Wettbewerb dementsprechend vorwiegend auf die Optimierung der Gebäudeerstellung.

Die Nutzungskosten eines Gebäudes sind jedoch in Abhängigkeit der Gebäudecharakteristik i.d.R. bereits nach sechs bis acht Jahren ebenso hoch wie die Kosten seiner Erstellung. Spätestens nach einer Nutzungsdauer von 40 Jahren übersteigen die Nutzungskosten eines Gebäudes die Kosten zu seiner Erstellung sogar um das Fünffache.[1] Abbildung 1–1 zeigt am Beispiel einer Erhebung der Bayrischen Staatsbauverwaltung differenziert nach Gebäudearten die jährlichen Betriebskosten öffentlicher Gebäude.

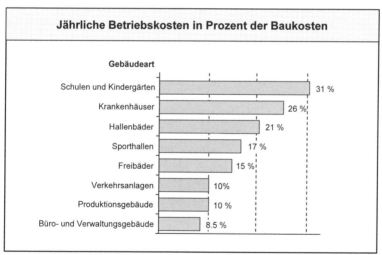

Abbildung 1–1:  Höhe der jährlichen Gebäudebetriebskosten in Prozent der Baukosten am Beispiel der öffentlichen Hand[2]

Während sich das wettbewerbsinduzierte Optimierungsinteresse der Anbieter von Planungs- und Ausführungsleistungen vorwiegend auf die Erstellung eines Gebäudes be-

---

[1]  vgl. STAUDT/KRIEGESMANN, Facility Management, 1999, S. 39-42
[2]  BAYRISCHE STAATSBAUVERWALTUNG, 1999, S. 129

zieht, sollte das Interesse zur Kostenminimierung aus der Sicht der Auftraggeber jedoch mindestens ebenso stark auf dessen Betrieb liegen. Nach Expertenmeinung werden die Betriebskosten eines Gebäudes zu 50–80% durch seine Erstellung vorbe-
stimmt[3,4]. Dies wiederum unterstreicht das Erfordernis, Wettbewerbe in der Bauwirtschaft auch auf die Nutzungsphase von Gebäuden auszudehnen. Die Anbieter
erhalten hierdurch ein unternehmerisches Eigeninteresse, die Nutzungskosten eines
Gebäudes in der Phase ihrer maximalen Beeinflussbarkeit, d.h. während der Gebäudeplanung und Erstellung, zu optimieren. Auf diese Weise wird es möglich, das
Know-how der Bauwirtschaft zur Optimierung der Nutzungskosten von Gebäuden zu
erschliessen; es wird eine lebenszyklusorientierte Gebäudekostenoptimierung erreicht.[5,6]

Systemanbieter[7] in der Bauwirtschaft zeichnen sich dadurch aus, dass sie die Planung,
Ausführung *und* Bewirtschaftung von Gebäuden als integrierte Systemleistung erbringen und somit über ausgeprägtes Know-how zur Optimierung von Gebäudenutzungs-
kosten verfügen[8]. Auf der Grundlage eines Systemkonzeptes optimieren sie die einzelnen Gebäudekomponenten so untereinander, dass das von ihnen bereitgestellte Gesamtsystem eine maximale Leistungs- und eine minimale Kostencharakteristik
aufweist.

Durch die Aufhebung der traditionellen Trennung der Gebäudelebensphasen *Planung*,
*Ausführung* und *Nutzung* erfolgt im Rahmen integrierter Systemleistungen zudem eine
Rückkoppelung der Erfahrungen und Anforderungen aus der Nutzungsphase in die
Planungs- und Ausführungsphase eines Gebäudes.[9]

Dadurch, dass sie über entsprechende Garantien wichtige Nutzungsparameter der von
ihnen erstellten Gebäude garantieren, erhalten Systemanbieter ein eigenes Interesse
an der Minimierung dieser Kosten.

### 1.1.1 Forschungsschwerpunkt Systemanbieter Bau (SysBau)

Im Bereich Baubetriebswissenschaften des Instituts für Bauplanung und Baubetrieb
der ETH Zürich wird seit 1998 unter der Leitung von Professor Gerhard Girmscheid
das Forschungsfeld „Systemanbieter Bau" (SysBau) bearbeitet. Ziel ist es, durch die
Integration von Planungs-, Ausführungs- und Bewirtschaftungsleistungen den Res-
sourcenverbrauch eines baulichen Systems über seinen gesamten Lebenszyklus zu
minimieren und seine Leistungsfähigkeit durch eine umfassende Gebäudeoptimierung
zu maximieren.

---

[3]   vgl. u.a. MESSERLI, Facility Management, 1999, S. 100

[4]   FLOETING/BARTHELME, Facility Management, 1999, S. 42

[5]   vgl. GIRMSCHEID, Systemanbieterkonzept, 1999, S. 16-18

[6]   vgl. hierzu ausführlich GIRMSCHEID, Wettbewerbsvorteile, 2000

[7]   zur Definition von Systemanbieterleistungen vgl. Kapitel 1.1.2; bzgl. eines Vorschlages zur konkreten
      Ausgestaltung von Systemanbieter-Leistungen vgl. Kapitel 5.10

[8]   vgl. GIRMSCHEID, Systemanbieterkonzept, 1999, S. 16-18

Über den Abbau der traditionellen Trennung von Planung, Bau und Betrieb von Gebäuden soll zudem ein Beitrag zur Effizienzsteigerung der Bauwirtschaft geleistet werden. Auftraggeber, Eigentümer und Nutzer sollen dabei insbesondere von Leistungsverbesserungen und Kosteneinsparungen mit einer einhergehenden Werterhaltung profitieren können.

Unternehmen der Bauwirtschaft bietet sich durch die Entwicklung von Systemangeboten die Möglichkeit zum Aufbau innovativer Leistungsangebote sowie die Chance zur allgemeinen Verbesserung ihrer Wettbewerbfähigkeit. Das SysBau-Konzept verfolgt somit gleichermassen gesellschaftliche, gesamtwirtschaftliche und einzelwirtschaftliche Ziele.

## 1.1.2 Definition Systemanbieter Bau (SysBau)

Nach Girmscheid[10] bietet der Systemanbieter Bau (SysBau) *„als Unternehmen der Bauwirtschaft life-cycle-orientierte Gesamtlösungen aus einer Hand in einem bestimmten Marktsegment aktiv an. Die kundenorientierten Gesamtlösungen, die vollständig auf die Bedürfnisse der Kunden zugeschnittenen sind, basieren auf einem sowohl funktional als auch gestalterisch und/oder technisch optimierten Systemkonzept. Im Systemkonzept bringt der Systemführer seine Kernkompetenzen zum Tragen und entwickelt dieses (projektübergreifend) kontinuierlich weiter. Durch die Übernahme von Planung, Ausführung und allenfalls Betrieb integriert der Systemführer in Kooperation mit weiteren Unternehmen alle Teilleistungen und Teilsysteme zur optimalen Gesamtlösung."*

Anbieter von SysBau-Leistungen zeichnen sich durch die Erweiterung traditioneller Leistungsbereiche aus. Durch die von ihnen angestellte gesamtheitliche Problemlösung statt der bisherigen isolierten Optimierung von Teilproblemen sind sie in der Lage, weitreichendes Optimierungspotenzial zu realisieren. Darüber hinaus gelangen sie durch die Entwicklung neuer Fähig- und Fertigkeiten zu einer verbesserten Leistungserbringung.

Die Möglichkeiten der modernen Gebäudeerstellung und Gebäudeautomatisierung bedingen dabei jedoch eine steigende Systemkomplexität, die es zunehmend schwieriger machen wird, solche Systeme projektspezifisch immer wieder von Grund auf neu zu konzipieren. SysBau-Anbieter beherrschen die Komplexität der von ihnen angebotenen Systemleistungen und sind in der Lage, diese projektbezogen und projektspezifisch einer stetigen Weiterentwicklung zu unterziehen. Bis anhin war es aufgrund der Vielzahl der wechselnden Projektbeteiligten und Schnittstellen nur schwer möglich, massgebliche Verbesserungen zu erzielen. Demgegenüber ist der SysBau, da er Leistungen für sämtliche Phasen im Lebenszyklus eines Gebäudes aus einer Hand anbietet, in der Lage, eine projektübergreifende Optimierung von Gebäudesystemen zu erreichen.

---

[9] vgl. GIRMSCHEID, Bauunternehmen, 2001

[10] GIRMSCHEID, Systemanbieterkonzept, 1999, S. 14-15

Die Systemkompetenz eines SysBau-Anbieters kann sich dabei in verschiedenen Dimensionen entfalten, wie z.B.:

- Entwicklung von optimierten Lösungen für bestimmte Objektarten (z.B. Spitäler, Multiplex-Kinos etc.)
- Optimierung von Gebäudesystemen im Hinblick auf verschiedene Nutzungsdauern
- Standardisierung von Prozessen zur Planung, Erstellung und Bewirtschaftung von Gebäudesystemen
- Grad der Gebäudetechnik-Integration
- Optimierung von Gebäuden im Hinblick auf bestimmte Ausbaustandards

## 1.2 Fragen der Praxis

SysBau-Leistungen sollen zu einer wettbewerbsinduzierten, life-cycle-orientierten Optimierung von Gebäuden beitragen. Durch die Bedienung dieses latenten Kundenbedürfnisses bieten sie Unternehmen aus der Bauwirtschaft die Möglichkeit zur Erarbeitung von innovationsgetriebenen und kundenorientierten Wettbewerbsvorteilen. Durch die Verlagerung von Kostenbetrachtungen von einem auf die Gebäudeerstellung beschränkten Wettbewerb hin zur Optimierung des Gesamtkonzeptes besteht für Anbieter von SysBau-Leistungen zudem die Möglichkeit zum Aufbau von Differenzierungspotenzialen und Margenverbesserungen.

Die Wettbewerbsbedingungen, unter denen SysBau-Leistungen konzipiert und erbracht werden, implizieren für die Anbieter solcher Leistungen die unternehmerische Herausforderung, nach Potenzialen zur Generierung von Wettbewerbsvorteilen zu suchen und diese möglichst weitgehend auszuschöpfen. Offene Fragen aus Sicht der Praxis beziehen sich somit auf die Erfolgsfaktoren im Wettbewerb um Sys-Bau-Leistungen.

Ein Wettbewerbsvorteil[11] ergibt sich in der Praxis aus den Komponenten Anbieter- und Kundenvorteil:

- Als *Anbietervorteil* wird der Vorsprung eines Anbieters im Wettbewerb bezeichnet, der allein auf seine Fähigkeiten und Ressourcen sowie auf die Abläufe zwischen den Anbietern zurückzuführen ist. Er gilt somit auch, wenn aus Kundensicht eine identische Leistung und ein identischer Preis vorliegt. Er zielt darauf ab, die eigene Leistung möglichst effizient zu erbringen (Effizienzvorteil).[12]

---

[11] Nach Plinke lässt sich ein Wettbewerbsvorteil definieren als „die Fähigkeit eines Anbieters, im Vergleich zu seinen aktuellen oder potenziellen Konkurrenten nachhaltig effektiver (mehr Nutzen für den Kunden schaffen = *Kundenvorteil*) und/oder effizienter zu sein (geringere Selbstkosten zu haben oder schneller zu sein = *Anbietervorteil*)", vgl. PLINKE, Grundlagen, 2000, S. 89

[12] vgl. PLINKE, Grundlagen, 2000, S. 86-87

- Als *Kundenvorteil* (Effektivitätsvorteil) wird demgegenüber der überlegene Nutzen beschrieben, den ein Anbieter im Vergleich zu seinen Wettbewerbern für einen Kunden bietet. Er ist eine relationale Grösse und kann als solche nur als Unterschied zwischen zwei Anbietern deutlich gemacht werden. Er resultiert aus der Effektivität der Tätigkeit eines Anbieters, die angibt, in welchem Umfang dieser den Erwartungen und Ansprüchen seiner Kunden gerecht wird.[13]

Das SysBau-Konzept geht von einem latenten Kundenbedürfnis aus und zielt darauf ab, über die Erfüllung dieses Bedürfnisses den Erwartungen der Kunden besser zu entsprechen. Hierzu soll ein überlegener Nutzen in Form von SysBau-Angeboten erbracht werden. Das SysBau-Konzept ist somit zunächst darauf ausgelegt, *Kundenvorteile* zu erzeugen.

Die Ansprüche und Erwartungen, die ein Kunde im Einzelnen an einen Anbieter von SysBau-Leistungen stellt, sind heute jedoch noch weitgehend unbekannt. Es ergibt sich für die Anbieter selbst somit die Frage nach entsprechenden Möglichkeiten, um sich im Rahmen von SysBau-Angeboten durch das Generieren von Kundenvorteilen bestmöglich positionieren zu können.

Entsprechend der Erweiterung des Leistungsumfanges von Anbietern baulicher Leistungen zu SysBau-Anbietern ist zu erwarten, dass sich somit auch die Anforderungen an ein erfolgreiches Marketing von SysBau-Anbietern signifikant von denen der bisherigen Anbieter in der Bauwirtschaft unterscheiden werden. Unternehmen, die sich für eine Entwicklung zum SysBau entschliessen, stehen aufgrund der Neuheit dieses Konzeptes der Problematik gegenüber, nicht auf vorhandene Erfahrungen zur Gestaltung des Marketings dieser Leistungen zurückgreifen zu können.

Der Systemanbieter Bau zeichnet sich durch die Integration von Planungs- und Ausführungsleistungen sowie die Übernahme des Betriebs einer baulichen Anlage aus. Hohes Potenzial für eine Entwicklung zum Systemanbieter im Sinne der o.g. Definition besitzen daher die heute auf dem Markt operierenden Generalunternehmungen[14]. Sie bieten in der Funktion eines Totalunternehmers bereits Planungs- und Ausführungsleistungen aus einer Hand an.

Offene Fragen aus Sicht der Praxis bestehen daher darin, inwieweit sich die Erfolgsfaktoren für das Marketing von SysBau-Leistungen von denen des Marketings von General- und Totalunternehmerleistungen unterscheiden werden und in welchen Bereichen besondere Chancen zur Differenzierung des eigenen Leistungsangebotes liegen. Voraussetzung zur Klärung dieser Fragestellung ist jedoch die Kenntnis der Erfolgsfaktoren im heutigen Wettbewerb um General- und Totalunternehmerleistungen. Aus Sicht der Praxis ist somit zunächst der Frage nachzugehen, in welcher Weise heute Auftraggeber die Attraktivität von General- und Totalunternehmungen bewerten und welche Bedeutung sie den jeweiligen Bewertungskriterien zumessen.

---

[13]  vgl. PLINKE, Grundlagen, 2000, S. 87

[14]  bzgl. verschiedener Anbieterformen in der Bauwirtschaft vgl. Kapitel 2.5

Die Klärung dieser Fragestellung hat dabei vorzugsweise anhand der grossen und professionellen Auftraggeber zu erfolgen, da diese aus den folgenden Gründen als Erstkunden für SysBau-Angebote besonders geeignet erscheinen:[15]

- Insbesondere für bedeutende GU-/TU-Anbieter, die als Anbieter von SysBau-Leistungen in Frage kommen, stellen die grossen, professionellen Auftraggeber die zunehmend wichtigste Kundengruppe dar.

- Professionelle Auftraggeber zeichnen sich durch eine häufige und intensive Bautätigkeit aus. Daher sind sie in der Lage, schnell zu einer ausreichenden Etablierung der Leistungsinnovation „SysBau" beizutragen.

- Über entsprechende Erfahrungsvorteile können sie eher als andere Auftraggeber die Vorteilhaftigkeit von SysBau-Leistungen bewerten. Sie kommen daher in besonderem Masse als *Innovatoren* oder *frühe Adaptoren*[16], d.h. Erstkunden, für dieses neue Leistungsangebot in Frage.

- Bei professionellen Auftraggebern kann aufgrund ihrer häufigen Bautätigkeit durch eine hohe Kundenzufriedenheit (z.B. in der Nutzungsphase) eine Kundenbindung, d.h. Wiederbeauftragung bei Folgeprojekten, erreicht werden.

Da SysBau-Leistungen heute in der Schweizer Bauwirtschaft noch nicht zur Anwendung kommen, stellt sich für Unternehmen der Bauwirtschaft zudem die Frage, wie solche Leistungen bestmöglich in den Markt eingeführt und etabliert werden können.

## 1.3 Stand der Forschung

Zur systematischen Herleitung des zu untersuchenden Forschungsgegenstandes und der Forschungslücke wird im Folgenden anhand ausgewählter Arbeiten ein Einblick in den Stand der Forschung in den die vorliegende Arbeit berührenden Wissensgebieten gegeben.

Neben der Erörterung bestehender Definitionen zum Begriff des „Systemanbieters" zählt hierzu die Vorstellung des Business-to-Business-Marketings als Rahmen für das Marketing von SysBau-Anbietern gegenüber Institutionen bzw. Organisationen (z.B. professionelle Auftraggeber)[17]. Dabei wird der Schwerpunkt im Hinblick auf nachfolgende Kapitel auf die *Typologisierung des Business-to-Business-Marketings* gelegt. Die Vorstellung bestehender Konzepte zur Phasengliederung des Marketingprozesses im Business-to-Business-Marketing berücksichtigt dabei die in der Vergangenheit vornehmlich projektspezifische Betrachtung des Marketings von Bauleistungsanbietern.

---

[15]  Zur Bedeutung der professionellen Auftraggeber für die Etablierung von SysBau-Leistungen in der Bauwirtschaft vgl. Kapitel 5.9.1

[16]  zur Definition vgl. Kapitel 5.9.1.2

[17]  bzgl. der Abgrenzung des Untersuchungsgegenstandes hinsichtlich der untersuchten Kundentypologien vgl. Kapitel 1.5

Da das Konzept des Systemanbieters Bau Überschneidungen mit dem Begriff des Facility Managements aufweist, erfolgt auf der Grundlage einer Analyse der in der Literatur vorzufindenden Definitionen die Abgrenzung des Systemanbieter-Begriffs nach Girmscheid vom Begriff des Facility Managements.

Zur wissenschaftlichen Untermauerung des dieser Arbeit zugrunde liegenden Ziels einer gesamtheitlichen Gebäudeoptimierung unter Einbezug eines *Life Cycle Costings* erfolgt die systematische Darstellung bestehender Definitionsansätze zur Erläuterung dieses Begriffes.

Da die Abwicklung von Bauprojekten nach dem Konzept des Systemanbieters Bau u.a. auch eine Erweiterung bestehender *Bauprojektorganisationsformen* darstellt, wird anschliessend ein Überblick über bestehende Arbeiten zur Analyse von deren Vorteilhaftigkeit und Anwendbarkeit gegeben.

Anschliessend erfolgt die Vorstellung ausgewählter Arbeiten, die sich in ihrem Inhalt mit der Übertragung anerkannter Modelle aus der allgemeinen Betriebswirtschaft auf die Bauwirtschaft beschäftigen und hieraus Empfehlungen für das *strategische Management von Bauunternehmen* ableiten.

Abschliessend werden Arbeiten vorgestellt, die sich der Analyse des Marketings von Bauunternehmen widmen und Empfehlungen für die Entwicklung und Implementierung eines *Marketing-Managements* geben.

## 1.3.1 Definitionen zum Begriff des „Systemanbieters"

Die eingangs[18] dargestellte SysBau-Definition Girmscheids widmet sich den Anbietern von Systemleistungen, den sogenannten SysBau-Anbietern. Andere Definitionen beziehen sich vielfach nicht auf die Anbieter, sondern die von ihnen angebotenen Leistungen:

So geht der Begriff des *„Systemgeschäftes"* zurück auf einen Artikel von Murray[19]. Systemgeschäfte zeichnen sich seiner Auffassung nach durch die beiden folgenden Grundbestandteile aus[20]:

▪ Systemgeschäfte bedeuten zum einen die *ganzheitliche Lösung* von Kundenproblemen durch *Integration der erforderlichen Teilkomponenten* auf der Basis einer *Systemphilosophie.*[21]

▪ Zum anderen bedeuten Systemgeschäfte die *schlüsselfertige und komplette Lösung* von Kundenproblemen *durch einen einzigen Ansprechpartner.*[22]

---

[18] Kapitel 1.1.2

[19] vgl. MURRAY, Systems Selling, 1964 S. 51f.

[20] Zur Definition des Begriffs des Systemgeschäftes vgl. HEINZ, Entwicklung, 1996, S. 37-47

[21] HEINZ, Entwicklung, 1996, S. 40

[22] HEINZ, Entwicklung, 1996, S. 41

In Einklang mit dem oben genannten, branchenübergreifenden Verständnis des Systemgeschäftes hebt auch Girmscheid in seiner Definition[23] den Gesamtlösungscharakter von SysBau-Leistungen in der Bauwirtschaft hervor. Ebenso nimmt für ihn die schlüsselfertige und komplette Lösung des Kundenproblems durch einen einzigen Ansprechpartner eine zentrale Bedeutung ein, indem der SysBau-Anbieter für die Übernahme von Planung, Ausführung und allenfalls Betrieb eines Gebäudes verantwortlich zeichnet.

Für Weiber ist es das Kennzeichen von *Systemtechnologien*, „dass serien- und einzelgefertigte Produkte sowie Dienstleistungen auf der Basis einer bestimmten Systemarchitektur so miteinander kombiniert werden, dass sie einen integrierenden *Nutzenverbund* bilden."[24] Die Besonderheiten einer Systemtechnologie ergeben sich dabei aus der *Systemphilosophie* bzw. der *Systemarchitektur*, die aus der Definition von Schnittstellen zwischen den einzelnen *Systemkomponenten* resultiert. Die einzelnen *Systemkomponenten* nehmen bei der Lösung eines Kundenproblems jeweils untergeordnete Teilfunktionen ein. *Teilsysteme* umfassen demgegenüber mehrere Systemkomponenten, die zur Lösung eines bestimmten Bedarfsfalles benötigt werden. Mehrere Teilsysteme sind wiederum integrierende Bestandteile einer umfassenden Systemtechnologie. Nach Auffassung von Girmscheid[25] lässt sich die Integration verschiedener Teilsysteme zu einer optimierten Gesamtlösung am ehesten durch die Kooperation des Systemanbieters mit weiteren Unternehmen erreichen.

Die von Weiber in seinen Ausführungen gegebenen Beispiele zeigen, dass der Begriff der Systemtechnologie heute insbesondere im Bereich der Informations- und Kommunikationstechnik zur Anwendung kommt.[26] Kleinaltenkamp weist jedoch bereits darauf hin, dass der Begriff weite Überschneidungen mit dem klassischen Grossanlagengeschäft besitzt.[27] Solche Anlagen sind in ihrer Struktur ebenso wie Gebäude als Systeme zu verstehen.

Auch in der Baupraxis lässt sich eine zunehmende Verwendung des Begriffs „Systemanbieter" beobachten. Im Folgenden werden einige Beispiele von Unternehmen dargestellt, die sich selbst als Systemanbieter bezeichnen:

Der *Walter-Bau-Konzern* teilt im Rahmen einer Pressemitteilung mit, sich im Rahmen seiner Unternehmensentwicklung zum Systemanbieter weiterentwickeln zu wollen. Dies impliziert aus Sicht des Walter-Bau-Konzerns u.a. die vermehrte Tätigkeit in anspruchsvollen Bauprojekten, bei denen mit Ingenieuren sowie Kaufleuten ein „Fullservice" erbracht werden soll, der über die blosse Bautätigkeit hinausgeht.[28] Der Wal-

---

[23]  zur SysBau-Definition nach GIRMSCHEID vergleiche Kapitel 1.1.2

[24]  vgl. WEIBER, Management, 1997, S. 286

[25]  zur SysBau-Definition nach GIRMSCHEID vergleiche Kapitel 1.1.2

[26]  vgl. WEIBER, Management, 1997, S. 286

[27]  vgl. KLEINALTENKAMP, Einführung, 2000, S. 185

[28]  N.N., Pressemitteilung des Walter-Bau-Konzerns, 1999

ter-Bau-Konzern stützt sich damit bei der Eigencharakterisierung insbesondere auf den Gesamtlösungscharakter von Systemleistungen ab.

Die *Hochtief AG* bezeichnet sich demgegenüber als *Systemführer*, der bei der Realisierung komplexer Systeme (Bauwerke) mit seinen Ingenieuren, Kaufleuten und Handwerkern eine Führungsposition gegenüber dem Bauherrn einnimmt. Die Rolle als Systemführer resultiert dabei aus der Übernahme von Planungs-, Finanzierungs-, Bau- und Betreiberaufgaben.[29] Wie der Walter-Bau-Konzern bezieht sich auch die Hochtief AG auf den Gesamtlösungscharakter von Systemleistungen.

Das Verständnis der *Bauwens AG* als Systemanbieter für Bauprojekte resultiert zum einen wie bei den vorangegangenen Beispielen aus der gesamtheitlichen Lösung von Kundenproblemen. Diese Lösung erfolgt systematisiert und institutionalisiert im Rahmen eines eigenen Konzeptes. Analog zur SysBau-Definition von Girmscheid wird dabei insbesondere eine hohe Bedeutung auf die projektübergreifende Weiterentwicklung der eigenen Kernkompetenzen gelegt. Die Bauwens AG hat sich dabei in ihrer Tätigkeit erfolgreich auf bestimmte Marktsegmente konzentriert (z.B. „Medienbau", „Handel&Produktion" etc.).[30]

Die heute in der Praxis auftretenden Unternehmen bieten bezogen auf die Planung und Ausführung von Gebäuden bereits vielfältige Gesamtlösungen an. Diese basieren jedoch in der Regel nicht auf einem Systemkonzept, sondern auf zumeist unstrukturierten Erfahrungen aus vorangegangenen Projekten. Zudem ist mit Ausnahme von BOT-Projekten, bei denen ein Anbieter auch Betreiber-Verantwortung übernimmt, die Optimierung der angebotenen Leistungen auf die Erstellung eines Gebäudesystems beschränkt. Eine wettbewerbsinduzierte Life-Cycle-Optimierung erfolgt nicht.

## 1.3.2 Business-to-Business-Marketing

Zur Definition des Begriffs „Marketing" sind in der Literatur eine Vielzahl von Interpretationsmöglichkeiten zu finden, die sich u.a. in Abhängigkeit der mit der Begriffsbetrachtung verbundenen Zielsetzung ergeben.

Die folgende Tabelle 1–1 enthält eine Übersicht über die wichtigsten Interpretationsmöglichkeiten.

---

[29] N.N., Vom Baumeister zum Systemführer, 1999

[30] N.N., Unternehmenspräsentation der Bauwens AG, 2000

| Interpretationen des Marketingbegriffs | |
|---|---|
| **Marketing als Maxime** | Konsequente Ausrichtung aller unmittelbar und mittelbar den Markt berührenden Entscheidungen an den Erfordernissen und Bedürfnissen der Abnehmer bzw. Käufer.[31,32] |
| **Marketing als Mittel** | Gezielter, koordinierter Einsatz marktbeeinflussender Instrumente zur Schaffung dauerhafter Präferenzen und Wettbewerbsvorteile.[33,34] |
| **Marketing als Methode** | Systematische Entscheidungsfindung, die bewusst auf die Erkenntnisse von Nachbarwissenschaften (z.B. Sozialpsychologie und Volkswirtschaftslehre) zurückgreift und sich vielfältiger analytischer Mittel bedient.[35] |
| **Marketing als Fähigkeit** | Die Kunst, die richtigen Waren und Dienstleistungen zur richtigen Zeit an die richtigen Abnehmer, am richtigen Ort, zum richtigen Preis und mit Hilfe der richtigen Kommunikations- und Absatzförderungsaktivitäten zu bringen.[36] |
| **Marketing als Prozess** | Marketing als Prozess im Wirtschafts- und Sozialgefüge, durch den Einzelpersonen und Gruppen ihre Bedürfnisse und Wünsche befriedigen, indem sie Produkte und andere Dinge von Wert erzeugen, anbieten und miteinander austauschen.[37] |

*Tabelle 1–1:    Interpretationsmöglichkeiten des Marketingbegriffs[38]*

Im Rahmen der vorliegenden Arbeit wird der Begriff des Marketings in seiner Interpretation zum einen als *Handlungsmaxime* verstanden, d.h. die Ausrichtung marktrelevanter Entscheidungen auf die Anforderungen und Bedürfnisse der Auftraggeber von Sys-Bau-Leistungen.

Andererseits wird der Begriff des Marketings als *Mittel* verstanden, d.h. als gezielter, koordinierter Einsatz marktbeeinflussender Instrumente zur Schaffung dauerhafter Präferenzen auf Seiten der Auftraggeber zugunsten eines SysBau-Anbieters.

Hierbei soll der Schwerpunkt der Betrachtungen auf der Analyse des Marketings von GU-/TU- und insbesondere SysBau-Anbietern gegenüber Unternehmen und Organisationen (professionelle Auftraggeber) als Nachfragern liegen. Nach Kleinaltenkamp[39] lassen sich Absatzprozesse, die sich an solche Institutionen richten, als *Business-to-Business-Marketing* bezeichnen. Kennzeichnend für Transaktionen im Bereich des Business-to-Business ist dabei, dass ihr Inhalt investiv und/oder produktiv und nicht konsumtiv verwendet wird.

---

[31]  in Anlehnung an RAFFEE, Marktorientierung, 1984

[32]  in Anlehnung an SCHNEIDER, Marketing, 1983

[33]  in Anlehnung an RAFFEE, Marktorientierung, 1984

[34]  in Anlehnung an SCHNEIDER, Marketing, 1983

[35]  NIESCHLAG/DICHTL/HÖRSCHGEN, Marketing, 1994

[36]  MEFFERT/BURMANN, Marketing, 1994, S. 13-15

[37]  KOTLER/BLIEMEL, Marketing-Management, 1999, S. 16

[38]  Eigene Darstellung in Anlehnung an MEFFERT/BURMANN, Marketing, 1994, S. 13-15; NIESCHLAG/DICHTL/HÖRSCHGEN, Marketing, 1994, S. 12-13

[39]  vgl. KLEINALTENKAMP, Business to Business Marketing, 1997, S. 756-758

- **Typologisierungen im Buisiness-to-Business-Marketing**

Voraussetzung für die Ableitung von Handlungsalternativen zum Marketing von Leistungsinnovationen ist die strukturierte Einordnung dieser Leistungen in die Marketingforschung. Hierauf aufbauend lassen sich anschliessend theoriegeleitete Abschätzungen zukünftiger Erfolgsfaktoren für das Marketing dieser Leistungsinnovationen vornehmen.

Zur Typologisierung von Leistungsinhalten lassen sich in Abhängigkeit der unterschiedenen Marktparteien *angebotsorientierte*, *nachfrageorientierte* und *marktseitenintegrierende* Ansätze unterscheiden.[40]

*Angebotsorientierte Typologien* wurden dabei u.a. von Riebel[41], vom Arbeitskreis für „Marketing in der Investitionsgüterindustrie"[42], Engelhardt/Günter[43], Plinke[44] sowie Engelhardt/Kleinaltenkamp/Reckenfeldbäumer[45] entwickelt. Die einzelnen Typologisierungen unterscheiden sich dabei vornehmlich nach den von ihnen herangezogenen Kriterien zur Typologiebildung (z.B. die Produktionsart, der Grad der Problemrelevanz für den Nachfrager, die Komplexität, die erforderlichen Verarbeitungsstufen, die Integrativität oder die Immaterialität).[46]

Zur Bildung von *nachfrageorientierten Typologien* existieren u.a. Typologisierungsansätze von Robinson/Faris/Wind[47], Kirsch/Kutschker[48], Backhaus[49] sowie Weiber/Adler[50]. Hierbei werden einzelne Typologien zum einen dahingehend gebildet, ob es sich aus Sicht des Nachfragers eher um Individual- oder Routinetransaktionen handelt. Weiber/Adler typologisieren Beschaffungssituationen vornehmlich danach, ob bei ihnen *Such-, Erfahrungs-* oder *Vertrauenseigenschaften*[51] überwiegen.

*Marktseiten-integrierende* Typologien berücksichtigen als Zusammenführung sowohl die Anbieter- als auch die Nachfragerperspektive. Entsprechende Typologisierungsansätze wurden u.a. von Kleinaltenkamp[52], Plinke[53] und Kaas[54] vorgelegt.

---

[40] vgl. KLEINALTENKAMP, Typologien, 1994, S. 77-88

[41] RIEBEL, Typen, 1965, S. 633-685

[42] N.N., Systems Selling, 1975, S. 753-769

[43] vgl. ENGELHARDT/GÜNTER, Investitionsgüter-Marketing, 1981

[44] PLINKE, Investitionsgütermarketing, 1991, 172-177

[45] ENGELHARDT/KLEINALTENKAMP/RECKENFELDBÄUMER, Leistungsbündel, 1993, S. 395-426

[46] vgl. Kapitel 3.2

[47] vgl. ROBINSON/FARIS/WIND, Buying, 1967

[48] vgl. KIRSCH/KUTSCHKER, Marketing, 1978

[49] BACKHAUS, Investitionsgütermarketing, 1997, S. 569-657

[50] WEIBER/ADLER, Positionierung, 1995, S. 43-65

[51] vgl. Kapitel 3.2.2.5

[52] KLEINALTENKAMP, Typologien, 1994, S. 83-88

[53] vgl. PLINKE, Grundlagen, 2000

[54] KAAS, Kontraktgütermarketing, 1992, S. 884-901

- **Phasenansätze zur Beschreibung von Beschaffungsprozessen**

Zur Analyse von allgemeinen, organisationalen Beschaffungsprozessen wurden von verschiedenen Autoren Phasenkonzepte entwickelt, die darauf abzielen, die Marketingaktivitäten eines Anbieter im Hinblick auf das organisatorische Beschaffungsverhalten eines Auftraggebers zu optimieren. Es handelt sich hierbei um eine prozessorientierte Betrachtung des Marketings ausgehend von den in den einzelnen Prozessphasen vorherrschenden Nachfragerproblemen. Hierbei sei insbesondere auf die Modelle von Webster[55], Tafel[56], Webster/Wind[57], Kelly[58], Backhaus/Günter[59], Bradley[60] sowie die Resultate der Spiegel-Untersuchung[61] verwiesen, die je nach Detaillierungsgrad zwischen drei bis fünf Phasen von Beschaffungsprozessen unterscheiden.[62] So unterscheidet das Konzept von Backhaus/Günter zwischen *der Voranfragephase*, der *Angebotserstellungsphase*, der *Kundenverhandlungsphase*, der *Abwicklungsphase* sowie der *Gewährleistungsphase*.[63]

### 1.3.3 Abgrenzung des SysBau-Konzeptes von den Leistungen von Facility Management- und Totalunternehmen

#### 1.3.3.1 Abgrenzung des SysBau-Konzeptes vom Begriff des Facility Managements

Der Begriff des „Managements" bildet den Kern der von einem Facility-Management-Anbieter erbrachten Leistung. Demgegenüber stellt der Begriff der „Facility" nicht die Tätigkeit selbst, sondern ihr Objekt dar. Im Folgenden wird zunächst ein Überblick über die vorherrschenden und allgemein anerkannten Definitionen des „Managements" gegeben. Anschliessend folgt die Darstellung, Interpretation und Diskussion vorliegender Definitionen des Facility Managements. Danach erfolgt die Abgrenzung der SysBau-Definition vom Facility Management.

- **Definition des Begriffs „Management"**

Vorliegende Definitionen zum Management unterscheiden zwischen *Management als Institution* und *Management als Funktion*. Management als *Institution* bezeichnet dabei diejenigen, die in einer Unternehmung leitende Aufgaben erfüllen, d.h. in der Regel die obersten und oberen Führungskräfte. Sie üben die *Funktion* des Managements aus.

---

[55] WEBSTER, Modeling, 1965, S. 170-176

[56] TAFEL, Entscheidungsprozesse, 1967

[57] WEBSTER/WIND, Model, 1972, S. 12-14

[58] KELLY, Functions, 1974, S. 421-433

[59] BACKHAUS/GÜNTER, 1976, Interaction, S. 255-270

[60] BRADLEY, Behavior, 1977, S. 252-258

[61] N.N., Entscheidungsprozess, 1982

[62] bzgl. einer weitergehenden Gegenüberstellung der verschiedenen genannten Phasenkonzepte vgl.: BACKHAUS, Industriegütermarketing, 1997, S. 61-63

[63] vgl. BACKHAUS, Industriegütermarketing, 1997, S. 64-65

In Anlehnung an die Management-Literatur[64] gilt Fayol[65] als derjenige, der als erster der Frage nach der Definition des Management-Begriffs und der Tätigkeit eines Managers (Management als Funktion) nachgegangen ist. Drucker[66] entwickelte aufbauend auf der Management-Definition von Fayol eine eigene Definition der Aufgaben und Tätigkeiten des Managements. In Übereinstimmung mit Fayol und Drucker definiert Ulrich[67] Management zusammenfassend als das *„Gestalten, Lenken* und *Entwickeln*[68] gesellschaftlicher Institutionen." Ulrich weist in seinen ausführlichen Schriften zum Management-Begriff darauf hin, dass es zu seiner Definition zunächst erforderlich ist, sich über das zu „managende" Objekt Klarheit zu verschaffen. Denn bevor Management als Gesamtheit bestimmter Tätigkeiten charakterisiert werden kann, muss seiner Auffassung nach das zu managende Objekt verstanden werden. Denn nur darauf bezogen haben diese Tätigkeiten überhaupt einen Sinn. Eine Interpretation des Begriffs „Facility Management" über seine beiden Bestandteile „Facility" und „Management" zeigt, dass es sich bei der „Facility" um das zu managende Objekt handelt. Mit Bezug auf Staudt/Kriegesmann/Thomzik[69] lassen sich als Facilities alle Grundstücke, Gebäude, Infrastrukturen, Anlagen, Maschinen, Versorgungseinrichtungen und sonstige Installationen bezeichnen.

Der Begriff des Managements als Institution ergibt sich unter historischen Betrachtungen aus der Unterscheidung zwischen angestellten Führungskräften, die selbst keine oder nur geringe Anteile an den eigentlichen Produktionsmitteln besitzen, und den Eigentümer-Unternehmern. Die mit der fortschreitenden Industrialisierung einhergehende Trennung von Eigentum und Unternehmensführung, die heute für eine Vielzahl mittlerer und grosser Unternehmen kennzeichnend ist, hat den Manager als eigenständige Berufsgruppe hervorgebracht[70]. In institutioneller Hinsicht lässt sich Management somit beschreiben als „die Kombination der elementaren Produktionsfaktoren Arbeit, Betriebsmittel und Werkstoffe"[71], welche von anderen, d.h. den Unternehmern, bereitgestellt werden.

---

[64]  KENNEDY, Management Gurus, 1998, S. 73-74

[65]  vgl. FAYOL, Management, 1949

[66]  vgl. DRUCKER, Management, 1974

[67]  ULRICH, Management:, 2001, S. 62-63

[68]  *Gestalten* bedeutet, „eine Institution überhaupt zu schaffen und als zweckgerichtete handlungsfähige Gestalt aufrechtzuerhalten". Unter *Lenken* wird demgegenüber das „Bestimmen von Zielen und das Festlegen, Auslösen und Kontrollieren zielgerichteter Aktivitäten des Systems bzw. seiner Komponenten und Elemente" verstanden. Aufgrund der Tatsache, dass gesellschaftliche Institutionen als komplexe Systeme zu betrachten sind, lassen sich diese nicht aufgrund eines im Voraus aufgestellten Planes realisieren. Ihre Realisierung bedeutet ein *Entwickeln* über die Zeit. Das Lenken und Gestalten sozialer Systeme ist somit als kontinuierlicher Entwicklungsprozess zu verstehen. Die Teilfunktionen des Managements, *Lenken, Gestalten* und *Entwickeln,* unterscheiden sich durch eine unterschiedliche zeitliche und inhaltliche Reichweite der mit ihnen beabsichtigten Wirkungen.
Vgl. ULRICH, Management:, 2001, S. 73-74

[69]  vgl. STAUD/KRIEGESMANN/THOMZIK, Facility Management:, 1999

[70]  vgl. STAEHLE, (1990); STEINMANN/SCHREYÖGG (1990), zitiert in: REUTER, Manager, 1993, S. 2666

[71]  GUTENBERG (1962), zitiert in: REUTER, Manager, 1993, S. 2664

## • Definition des Facility-Managements

Als Ursprung des Facility Managements gilt eine 1978 von einem grossen amerikanischen Möbelhersteller durchgeführte Untersuchung.[72] Durch die Einführung des neuen Begriffes „Facility Management" sollte zum Ausdruck kommen, dass die Ausstattung von Immobilien den Arbeitsprozess beeinflusst. Die IFMA definiert den Begriff des Facility Management als „The practice of coordinating the physical workplace with the people and work of the organisation"[73]. Sie beschränkt sich auf die Praxis der Koordination des Arbeitsplatzes mit den Mitarbeitern und Tätigkeiten einer Organisation. Sie zeigt somit entsprechend der Historie des IFMA auf, dass eine Interaktion zwischen dem Arbeitsplatz sowie den Mitarbeitern und ihren Tätigkeiten besteht.

Zum Ende der achtziger Jahre erreichte der Begriff des Facility Managements auch Europa, wo sich im Anschluss weitere Definitionen entwickelten.[74] Als neue Vereinigungen, die sich mit der Thematik des Facility Managements auseinander setzten, bildeten sich die EuroFM[75] sowie der GEFMA.[76]

Im Jahre 1988 unternahm die EuroFM als eine der ersten einen europäischen Definitionsversuch: „Facility Management ist ein ganzheitlicher strategischer Rahmen für koordinierte Programme, um Gebäude, ihre Systeme und Inhalte kontinuierlich bereitzustellen, funktionsfähig zu halten und an die wechselnden organisatorischen Bedürfnisse anpassen zu können. Damit wird deren höchste Gebrauchsmobilität und Werthaltung erreicht."[77] Durch die Integration von der Bereitstellung, der Sicherstellung der Funktionsfähigkeit sowie der Anpassung an wechselnde Bedürfnisse deckt die Definition der EuroFM sowohl die Projektierungs- als auch die Ausführungs- und Bewirtschaftungsphase von Immobilien ab.

Die GEFMA versteht unter Facility Management die „Betrachtung, Analyse und Optimierung aller kostenrelevanter Vorgänge rund um ein Gebäude, ein anderes bauliches Objekt oder eine im Unternehmen erbrachte (Dienst-)Leistung, die nicht zum Kerngeschäft gehört"[78]. Auch die Definition der GEFMA erstreckt sich somit über sämtliche Phasen eines Gebäudes.

Um Hervorzuheben, dass sich der Ansatz eines wirkungsvollen Facility Managements auf alle Phasen im Lebenszyklus eines Gebäudes beziehen muss, wird in der Literatur

---

[72] Zur Darstellung der verschiedenen Definitionen des „Facility Management" (FM) sowie ihrer historischen Entwicklung vgl. ausführlich STAUD/KRIEGESMANN/THOMZIK, Facility Management, 1999, S. 29-32

[73] N.N., Facility Management Guide, 1996, S. 4

[74] OTT, Facility Management, 1989, S. 259

[75] EuroFM: Europäischer Lehrverbund von 22 Facility Management-Organisationen, vertritt nationale Berufsverbände, Weiterbildungs- und Forschungseinrichtungen, aktiv seit 1988

[76] GEFMA (German Facility Management Organisation / Deutscher Verband für Facility Management e.V.), gegründet 1990

[77] vgl. MOSLENER/VAN DER VLIES, Focus, 1996, S. 2

[78] vgl. N.N., Situation, 1997, S. 1

zum Teil auch der Begriff des *integrierten* Facility Managements verwendet. Hierdurch soll bewusst eine Abgrenzung gegenüber der in der Praxis zu beobachtenden inflationären Verwendung des Begriffes „Facility Management" erreicht werden, bei der zumeist ausschliesslich Leistungen innerhalb der Nutzungsphase eines Gebäudes gemeint sind.

Als Teilaspekt des Facility Managements wird das während der Nutzungsphase erfolgende *Gebäudemanagement* bezeichnet. Unter diesem Begriff wird die Gesamtheit technischer, kaufmännischer und infrastruktureller Leistungen *zur Nutzung* von Gebäuden/Liegenschaften im Rahmen des Facility Managements zusammengefasst.[79,80]

- **Zusammenfassende Abgrenzung**

Aufbauend auf der Annahme, dass sich der SysBau und der Facility-Management-Anbieter mit ihren Leistungen zum Teil auf dasselbe Objekt, d.h. die „Facility" (Gebäude), beziehen, muss sich eine Differenzierung aus den von beiden angebotenen Leistungen ergeben.

Die eingangs zitierten Definitionen des Facility Managements zeigen, dass es sich bei diesem – abgeleitet von den anerkannten Definitionen des Managements – um das Gestalten, Lenken und Entwickeln von Gebäuden handelt. Hierzu stellt der Immobilieneigner dem Facility Manager aus seinem eigenen Verfügungsbereich bzw. durch Beauftragung von Dritten die zur Aufgabenerfüllung erforderlichen Produktionsfaktoren[81] zur Verfügung. Der Facility Manager nimmt somit Auftraggeberfunktionen (Management als Funktion) bezüglich der Koordination und Kombination dieser Produktionsfaktoren wahr.

Demgegenüber befinden sich die Produktionsfaktoren des SysBau-Anbieters[82] in dessen eigenen Besitz bzw. in dessen eigenen Verfügungsbereich, indem er auf eigene Rechnung Subunternehmer und Lieferanten beauftragt. Er bietet seine Leistungen zur Gebäuderealisierung und ggf. Bewirtschaftung einem Auftraggeber aus einer Hand an. Dieser lässt sich dabei u.U. von einem Facility Manager vertreten bzw. beraten. Das SysBau-Konzept stellt somit kein Management-System dar, sondern ein Leistungskonzept mit integriertem Anreizsystem zur umfassenden Gebäudeoptimierung. SysBau-Anbieter bieten umfassende und durch Garantien abgesicherte Leistungsangebo-

---

[79] vgl. N.N., VDMA Einheitsblatt - Gebäudemanagement, 1996, S. 2f.

[80] zu den Inhalten des Leistungsbündels „Gebäudemanagement" vgl. Kapitel 3.1.3

[81] Produktionsfaktoren lassen sich nach ihrer Charakteristik in *Potenzialfaktoren*, *Verbrauchsfaktoren* und *Informationen* unterscheiden:

Potenzialfaktoren beinhalten sowohl *dispositive Arbeitsleistungen* (z.B. Planung, Organisation und Kontrolle) und objektorientierte Arbeitsleistungen (z.B. geistige und körperliche Tätigkeiten am eigentlichen Objekt) sowie *Betriebsmittel (z.B. das Gebäude selbst)*.

Als *Verbrauchsfaktoren* gelten Betriebsstoffe sowie Zusatzfaktoren, d.h. von externen bezogene Fremdleistungen).

Bei den *Informationen* handelt es sich in erster Linie um zweckorientiertes Wissen.

Vgl. GUTENBERG, Grundlagen, 1951; KERN, Produktionswirtschaft, 1992

[82] zur SysBau-Definition vgl. Kapitel 1.1.2

te an. Sie sind in ihrer Charakteristik als umfassende Leistungsanbieter zu verstehen, die ihr Angebot in einem optimiertem Systemangebot integrieren. SysBau-Anbieter decken dabei in ihrem Leistungsangebot nicht nur die Erstellungsphase oder die Nutzungsphase unter Wettbewerbsbedingungen ab, sondern der Wettbewerb umfasst die Optimierung sowohl der Erstellungs- als auch der Nutzungsphase.

### 1.3.3.2  Abgrenzung des SysBau-Konzeptes vom Begriff des TU-Anbieters

Totalunternehmer[83] (TU) erbringen projektspezifisch die Planung und Ausführung eines Gebäudes. Ihre Tätigkeit beschränkt sich somit auf die Erstellungsphase. Im Allgemeinen werden sie auf der Grundlage eines Pauschalvertrages tätig und bieten ihren Auftraggebern eine Gesamtkostensicherheit hinsichtlich der Gebäuderealisierung. Wesentlicher Teil ihrer Tätigkeit ist die Integration der verschiedenen zur Erstellung eines Gebäudes erforderlichen Teilleistungen. Ihr direktes, wettbewerbsinduziertes Optimierungsinteresse beschränkt sich dabei auf die Vorlage eines attraktiven Vorprojektentwurfes sowie die Minimierung der Gebäudeerstellungskosten. Je nach projektspezifischen Gegebenheiten arbeiten TU-Anbieter mit immer anderen Planungs- und Bauausführungsunternehmen zusammen. Ihre Kernkompetenz besteht dabei in der schnittstellenübergreifenden Projektführung. Ihr Optimierungseinfluss konzentriert sich auf die Zusammenführung von Gestaltungs- und Kostenzielen der von ihnen abgewickelten Projekte.

Demgegenüber integrieren SysBau-Anbieter neben den Leistungen der Gebäudeerstellung (Planung und Ausführung) auch Leistungen hinsichtlich des Gebäudebetriebs in ihr Leistungsbündel. Diese Integration äussert sich insofern, dass sie einerseits aufgrund ihres Systemverständnisses eine auch unter Betriebs- und Nutzungsgesichtspunkten optimierte Gebäudeplanung leisten oder sogar direkt bzw. indirekt an der Bewirtschaftung der von ihnen erstellten Gebäude mitwirken und entsprechende Garantien erbringen. Ihr wettbewerbsinduziertes Optimierungsinteresse bezieht sich daher verglichen mit demjenigen von TU-Anbietern neben der Gestaltung eines attraktiven Vorprojektentwurfes und möglichst geringen Gebäudeerstellungs-kosten insbesondere auch auf die Optimierung der zu erwartenden Betriebskosten eines Gebäudes. Aufgrund ihrer ausgeprägten Nutzungskompetenz bezüglich des zu erstellenden Gebäudes sind sie in der Lage, Gebäude über ihren gesamten Lebenszyklus oder auch hinsichtlich eines bestimmten Betrachtungszeitraumes zu optimieren.Darüber hinaus gelangen sie durch die Entwicklung neuer Fähig- und Fertigkeiten zu einer verbesserten Leistungserbringung. Aufbauend auf ihren internen Fähigkeiten lernen sie strukturiert aus ihren projektspezifischen Erfahrungen und bringen diese in neue Projekte ein. Schlüsselelemente des SysBau-Konzeptes sind die *Entwicklung eines Systemkonzeptes*, dessen *Weiterentwicklung durch permanente Innovation* sowie die *Übernahme von Leistungsgarantien*.

---

[83]  zur Definition des Totalunternehmers vgl. Kapitel 2.4.5

Die folgende Abbildung zeigt grafisch die Abgrenzung des SysBau-Anbieters gegenüber dem FM-Anbieter sowie den Anbietern von GU- und TU-Leistungen:

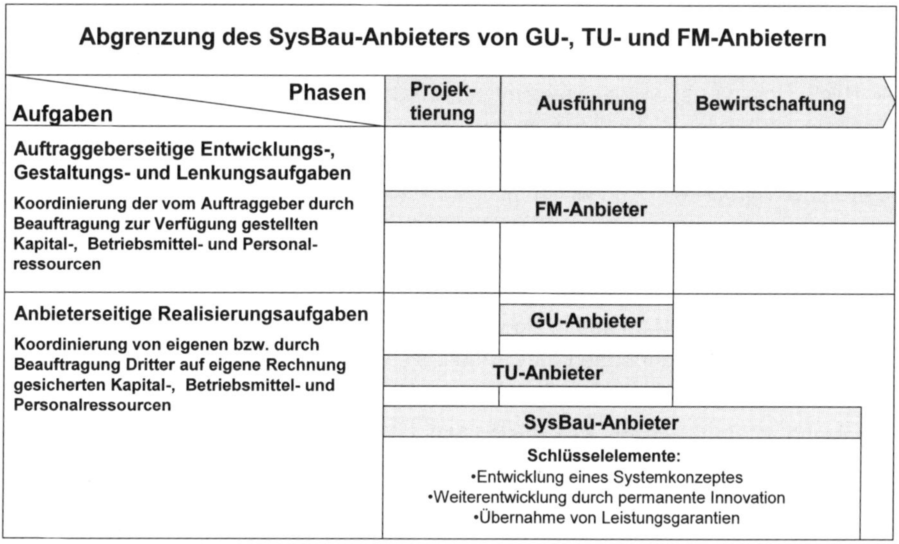

| Abgrenzung des SysBau-Anbieters von GU-, TU- und FM-Anbietern | | | |
|---|---|---|---|
| Aufgaben \ Phasen | Projek-tierung | Ausführung | Bewirtschaftung |
| **Auftraggeberseitige Entwicklungs-, Gestaltungs- und Lenkungsaufgaben** | | | |
| Koordinierung der vom Auftraggeber durch Beauftragung zur Verfügung gestellten Kapital-, Betriebsmittel- und Personal-ressourcen | | FM-Anbieter | |
| **Anbieterseitige Realisierungsaufgaben** | | GU-Anbieter | |
| Koordinierung von eigenen bzw. durch Beauftragung Dritter auf eigene Rechnung gesicherten Kapital-, Betriebsmittel- und Personalressourcen | | TU-Anbieter | |
| | | SysBau-Anbieter | |
| | | Schlüsselelemente: •Entwicklung eines Systemkonzeptes •Weiterentwicklung durch permanente Innovation •Übernahme von Leistungsgarantien | |

*Abbildung 1–2:    Abgrenzung des SysBau-Anbieters von GU-, TU- und FM-Anbietern*

## 1.3.4  Definition Life Cycle Costing

Der dem Life Cycle Costing (Lebenszykluskostenrechnung) zugrunde liegende Gedanke besteht darin, dass zur Erreichung kostenoptimaler Gesamtsysteme (z.B. Gebäude)
deren Gesamtkosten, d.h. Anfangs- und Folgekosten, einer Analyse zu unterziehen
sind.[84]

In der Literatur[85] finden sich verschiedene Definitionen zum Life Cycle Costing, die sich
vornehmlich auf den Aspekt der Systemkosten und weniger auf den Aspekt der mit einem System verbundenen Erlöse konzentrieren:

Nach Auffassung von Sherif/Kolarik[86], „Life Cycle Costing (...) refers to an analysis
technique which encompasses all costs associated with a product from its inception to
its disposal." Demgegenüber hebt Taylor[87] verstärkt den instrumentalen Charakter des
Life Cycle Costings hervor: „Life Cycle Costing may be described as a forecasting tool
used to compare or evaluate alternative planned capital expenditures with the aim of
ensuring the optimum value from capital assets." Für Woodward[88] ergibt sich die Definition des Life Cycle Costings aus der Aufzählung der hierdurch umfassten Wertschöp-

---

[84]  ZEHBOLD, Lebenszykluskostenrechnung, 1996, S. 2-3

[85]  ZEHBOLD, Lebenszykluskostenrechnung, 1996, S. 3

[86]  SHERIF/KOLARIK, Life Cycle Costing, 1981, S. 287

[87]  TAYLOR, The Use of Life Cycle Costing, 1981, S. 33

[88]  WOODWARD, Life Cycle Costing, 1990, S. 20

fungsstufen: „Life Cycle Costing includes the costs associated with acuiring, using, caring for disposing physical assets, including the feasibility studies, research, design, development, production, maintenance, replacement and disposal as well as support, training and operating costs generated by the acquisition, use, maintenance and replacement of permanent physical assets." In Anlehnung an Haworth[89] beinhaltet ein Life Cycle Costing neben einer gesamthaften Kostenbetrachtung auch die Möglichkeit der Abschätzung des Zeitpunktes, zu dem die jeweiligen Kosten anfallen: „If revenues are thought of as reduction in cost, life cycle costing can then be generally defined as an evaluation process trough which all costs attributable to a project decision are considered, with allowance for the timing of those costs." Ferry/Flanagan[90] beziehen in ihre Definition des Life Cycle Costings ausdrücklich auch mögliche Einnahmen ein, sofern diese sich hinreichend abschätzen lassen: „Strictly speaking, life cycle costing is concerned with the costs of an asset. However, if there are any benefits which can be expressed in monetary terms then they should also be taken into account, as otherwise only a partial picture of the cost-effectiveness of the asset will emerge."

In Einklang mit dem Konzept des Systemanbieters Bau (SysBau) wird der Ansatz des Life Cycle Costings im Rahmen dieser Arbeit vornehmlich verstanden als ein *Instrument zur lebenszyklusumfassenden Optimierung* eines Gebäudes. Es dient dabei der Abwägung von Entscheidungsalternativen im Rahmen der Gebäudeplanung mit dem Ziel, unter der Zugrundelegung eines definierten Betrachtungszeitraumes eine optimale Gesamtkosten- und Nutzungsstruktur für ein Gebäude zu erreichen.[91]

### 1.3.5 Projektorganisationsformen

Die Abwicklung von Bauvorhaben sowie deren anschliessender Betrieb durch einen SysBau-Anbieter bedeutet die Weiterentwicklung heutiger Projektorganisations- und Vertragsformen. Hinsichtlich der Anwendbarkeit verschiedener Projektorganisationsformen[92] und Vertragsformen[93] zur Abwicklung von Bauvorhaben sind in den letzten Jahren verschiedene Arbeiten vorgelegt worden, die dieses Thema erschöpfend behandeln.

Racky/Schubert[94] stellen aufbauend auf einer empirischen Analyse abgewickelter Hochbauvorhaben eine Entscheidungshilfe zur Festlegung der Projektorganisationsform für Bauprojekte vor. Unter der Einbeziehung von Termin- und Kostenaspekten, Aspekten der Planungsoptimierung sowie der Haftung und Gewährleistung findet eine Betrachtung des vom Auftraggeber zu tragenden Risikos statt. Ähnlich wie Racky/Schubert befassen sich Sanvido/Konchar[95] im Rahmen einer im amerikanischen

---

[89] HAWORTH, Principles, 1975, S. 14

[90] FERRY/FLANAGAN, Life Cycle Costing, 1991, S. 9

[91] vgl. Kapitel 1.1.1

[92] vgl. Kapitel 2.4

[93] vgl. Kapitel 2.6

[94] RACKY/SCHUBERT, Entwicklung, 1998, S. 529-535

[95] vgl. SANVIDO/KONCHAR, Projekt Delivery Systems, 1998

Markt breit angelegten Studie mit der Vorteilhaftigkeit verschiedener Projektorganisationsformen zur Erreichung der Kosten-, Termin- und Qualitätsziele eines Auftraggebers. Eine von der Effibau[96] in der Schweiz abgewickelte Studie zu den Charakteristika verschiedener Bauprojektorganisationen versuchte, für den Schweizer Baumarkt über Expertendiskussionen Aussagen über die Vor- und Nachteile verschiedener Projektorganisationsformen zu treffen.

Čadež[97] legt eine Entscheidungshilfe vor, die einen Auftraggeber bei der Wahl des optimalen Bauvertrages unterstützen soll. Aufbauend auf einer Risikowertanalyse werden unterschiedliche Vertragsformen im Hinblick auf ihre Eignung für die Erreichung eines baulichen Investitionszieles analysiert.

### 1.3.6 Strategisches Management für Anbieter baulicher Leistungen

Vorliegende Arbeiten, die sich bisher strategischen Aufgabenstellungen im Bereich der Bauwirtschaft widmen, versuchen über die Anwendung anerkannter Methoden aus dem Bereich des strategischen Managements Antworten auf Fragestellungen aus dem Bereich des klassischen Baugeschäftes abzuleiten. Insbesondere durch die Anwendung etablierter Strategieanalysemodelle werden aufbauend auf die Analyse von Baumärkten Aussagen über die Gestaltung von Wettbewerbsstrategien in der Bauwirtschaft getroffen.

So überträgt Baldauf[98] im Rahmen einer breit angelegten Schrift das Konzept der strategischen Gruppen auf die Bauwirtschaft. Forschungsgegenstand sind dabei Unternehmen in ihrer Beziehung zueinander sowie als Teil eines grösseren Ganzen, wie z.B. Branchen, Märkte oder Sektoren. Als strategische Gruppe betrachtet er dabei eine Anzahl von Unternehmen, die auf der Grundlage gemeinsamer Ziele und Ressourcen miteinander konkurrieren. Ziel seiner Arbeit ist es dabei insbesondere, den Wettbewerb innerhalb einzelner strategischer Gruppen bzw. den Wettbewerb zwischen einzelnen Gruppen zu analysieren.

Zur Analyse der optimalen Leistungstiefe von Bauleistungsanbietern legte Klemmer[99] eine vornehmlich theoriegeleitete Arbeit vor. Die dieser Arbeit zugrunde liegende Hypothese lautet, dass eine Überprüfung und Neustrukturierung der Leistungstiefe die Marktposition von überregional operierenden Bauleistungsanbietern sowohl in leistungs- als auch in kostenwirtschaftlicher Sicht massgeblich steigern kann. Klemmer unterstützt dabei die These Girmscheids, wodurch Unternehmen durch die Integration der Gebäudenutzungsphase in das eigene Leistungsangebot Wettbewerbserfolge erzielen können.

Neben diesen eher breit angelegten Untersuchungen finden sich darüber hinaus eine Reihe von Arbeiten, die sich auf ausgewählte Schwerpunkte konzentrieren. Hierzu

---

[96] vgl. N.N., Bauabwicklungsverfahren, 1999
[97] vgl. ČADEŽ, Risikowertanalyse, 1998
[98] vgl. BALDAUF, Gruppen, 1995
[99] vgl. KLEMMER, Neustrukturierung, 1998

zählt u.a. die Arbeit von Bahr[100], die sich auf den Aspekt der Kundenzufriedenheit als Strategieelement konzentriert.

### 1.3.7 Marketing von Bauunternehmen

Marhold[101] hat im Rahmen seiner Forschungsarbeit einen managementorientierten Ansatz zum marktstrategischen Führungsverhalten von mittelständischen Bauunternehmen entwickelt. Aufbauend auf einer Analyse des Marketings in anderen Branchen hat er Vorschläge zum Marketing-Management mittelständischer Bauunternehmen unterbreitet. Unter der Berücksichtigung der Charakteristika von Bauleistungen sowie von mittelständischen Bauunternehmen unterbreitet er Handlungsempfehlungen für die marktstrategische Führung solcher Unternehmen.

Weng[102] hat im Rahmen einer empirischen Untersuchung analysiert, wie öffentliche und private Auftraggeber Bauleistungsaufträge an mittelständische Bauunternehmen vergeben und wie diese ihr Absatzmarktverhalten gestalten. Aufbauend auf diesen Ergebnissen wurden Vorschläge zur künftigen Gestaltung des Absatzmarktverhaltens mittelständischer Bauunternehmen sowie zum Beschaffungsverhalten von Auftraggeber-Organisationen unterbreitet

## 1.4 Darstellung der bestehenden Forschungslücke und Ableitung der Fragen der Forschung

Ziel der vorliegenden Arbeit ist es, ausgehend von den Fragen der Praxis und dem Stand der Forschung die bestehende Forschungslücke in Bezug auf den Untersuchungsgegenstand zu schliessen. Die Fragen der Forschung, die im Rahmen dieser Arbeit zu beantworten sind, werden im Folgenden einzeln aus der bestehenden Forschungslücke abgeleitet und formuliert:

Voraussetzung für eine sowohl unter Aspekten der Praxis als auch der bestehenden theoretischen Ansätze zum Business-to-Business-Marketing strukturierten Untersuchungsführung ist eine Beantwortung der Frage nach der Einordnung des Leistungsgegenstandes von SysBau-Leistungen in den Kontext der Marketingforschung. Hierzu liegen bisher keine wissenschaftlichen Untersuchungen vor. Eingebettet in den Bezugsrahmen ausgewählter Grundlagentheorien der Marketingwissenschaft sowie des Business-to-Business-Marketings muss das Marketing von Systemleistungen einer systematisierten Analyse unterzogen werden. Innerhalb einer solchen Analyse ist der Frage nachzugehen, wie sich General-, Total- und Systemanbieterleistungen in das wissenschaftliche Erkenntnisumfeld des Business-to-Business-Marketings einordnen. Insbesondere die Implikationen dieser Einordnung aus der Weiterentwicklung von GU-/TU- zu SysBau-Leistungen wirft Fragen für das Marketing auf, deren Beantwortung durch die Typologisierung dieses Problems innerhalb des bestehenden Rahmens

---

[100] vgl. BAHR, Kundenzufriedenheit, 1999

[101] vgl. MARHOLD, Marketing-Management, 1992

[102] vgl. WENG, Entwicklung, 1995

des Business-to-Business-Marketing unterstützt wird. Aufgrund der Neuheit der Problemstellung des Marketings von SysBau-Leistungen wird sich die vorliegende Arbeit daher zur Schliessung dieser Forschungslücke der Einordnung des Leistungsgegenstandes SysBau-Leistung in die allgemeine Marketingforschung widmen.

| **Frage 1:** | *Wie lassen sich GU-/TU- und SysBau-Leistungen in das Erkenntnisumfeld des Business-to-Business-Marketings einordnen?* |
|---|---|

Da anders als beispielsweise bei den vorhandenen Arbeiten zum Marketing von Bauunternehmen noch keine Forschungsarbeiten zum Marketing von SysBau-Leistungen vorliegen, ist es als Voraussetzung für die Entwicklung detaillierter Marketing-Strategien erforderlich, grundlegende Hinweise für die Positionierung solcher Leistungen zu entwickeln. Zur Untersuchung der Attraktivitätsbewertung eines Systemanbieters aus Auftraggebersicht sind dabei verschiedene Aspekte zu berücksichtigen. Zum einen muss versucht werden, die Anforderungen eines Auftraggebers an einen für ihn attraktiven SysBau-Leistungsanbieter strukturiert zu erfassen. Dazu muss man sich nicht nur mit seinen geäusserten und im Marktprozess umgesetzten Anforderungen auseinandersetzen, sondern auch mit den Hintergründen seiner Nachfrage, beides verstehen und bei der Gestaltung des Leistungsangebotes berücksichtigen. Um als Systemanbieter das eigene Leistungsangebot erfolgreich an die Anforderungen der Kunden anzupassen, sollten die Kriterien, die ein Kunde zur Bewertung der Attraktivität eines Anbieters und seines Leistungsangebotes heranzieht, möglichst genau bekannt sein. Aufgrund der Neuheit der Problemstellung kann die Ermittlung erfolgreicher Positionierungsansätze dabei nur durch die Projektion heutiger Erfolgsfaktoren im Marketing von General- und Totalunternehmer-Leistungen[103] auf SysBau-Leistungen erfolgen. Als Grundlage für den weiteren Erkenntnisprozess wird daher die Frage nach den Erfolgsfaktoren für attraktive GU- und TU-Leistungsanbieter einer systematischen Untersuchung unterzogen werden müssen. Da zu dieser Themenstellung bisher keine wissenschaftlichen Untersuchungen vorliegen, ergibt sich der empirische Forschungsbedarf dabei aus der Fragestellung, wie GU- und TU- Leistungen sowie GU- und TU-Leistungsanbieter aus der Sicht der professionellen Auftraggeber der Schweizer Bauwirtschaft bewertet werden. Dabei ist insbesondere die Veränderung bzw. die Erweiterung des betrachteten Leistungsgegenstandes zu berücksichtigen, die durch eine Erweiterung von GU-/TU-Leistungen zu SysBau-Leistungen erfolgt.

| **Frage 2:** | *Nach welchen Kriterien bewerten Auftraggeber heute die Attraktivität von GU-/TU-Anbietern?* |
|---|---|

Leistungsvorteile eines Systemanbieters müssen von den Auftraggebern als solche erkannt werden. Sie müssen davon überzeugt sein, dass ihnen die Zusammenarbeit mit einem Anbieter bedeutende Vorteile bringt. Hierbei ist zwischen *technisch-objektiven Gegebenheiten* und der *subjektiven Wahrnehmung* eines Kunden zu unterscheiden. Es

---

[103] bzgl. verschiedener Projektorganisationsformen vgl. Kapitel 2.4

kommt daher für einen erfolgreich am Markt operierenden SysBau-Anbieter nicht einzig darauf an, die objektiv besten Leistungen anzubieten, sondern als vorteilhaftester Anbieter wahrgenommen zu werden.[104] Die Transponierung der gewonnenen Erkenntnisse vom empirischen Untersuchungsfeld GU-/TU-Leistungen auf das Feld der zu entwickelnden SysBau-Leistungen kann dabei nur mit Hilfe der Marketingtheorie erfolgen. Indem die Leistungserweiterungen in die Marketingtheorie eingeordnet werden, können mit Hilfe der Marketingforschung geeignete Empfehlungen zum Marketing von SysBau-Leistungen entwickelt werden. Durch diese Vorgehensweise wird u.a. die Voraussetzung geschaffen, um in der Praxis unter Rückgriff auf die bestehenden und allgemein anerkannten Methoden zur Gestaltung von Marketingprogrammen detaillierte, operative Marketingprogramme zu entwickeln. In Bezug auf den allgemeinen Marketingprozess beinhaltet dieses Ziel u.a. die Erarbeitung von Hinweisen zur Positionierung von Systemanbietern, damit deren Attraktivität aus der Sicht des Auftraggebers grösser ist als andere in Betracht gezogenen Anbieter[105].

| Frage 3: | Welche Optionen bestehen zur erfolgversprechenden Positionierung des Leistungspotenzials eines SysBau-Anbieters in der Bauwirtschaft? |
|---|---|

Da es sich beim Marketing von SysBau-Leistungen um das Marketing von Leistungsinnovationen handelt, müssen zu deren Etablierung in der Bauwirtschaft auch Empfehlungen zur Positionierung und Gestaltung von SysBau-Leistungen in ihren einzelnen Lebenszyklusphasen gegeben werden. Zwar liegen ausführliche Untersuchungen zur allgemeinen Beschreibung von Lebenszyklen vor, denen Marktleistungen im Allgemeinen unterliegen. Die Positionierung von SysBau-Leistungen in den einzelnen Marktphasen ist bisher jedoch noch nicht im Rahmen von wissenschaftlichen Untersuchungen analysiert worden. Der Schwerpunkt von Untersuchungen, die im Rahmen dieser Arbeit zur Schliessung der entsprechenden Forschungslücke zu führen sind, hat dabei auf der Entwicklung von Empfehlungen zur Positionierung dieser Leistungen innerhalb der Markteinführungsphase zu liegen. Die Frage nach einem erfolgversprechenden Ansatz zur Etablierung von SysBau-Leistungen in der Bauwirtschaft kann dabei unter der Konstruktion eines Vermarktungs-Modells systematisiert beantwortet werden. Im Rahmen eines solchen Modells sind neben einer Strukturierung bezüglich verschiedener Lebenszyklusphasen der Marktleistung „SysBau" insbesondere dynamische Einflüsse aus dem Umfeld von SysBau-Anbietern zu berücksichtigen, sofern sie von massgeblichem Einfluss auf das Marketing dieser Leistungen sind.

| Frage 4: | Wie können SysBau-Leistungen in den einzelnen Marktphasen gestaltet und erfolgsversprechend in den Schweizer Baumarkt eingeführt werden? |
|---|---|

---

[104] vgl. BACKHAUS, Industriegütermarketing, 1997, S. 30
[105] vgl. KLEINALTENKAMP, Einführung, 2000, S. 137-140

## 1.5 Abgrenzung des Untersuchungsgegenstandes

Diese Arbeit soll einen Beitrag zur Schliessung der Erkenntnislücke zum Marketing von Systemanbietern in der Bauwirtschaft leisten. Durch Hinweise auf die attraktive Gestaltung des Leistungspotenzials von SysBau-Anbietern soll sie zudem zur Etablierung von Systemangeboten in der Bauwirtschaft und zu einer lebenszyklusorientierten Gebäudeoptimierung beitragen.

Die im Rahmen dieser Arbeit geführten Untersuchungen beziehen sich dabei in ihrem Geltungsbereich vom Grundsatz her zunächst auf die Schweizer Bauwirtschaft. Die gewonnenen Erkenntnisse ergeben sich dabei sowohl aus den Charakteristika von SysBau-Leistungen als auch den Kriterien, nach denen Auftraggeber in der Schweiz die Attraktivität von Anbietern baulicher Leistungen bewerten. Sie sind daher nur bedingt auf andere Länder übertragbar.

Den Schwerpunkt der Analysen bildet der Bereich des Hochbaus. Im Rahmen der Sys-temanbieterdefinition nach Girmscheid erfolgt daher innerhalb dieser Arbeit eine Eingrenzung auf bauliche Systeme, die dem Bereich des Hochbaus zuzuordnen sind. In funktionaler Hinsicht handelt es sich hierbei beispielsweise um Wohnbauten, Büro- und Verwaltungsbauten, Gewerbe- und Industriebauten, Krankenhäuser etc.

Die Entwicklung eines erfolgreichen Marketingansatzes für SysBau-Leistungen erfolgt ausgehend von der Analyse des Marketings von General- und Totalunternehmer-Leistungen.

Prinzipiell können SysBau-Leistungen u.a. auch ausgehend von Gebäudemanagement-Dienstleistern, Planungs- oder Projektsteuerungsunternehmen sowie Projekt-entwicklungsgesellschaften entwickelt und angeboten werden. Die vorliegende Arbeit fokussiert sich allerdings in ihrer Untersuchungsführung auf die Entwicklung von GU- und TU-Anbietern zu SysBau-Anbietern.

Die heute in der Beziehung zwischen einem Generalunternehmer bzw. einem Total-unternehmer und einem Auftraggeber entscheidenden Erfolgsfaktoren werden auch für Systemanbieter von grösster Bedeutung sein. Die im Rahmen dieser Arbeit geführten Untersuchungen zu den heutigen Marketingerfolgsfaktoren und Wirkungszusammenhängen erfolgten daher anhand der Akquisitionstätigkeit der Schweizer Generalunternehmungen.

Hinsichtlich der untersuchten Arten von Auftraggebern wird sich die Arbeit auf Institutionen und Organisationen beschränken, die eine Immobilieninvestition vorwiegend unter investiven und nicht unter konsumtiven Gesichtspunkten tätigen. Dies sind u.a. institutionelle Investoren zur Realisierung eines Investitionszieles, gewerbliche Selbstnutzer zur Erbringung von gewerblichen Sach- bzw. Dienstleitungen sowie die öffentliche Hand zur Erfüllung ihrer verschiedenen Aufgaben. Ausgeschlossen werden demgegenüber Privatpersonen bzw. Privathaushalte, die im Sinne eines Endverbrauchers Immobilien zur Befriedigung eines eigenen Nutzungsbedürfnisses nachfragen.[106]

---

[106] vgl. hierzu auch Kapitel 2.2

Die Untersuchungen werden sich auf das *Marketing* von Systemanbietern beschränken. Fragestellungen, die sich auf die Entwicklung und Realisierung von Systemleistungen beziehen, werden nur behandelt, wenn diese einen direkten Einfluss auf das Marketing eines Systemanbieters nehmen.[107]

## 1.6 Forschungskooperation mit der Zschokke Generalunternehmung AG

Die Durchführung des dieser Arbeit zugrunde liegenden Forschungsprojektes erfolgte in Zusammenarbeit mit der Zschokke Generalunternehmung AG, einer der bedeutendsten Schweizer Generalunternehmungen. Ziel dieser Zusammenarbeit war es, neben einer hochstehenden Wissenschaftlichkeit auch den direkten Praxisbezug der Untersuchungsführung sicherzustellen. Darüber hinaus sollte die Übertragbarkeit der Ergebnisse auf die heutigen Generalunternehmungen als potenzielle zukünftige Systemanbieter gewährleistet werden.

## 1.7 Forschungsansatz und -methodik

Im Rahmen der vorliegenden Arbeit stützt sich die Erkenntnisgewinnung auf verschiedene Erkenntnisquellen ab.

Die gewonnenen Erkenntnisse werden einerseits zur Entwicklung von Handlungsalternativen für die Positionierung von GU-/TU-Anbietern genutzt und andererseits für die operationsanalytische Konzeption eines Modellkonstruktes zur marktphasenorientierten Vermarktung von SysBau-Leistungen herangezogen. Dabei werden die präskriptiven Handlungsalternativen zur Positionierung von GU-/TU-Anbietern theoriegeleitet aus den empirischen Erkenntnissen entwickelt. Das Modellkonstrukt „marktphasen-orientierte Vermarktung von SysBau-Leistungen" wurde aus den induktiven, qualitativen Erkenntnissen erarbeitet. Diese Erkenntnisse sind ihrerseits in einen theoretischen, deduktiven Bezugsrahmen eingebettet. Die empirisch fundierten und theorieunterstützt hergeleiteten Zielfunktionen des Entscheidungsmodells sollen den Unternehmen als Handlungsalternative in einem dynamischen Umfeld dienen.

Durch die Abstützung auf verschiedenen Erkenntniswege, d.h. auf Methoden der theoretischen und empirischen Forschung, kann die Sicherstellung und Überprüfung der Gültigkeit der Forschungsergebnisse (Validität) erfolgen. Denn im Rahmen der Forschung lässt sich die Qualität der Erkenntnisgewinnung und der Forschungsresultate durch die Verbindung mehrerer Analysegänge vergrössern (Triangulation). Triangulation meint dabei, dass man versucht, zur Beantwortung einer Fragestellung unterschiedliche Lösungswege zu entwerfen und die Ergebnisse verschiedener Untersuchungsperspektiven zu vergleichen[108]. Yin weist explizit darauf hin, dass es ein grundlegendes

---

[107] Der Aufbau und die Erbringung von SysBau-Leistungen werden im Rahmen weiterer Forschungsprojekte am Institut für Bauplanung und Baubetrieb untersucht. Vgl. GIRMSCHEID, Systemanbieterkonzept, 1999, S. 14-15

[108] vgl. MAYRING, Einführung, 1999, S. 121

Prinzip der Erkenntnisfindung ist, diese auf mehr als einen Erkenntnisweg abzustützen[109]. Als Möglichkeiten der Triangulation bezeichnet Mayring insbesondere die Vergleiche qualitativer und quantitativer Analysen als sinnvoll. Seiner Auffassung nach sind qualitative und quantitative Analyseschritte aufeinander angewiesen und miteinander zur Erkenntnisfindung zu kombinieren.[110] Yin nennt als Möglichkeiten von zu kombinierenden Erkenntniswegen ferner Interviews, d.h. qualitative und quantitative Analysen, sowie die Auswertung vorhandener Dokumentationen (z.B. Literaturquellen).[111]

Nachfolgend wird das dieser Arbeit zugrunde liegende methodische Untersuchungskonzept in einer Gesamtübersicht dargestellt.

---

[109] vgl. YIN, Case Study Research, 1994, S. 784

[110] vgl. MAYRING, Einführung, 1999, S. 122

[111] vgl. YIN, Case Study Research, 1994, S. 80

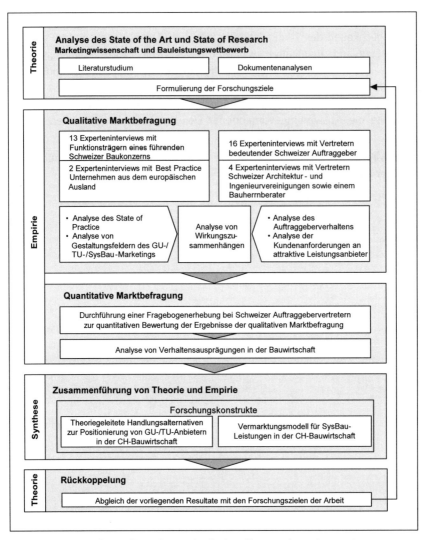

*Abbildung 1–3:    Darstellung des methodischen Untersuchungskonzeptes*

## 1.7.1 Empirische Untersuchungen

Die empirische Erkenntnisgewinnung innerhalb dieser Arbeit stützt sich einerseits auf bereits vorhandene Quellen, d.h. im Sinne der Marketingforschung[112] auf Methoden der Sekundärmarktforschung bzw. im Sinne der qualitativen Sozialforschung[113] auf Doku-

---

[112] NIESCHLAG/DICHTL/HÖRSCHGEN, Marketing, 1994, S. 681
[113] vgl. MAYRING, Einführung, 1999, S. 32-34

mentenanalysen. Den Schwerpunkt der empirischen Untersuchungsführung bildete jedoch die Durchführung eigener Erhebungen (Primärmarktforschung[114]).

Im Rahmen der Untersuchungsführung wurden sowohl *quantitative* als auch *qualitative*[115] Erhebungsverfahren zur Anwendung gebracht. Nach Auffassung von *Tomczak*[116] ermöglicht insbesondere die kombinierte Anwendung von quantitativen und qualitativen Methoden der Marketingforschung als Bestandteile eines Untersuchungskonzeptes ein hohes Mass an Praxisrelevanz, ohne dass ein Verlust an Wissenschaftlichkeit in Kauf genommen werden muss.[117] Denn ein wichtiges Postulat der Theorie des qualitativen Denkens lautet, dass sich die Verallgemeinerbarkeit humanwissenschaftlicher bzw. sozialwissenschaftlicher Ergebnisse nicht automatisch über bestimmte Verfahrens- oder Vorgehensweisen herstellen lässt. Sie ist im Einzelfall, d.h. *qualitativ*, zu begründen.[118] Denn nach Auffassung von Mayring versucht wissenschaftliches Denken immer, über Einzelfälle hinauszugehen und zu Verallgemeinerungen zu gelangen. Ergebnisse und Verfahrensweisen dürfen sich zwar durchaus vom Einzelfall wegbewegen, müssen jedoch immer wieder auch auf ihren Ursprung, d.h. den Einzelfall, bezogen werden.[119]

### 1.7.1.1 Literaturstudium

Bei der Entwicklung eines Forschungsprogramms resultiert aus dem individuellen Vorverständnis des bearbeitenden Forschers eine anfängliche Subjektivität. Aus diesem Grund war es die erste Zielsetzung, durch ein intensives Literaturstudium das eigene subjektive Vorverständnis anhand weiterer theoretischer Perspektiven zu überprüfen. Inhalt dieses Literaturstudiums waren die Ermittlung des State of the Art und des State of Research im Bereich des Marketings, insbesondere des Baumarketings, sowie im Bereich des Bauleistungswettbewerbs.

### 1.7.1.2 Qualitative Experteninterviews

Aufbauend auf den Ergebnissen des Literaturstudiums wurden interessierende Aspekte zur Verfolgung der unter Kapitel 1.4 genannten Erkenntnisziele in Form von Experteninterviews empirisch erhoben.

Vorbereitung, Durchführung und Auswertung der qualitativen Experteninterviews erfolgten auf der Basis eines speziell erstellten Untersuchungsleitfadens[120] unter der Berücksichtigung des State of the Art und State of Research im Bereich der qualitativen

---

[114] vgl. KOTLER/BLIEMEL, Marketing-Management, 1999, S. 187-206

[115] Die Unterscheidung qualitativer und quantitativer Interviews bezieht sich vornehmlich auf die Auswertung des Interviewmaterials. Die Auswertung qualitativer Interviews erfolgt mit qualitativ interpretativen Techniken; quantitative Interviews werden quantitativ statistisch ausgewertet. Vgl. MAYRING, Einführung, 1999, S. 49

[116] vgl. TOMCZAK, Forschungsmethoden, 1992, S. 81-82

[117] bzgl. der Merkmale qualitativer und quantitativer Marketingforschung vgl. insbesondere BELZ, Arbeitspapier, 1992, S. 82

[118] vgl. MAYRING, Einführung, 1999, S. 12-13

[119] vgl. MAYRING, Einführung, 1999, S. 14-15

[120] vgl. SCHULTE, Ergebnis, 2002

Sozialforschung. Sie wurden in Form von *problemzentrierten* Interviews mit einer *offenen, halbstrukturierten* Befragung[121] durchgeführt. Die strukturierte Auswertung der Interviews erfolgte unter der Konstruktion eines *deskriptiven Aussagensystems*[122]. Um die Herkunft jeder Einzelaussage für die weitere Auswertung zu erhalten, wurden die vom Interviewer erstellten Interviewprotokolle in ihre Einzelaussagen zerlegt und mit einem Herkunftscode versehen[123]. Aus den Einzelaussagen wurden anschliessend auf der Grundlage des Gesamtmaterials Themenkategorien gebildet, die schrittweise einer weiteren Untergliederung unterzogen wurden.

- **Qualitative Experteninterviews mit 13 Anbietervertretern**

Um das Vergabeverhalten der Auftraggeber sowie die Interaktion zwischen Auftraggeber und Anbieter im Bauprozess aus der Sicht einer Generalunternehmung zu analysieren, wurden 13 Vertreter der Zschokke Generalunternehmung im Rahmen von Experteninterviews befragt.

Ein weiteres Befragungsziel war die exemplarische Ermittlung des State of Practice im Baumarketing bzw. im Bauleistungswettbewerb. Hierzu wurden die Teilnehmer bezüglich ihrer Aktivitäten zur Akquisition von General- bzw. Totalunternehmeraufträgen interviewt.

Bei der eigentlichen Erkenntnisgewinnung bezüglich der Bewertung von GU-/TU-Anbietern aus Sicht der Auftraggeber kam den Anbieterinterviews in erster Linie eine unterstützende Funktion zu. Sie stellten vorwiegend eine Voraussetzung dar, um bei den späteren Experteninterviews mit Auftraggebervertretern die relevanten Fragestellungen anzusprechen und möglichst tiefe Erkenntnisse auszuschöpfen. Sie dienten somit vorwiegend als Hilfe zur Annäherung an den eigentlichen Untersuchungsgegenstand.

Die Auswahl der Interviewpartner erfolgte mit dem Ziel, ein möglichst umfassendes Bild vom strategischen und operativen Marketing aus der Sicht eines Anbieters zu erhalten. Persönliche Interessen und Standpunkte der jeweiligen Funktionsbereiche innerhalb einer Generalunternehmung wurden damit relativiert.[124]

---

[121] Als Voraussetzung zur Durchführung *problemzentrierter* Interviews muss die Problemstellung vom Interviewer bereits analysiert worden sein (z.B. in Form von Literatur- und Dokumentenanalysen). Interessierende Aspekte werden im Rahmen der Interviewvorbereitung erarbeitet und in Form eines Interviewleitfadens (Fragebogen) zusammengestellt. Die interessierenden Aspekte werden im Verlauf des Interviews angesprochen.
Der Begriff der *offenen Befragung* bezieht sich auf die *Freiheitsgrade des Befragten*. Im Rahmen einer offenen Befragung kann der Befragte frei antworten. Ohne feste Antwortvorgaben berücksichtigen zu müssen, kann er das formulieren, was ihm in Bezug auf das Thema als bedeutsam erscheint.
Der *Strukturierungsgrad* bezieht sich auf die *Freiheitsgrade des Interviewers* und sagt aus, inwieweit der Interviewer sich an einen starren Fragenkatalog halten muss, oder ob er Fragen und Themen je nach Interviewsituation anpassen kann. vgl. hierzu MAYRING, Einführung, 1999, S. 49-54

[122] vgl. hierzu MAYRING, Einführung, 1999, S. 78-81

[123] vgl. FROSCHAUER/LUEGER, Interview, 1998, S. 51

[124] Befragt wurden als Vertreter der Zschokke Holding AG: Der Präsident des Verwaltungsrates, der Chief Executive Officer sowie der Leiter des Key Account Managements. Als Vertreter der Zschokke Generalunternehmung AG wurden befragt: Der Vorsitzende der Geschäftsleitung, die Leiter verschiedener

- **Qualitative Experteninterviews mit 16 Auftraggebervertretern**

Durch die Befragung von Auftraggebern wurde der Marketingprozess für GU-/TU-Leistungen aus Kundensicht analysiert. Im Rahmen von Experteninterviews wurden 16 Auftraggebervertreter interviewt. Darüber hinaus wurden 4 Vertreter von verschiedenen Schweizer Ingenieur- und Architekten- bzw. Planerverbänden sowie ein Bauherrenberater befragt.

Zur Evaluation der Interviewpartner wurden verschiedene Vertreter des Forschungspartners ersucht, anhand eines Fragebogens in Frage kommende Interviewpartner vorzuschlagen. Die vorgeschlagenen Interviewpartner wurden dabei charakterisiert hinsichtlich:

- *Art des Auftraggebers*[125]
  - Business-to-Business-Auftraggeber: öffentlich / privat
  - Zweck der Immobilieninvestition (gewerbliche Selbstnutzer / institutionelle Investoren)
  - Nachfragehäufigkeit und -volumen (Gelegenheitsauftraggeber / professionelle Auftraggeber)
- *Präferierte Projektorganisationsform des Auftraggebers*

Mit dem Ziel, das Zielkundenportfolio einer Generalunternehmung bzw. eines Systemanbieters in bezug auf die *Art des Auftraggebers* sowie die *präferierte Projektorganisationsform* möglichst repräsentativ abzubilden, wurden aus der Grundgesamtheit der insgesamt 49 vorgeschlagenen Interviewpartner 16 für ein Experteninterview ausgewählt. Im Hinblick auf die Einführung von SysBau-Leistungen in die Schweizer Bauwirtschaft wurden dabei in erster Linie professionelle Auftraggeber[126] ausgewählt.[127]

Zur Durchführung der qualitativen Auftraggeberbefragung wurden die Befragten auf drei Befragungsblöcke verteilt. Die folgende Tabelle 1–2 zeigt die Befragungsziele und die Befragungsinhalte der einzelnen Befragungsblöcke.

---

Niederlassungen sowie der Leiter der Projektentwicklung. Des weiteren wurde der Geschäftsführer einer zur Zschokke Holding gehörenden Gebäudetechnik-Ingenieurgesellschaft befragt.

[125] zur Definition von Auftraggeberarten vgl. Kapitel 2.2

[126] zur Definition vgl. Kapitel 2.2.1.2

[127] vgl. Kapitel 1.4

| Qualitative Auftraggeberbefragung | | |
|---|---|---|
| **Befragungsblock** | **Befragungsziel** | **Befragungsinhalt** |
| **I. Entscheidungs-strukturen des Auftraggebers** | Erkennen von nachfrager-seitigen Ablauf- und Ent-scheidungsstrukturen als Verständnishintergrund zur Analyse des Auftraggeber-verhaltens. | • Weg einer baulichen Nachfrage von ihrer Entstehung und Erkennung bis zur Be-auftragung eines GU-/TU-Anbieters<br>• Entscheidungshierarchien innerhalb der Auftraggeberorganisation bezüglich der Festlegung der Projektorganisationsform und der Vergabe eines GU-/TU-Auftrages |
| **II. Festlegung der Projektorganisa-tionsform durch den Auftragge-ber** | Erkennen von Auftragge-bergesichts-punkten zur Wahl der Projektorganisa-tionsform als Verständnis-hintergrund zur Analyse des Auftraggeberverhal-tens. | • Allgemeine Haltung der Auftraggeber gegenüber Generalunternehmer-, Total-unternehmer- bzw. Gesamtleistungsmo-dellen<br>• Gesichtspunkte und Entscheidungshin-tergründe zur Bestimmung der Projekt-organisationsform |
| **III. Bewertung von GU-/TU-Anbie-tern durch den Auftraggeber** | Erkennen und Analysieren der Bewertung der Attrakti-vität von GU-/TU-Anbietern durch den Auftraggeber als künftige Erfolgsfaktoren des Marketings von Sys-Bau-Leistungen. | • Bedeutungsrelation von Anbieter- und Angebotsattraktivität im Rahmen der Vergabeentscheidung<br>• Gesichtspunkte der Auftraggeber zur Bewertung der Attraktivität eines GU-/TU-Anbieters<br>• Instrumente und Möglichkeiten des Auf-traggebers zur Bewertung der Anbieter-attraktivität hinsichtlich der verschiede-nen Bewertungsgesichtspunkte<br>• Ansatzpunkte zur Attraktivitätssteigerung von GU-/TU-Anbietern |

*Tabelle 1–2:     Befragungsinhalte der qualitativen Auftraggeberbefragung*

- **Qualitative Experteninterviews mit Vertretern weiterer Funktionsträger im Bauprozess**

Die Generalunternehmungen stehen den Kunden im Marketingprozess nicht allein ge-genüber. Andere Funktionsträger (z.B. Architekten, Ingenieurunternehmen, Bauherren-berater etc.) ringen im Bauprozess ebenfalls um die Gunst der Auftraggeber und bieten diesen teils komplementäre Ergänzungsleistungen, teils alternative Leistungen im Bauprozess an. Als Vertreter weiterer Funktionsträger der Bauwirtschaft wurden die Repräsentanten des Schweizerischen Ingenieur- und Architektenvereins (SIA) sowie der Wirtschaftsverbände Union Suisse Ingenieur Conseil (usic) und des Bundes der schweizerischen Architekten (BSA) befragt. Es gehört zu den Aufgaben der Standes- und Verbandsvertreter, die Interessen und Auffassungen ihrer Mitglieder u.a. zu Fra-gen des Bauprozesses in der Öffentlichkeit darzustellen. Die mit den Vertretern der Vereinigungen geführten Einzelinterviews waren daher eine effiziente Möglichkeit, re-präsentativ die Standpunkte der durch sie vertretenen Mitglieder zu ermitteln.

Stellvertretend für die in der Schweizer Bauwirtschaft tätigen Bauherrenberater wurden der Vorsitzende und Delegierte des Verwaltungsrates sowie ein weiteres Verwaltungs-ratsmitglied der GSG Projekt Partner AG (vormals GSG Baucontrol AG) befragt.

### 1.7.1.3 Quantitative Marktbefragung

Zur quantitativen Bewertung der Ergebnisse der qualitativen Erhebungen wurde in Form einer schriftlichen Fragebogenerhebung eine quantitative Auftraggeberbefragung durchgeführt. Ziel war es zu ermitteln, welche Bedeutung die Resultate der Expertininterviews für die Gesamtheit der auf dem Schweizer Hochbaumarkt auftretenden Nachfrager haben.[128]

Im Rahmen der qualitativen Auftraggeberbefragung wurden 230 Auftraggebervertreter angeschrieben. 119 Fragebögen wurden fristgemäss retourniert, woraus sich eine hohe Rücklaufquote von 52% ergibt. Hinsichtlich ihrer Investitionsintensität von jährlich 8,2 Mrd. sFr. repräsentieren die ausgewerteten Fragebögen einen Anteil von 26,8% des gesamten Schweizer Hochbaumarktes (30,6 Mrd. sFr.[129]).

Im engeren statistischen Sinne können die Ergebnisse der quantitativen Befragung, wie die meisten Befragungen im Rahmen der Marketingforschung, nicht als repräsentativ für die Grundgesamtheit aller Schweizer Auftraggeber betrachtet werden.[130] Dies liegt zum einen daran, dass die Stichprobenauswahl aufgrund der unbekannten Grundgesamtheit nicht zufällig erfolgen konnte. Die Evaluation der angeschriebenen Interviewpartner geschah in Zusammenarbeit mit der Interessengemeinschaft privater professioneller Bauherren (IPB), auf der Grundlage der Kundendatenbank der Zschokke Generalunternehmung AG sowie der Adressdatei des Instituts für Bauplanung und Baubetrieb. Damit ist eine zufällige Auswahl der Befragten als Voraussetzung für eine uneingeschränkte statistische Repräsentativität nicht gegeben.[131] Die Stichprobenstruktur (Tabelle 1–3) zeigt, dass der Schwerpunkt der befragten Interviewpartner entsprechend den Zielen der Arbeit bei den professionellen Auftraggebern liegt. Darüber hinaus kann nicht sicher davon ausgegangen werden, dass die Ausfälle, d.h. die nicht retournierten Fragebögen, ausschliesslich zufallsbedingt waren und somit kein Zusammenhang zwischen den Merkmals- und Meinungsausprägungen der Befragten und ihrer Bereitschaft zur Befragungsteilnahme besteht.[132] Die Ergebnisse der quantitativen Befragung sollen daher als Hinweis auf Meinungs- und Verhaltensausprägungen auf der Seite der Schweizer Auftraggeber verstanden werden und nicht als exaktes Abbild der Wirklichkeit.[133]

---

[128] Die operative Durchführung der quantitativen Auftraggeberbefragung erfolgte im Rahmen einer Diplomarbeit am Institut für Bauplanung und Baubetrieb. Vgl. LÜTOLF, Kundenanforderungen, 2000

[129] N.N., Jahrbuch, 2000, S. 235

[130] Tomczak weist u.a. darauf hin, dass in vielen Fällen die Repräsentativität quantitativer Marketingforschung eher eine Annahme als eine Tatsache ist. Als Gründe hierfür nennt er u.a. eine vielfach unbekannte Grundgesamtheit sowie Schwierigkeiten zur Identifikation adäquater Interviewpartner. Vgl. TOMCZAK, Forschungsmethoden, 1992, S. 80

[131] Die Aussagen statistischer Untersuchungen bzgl. der Merkmalsausprägungen (hier: Häufigkeiten von Meinungs- und Verhaltensausprägungen) einer Stichprobe (hier: befragte Auftraggeber) entsprechen um so wahrscheinlicher der Grundgesamtheit (hier: Gesamtheit aller Schweizer Auftraggeber), je ausgeprägter der Zufallscharakter einer Stichprobe ist. Vgl. SACHS, Statistik, 1974, S. 41-43

[132] vgl. KROMREY, Sozialforschung, 1998, S. 378-379

[133] Nach Diekmann ist bei empirischen Untersuchungen strenggenommen vielfach keine repräsentative Stichprobenauswahl gegeben. In vielen Fällen ist eine uneingeschränkte statistische Repräsentativität gemäss seiner Auffassung auch nicht erforderlich. Vgl. DIEKMANN, Sozialforschung, 1999, S. 100-106

Die folgende Tabelle 1–3 enthält eine Übersicht über die Stichprobenstruktur der quantitativen Auftraggeberbefragung. Des Weiteren geht aus ihr die hohe Übereinstimmung der Stichprobenanteile (*Quote*[134]) der öffentlichen und privaten Auftraggeber verglichen mit ihren Anteilen am Schweizer Hochbaumarkt hervor.

| Stichprobenstruktur | | | | |
|---|---|---|---|---|
| **Art der Auftraggeber** | **Kriterium** | **Hochbau (Schweiz)** | **Befragung** | |
| | | **Anteil**[135] | **Anzahl** | **Anteil** |
| **Öffentlich / privat** bzw. **Nutzer / Investoren** | **Private Auftraggeber:** Davon: Business-to-Business-Auftraggeber: | 78% | 92 | 77,3% |
| | -Gewerb. Selbstnutzer | 20% | 43 | 36,1% |
| | -Institutionelle Investoren | 24% | 49 | 41,2% |
| | sonstige private Auftraggeber | 33% | – | – |
| | **Öffentliche Auftraggeber** | 22% | 24 | 20,2% |
| | **keine Angaben** | – | 3 | 2,5% |
| | *Gesamt* | *100%* | *119* | *100%* |
| **Investitionsvolumen der Auftraggeber** (Gelegenheitsauftraggeber / professionelle Auftraggeber) | < 5 Mio. sFr./Jahr | –[136] | 13 | 10,9% |
| | 5–19 Mio. sFr./Jahr | – | 24 | 20,2% |
| | 20–49 Mio. sFr./Jahr | – | 27 | 22,7% |
| | 50–100 Mio. sFr./Jahr | – | 18 | 15,1% |
| | > 100 Mio. sFr./Jahr | – | 28 | 23,5% |
| | Keine Angaben | – | 9 | 7,6% |
| | *Gesamt* | – | *119* | *100%* |

Tabelle 1–3:     *Stichprobenstruktur der quantitativen Marktbefragung*

Die Ergebnisse der quantitativen Befragung werden im Rahmen dieser Arbeit als Balkendiagramme dargestellt. Ziel ist es hierbei, die erhobenen Informationen im Sinne einer *beschreibenden (deskriptiven) Statistik*[137] möglichst übersichtlich darzustellen, so dass das Wesentliche schnell erkennbar wird. Die Ausprägungen der verschiedenen Antwortalternativen (*diskrete Variablen*[138]) werden dabei als *relative Häufigkeiten*[139]

---

[134] vgl. DIEKMANN, Sozialforschung, 1999, S. 368

[135] bzgl. des Anteils der einzelnen Auftraggebergruppen am Schweizer Hochbaumarkt vgl. Kapitel 2.2

[136] Zur Bestimmung von Marktanteilen einzelner Auftraggebergruppen hinsichtlich ihrer Investitionsintensität liegen keine statistischen Daten vor.

[137] Zur deskriptiven Statistik vgl. u.a. KROMREY, Sozialforschung, 1998, S. 392-393

[138] Diskrete Variablen sind dadurch gekennzeichnet, dass sie nur ganz bestimmte (z.B. vorgegebene Werte) annehmen können. Zu verschiedenen Typen von Variablen in der Sozialforschung vgl. u.a. DIEKMANN, Sozialforschung, 1999, S. 100-106

[139] vgl. KROMREY, Sozialforschung, 1998, S. 402

dargestellt, um die Ergebnisse in ihrer Bedeutung unmittelbar vergleichen zu können. Die Diagramme enthalten zudem die Grösse der jeweiligen Befragungsstichprobe (*N*).

Die Darstellung der relativen Häufigkeiten der verschiedenen Antwortalternativen erfolgt für die Summe der befragten Auftraggeber (*total*) sowie differenziert nach Auftraggeberarten.

Darüber hinaus wurde zusätzlich eine Gewichtung der Antworten nach der Investitionsintensität der Befragten vorgenommen (*total, nach Bauvolumen gewichtet*). Entsprechend der in Tabelle 1–3 vorgenommenen Einteilung der Auftraggeber bezüglich ihrer Investitionstätigkeit in Gruppen[140] wurden Auftraggeber mit einer jährlichen Investitionstätigkeit von über 100 Mio. sFr. mit dem Faktor *fünf* gewichtet und solche mit einer jährlichen Investitionstätigkeit von weniger als 5 Mio. sFr. mit dem Faktor *eins*; die Gewichtungsfaktoren der übrigen Gruppen ergeben sich entsprechend zu *zwei*, *drei* und *vier*. Auf diese Weise sollte zum einen dem unterschiedlichen Gewicht der verschiedenen Antwortausprägungen Rechnung getragen werden, welches sich in Abhängigkeit des durch sie repräsentierten Nachfragevolumens ergibt. Andererseits sollte gegenüber einer strengen arithmetischen Gewichtung vermieden werden, dass die Ergebnisse der Befragung fast ausschliesslich durch wenige grosse Auftraggeber dominiert werden, die ein jährliches Nachfragevolumen von mehreren hundert Millionen Franken pro Jahr realisieren.

Der Einfluss der Investitionsintensität auf das Befragungsergebnis wird im Folgenden zudem nur bei solchen Fragestellungen dargestellt, bei denen zwischen diesen eine erkennbare Kausalbeziehung besteht.

## 1.7.2 Theoriegeleitete Modellbildung

Aufbauend auf den Ergebnissen der empirischen Untersuchungen erfolgt die Entwicklung von Zielfunktionen für Handlungsalternativen zum Marketing von SysBau-Anbietern.

Für die strukturierte Beschreibung marketingrelevanter Bewertungsprozesse zur Bestimmung der Attraktivität eines SysBau-Anbieters und für die Ableitung von Zielfunktionen für Handlungsalternativen zur Etablierung von SysBau-Leistungen sowie zur erfolgreichen Positionierung von SysBau-Anbietern wird ein Vermarktungsmodell entwickelt.

Ziel der Modellbildung ist es, durch eine bewusste Reduktion der Komplexität, die das Marketing von SysBau-Leistungen in der Praxis beinhaltet, einfache Aussage- und Wirkungsstrukturen zu schaffen, aus denen sich wissenschaftliche Erklärungen und Empfehlungen zum Marketing von SysBau-Anbietern ableiten lassen.

Die Entwicklung und Validierung dieses Modells erfolgt durch die Triangulation von verhaltensorientierten und institutionsökonomischen Theorien (theoretischer Bezugsrah-

---

[140] Eine Gruppierung (Klassierung) von Merkmalsausprägungen ist immer dann erforderlich, wenn es sich wie bei dem Merkmal der Investitionsintensität um eine kontinuierliche Variable handelt, für die eine Häufigkeitsverteilung darzustellen ist. Vgl. KROMREY, Sozialforschung, 1998, S. 400

men[141]) und den empirischen Untersuchungen. Die Übertragung der empirischen Untersuchungen an GU-/TU-Anbietern auf das Marketing von SysBau-Anbietern erfolgt dabei zur Validitätsüberprüfung zum einen durch einen Rückgriff auf die allgemeine Marketingforschung. Zum anderen bildet der in Kapitel 2 entwickelte theoretische Bezugsrahmen ein Erklärungsnetz, in das die „Wirklichkeit" der Empirie bei der Modellbildung eingefügt wird. Denn die Ergebnisse empirischer Untersuchungen lassen sich durch die Triangulation verschiedener Erkenntniswege dadurch erhärten, dass sie durch allgemein anerkannte Theorien gestützt werden. Im Umkehrschluss lassen sie sich im Falle eines Widerspruchs auch widerlegen. Hierdurch werden die subjektiven Untersuchungsansätze des Forschers bei der Modellbildung objektiven Strukturierungsansätzen unterworfen, in die sich die empirischen Untersuchungsergebnisse einbetten.

Zur Entwicklung des theoretischen Bezugsrahmen wurden dabei die folgenden Theorien herangezogen:

- Theorie des Buying Centers
- Theorie der Transaktion
  - Austauschtheorie
  - Principal-Agent-Theorie
  - Transaktionskostentheorie

Die Austauschtheorie, die Principal-Agent-Theorie sowie die Transaktionskostentheorie gehören zur Theorie der Transaktion.

Das entwickelte Vermarktungsmodell besteht dabei aus zwei Modelldimensionen, einer Kunde-Anbieter-Struktur und einer Marktentwicklungsstruktur. Die Kunde-Anbieter-Struktur zeigt auf, wie Auftraggeber die Attraktivität von SysBau-Anbietern bewerten. Dazu werden Zielfunktionen für Handlungsalternativen entwickelt, die aus den Bewertungskriterien der Auftraggeber resultieren. In der Marktentwicklungsstruktur bildet es auf der Grundlage des Lebenszyklusmodells die Veränderungen ab, die die in der Kunde-Anbieter-Struktur beschriebenen Zusammenhänge in verschiedenen Marktphasen durchlaufen. Hieraus ergeben sich Handlungsalternativen für das Marketing von SysBau-Leistungen in den einzelnen Marktphasen.

Als eigentliche Modell-Input-Faktoren beinhaltet das Modell in seiner Kunde-Anbieter-Struktur die Elemente „Auftraggeberspezifisches Vergabeverhalten" und „Art und Umfang des Leistungsgegenstandes".

Das entwickelte Modell besitzt zum einen die Charakteristik eines Erklärungsmodells und eines Entscheidungsmodells. Hinsichtlich der bei seiner Konstruktion vorgenommenen Abgrenzung bezieht es sich auf institutionelle Anleger und gewerbliche Selbstnutzer. Es wird in ein dynamisches, veränderliches Umfeld eingebettet, bei dem die internen Marketing-Zielfunktionen ausgerichtet werden auf die Positionierung und die

---

[141] vgl. Kapitel 2.1

zugehörige Marketingstrategie in den einzelnen Marktphasen dieser Leistungsinnovation.

## 1.8 Aufbau der Arbeit

Die vorliegende Arbeit gliedert sich in 7 Kapitel, wobei die Kapitel 2–5 die eigentlichen Hauptkapitel darstellen.

*Kapitel 1* befasst sich mit der Einführung in den Untersuchungsgegenstand, der Ableitung der Fragen der Forschung sowie der Darstellung der gewählten Untersuchungsführung. In *Kapitel 2* werden als Verständnisgrundlage notwendige Begriffe und Zusammenhänge aus dem Bereich der Marketingtheorie sowie der Bauwirtschaft dargestellt. Zur Konstruktion eines theoretischen Bezugsrahmens werden ausgewählte, grundlegende Theorien zur Erklärung des Beschaffungsverhaltens von Institutionen sowie zur Gestaltung und Abwicklung von Markttransaktionen und Austauschprozessen dargestellt. Hierauf aufbauend wird im *Kapitel 3* der Untersuchungsgegenstand, das Marketing von GU-/TU- und SysBau-Anbietern, in die allgemeine Marketingforschung eingegliedert. Der Schwerpunkt des *Kapitel 4* widmet sich der Analyse der heute durch Auftraggeber vorgenommen Bewertung des Leistungspotenzials von GU-/TU-Anbietern. Es werden die relevanten Positionierungsgesichtspunkte herausgearbeitet. Hieraus erfolgt im Rahmen des *Kapitel 5* die Entwicklung eines Vermarktungsmodells sowie die Ableitung von Handlungsalternativen zur Positionierung von SysBau-Anbietern und zur Markteinführung von SysBau-Leistungen in die Schweizer Bauwirtschaft. *Kapitel 6* widmet sich der Rückkoppelung zwischen den eingangs formulierten Fragen der Forschung und den Zielen der Arbeit zu den an dieser Stelle vorliegenden Forschungsergebnissen. In *Kapitel 7* wird schliesslich ein Ausblick hinsichtlich des sich aus dieser Arbeit ergebenden weiteren Forschungsbedarfs gegeben. Der Aufbau der Arbeit orientiert sich somit an den unter Kapitel 1.4 erläuterten Zielsetzungen. Er geht im Einzelnen aus der nachfolgenden Abbildung 1–4 hervor.

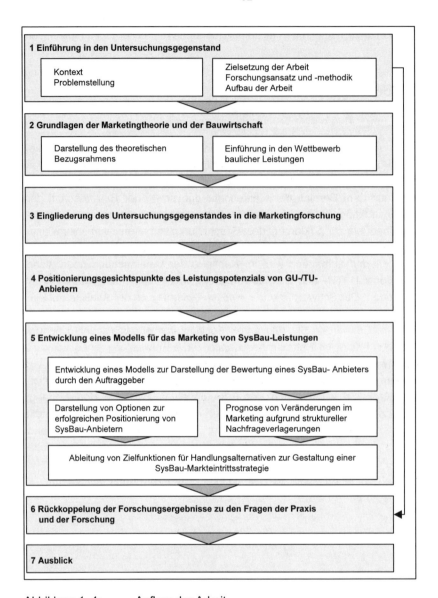

**1 Einführung in den Untersuchungsgegenstand**

Kontext
Problemstellung

Zielsetzung der Arbeit
Forschungsansatz und -methodik
Aufbau der Arbeit

**2 Grundlagen der Marketingtheorie und der Bauwirtschaft**

Darstellung des theoretischen
Bezugsrahmens

Einführung in den Wettbewerb
baulicher Leistungen

**3 Eingliederung des Untersuchungsgegenstandes in die Marketingforschung**

**4 Positionierungsgesichtspunkte des Leistungspotenzials von GU-/TU-Anbietern**

**5 Entwicklung eines Modells für das Marketing von SysBau-Leistungen**

Entwicklung eines Modells zur Darstellung der Bewertung eines SysBau- Anbieters
durch den Auftraggeber

Darstellung von Optionen zur
erfolgreichen Positionierung von
SysBau-Anbietern

Prognose von Veränderungen im
Marketing aufgrund struktureller
Nachfrageverlagerungen

Ableitung von Zielfunktionen für Handlungsalternativen zur Gestaltung einer
SysBau-Markteintrittsstrategie

**6 Rückkoppelung der Forschungsergebnisse zu den Fragen der Praxis
und der Forschung**

**7 Ausblick**

Abbildung 1–4:     Aufbau der Arbeit

## 1.9  Zusammenfassung des Kapitels 1

Systemanbieter (SysBau-Anbieter) ermöglichen aus einer Hand die gesamtheitliche, d.h. life-cycle-orientierte, Optimierung von Gebäuden hinsichtlich Planung, Erstellung und Bewirtschaftung. Sie erbringen ihre Leistungen auf der Grundlage eines System-konzeptes, das sie einer stetigen projektübergreifenden Weiterentwicklung unterwerfen. Ihre projekt- und auftraggeberspezifischen Lösungsvorschläge entwickeln und realisieren sie im Wettbewerb mit anderen Anbietern.

Offene Fragen aus Sicht der Praxis beziehen sich auf die Erfolgsfaktoren im Wettbewerb um SysBau-Leistungen. Anbieter von General- und Totalunternehmerleistungen, die sich für eine Entwicklung zum SysBau entschliessen, stehen aufgrund der Neuheit dieses Konzeptes der Problematik gegenüber, nicht auf vorhandene Erfahrungen zum Marketing zurückgreifen zu können.

Es ist daher zu klären, inwieweit sich die Erfolgsfaktoren für das Marketing von Sys-Bau-Leistungen von denen des Marketings von General- und Totalunternehmerleistungen unterscheiden. Eine Voraussetzung zur Klärung dieser Fragestellung ist die Kenntnis der Erfolgsfaktoren im heutigen Wettbewerb um General- und Totalunternehmerleistungen. Besondere Bedeutung ist dabei den professionellen Auftraggebern zuzumessen, da diese eine hohe Erfolgsrelevanz bei der Einführung von SysBau-Leistungen besitzen werden.

Aus den Fragen der Praxis und dem aktuellen Stand der Forschung ergeben sich die in der vorliegenden Arbeit zu beantwortenden Fragen der Forschung:

- Wie lassen sich GU-/TU- und SysBau-Leistungen in das wissenschaftliche Erkenntnisumfeld des Business-to-Business-Marketings einordnen?
- Nach welchen Kriterien bewerten Auftraggeber heute die Attraktivität von GU-/TU-Anbietern?
- Welche Optionen bestehen zur erfolgversprechenden Positionierung des Leistungspotenzials eines SysBau-Anbieters in der Bauwirtschaft?
- Wie können SysBau-Leistungen in den einzelnen Marktphasen gestaltet und erfolgversprechend in den Schweizer Baumarkt eingeführt werden?

Zur Beantwortung dieser Fragen werden im Rahmen der Untersuchungsführung sowohl vorhandene Forschungsarbeiten ausgewertet als auch eigene empirische Untersuchungen durchgeführt. Dabei werden *quantitative* und *qualitative* Erhebungsverfahren zur Anwendung gebracht. Die empirischen Ergebnisse werden durch Triangulation von qualitativen und quantitativen Untersuchungen validiert. Die Validierung der Forschungskonstrukte (Entwicklung von Handlungsalternativen zur Positionierung von GU-/TU-Anbietern und eines Vermarktungsmodells für SysBau-Leistungen) erfolgt durch die Einbettung der empirischen Ergebnisse (induktive Erkenntnisse) in einen theoretischen Bezugsrahmen (deduktive Theorien). Durch die Triangulation verschiedener Erkenntniswege wird die Validität der Forschungsergebnisse sicher gestellt.

# 2 Grundlagen der Marketingtheorie und der Bauwirtschaft

Im Folgenden werden als Grundlage für das weitere Verständnis der vorliegenden Arbeit Begriffe und Zusammenhänge aus dem Bereich der Marketingtheorie sowie der Bauwirtschaft dargestellt.

Zur theoretischen Fundierung der Problematik des Marketings von Systemanbieterleistungen und zur Strukturierung des Vermarktungsmodells wird zunächst in Form eines allgemeinen theoretischen Bezugsrahmen das Geschehen innerhalb von Markttransaktionen mit Hilfe ausgewählter theoretischer Ansätze erläutert.

Die Theorien wurden dabei nach den folgenden Kriterien ausgewählt, die im Rahmen eines internen Forschungsworkshops des Institutes für Bauplanung und Baubetrieb der ETH Zürich erarbeitet wurden[142]:

Die Theorien müssen zum einen bei den Forschern ihres Anwendungsgebietes allgemein *anerkannt* sein. Des Weiteren müssen die Aussagen der Theorien auf den Forschungsgegenstand *anwendbar* sein, d.h. der Forschungsgegenstand muss sich innerhalb des durch die Theorien behandelten Aussagengebietes befinden. Die Theorien müssen darüber hinaus für den Untersuchungsgegenstand *relevant* sein und durch ihre Anwendung zu einem wesentlichen Erkenntniszuwachs beitragen. Als weiteres Kriterium wird gefordert, dass die Theorien für den Untersuchungsgegenstand *vollständig* gelten, um sie umfassend entsprechend ihrer Gesamtaussage und nicht durch eine Beschränkung auf Teilaussagen verzerrt zur Anwendung zu bringen. Insgesamt muss die Wahl der den theoretischen Bezugsrahmen bildenden Theorien *zweckmässig* erfolgen zur Erforschung des Untersuchungsgegenstandes.

Anschliessend werden als Verständnisgrundlage für die in der Bauwirtschaft vorherrschenden Marketingprozesse einige elementare Begriffe und Zusammenhänge aus dem Bereich des Wettbewerbs in der Bauwirtschaft erklärt.

## 2.1 Theoretischer Bezugsrahmen

Der im Folgenden entwickelte theoretische Bezugsrahmen dient zum einen der Validierung der Ergebnisse der empirischen Untersuchungen. Diese werden durch ihre Übereinstimmung bzw. Nicht-Übereinstimmung mit den ausgewählten verhaltenswissenschaftlichen und institutionsökonomischen Theorien unterstützt bzw. verworfen. Des weiteren wird der theoretische Bezugsrahmen dazu benutzt, um das zu entwickelnde Modellkonstrukt von den subjektiven und werturteilsbezogenen Ansätzen des Forschers zu befreien und einer objektivierten Erkenntnisstruktur zu unterwerfen.

Die zur Gestaltung des theoretischen Bezugsrahmens ausgewählten Theorien werden zunächst in Form eines Rasters zusammengefasst in Tabelle 2–1 dargestellt. Es wur-

---

[142] Resultate eines internen Forschungsworkshops des Institutes für Bauplanung und Baubetrieb, Bereich Baubetriebswissenschaften und Bauverfahrenstechnik, ETH Zürich

den ausschliesslich solche Theorien berücksichtigt, die in der Marketingforschung allgemein *anerkannt* sind. Da es sich bei diesen um Grundlagentheorien handelt, ist zudem sichergestellt, dass sie auch für den in dieser Arbeit betrachteten Untersuchungsgegenstand *vollständig gelten*. Anschliessend erfolgt die weitergehende Vorstellung der wesentlichen Theorieelemente und -aussagen.

## Raster des theoretischen Bezugsrahmens

| Theorie | | Anwendung im Rahmen der Arbeit | Wesentliche Begriffe | Aussagen / Merkmalsausprägungen | Implikationen |
|---|---|---|---|---|---|
| **Buying-Center-Theorie** | | Summarische Beschreibung der auftraggeberseitig vergabebeeinflussenden Personen | Buying Center: An einem Beschaffungsprozess auf Auftraggeberseite beteiligte Personen | Beschaffungsverhalten des Buying Centers wird beeinflusst von: - Umweltfaktoren - Organisationsbedingungen - individuellen Personeneigenschaften - internen Interaktionen von Personen | Buying Center beeinflusst die Gestaltung des Bezugs baulicher Leistungen |
| **Theorien der Transaktion** | | Bezugsrahmen zur Analyse der auf dem GU-/TU-Markt stattfindenden Transaktionsprozesse. | Transaktion: Prozess zur Klärung und Vereinbarung eines Leistungsaustausches | Erklärung von Ursachen und Wirkungen von Transaktionen | Gestaltung von Transaktionsprozessen beeinflusst den Markterfolg eines Anbieters. |
| Theorien der Transaktion | **Austauschtheorie** | Ableitung von Hinweisen zur Gestaltung der Kosten- und Nutzenelemente von SysBau-Austauschbeziehungen. | Austausch: Aktivitäten zur Anbahnung, Durchführung und Kontrolle einer Transaktion | Darstellung der einzelnen Kosten- und Nutzenelemente von Anbahnung, Durchführung und Kontrolle bzgl.: - Wert des Vertragsgegenstandes - Wert der Durchführung des Austausches - Wert von Folgewirkungen | Austausch erfolgt, wenn sein subjektiver Nutzen seine Kosten übersteigt. |
| | **Principal-Agent-Theorie** | Bewertung von Verhaltensunsicherheiten auf Auftraggeberseite; Ableitung von Ansätzen für SysBau-Anbieter zur wettbewerbswirksamen Reduktion von nachfrageseitigen Verhaltensunsicherheiten. | Principal: Transaktionspartner mit Informationsnachteil Agent: Transaktionspartner mit Informationsvorteil Opportunismus: Ausnutzung von Verhaltensspielraum zum Eigenvorteil | Transaktionen sind in der Praxis von Informationsasymmetrien gekennzeichnet. Diese ergeben sich häufig aus Verhaltensspielräumen der Beteiligten. Charakterisierungsaspekte sind: - Principal - Agent - Opportunismus | Verhaltensspielräume und die Möglichkeit von Opportunismus führen zu Verhaltensunsicherheiten der Beteiligten. |
| | **Transaktionskosten-Theorie** | Gewinnung von theoriegetriebenen Hinweisen für die Reduktion der Transaktionskosten von SysBau-Leistungen. | Transaktionskosten: Kosten von Transaktionen | Die Kosten einer Transaktion werden geprägt durch Vertragsgegenstand und Prozess und charakterisiert durch ihre: - Spezifität - Unsicherheit - Häufigkeit | Minimierung von Transaktionskosten führt zu einer Steigerung der Wahrscheinlichkeit des Zustandekommens einer Transaktion. |

*Tabelle 2–1:     Raster der als theoretischer Bezugsrahmen verwendeten Theorien*

## 2.1.1 Buying Center

Die an einem Kaufprozess auf Seiten des Auftraggebers beteiligten Personen werden als *Buying Center* bezeichnet[143].

In dem von Webster/Wind aufgestellten Modell des Buying Centers werden die Vorgänge, die unter den Mitgliedern eines Buying Centers bei der Beschaffung von Investitionsgütern ablaufen, auf einen idealtypischen Prozess zurückgeführt. Es dient damit der strukturierten Analyse von Entscheidungsprozessen, an denen mehrere Personen mit unterschiedlichen Zielsetzungen beteiligt sind. Als Klassen von Determinaten, die das Beschaffungsverhalten eines Buying Centers bestimmen, werden von Webster/Wind die folgenden Aspekte beschrieben[144]:

- **Umweltfaktoren**

Das Verhalten des Buying Centers wird u.a. geprägt von äusseren Einflüssen. Solche Einflüsse sind beispielsweise Vorschriften[145] und Verordnungen sowie das allgemeine wirtschaftliche Umfeld, das das Beschaffungsverhalten und die Art und Weise, in der Auftragsverhandlungen geführt werden, beeinflusst.

- **Bedingungen der beschaffenden Organisation**

Hinsichtlich der Bedingungen der beschaffenden Organisation kann zum Beispiel der Geschäftszweck eines Unternehmens von Bedeutung sein. Beispielsweise gestalten in der Schweizer Bauwirtschaft viele Unternehmen aus dem Bereich der Finanzwirtschaft (z.B. Versicherungen) ihre Beschaffung u.a. dahingehend, dass sie Lieferanten bevorzugen, die wiederum Abnehmer der von ihnen selbst vertriebenen Dienstleistungen sind.[146] Auch nimmt vielfach die Grösse eines Unternehmens Einfluss auf die Art und Weise, wie ein Buying Center seine Auftragsvergaben durchführt[147]. Darüber hinaus sind international operierende Unternehmen zumeist auch stärker von einer internationalen Beschaffung gekennzeichnet als ausschliesslich national tätige Unternehmen. Des Weiteren werden in vielen Unternehmen interne Richtlinien hinsichtlich der Beschaffungsstrategie festgesetzt, nach denen sich die Mitglieder des Buying Centers zu richten haben.

- **Individuelle Eigenschaften der am Entscheidungsprozess beteiligten Personen**

Beschaffungsprozesse und die aus ihnen hervorgehenden Entscheidungen werden in starker Weise von den teilnehmenden Personen geprägt. Diese Personen verfolgen zum Teil unterschiedliche Interessen aufgrund:

---

[143] JAKOB, Auftragsmanagement, 1998, S. 20

[144] WEBSTER/WIND, 1972, S. 204

[145] vgl. .BACKHAUS, Industriegütermarketing, 1997, S. 59

[146] vgl. Kapitel 4.2.7

[147] vgl. BACKHAUS, Industriegütermarketing, 1997, S. 58

- ihres eigenen betrieblichen Interesses in Bezug auf ihre Funktion innerhalb der Organisation,
- ihrem Streben nach einer innerbetrieblichen Promotion oder
- ihrer individuellen Prägung durch Ausbildung, Erfahrungen oder persönliche Charaktereigenschaften.

Sie sind teilweise aus freiwilligem Antrieb, teilweise aufgrund ihrer Funktion am Beschaffungsprozess beteiligt.

Insbesondere die Art der Zusammensetzung eines Buying Centers übt dabei einen wesentlichen Einfluss auf den Verlauf von auftraggeberseitigen Entscheidungsprozessen aus und ist damit für den Erfolg eines Anbieters von hoher Bedeutung.[148] Aus Sicht eines Auftraggebers ist die Beteiligung mehrerer Personen an einem Beschaffungsprozess aus verschiedenen Gründen sinnvoll, wie z.B. die Zusammenführung verschiedener Informationen, Kenntnisse und Fähigkeiten der Mitglieder eines Buying Centers zur Entscheidungsfindung[149].

- **Interaktion der Personen im Buying Center**

Neben den individuellen Eigenschaften der Mitglieder sowie der Zusammensetzung des Buying Centers wird das Ergebnis eines Entscheidungsprozesses auch von den Beziehungen der am Kaufprozess beteiligten Personen beeinflusst. Dieses Beziehungsnetzwerk der in den Entscheidungsprozess einbezogenen Personen wird als *Buying Network* bezeichnet.[150] Im Rahmen von Interaktionen zwischen den Beteiligten werden Beschaffungen auch dahingehend beeinflusst, dass Entscheidungen zu ihrer Abwicklung ein Ergebnis davon sind, wie die Beteiligten ihre individuellen Auffassungen in den Prozess der Entscheidungsfindung einbringen können.

Im Rahmen dieser Arbeit wird als zusammenfassende Beschreibung der Personen, die auf Auftraggeberseite für die Vergabe von GU-, TU- und SysBau-Leistungen zuständig sind, auf den Begriff des Buying Centers zurückgegriffen. Sie ist daher *zweckmässig*, um im Rahmen des 4. Kapitels bei der Darstellung der empirischen Forschungsergebnisse die Beschreibung der für die Anbieterbewertung und Auftragsvergabe zuständigen Personen vorzunehmen. Die *Relevanz* und *Anwendbarkeit* der Theorie des Buying Centers ergibt sich im Rahmen dieser Arbeit dahingehend, dass Transaktionsentscheidungen im Bereich baulicher Systeme durch eine komplexe Struktur gekennzeichnet sind. Die Komplexität dieser Entscheidungen liegt zum einen in der Komplexität des Transaktionsobjektes selbst, z.B. einem schlüsselfertigen Gebäude, wie auch in der Vielzahl der in einem Unternehmen an einem Entscheidungsprozess Beteiligten begründet.[151] Denn oftmals entscheiden mehrerer Bauherrenvertreter, beraten von vielen Consultants, Architekten und Juristen über die Vergabe von komplexen Bauleis-

---

[148] JAKOB, Auftragsmanagement, 1998, S. 20

[149] FLIESS, Kaufverhalten, 2000, S. 306

[150] BACKHAUS, Industriegütermarketing, 1997, S. 58-59

[151] vgl. NIESCHLAG/DICHTL/HÖRSCHGEN, Marketing, 1994

tungsaufträgen. Die Buying-Center-Theorie ist daher von einer hohen Relevanz zur Analyse von marketing-relevanten Auftraggeberentscheidungen zur Vergabe von GU-, TU- und SysBau-Leistungen.

In der in Kapitel 5 erfolgenden Modellbildung sind die Einflüsse auf die Vergabe von SysBau-Aufträgen, die sich aus dem Buying Center ergeben, Bestandteil des Modell-Inputfaktors „auftraggeber-spezifisches Vergabeverhalten", welcher neben dem Input-Faktor „Art und des Umfang des Leistungsgegenstandes" die Bewertung vorliegender Austauschalternativen beeinflusst.

## 2.1.2 Die Theorie der Transaktion

Als Transaktion definiert Commons[152] den Prozess zur Klärung und Vereinbarung eines Leistungsaustausches. Sie bildet damit die elementare Untersuchungseinheit für die Analyse sozioökonomischer Aktivitäten. Plinke[153] beschreibt den Begriff der Transaktion als *„eine Übereinkunft zwischen zwei Parteien über das jeweils zu gebende und zu erhaltende"*. Eine Transaktion erfolgt seiner Auffassung nach immer dann, wenn beide Seiten für sich zu der subjektiven Überzeugung gelangt sind, dass der Nutzen eines Austausches die mit ihm verbundenen Kosten übersteigt und daher als vorteilhaft zu bewerten ist (Tabelle 2–2). Im juristischen Sinne stellt dabei beispielsweise der Abschluss eines Vertrages eine Transaktion dar.

Zur Erklärung von Transaktionen, insbesondere von deren Ursachen und Wirkungen, existieren eine Reihe von Theorien, die einen allgemeinen theoretischen Bezugsrahmen für deren Betrachtung und Analyse bilden.

Dabei sind die *Principal-Agent-Theorie* sowie die *Transaktionskostentheorie* der Neuen Institutionenökonomik zuzuordnen, die sich der Analyse von Institutionen, d.h. Märkten, Organisationen und Rechtsnormen widmet, in deren Rahmen der ökonomische Austausch vollzogen wird. Ziel der neuen Institutionenökonomik ist es, die Struktur, die Verhaltenswirkungen und die Effizienz von Institutionen zu erklären. Sie basiert auf dem Beitrag von Coase[154] über die Bedeutung von Transaktionskosten und wurde massgeblich von Williamson und Picot entwickelt[155].

Die ausgewählten Theorien werden im Folgenden in der Funktion eines theoretischen Bezugsrahmens für die spätere Analyse der auf dem Schweizer GU-/TU-Markt stattfindenden Transaktionsprozesse sowie zur Ableitung von Handlungsalternativen für das Marketing von SysBau-Leistungsanbietern hinsichtlich ihrer wichtigsten Hauptelemente vorgestellt.

---

[152] COMMONS, Economics, 1934, S. 648-657

[153] PLINKE, Grundlagen, 2000, S. 44

[154] COASE, Nature, 1937, S. 386-405

[155] RICHTER/FURUBOTN, Institutionenökonomik, 1996, S. 33

## 2.1.2.1 Austauschtheorie

Plinke[156] definiert den *Austausch* als *„die Menge der Aktivitäten, die auf die Anbah-nung, Durchführung und Kontrolle eines wechselseitig bedingten Transfers von Verfü-gungsrechten*[157] *zwischen zwei oder mehr Parteien gerichtet sind".*

Eine wesentliche Grundaussage der Austauschtheorie ist darin zu sehen, dass ein Austausch nur unter der Bedingung zustande kommt, dass er von allen Beteiligten als subjektiv vorteilhaft beurteilt wird.[158] Die Austauschtheorie befasst sich als Konsequenz dieser notwendigen Vorteilhaftigkeit eines Austausches damit, wie eine solche Vorteil-haftigkeit zustande kommt und aus welchen Nutzen- und Kostenelementen sie sich zu-sammensetzt.[159]

Nach Jacob[160] beruht ein Austausch immer auf der Gegenseitigkeit der Beteiligten, da er für die Nachfrager und Anbieter sowohl mit Nutzen als auch mit Kosten verbunden ist. Um die Vorteilhaftigkeit eines Austausches abzuschätzen, bewerten Nachfrager und Anbieter die aus einem Austausch resultierenden Kosten und Nutzen.

Die Kosten und Nutzenelemente eines Austausches lassen sich in Anlehnung an Plin-ke gemäss Tabelle 2–2 näher spezifizieren:

| Kosten- und Nutzenelemente in Austauschrelationen | | |
|---|---|---|
| | **Art des Wertes** | |
| | **Nutzen** | **Kosten** |
| **Wert des Vertrags-gegenstandes** | Nutzen aus dem Vertragsgegenstand | Kosten aus der Bereitstellung des Vertragsgegenstandes |
| **Wert der Durchführung des Austausches** | Transaktionsnutzen | Transaktionskosten |
| **Wert von Folgewirkungen** | Nutzen aus Folgewirkungen des Austausches | Kosten aus Folgewirkungen des Austausches |

*Tabelle 2–2:    Elemente von Nutzen und Kosten in der Austauschrelation[161]*

Als Voraussetzung für das Zustandekommen eines Austausches muss gelten, dass die Summe der Nutzenelemente eines Austausches die Summe der Kostenelemente so-wohl für den Nachfrager als auch den Anbieter übersteigt. Als weitere Bedingung be-steht aus der Sicht des Nachfragers die Notwendigkeit, dass die sich ergebende Diffe-

---

[156] PLINKE, Grundlagen, 2000, S. 9

[157] Als Verfügungsrechte bezeichnet Plinke u.a. das Recht auf Nutzung, das Recht auf Aneignung des Er-trages, das Recht auf Veränderung von Form und Substanz sowie das Recht auf Veränderung.

[158] JAKOB, Auftragsmanagement, 1998, S. 4

[159] SHERTH/GARDNER/GARETT, 1988, S. 4

[160] JAKOB, Auftragsmanagement, 1998, S. 4

[161] PLINKE, Grundlagen, 2000, S. 45

renz grösser ist, als bei allen anderen ihm zur Verfügung stehenden Austausch-alternativen.[162]

Die *Relevanz* der Austauschtheorie zur Beurteilung von Transaktionsprozessen liegt insbesondere darin begründet, dass sie Ansätze liefert, wie aus der Sicht von Nachfra-ger und Anbieter die Chancen zum Zustandekommen eines Austausches sowie der ei-gene Vorteil als Ergebnis eines Austausches erhöht werden können.[163] Sie ist somit *anwendbar* zur Verfolgung der Forschungsziele dieser Arbeit. Im Rahmen des 4. Kapi-tels dient sie der einleitenden, strukturierten Unterteilung der für einen Auftraggeber re-levanten Vergabekriterien zur Wahl einer Austauschalternative. Durch die Anwendung der Austauschtheorie lassen sich diese Vergabekriterien einerseits unterteilen in sol-che Kriterien, die als Kosten- und Nutzenelemente aus der Bereitstellung des Ver-tragsgegenstandes zu bezeichnen sind. Hierbei handelt es sich aus der Sicht des Auf-traggebers insbesondere um das für das Leistungsergebnis (z.B. schlüsselfertiges Ge-bäude) zu entrichtende Entgeld (Kostenelement) sowie das Leistungsergebnis selbst (Nutzenelement). Andererseits sind auch die Kosten- und Nutzenelemente aus der Durchführung des Austausches (Transaktion) selbst als Vergabekriterien zu bezeich-nen. Diese Kriterien zielen in erster Linie darauf ab, durch die Bewertung des Anbie-ter-Leistungspotenzials eine Reduktion auftraggeberseitiger Unsicherheiten zu errei-chen. Die Austauschtheorie leistet im Rahmen des 4. Kapitels ferner einen Beitrag zur wissenschaftlichen Interpretation der Ergebnisse der empirischen Untersuchungen, um die Verhaltensweisen der Auftraggeber strukturiert zu erfassen und zu erklären. Sie ist darüber hinaus im Rahmen des 5. Kapitels von hoher *Relevanz* zur Bewertung ver-schiedener Handlungsalternativen eines SysBau-Anbieters zur Verbesserung seiner Marktattraktivität. So lassen sich beispielsweise die ersten während der Markteinfüh-rung von einem SysBau-Anbieter abgewickelten Projekte auch hinsichtlich des Wertes der aus ihnen hervorgehenden Folgewirkungen betrachten. Aus Sicht des Anbieters bestehen diese aus Erfahrungsvorteilen, die er im Wettbewerb um künftige Sys-Bau-Aufträge nutzen kann. Des Weiteren ergeben sich aus diesen Referenzwirkungen, die dazu benutzt werden können, um sein Leistungspotenzial künftig in für Dritte er-kennbarer Weise darstellen zu können. Für den Auftraggeber bestehen diese Folge-wirkungen darin, dass er seine Erfahrungen als Auftraggeber von SysBau-Aufträgen ebenfalls für kommende Auftragsvergaben nutzen kann.

Aufgrund ihrer Allgemeingültigkeit ist sie auf alle Bereiche, in denen Austausch-prozesse stattfinden, anwendbar. Die Austauschtheorie bildet im Folgenden ein *zweck-mässiges*, theoretisches Gerüst, um die Vorteilhaftigkeit einer Auftragsvergabe an ei-nen SysBau-Anbieter aus der Sicht des auftraggeberseitigen Buying Centers zu analy-sieren.

---

[162] vgl. JAKOB, Auftragsmanagement, 1998, S. 4
[163] vgl. JAKOB, Auftragsmanagement, 1998, S. 5

## 2.1.2.2 Principal-Agent-Theorie

Transaktionen sind in der Praxis zumeist dadurch gekennzeichnet, dass den beteiligten Anbietern und Nachfragern nicht sämtliche transaktionsrelevanten Informationen in vollem Umfang zur Verfügung stehen. Darüber hinaus sind die verfügbaren Informationen häufig zwischen Anbietern und Nachfragern ungleich verteilt. Diese ungleiche Informationsverteilung wird als *Informationsasymmetrie* bezeichnet und äussert sich als Informationsvorsprung zugunsten eines der beteiligten Transaktionspartner.[164]

Die *Principal-Agent-Theorie* befasst sich in ihrem Inhalt im Wesentlichen mit diesen Informationsasymmetrien sowie ihren Auswirkungen auf das Verhältnis von Nachfrager und Anbieter zueinander.[165] Die an einer Transaktion Beteiligten, die über einen Informationsvorteil verfügen, werden im Rahmen der Principal-Agent-Theorie als *Agenten* bezeichnet; die Beteiligten, die über einen Informationsnachteil verfügen, dementsprechend als *Prinzipale*.[166]

Hierbei ist festzustellen, dass der Anbieter in der Regel als Agent bezeichnet werden kann, da er oftmals den Wert der von ihm angebotenen Leistung im Vorfeld einer Transaktion besser beurteilen kann als der Auftraggeber (Prinzipal). Welcher der Transaktionsbeteiligten die Rolle der Prinzipals bzw. des Agenten einnimmt, lässt sich jedoch in vielen Fällen nicht grundsätzlich für eine Transaktionsbeziehung bestimmen, sondern hängt von der jeweiligen Transaktionssituation sowie dem jeweiligen innerhalb einer Transaktionsvereinbarung betrachteten Bezugsobjekt ab.[167]

Informationsasymmetrien zu Lasten des Nachfragers ergeben sich dabei immer dann, wenn es zu weiten Teilen vom Verhalten des Anbieters abhängt, ob ein Austausch aus Sicht des Nachfragers die von ihm angestrebte Problemlösung bewirkt und sich die Vorteilhaftigkeit des Austausches aus Sicht des Nachfragers im Vorfeld nicht hinreichend beurteilen lässt[168]. Dabei lassen sich in erster Linie zwei Ursachen unterscheiden, die dazu führen können, dass eine Problemlösung nicht erfüllt wird[169]:

- Der Transaktionspartner ist nicht in der Lage, die vereinbarte Leistung zu erbringen, z.B. weil er seine Fähigkeiten überschätzt und nicht zur Problemlösung in der Lage ist.

- Der Transaktionspartner ist nicht gewillt, die vereinbarte Leistung zu erbringen.

---

[164] vgl. PLINKE, Grundkonzeption, 2000, S. 262

[165] vgl. PICOT/REICHWALD/WIGAND, Unternehmung, 1996, S. 47-50

[166] vgl. JAKOB, Auftragsmanagement, 1998, S. 5

[167] vgl. PLINKE, Grundkonzeption, 2000, S. 262-263

[168] Austauschprozesse, deren Vorteilhaftigkeit im Vorfeld einer Austauschentscheidung nur unzureichend abgeschätzt werden kann, zeichnen sich durch ausgeprägte *Experience Qualities* bzw. *Credence Qualities* aus. Das heisst, ihre Vorteilhaftigkeit ist für den Nachfrager erst während der Inanspruchnahme einer Leistung bzw. überhaupt nicht beurteilbar. Vgl. hierzu z.B. Meffert/Bruhn, Dienstleistungsmarketing, 1997, S. 74.

[169] PLINKE, Grundlagen, 2000, S. 23-24

Die Möglichkeit eines Transaktionspartners, eine vereinbarte Leistung *nicht, nicht in der vereinbarten Art* oder *erst zu einem verspäteten Zeitpunkt* zu erbringen wird als *Verhaltensspielraum* bezeichnet.[170]

Die Ausnutzung von Verhaltensspielräumen zum eigenen Vorteil bezeichnet Williamson als *Opportunismus*. Die Gefahr opportunistischen Verhaltens führt dabei zu *Verhaltensunsicherheiten* vor bzw. in Austauschvorgängen.[171]

Käufermärkte, wie der Markt für GU-/TU-Leistungen in der Schweiz, sind durch einen Angebotsüberhang gekennzeichnet. Die Entscheidung bezüglich des Zustandekommens einer Transaktion obliegt daher in erster Linie dem Nachfrager, der in der Regel zwischen mehreren Transaktionsalternativen (GU-/TU-Anbietern) wählen kann. Dem Anbieter bietet die Überwindung von bestehenden Verhaltensunsicherheiten daher einen möglichen Wettbewerbsansatz, um einen Austausch aus Sicht des Nachfragers vorteilhafter zu gestalten und damit die Wahrscheinlichkeit des Zustandekommen einer Transaktion zu erhöhen. Daher ist die Principal-Agent-Theorie *anwendbar* zur Klärung der in dieser Arbeit behandelten Forschungsfragen hinsichtlich der Optionen zur Positionierung von SysBau-Anbietern sowie hinsichtlich der Gestaltung und Einführung von SysBau-Leistungen.

Da insbesondere die der Beauftragung von GU-/TU- sowie SysBau-Leistungen zugrunde liegenden Austauschprozesse starke Informationsasymmetrien und hohe Verhaltensunsicherheiten der Beteiligten beinhalten, bietet die Principal-Agent-Theorie Hinweise für das Marketing solcher Leistungen. Sie ist von einer hohen *Zweckmässigkeit* und *Relevanz* für die Bewertung von Transaktionsprozessen zwischen Auftraggebern und Anbietern von GU-, TU- und SysBau-Leistungen. Innerhalb der vorliegenden Arbeit findet die Principal-Agent-Theorie Anwendung, um zunächst im Rahmen des 3. Kapitels zu analysieren, mit welchen Verhaltensunsicherheiten aus Auftraggebersicht die Vergabe von GU-, TU- und SysBau-Aufträgen verbunden ist. Innerhalb des 4. Kapitels dient sie der theoriegeleiteten Erklärung des empirisch ermittelten Auftraggeberverhaltens aus Sicht der Marketingforschung. Bei der in Kapitel 5 erfolgenden Ableitung von Zielfunktionen für Handlungsalternativen zur Positionierung von SysBau-Anbietern, bei der Erarbeitung einer Markteintrittstrategie für SysBau-Anbieter in den Schweizer Hochbaumarkt sowie bei der Unterbreitung eines Vorschlages zur Gestaltung von SysBau-Leistungen dient sie insbesondere der Betrachtung und Berücksichtigung von Verhaltensunsicherheiten, mit denen die Leistungsinnovation „SysBau-Leistung" aus Kundensicht anfangs verbunden ist. Die schrittweise Entwicklung und Einführung von SysBau-Leistungen in den Schweizer Baumarkt dient dabei insbesondere der Vermeidung von Informationsasymmetrien und Verhaltensspielräumen, mit denen sich potenzielle Auftraggeber anfangs konfrontiert sehen könnten. Aufbauend auf den schrittweisen Erfahrungen, die sich nicht nur auf den eigentlichen Leistungsgegenstand des SysBau-Anbieters, sondern auch auf die mit seiner Beauftragung

---

[170] PLINKE, Grundlagen, 2000, S. 24

[171] vgl. FLIESS, Vertriebsmanagement, 2000, S. 358

verbundenen Verhaltensspielräume beziehen, können immer neue Leistungsinnovationen zur stetigen Weiterentwicklung von SysBau-Leistungen entfaltet werden.

### 2.1.2.3 Transaktionskostentheorie

Als *Transaktionskosten* lassen sich solche Kosten bezeichnen, die für die Anbahnung, Vereinbarung, Abwicklung, Kontrolle sowie die nachträgliche Anpassung arbeitsteiliger Leistungserstellungsprozesse anfallen. Sie entstehen bei Marktbeziehungen ebenso wie bei unternehmensinterner Fertigung[172].

Die massgebliche Grundlage der Transaktionskostentheorie stellt somit die Erkenntnis dar, dass neben dem Vertragsgegenstand selbst auch der Prozess des Austausches für die an ihm beteiligten Partner mit Kosten- und Nutzenelementen verbunden ist (vgl. Tabelle 2–2).[173] Sie ist anwendbar auf alle Situationen, in denen arbeitsteilige Leistungserstellungsprozesse vorliegen.

Nach Williamson[174] werden die Kosten einer Transaktion dabei geprägt durch ihre *Spezifität, Unsicherheit* und *Häufigkeit.*[175,176]

Unter *Häufigkeit* wird die wiederholte Durchführung gleicher bzw. ähnlicher Transaktionen verstanden. Die Bedeutung des Häufigkeitsmerkmals einer Transaktion ist darin zu sehen, dass bei der Wiederholung von Transaktionen in bestimmten Austauschformen durch Degression von Fixkosten, Lernkurveneffekten[177] (Verbesserung der Transaktionsabwicklung und Vertrauensaufbau) sowie Spezialisierung Skalenvorteile (Economies of Scale[178]) genutzt werden können. Mit zunehmender Häufigkeit werden unter der Ausnutzung der genannten Effekte die Transaktionskosten einer Austauschbeziehung gesenkt.[179]

*Unsicherheit* liegt immer dann vor, wenn die Transaktionspartner über einen grossen Verhaltensspielraum im Rahmen einer Austauschbeziehung verfügen und sich aus der Art des Austausches für einen oder beide der Partner eine hohe Verhaltensunsicherheit (z.B. aufgrund vorhandener Informationsasymmetrien) ergibt. Um der Unsicherheit einer Austauschbeziehung zu begegnen, werden von den Partnern verstärkte Aufwendungen zur Reduktion der Unsicherheit geleistet. Solche Kosten können im Vorfeld einer Transaktion (*ex ante* Transaktionskosten) als Kosten für zusätzliche Absiche-

---

[172] vgl. PICOT, 1991, S.486.

[173] vgl. JAKOB, Auftragsmanagement, 1998, S. 7

[174] WILLIAMSON, Economic, 1985

[175] BENKENSTEIN, 1994, S.486

[176] vgl. KRÜSSELBERG, Theorie, 1992, S.48

[177] *Lernkurveneffekte* (Dynamische Economies of Learning) entstehen im Allgemeinen dadurch, dass mit zunehmender Erfahrung in einem Geschäftsfeld und/oder Marktsegment die Durchschnittskosten mit der kumulierten Menge sinken. Vgl. SCHOPPE, Theorie, 1995, S. 234

[178] *Economies of Scale* treten im Allgemeinen auf, wenn durch eine Erhöhung der Beschäftigung eine Reduzierung der durchschnittlichen Stückkosten erreicht wird. (z.B. aufgrund einer intensiveren Faktorauslastung oder günstigerer Beschaffungskonditionen). Vgl. SCHOPPE, Theorie, 1995, S. 234

[179] vgl. SCHOPPE, Theorie, 1995, S. 151

rungsmassnahmen oder nach erfolgter Transaktion (*ex post* Transaktionskosten) als Kosten für Kontrollmassnahmen auftreten[180,181].

Mit der *Spezifität* von Transaktionskosten sind solche Aufwendungen gemeint, die von einem der (oder beiden) Transaktionspartnern in eine Austauschbeziehung investiert werden, und für die keine alternativen Verwendungsmöglichkeiten bestehen bzw. deren Wert in alternativen Verwendungen wesentlich geringer ist.[182] Im Bereich des GU-/ TU- sowie SysBau-Marketings sind Vorleistungen (z.B. für die Angebotserstellung) als spezifische Transaktionskosten zu bezeichnen, da sie ihren Wert für den Anbieter bei einer Nichtbeauftragung nahezu vollständig verlieren. Jacob stellt im Rahmen der Betrachtung der Spezifität von Transaktionen die These auf, dass die Wahrscheinlichkeit einer Transaktion mit einem gewünschten Partner in dem Masse steigt, in dem es gelingt, ihn zu spezifischen Investitionen bzw. Desinvestitionen (z.B. Abbau einer eigenen Bauabteilung) zu bewegen.[183]

Die Aussagen der Transaktionskostentheorie sind für die weiteren Untersuchungen im Rahmen dieser Arbeit von hoher *Relevanz*. Denn der Einfluss der Transaktionskosten nimmt aus Sicht der Auftraggeber einen wichtigen Einfluss auf die Bewertung der Vorteilhaftigkeit eines Austausches (GU-/TU- bzw. SysBau-Auftrag), die Bewertung bestehender Austauschalternativen (andere Anbieter) sowie die Gestaltung einer Transaktion. Die *Zweckmässigkeit* und *Anwendbarkeit* der Transaktionskostentheorie resultiert damit aus der Möglichkeit für einen GU-, TU- und SysBau-Anbieter, durch die Reduktion von Transaktionskosten die Vorteilhaftigkeit seines Leistungsangebotes zu erhöhen.

Die Transaktionskostentheorie findet innerhalb dieser Arbeit Anwendung im Kapitel 3 bei der Eingliederung des Untersuchungsgegenstandes in die Marketingforschung zur grundlegenden Erläuterung verschiedener Transaktionstypologien. Sie erklärt aus Sicht der Marketingforschung Transaktionsprozesse sowie die ihnen zugrunde liegenden Typologisierungskriterien. Innerhalb des 4. Kapitels wird mit ihr theoriegeleitet das empirisch ermittelte Auftraggeberverhalten analysiert und erläutert. Im 5. Kapitel kommt sie zur Anwendung, um mit Hilfe des entwickelten Vermarktungsmodells Handlungsalternativen zur Positionierung von SysBau-Anbietern zu erarbeiten. Die Transaktionskostentheorie zeigt dabei auf, wie SysBau-Anbieter sich erfolgreich durch den Abbau von Transaktionskosten in der Bauwirtschaft positionieren können.

SysBau-Angebote sind so zu konzipieren, dass sie insbesondere im Vergleich zu anderen Angebotsformen möglichst geringe Transaktionskosten haben. Aufgrund der längeren Vertragsdauer und des komplexeren Leistungsgegenstandes verglichen mit etablierten GU-/TU-Angebotsformen, zu denen hinreichende Erfahrungen bezüglich ihrer Abwicklung vorliegen, weisen SysBau-Leistungen bezogen auf ihre Transaktionskosten zunächst höhere Unsicherheiten auf.

---

[180] vgl. PICOT/REICHWALD/WIGAND, Unternehmung, 1996, S. 43

[181] vgl. SCHOPPE, Theorie, 1995, S. 150-152

[182] vgl. SCHOPPE, Theorie, 1995, S. 151

[183] vgl. JAKOB, Auftragsmanagement, 1998, S. 7

Diese Unsicherheiten gilt es insbesondere während der Einführungs- und Wachstumsphase z.B. durch den Abbau von Informationsasymmetrien und Verhaltensspielräumen zu minimieren. Zur Verringerung der spezifischen Kosten, die vom Auftraggeber bzw. Auftragnehmer anfangs für die Beauftragung bzw. das Angebot von Sys-Bau-Leistungen aufgewendet werden müssen, sollten diese während der Einführungsphase möglichst stufenweise entwickelt und zur Anwendung gebracht werden.

## 2.2 Auftraggeberarten

Zur näheren Betrachtung und Analyse der auf dem Schweizer Markt agierenden Auftraggeber werden diese im Folgenden nach verschiedenen Auftraggeberarten unterschiedenen.

*Engelhardt/Werner*[184] definieren die Marktsegmentierung als die Zerlegung eines gegebenen oder gedachten Marktes in Teilmärkte, sogenannte Marktsegmente. Eine Marktsegmentierung zur Unterscheidung von Auftraggeberarten in der Bauwirtschaft dient somit u.a. dem Zweck, einen Markt in möglichst homogene Auftraggebergruppen einzuteilen. Diese Gruppen sollen sich dabei vor allem dadurch auszeichnen, dass das Beschaffungsverhalten innerhalb einer Gruppe relativ homogen, zwischen den Gruppen dagegen relativ heterogen ist[185]. Innerhalb dieser Arbeit bedeutet eine Marktsegmentierung somit die Unterteilung eines Marktes in klar abgegrenzte Auftraggebergruppen, die jeweils spezielle Leistungsangebote bzw. eine spezielle Marktbearbeitung erfordern.

Für den Bereich des allgemeinen Geschäftskundenmarketings (Business-to-Business-Marketing) lassen sich verschiedene Marktsegmentierungskriterien zur Definition von Auftraggeberarten unterscheiden. Die verschiedenen Kriterien sind in der folgenden Tabelle 2–3 dargestellt.

---

[184] ENGELHARDT/GÜNTER, Investitionsgütermarketing, 1981, S. 87
[185] BACKHAUS, Industriegütermarketing, 1997, S. 211

| Kriterien zur Marktsegmentierung | | |
|---|---|---|
| **Erfassung der Merk-male** | **Merkmale der Nachfrageorganisation** | |
| | **Allgemeine Merkmale** | **Kaufspezifische Merkmale** |
| direkt beobachtbar | *Organisationsbezogene Merkmale* Unternehmensgrösse, Organi-sationsstruktur, Standort, Be-triebsform, Finanzrestriktionen u.a. | *Organisationsbezogene Merkmale* Abnahmemenge bzw.-häufigkeit, Anwendungsbereich der nachge-fragten Leistung, Neu-/ Wieder-holungskauf, Marken-/Lieferanten-treue, Verwenderbranche/ Letzt-verwender |
| | *Buying Center-bezogene Merkmale* Demographische und sozioökonomische Merkmale der Buying Center-Mitglieder | *Buying Center-bezogene Merkmale* Grösse und Struktur des Buying Centers |
| indirekt beobachtbar/ abgeleitet | *Organisationsbezogene Merkmale* Unternehmensphilosophie, Zielsystem des Unternehmens | *Organisationsbezogene Merkmale* Organisatorische Beschaffungsregeln |
| | *Buying Center-bezogene Merkmale* Persönlichkeitsmerkmale der Buying Center-Mitglieder | *Buying Center-bezogene Merkmale* Kaufmotive, individuelle Zielsysteme, Anforderungsprofile, Entscheidungs-regeln der Kaufbeteiligten, Kaufbe-deutung in der Einschätzung der Kauf-beteiligten, Einstellungen/Erwartungen gegenüber Produkt/Lieferanten, Präferenzen |

*Tabelle 2–3:*     *Merkmale der Nachfragerorganisation als Marktsegmentierungskriterien für den Business-to-Business-Bereich[186]*

Für die im Rahmen dieser Arbeit folgenden Untersuchungen werden in Anlehnung an die in Tabelle 2–3 genannten Segmentierungskriterien Auftraggeber vorwiegend nach *direkt beobachtbaren, organisationsbezogenen* Kriterien unterschieden. Die gewählten Segmentierungskriterien sowie die massgeblichen Nachfragecharakteristika der unter-schiedenen Auftraggeberarten werden in der nachfolgenden Tabelle dargestellt.[187]

---

[186] BACKHAUS, Industriegütermarketing, 1997, S. 210, in Anlehnung an KLEINALTENKAMP

[187] Da der Schwerpunkt dieser Arbeit im Bereich des Marketings gegenüber Organisationen bzw. Unter-nehmen als Auftraggebern liegt, werden Privatpersonen bzw. private Haushalte als Nachfrager zur De-finition von Auftraggeberarten nicht berücksichtigt.

78

| Definition von Auftraggeberarten | | |
|---|---|---|
| Segmentierungs-kriterium | Auftraggeberarten | Massgebliches Charakteristikum der Nachfrage |
| öffentlich/privat | • öffentliche Organisationen bzw. private Institutionen in staatlicher Monopolfunktion<br>• private Organisationen | • formalisierte Beschaffung<br><br>• freie Gestaltung der Beschaffung |
| Zweck der Immobilieninvestition | • gewerbliche Selbstnutzer<br>• institutionelle Investoren | • Befriedigung eines Nutzungsbedürfnis<br>• Immobilieninvestition zur Kapitalanlage |
| Nachfragehäufigkeit und -volumen | • Gelegenheitsauftraggeber<br>• professionelle Auftraggeber | • seltene bzw. geringe Nachfrage<br>• kontinuierliche bzw. hohe Nachfrage |

*Tabelle 2–4:   Definition von im Rahmen dieser Arbeit unterschiedenen Auftraggeberarten*

Unter Zugrundelegung der in der obigen Tabelle dargestellten Auftraggeberarten wird im Folgenden eine Auftraggebersegmentierung für die Schweizer Bauwirtschaft dargestellt. Ziel war es dabei für den Bereich des Business-to-Business-Marketings möglichst homogene Marktsegmente zu definieren, die sich untereinander nicht überschneiden. Die Darstellung dieser Segmentierung erfolgt durch eine Baumstruktur (hierarchische Gliederung) unter Angabe des auf der jeweiligen Hierarchiestufe massgebenden Segmentierungskriteriums.

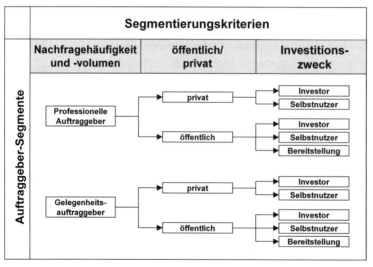

*Abbildung 2–1:   Auftraggeber-Segmentierung im Bereich des Business-to-Business Bau-Marketings[188]*

[188] Darstellung in Anlehnung an GIRMSCHEID, Wettbewerbsvorteile für Bauunternehmen, 2001, S. 23f.

Im Folgenden werden die einzelnen Auftraggeber-Segmente hinsichtlich der ihrer Definition zugrunde liegenden Segmentierungskriterien sowie ihrer nachfragerelevanten Charakteristika vorgestellt.

## 2.2.1 Segmentierungskriterium „Nachfragehäufigkeit und -volumen"

### 2.2.1.1 Gelegenheitsauftraggeber

Als Gelegenheitsauftraggeber werden solche Auftraggeber definiert, für die die Vergabe eines Bauauftrages ein seltenes Ereignis im Rahmen der Tätigkeit ihrer Organisation darstellt bzw. deren Nachfragevolumen nach Bauleistungen i.d.R. vergleichsweise gering ist. Gelegenheitsauftraggeber sind in ihrer Organisation zumeist nicht auf die Vergebe von Bau-Aufträgen ausgerichtet und halten keine eigenen baulichen Kapazitäten (z.B. in Form eigener Baufachleute, wie z.B. Projektmanager, Architekten etc.) vor.

### 2.2.1.2 Professionelle Auftraggeber

Im Gegensatz zu den Gelegenheitsauftraggebern sind professionelle Auftraggeber durch eine häufige und i.d.R. entsprechend hohe Nachfrage nach Bauleistungen gekennzeichnet.

Professionelle Bauherren zeichnet heute i.d.R. noch aus, dass sie in ihrer Unternehmensorganisation über eigene Baufachleute verfügen, evtl. sogar in Form einer eigenen Bauabteilung[189].

In Anlehnung an den Kaufklassenansatz von *Robinson/Faris/Wind*[190] handelt es sich bei der Nachfrage professioneller Auftraggeber eher um einen Wiederkauf, während Gelegenheitsauftraggeber in diesem Sinne eher einen Neukauf tätigen.

Die Unterscheidung der Auftraggeber nach dem Volumen bzw. der Häufigkeit ihrer baulichen Nachfrage stellt im Sinne der in Tabelle 2–3 dargestellten *direkt beobachtbaren* Marktsegmentierungskriterien ein *kaufspezifisches, organisationsbezogenes* Merkmal dar.

## 2.2.2 Segmentierungskriterium „öffentlich / privat"

### 2.2.2.1 Öffentliche Auftraggeber

Die Gruppe der öffentlichen Auftraggeber umfasst die staatlichen Organe auf der Ebene des Bundes, der Kantone und der Gemeinden, die Güter und Leistungen zur Erfüllung ihrer öffentlichen Funktionen und Aufgaben beschaffen. Des Weiteren gehören zu

---

[189] Im Zuge der Konzentration auf eigene Kernkompetenzen gehen Unternehmen jedoch in letzter Zeit verstärkt dazu über, ihr Immobilienmanagement und ihre Baukompetenzen an externe Dienstleister auszulagern. Vgl. hierzu u.a. N.N., Outsourcing, 2000, S. 2

[190] bzgl. der Anwendung des Kaufklassenansatzes auf die Vergabe von GU-/TU-Aufträgen vgl. Kapitel 3.2.1.5

ihr privatrechtlich organisierte Betriebe in Bereichen, in denen diese eine staatliche Monopolfunktion (z.B. SBB, Post etc.) ausüben.

Massgebliches Charakteristikum der Nachfrage öffentlicher Auftraggeber ist ihr stark formalisiertes Beschaffungsverhalten.[191] Die Vergabe öffentlicher Aufträge an die Bauwirtschaft wird durch verschiedene Gesetze und Verordnungen bestimmt.

In der Schweiz wird das Beschaffungswesen auf der Stufe des Bundes im Bereich von Liefer-, Dienstleistungs- und Bauaufträgen durch das Bundesgesetz über das öffentliche Beschaffungswesen vom 16. Dezember 1994 (BoeB) geregelt. Es stellt die Umsetzung der schweizerischen Verpflichtungen aus dem Beitritt zum GATT-/ WTO-Abkommen zur Öffnung und Liberalisierung des Welthandels dar.

Ausdrückliches Ziel des Gesetzgebers bei der Konzeption dieses Gesetzes war es, „das Verfahren zur Vergabe öffentlicher Liefer-, Dienstleistungs- und Bauaufträge zu regeln und transparent (zu) gestalten". Des Weiteren wurde angestrebt, über eine Öffnung der Beschaffungsmärkte eine erhöhte Wettbewerbsintensität unter den Anbietern und damit Kosteneinsparungen für die öffentlichen Auftraggeber zu erzielen und „den wirtschaftlichen Einsatz der öffentlichen Mittel zu fördern".[192, 193]

In ergänzender Form befasst sich die Verordnung über das öffentliche Beschaffungswesen vom 11. Dezember 1995 (VoeB) mit dem Beschaffungswesen auf eidgenössischer Ebene. Ferner enthält die VoeB Vergabevorschriften zur Durchführung von Planungs- und Gesamtleistungswettbewerben.

Auf der Ebene des Bundes, der Kantone und der Gemeinden erfolgt die Organisation des öffentlichen Beschaffungswesens i.d.R. dezentralisiert und liegt bei einzelnen Organisationseinheiten, wie Bundesämtern oder öffentlichen Betrieben.[194] Im Bereich des Bundes ist die öffentliche Auftragsvergabe in der Schweiz seit Anfang 1999 unterteilt in die Sparten *ETH-Bereich*, *Zivil* und *Militär*[195,196]. Zu den öffentlichen Auftraggebern auf Bundesebene gehören darüber hinaus Aufträge der Schweizerischen Post sowie der Schweizerischen Bundesbahnen (SBB), sofern diese ihre Leistungen nicht in Konkurrenz zu Dritten ausüben[197].

Die öffentlichen Auftraggeber realisierten 1998 innerhalb der Schweizer Bauwirtschaft ein Vergabevolumen von 15,3 Mrd. sFr. Davon entfielen 6,7 Mrd. sFr. auf den Bereich

---

[191] Zu den Besonderheiten der Beschaffung öffentlicher Institutionen vgl. KOTLER/BLIEMEL, Marketing-Management, 1999, S. 381-387

[192] Art. 1, BoeB

[193] N.N., Vergaberecht, 1998, S. 10

[194] vgl. KOTLER/BLIEMEL, Marketing-Management, 1999, S. 382

[195] Zur Reorganisation des Bau-, Liegenschafts- und Beschaffungswesen des Bundes vgl. u.a. KRAUS, Bau, 2000, S. 23-26

[196] Zur heutigen Organisationsstruktur des Bundes als öffentlicher Auftraggeber vgl. N.N., WerWasWo, 1998

[197] Art. 2, Auftraggeberinnen, BoeB

des Hochbaus. In diesem Bereich haben die öffentlichen Auftraggeber einen Anteil an der Gesamtnachfrage von ca. 22%.[198]

Bei der näheren Analyse der Verteilung dieses Vergabevolumens auf die einzelnen Gruppen der öffentlichen Auftraggeber ergeben sich grosse Unterschiede. So realisieren auf der Ebene des Bundes sowie der Staatsbetriebe (ETH, Zivil, Militär, SBB, Post) 5 Auftraggeber eine Nachfrage von insgesamt 3 Mrd. sFr.[199] Auf der Ebene der Kantone lösen die 52 Auftraggeber (je ein Hoch- und Tiefbauamt pro Kanton) demgegenüber zusammen nur eine Nachfrage von 6,3 Mrd. sFr.[200] aus. Die durchschnittliche Nachfrage je Auftraggeber ist in diesem Segment somit um den Faktor von ca. 20 geringer als im Segment der Auftraggeber auf Bundesebene. Am stärksten fragmentiert ist die öffentliche Nachfrage jedoch auf der Ebene der Gemeinden. Hier lösen ca. 3'500 Auftraggeber ein Volumen von ebenfalls 6,3 Mrd. sFr.[201] aus. Das durchschnittlich Vergabevolumen in diesem Segment ist somit um den Faktor 70 geringer als jenes des Segmentes der kantonalen Auftraggeber.

Die zwischen den einzelnen Gruppen der öffentlichen Auftraggeber bestehenden Unterschiede bzgl. des Vergabevolumens spiegeln sich auch wieder in der Art und dem Umfang, in denen bauspezifische Kompetenzen in den jeweiligen Auftraggeber-Organisationen vorhanden sind. Sie nehmen somit Einfluss auf die Zusammensetzung des jeweiligen Buying Centers und damit auf die Gestaltung des Leistungsbezuges von baulichen Leistungen.

### 2.2.2.2  Private Auftraggeber

Private Auftraggeber zeichnen sich dadurch aus, dass es sich bei ihnen um privatrechtliche Organisationen handelt, die keine staatliche Monopolfunktion ausüben und nicht den formalisierten Beschaffungsgesetzen und Verordnungen der öffentlichen Auftraggeber unterliegen. Private Auftraggeber sind in ihrem Auftraggeberverhalten somit vom Grundsatz her keinen über die allgemeinen rechtlichen Bestimmungen hinausgehenden Beschränkungen unterworfen.

In 1998 haben private Auftraggeber an die Schweizer Bauwirtschaft Aufträge im Volumen von 25,7 Mrd. sFr. vergeben, wovon 24,2 Mrd. sFr. auf den Bereich des Hochbaus entfielen. Ihr Marktanteil im Bereich des Hochbaus beträgt ca. 78%. Die übrigen 22% entfallen auf die öffentlichen Auftraggeber.[202]

Die Segmentierung der Auftraggeber nach öffentlichen und privaten Institutionen stellt zum einen ein *allgemeines, organisationsbezogenes* Merkmal (Organisationsstruktur, Betriebsform) dar. Zum anderen resultiert hieraus in Form des Formalisierungsgrades

---

[198] N.N., Bauwirtschaft, 1999, S. 38-39

[199] N.N., Jahrbuch, 2000, S. 235

[200] N.N., Jahrbuch, 2000, S. 235

[201] N.N., Jahrbuch, 2000, S. 235

[202] N.N., Bauwirtschaft, 1999, S. 38-39

des Beschaffungsverhaltens ein *abgeleitetes*, *kaufspezifisches* Segmentierungsmerkmal (vgl. Tabelle 2–3).

## 2.2.3 Segmentierungskriterium „Investitionszweck"

### 2.2.3.1 Institutionelle Investoren

Als institutionelle Investoren werden Auftraggeber definiert, deren Investitionstätigkeit in Immobilien den eigentlichen Geschäftszweck ihrer Auftraggeberorganisation darstellt oder der Anlage von Kapitalmitteln dient.

Institutionelle Investoren zeichnen sich somit dadurch aus, dass der Zweck ihrer baulichen Nachfrage in der Investition selbst begründet liegt und nicht auf die Befriedigung eines eigenen Nutzungsbedürfnisses abzielt. Institutionelle Investoren lassen sich u.a. unterscheiden nach:

- Pensionskassen

- Versicherungsgesellschaften

- Immobilienaktiengesellschaften

- Immobilienfonds

- etc.


Institutionelle Investoren haben in 1998 Aufträge im Werte von ca. 7,4 Mrd. sFr.[203] im Bereich des Hochbaus vergeben. Sie nahmen damit einen Anteil von ca. 24% am gesamten Hochbauvolumen ein. Mit 6,8 Mrd. sFr.[204, 205] entfällt dabei der überwiegende Anteil auf die privaten Organisationen unter den institutionellen Investoren.

### 2.2.3.2 Gewerbliche Selbstnutzer

Gewerbliche Selbstnutzer treten als Eigenbedarfsbauherren auf und tätigen Immobilieninvestitionen in erster Linie zur Befriedigung eines eigenen Nutzungsbedürfnisses. Dieses Nutzungsbedürfnis kann sich dabei beispielsweise auf die Erstellung einer Produktionsanlage, eines Verwaltungsgebäudes, eines Lagerhauses etc. beziehen. Die Nachfrage von gewerblichen Selbstnutzern nach Bauleistungen ist eine abgeleitete Nachfrage, die der Bedienung nachgelagerter Märkte im Rahmen ihrer gewerblichen Tätigkeit dient[206].

Zur Bedeutung der gewerblichen Selbstnutzer als Nachfrager liegen keine expliziten Daten vor. Diese werden in den einschlägigen Statistiken unter der Rubrik „übrige Unternehmen" bzw. „übrige Auftraggeber" geführt. Ihr Anteil an der Nachfrage der priva-

---

[203] N.N., Jahrbuch, 2000, S. 235

[204] N.N., Bauwirtschaft, 1999, S. 38-39

[205] N.N., Hochbau-Prognose 1999-2005, 1999, S. 11-12

[206] in Anlehnung an: KLEINALTENKAMP, Einführung, 2000, S. 193-197

ten Auftraggeber lässt sich auf der Grundlage der vorliegenden Statistiken näherungsweise zu ca. 20%[207] (6,2 Mrd. sFr.) am gesamten Hochbauvolumen abschätzen.[208, 209, 210]

Innerhalb des Segmentes der gewerblichen Selbstnutzer ergeben sich durch die Anwendung des Segmentierungskriteriums „Nachfragehäufigkeit und -volumen" starke Unterschiede im Beschaffungsverhalten der Auftraggeber. Während Industriekonzerne in der Regel auf eigene bauliche Kompetenzen zurückgreifen können, bedienen sich insbesondere kleine und mittelständische Unternehmen im Bedarfsfall externer Architekten oder Bauherrenberater. Auch hier nimmt somit die Grösse der nachfragenden Organisation Einfluss auf Umfang und Gestaltung der Nachfrage nach baulichen Leistungen.

Eine Unterteilung der Auftraggeber hinsichtlich des Zwecks ihrer baulichen Nachfrage nach institutionellen Investoren und gewerblichen Selbstnutzern stellt gemäss Tabelle 2–3 eine Segmentierung nach *direkt beobachtbaren*, *kaufspezifischen und organisationsbezogenen* Auftraggebermerkmalen dar.

### 2.2.3.3  Investitionszweck „Bereitstellung"

Teilweise werden Nachfragen nach baulichen Leistungen aus Sicht des beschaffenden Buying Centers nicht mit dem Zweck einer Selbstnutzung oder Investition getätigt, sondern dienen der Erfüllung eines Bereitstellungsauftrages. Insbesondere öffentliche Auftraggeber erfüllen mit der Nachfrage nach Bauleistungen im Bereich von Infrastrukturinvestitionen (z.B. Versorgung, Bildung, Gesundheit etc.) ihren öffentlichen Auftrag zur Bereitstellung dieser Infrastruktur.

Auch im Bereich grosser privater Auftraggeber-Organisationen tritt das nachfragende Buying Center in der Funktion eines Bereitstellers z.B. von Büro- oder Gewerbeflächen für einen operativen Bereich auf.

## 2.3  Gliederung des Bauprozesses

Zur Einordnung des Marketings von GU-/TU- und SysBau-Leistungen in den Kontext baulicher Wertschöpfungs- und Entscheidungsprozesse wird im Folgenden der Bauprozess auf der Grundlage des Leistungsmodells 95 (LM 95)[211] beschrieben.

Das Leistungsmodell 95 umfasst alle Phasen im Lebenszyklus eines Gebäudes von der strategischen Planung über die Realisierung, die Bewirtschaftung bis zum Rückbau. Dabei ist es in erster Linie auf Hochbauten ausgerichtet. Es sieht eine Trennung

---

[207] Eigene näherungsweise Abschätzung auf der Basis vorliegender Statistiken unterschiedlicher Quellen.

[208] N.N., Bauwirtschaft, 1999, S. 38-39

[209] N.N., Hochbau-Prognose 1999-2005, 1999, S. 11-12

[210] N.N., Jahrbuch, 2000, S. 235

[211] N.N., SIA V112/1, Leistungsmodell 95, 1996

von Planung und Ausführung vor; die Ausschreibung der Ausführungsarbeiten ist erst für den Abschluss der Planungsphase vorgesehen. Insgesamt basiert das Leistungsmodell 95 auf der Projektabwicklung mit einem Generalplaner und anschliessender Realisierung mit Einzelleistungsträgern. Bei der Anwendung anderer Projektorganisationsformen, wie z.B. GU-/TU-Projektorganisationsformen, ändert sich zum Teil die Verteilung und Abfolge der im LM 95 dargestellten Auftraggeberentscheide.

Innerhalb des LM 95 wird der Bauprozess vereinfachend linear als Folge hintereinander geschalteter Einzelschritte, sogenannter Phasen, dargestellt.

In seinem Aufbau orientiert sich das LM 95 an den Auftraggeberentscheidungen, die im Laufe eines Bauprozesses zu treffen sind. Es ist daher besonders geeignet, den Prozess des Bauablaufes aus der Sicht des Marketings zu beschreiben.

Die nachfolgende Abbildung 2–2 stellt den Bauprozess sowie weitere Phasen im Lebenszyklus eines Bauwerks gemäss LM 95 dar.

## Phasengliederung nach Leistungsmodell 95

| Entscheidungsablauf Investor / Bauherr | | | Phasen | |
|---|---|---|---|---|
| | | | Bezeichnung | Ziele |
| Investitionsanstoss Bedarf Leitbild und übergeordnete Ziele Weiteres Vorgehen Budget Vorstudien | 1 | Strat. Planung | Strategische Planung | • Definition der übergeordneten Ziele u. Rahmenbedingungen • Wahl der Lösungsstrategie |
| Auftrag Vorstudien Projektabwicklung Ziele und Rahmenbedingungen Lösungsansatz und Standort Projektdefinition Projektierungskredit | 2 | Vorstudien | Vorstudien | • Machbarkeit u. Standortwahl • Projektdefinition (Pflichtenheft) |
| Auftrag Projektierung Projektabwicklung Projektkonzepte Vorprojekt Kosten und Termine Weiteres Vorgehen | 3 | Projektierung 3.1 | Vorprojekt | • Definition der optimalen baulichen Lösung |
| Projektabwicklung Bauprojekt und Projekt technische Gebäudeausrüstung Bewilligungsverfahren Detailstudien Kosten und Termine Weiteres Vorgehen | | 3.2 | Bauprojekt | • Baureifes Projekt • Definition der Kosten u. Termine |
| Ausschreibe- und Vergabeverfahren Ausschreibungen und Unternehmerliste Vergabe Baukredit | 4 | Realisierung 4.1 | Ausschreibung | • Vergabereife |
| Baubeginn Verträge mit ausführenden Unternehmen Ausführungsprojekt Abnahmen Mehr-/Minderkosten Terminänderungen | | 4.2 | Ausführung | • Projekt- u. vertragsgemässe Realisierung des Bauwerkes und der technischen Gebäudeausrüstung |
| Inbetriebsetzung Vertragserfüllung Ingebrauchnahme | | 4.3 | Inbetriebsetzung | • Nachweis der Vertragserfüllung • Ingebrauchnahme |
| Schlussabrechnung Bauwerksakten Schlussabnahme | | 4.4 | Abschluss | • Schlussabrechnung • Mängelbehebung |
| Auftrag erteilen Ergebnis genehmigen | 5 | Nutzung 5.1 | Bewirtschaftung | • Optimale Nutzung und Erhaltung |
| Auftrag Rückbau (Abbruch) Konzepte Beurteilungsverfahren Auftrag an Unternehmer Schlussbericht und Schlussabrechnung | | 5.2 | Rückbau (Abbruch) | • Oekologischer Rückbau und Entsorgung |

Abbildung 2–2:     *Phasengliederung des Gebäudelebenszyklus nach LM 95[212]*

---

[212] N.N., SIA V112/1, Leistungsmodell 95, 1996

## 2.4 Projektorganisationsformen

Zur Realisierung einer Bauaufgabe stehen den Auftraggebern verschiedene Projektorganisationsformen zur Verfügung. Die Bestimmung der Projektorganisation und der damit verbundenen Aufgabenverteilung auf verschiedene am Bauprozess Beteiligte ist von hohem Einfluss auf das Vergabeverhalten der Auftraggeber und somit von entsprechend hoher Bedeutung für die Gestaltung eines optimalen Marketings für GU-/ TU- und insbesondere SysBau-Anbieter.

Die grundsätzlichen, verschiedenen Projektorganisationsformen und die sich aus ihnen ergebenden Aufgabenverteilungen werden im Folgenden erläutert[213].

### 2.4.1 Einzelleistungsträger (ELT)

Bei der Projektorganisationsform mit Einzelleistungsträgern (ELT) schliesst der Bauherr jeweils ein separates Vertragsverhältnis mit verschiedenen Fachleuten und Unternehmungen ab, deren Beteiligung an einer Bauaufgabe erforderlich ist.

Die Anzahl der Vertragsverhältnisse ist dabei abhängig von der Grösse und Komplexität der zu realisierenden Bauaufgabe. An einem Hochbauprojekt sind nicht selten zwischen 20 und 30 Unternehmen an der Ausführung beteiligt. Hinzu kommen diverse Fachplaner.

Bei der Projektorganisationsform ELT bleiben Planung und Ausführung getrennt.[214] Es ist die Aufgabe der Projektleitung, Bauplanung und Bauausführung zu koordinieren. Des Weiteren obliegt der Projektleitung die Durchführung eines Projektcontrollings zur Überwachung und Sicherstellung der Termin- und Kosteneinhaltung. Die Projektleitung wird entweder vom Bauherren direkt wahrgenommen oder einem Dritten übertragen, z.B. einem Projektsteurer. Insbesondere bei kleineren Bauprojekten wird die Aufgabe der Projektleitung häufig in Personalunion von einem der Planer oder Architekten übernommen[215].

Die folgende Abbildung 2–3 stellt idealtypisch eine Projektorganisation mit Einzelleistungsträgern dar.

---

[213] bzgl. der verschiedenen zur Verfügung stehenden Projektorganisationsformen vgl. ausführlich GIRM-SCHEID, Projektabwicklungsformen, 2001

[214] Die getrennte Vergabe von Planungs- und Ausführungsleistungen an verschiedene Anbieter wird im amerikanischen Sprachraum als „Design-Bid-Build" bezeichnet. vgl. SANVIDO/KONCHAR, Projekt Delivery Systems, 1998, S. 13

[215] vgl. BRANDENBERGER/RUOSCH, 1996, S. 57

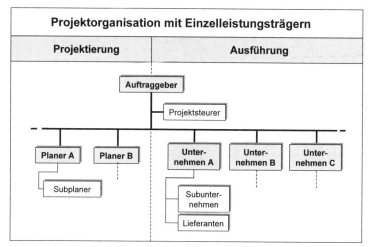

Abbildung 2–3:    Projektorganisation mit Einzelleistungsträgern (ELT)

## 2.4.2 Generalleistungsträger (GLT)

Im Vergleich zu Einzelleistungsträgern sind Generalleistungsträger (GLT) innerhalb einer Projektorganisation verantwortlich für die Erbringung von umfassenderen Leistungspaketen. Generalleistungsträger im Bereich der Planung sind die Generalplaner (GP), im Bereich der Ausführung die Generalunternehmer (GU). Die Integration der Leistungen erfolgt bei der GLT-Projektorganisationsform nur innerhalb der jeweiligen Einzelbereiche Planung und/oder Ausführung[216]; Planung und Ausführung erfolgen somit wie bei der Projektorganisation mit ELTs getrennt.

GUs und GPs können einen Teil der von ihnen angebotenen Leistungen mit eigenen Kapazitäten erbringen oder sich auf die Koordinierung der ihnen nachgeschalteten Leistungsträger beschränken.

In der nachfolgenden Abbildung 2–4 ist eine Projektorganisation mit Generalleistungsträgern sowohl im Bereich der Planung als auch im Bereich der Ausführung dargestellt. In der Praxis finden sich häufig Kombinationen aus einer ELT- und GLT-Organisationsform, d.h. einer Planung durch ELTs folgt eine Ausführung mit GU bzw. der Planung mit GP folgt eine Ausführung mit ELTs.

---

[216] vgl. GIRMSCHEID, Projektabwicklungsformen, 1999, S. 108-109

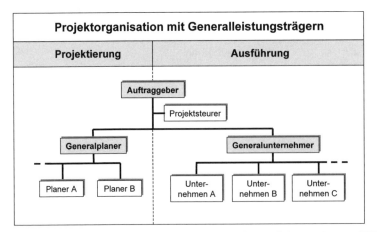

*Abbildung 2–4:    Projektorganisationsform mit Generalleistungsträgern (GLT)*

### 2.4.3 Generalplaner (GP)

Generalplaner (GP) erstellen für ein Bauprojekt alleinverantwortlich sämtliche Planungsleistungen. Ihre Leistung erstreckt sich somit in der Regel über die Phasen 3.1 und 3.2 des LM 95. Diese Leistungen erbringen sie in der Regel zum Teil als Eigenleistung, zum Teil vergeben sie diese an andere Planer (in diesem Sinne an Subplaner). Der Auftraggeber unterhält im Bereich der Planung somit nur ein Vertragsverhältnis zum Generalplaner.

Die Vergütung von Generalplanerleistungen erfolgt in der Regel leistungsbezogen auf der Grundlage eines Pauschalvertrages oder eines Einheitspreisvertrages mit Kostendach[217]. [218] Der Generalplaner garantiert somit für die von ihm erbrachten Planungsleistungen die Höhe der maximalen Kosten.

### 2.4.4 Generalunternehmer (GU)

Ein Generalunternehmer (GU) übernimmt sämtliche für die Erstellung eines Bauwerkes erforderlichen Bauleistungen. Diese führt er entweder selbst aus oder vergibt sie an von ihm beauftragte Subunternehmer weiter. Etwaige Eigenleistungen des Generalunternehmers beziehen sich üblicherweise auf den Rohbau.

Der Generalunternehmer ist für den Auftraggeber im Bereich der Ausführung der einzige Vertragspartner. Eine vertragliche Verbindung zwischen dem Bauherrn und den vom Generalunternehmer beauftragten Subunternehmen besteht in der Regel nicht.

Sowohl in der Praxis als auch in der Literatur finden sich verschiedene, zum Teil widersprüchliche Definitionen zur Beschreibung des Leistungsumfangs eines Generalunternehmers. Im Folgenden wird der Begriff des Generalunternehmers als Grundlage für

---

[217] zu den verschiedenen Vertragsformen vgl. Kapitel 2.6
[218] BRANDENBERGER/RUOSCH, 1996, S. 57-58

die weiteren Ausführungen dieser Arbeit beschrieben und definiert. Des Weiteren wird eine Abgrenzung gegenüber dem Begriff des Totalunternehmers[219] vorgenommen:

### 2.4.4.1  Betriebswirtschaftliche Definition

Čadež[220] unterscheidet bei der Beauftragung eines *Generalunternehmers* zwischen Fällen, in denen der Generalunternehmer die Bauausführung auf der Grundlage einer bereits fertigen Ausführungsplanung durchführt und solchen, in denen die Ausführungsplanung Teil des GU-Auftrages ist. Gemäss Čadež bezieht der Begriff des Generalunternehmers somit die Möglichkeit zur Erbringung von Planungsleistungen mit ein.

Weder[221] bezeichnet den Generalunternehmer als alleinverantwortlich für die schlüsselfertige Erstellung nutzungsfähiger Bauwerke. Seiner Auffassung nach bedeuten dabei die Bezeichnungen „Erstellung" und „schlüsselfertig", dass sich die Leistung in erster Linie auf eine reine Ausführungstätigkeit beschränkt, in Einzelfällen jedoch auch Planungsleistungen beinhalten kann.

Für Brandenberger/Ruosch beinhaltet eine GU-Leistung die Erstellung nutzungsfähiger Bauwerke; sie umfasst die Gesamtheit aller Leistungen der Ausführungs- und Abschlussphase (Phase 4.2 und 4.4, LM 95)[222]. Im Gegensatz zu Čadež schliessen sie jedoch die Planungsphase (Phase 3.1 und 3.2, LM 95) aus dem Leistungsinhalt eines Generalunternehmers aus. [223]

Auch nach Darstellung des *Verbandes der Schweizerischen Generalunternehmer (VSGU)*[224] beschränkt sich der Leistungsinhalt des GU-Verfahrens als Wettbewerbsverfahren auf die reine Vergabe der Ausführung. Die Ausführungsplanung ist somit nicht Teil einer GU-Leistung.

### 2.4.4.2  Juristische Definition

Nach der juristischen Definition von Gauch[225] übernimmt der Generalunternehmer die gesamte Ausführung eines Bauwerkes auf der Grundlage eines vom Bauherren oder Architekten erstellten Projektes. Das auszuführende Projekt wird dabei z.B. durch die Ausschreibungsunterlagen beschrieben. Kern des *Generalunternehmervertrages* ist im juristischen Sinn somit die Ausführung und nicht die Planung von Bauwerken. Gauch[226] weist darauf hin, dass im praktischen Sprachgebrauch nicht immer exakt zwischen General- und *Totalunternehmerverträgen* unterschieden wird und beide Formen unter dem Begriff des *Generalunternehmervertrages* zusammengefasst werden. Für die ju-

---

[219] vgl. Kapitel 2.4.5

[220] ČADEŽ, Risikowertanalyse, 1998, 1998, S. 23-24

[221] WEDER, Generalunternehmung, 1974, S. 3

[222] BRANDENBERGER/RUOSCH, 1996; S. 58

[223] BRANDENBERGER/RUOSCH, 1996, S. 58-59; S. 64

[224] N.N., Empfehlungen, 1995, Anhang 1

[225] GAUCH, Werkvertrag, 1996, S. 69

[226] GAUCH, Werkvertrag, 1996, S. 73

ristische Qualifikation eines Vertrages kommt es jedoch nicht auf seine Bezeichnung, sondern einzig auf seinen Inhalt an.

Somit kommen auch Widmer/Trümpy/Kaufmann[227] zu dem Schluss, dass es sich im engeren Sinne nicht um einen Generalunternehmer handelt, falls auch Planungsarbeiten für das von einem Auftraggeber bestellte Bauwerk geleistet werden.

Für die weiteren Untersuchungen wird aufgrund der begrifflichen Exaktheit dem juristischen Verständnis zur Generalunternehmer-Definition gefolgt.

Ein Generalunternehmer (GU) zeichnet sich demnach durch folgende Charakteristika aus:

- Übernahme sämtlicher Bauleistungen zur fertigen Erstellung eines Bauwerkes mit eigenen oder fremden Kapazitäten
- keine Erbringung von Planungsleistungen

Neben dem Begriff des Generalunternehmers findet sich in Deutschland teilweise auch die Bezeichnung des Generalübernehmers. Hiermit sind solche Generalunternehmen gemeint, deren Eigenleistung sich auf die reine Integration der zur Leistungserstellung erforderlichen Teilleistungen beschränkt. Generalübernehmer erbringen selbst keine Bauleistung; die Teilleistungen werden von Einzelleistungsträgern als Subunternehmern erbracht.

## 2.4.5 Totalunternehmer (TU)

Totalunternehmer übernehmen im Sinne einer Verbindung von Generalplaner- und Generalunternehmerleistungen die Planung sowie die Ausführung eines Gebäudes.[228] Der Auftraggeber hat somit nur einen einzigen Vertragspartner für die Planung und Erstellung seines Projektes[229].

Gauch grenzt den Totalunternehmer dadurch vom Generalunternehmer ab, dass der Totalunternehmer auch die Planungsarbeiten für ein vom Auftraggeber bestelltes Gebäude leistet. Er bezeichnet den Totalunternehmer als einen „projektierenden Generalunternehmer".[230]

Ein Totalunternehmer (TU) wird somit durch folgende Eigenschaften charakterisiert:

- Übernahme sämtlicher Bauleistungen zur fertigen Erstellung eines Bauwerkes mit eigenen oder fremden Kapazitäten
- Erbringung von Planungsleistungen

---

[227] WIDMER/TRÜMPY/KAUFMANN, Klauseln, 1989, S. 97

[228] Im amerikanischen Sprachraum wird die gemeinsame Vergabe von Projektierungs- und Bauleistungen an einen Anbieter als „Design-Build" bezeichnet. vgl. SANVIDO/KONCHAR, Projekt Delivery Systems, 1998, S. 14

[229] BRANDENBERGER/RUOSCH, 1996, S. 58-59; S. 62

[230] GAUCH, Werkvertrag, 1996, S. 57

Bezüglich des Beauftragungszeitpunktes eines Totalunternehmers ist dahingehend zu unterscheiden, ob die Planungsleistung des Totalunternehmers die Erstellung des Vorprojektes (Phase 3.1, LM 95) mit einbezieht (Vorprojektplanung, Bewilligungsplanung, Ausführungsplanung) oder ob ein solches bereits vorliegt. Im letztgenannten Fall erfolgt die Erbringung der Totalunternehmerleistung auf Basis des Vorprojektes und beinhaltet die Bewilligungs- und Ausführungsplanung (Phase 3.2 Bauprojekt / Phase 4.2 Ausführungsprojekt LM 95).

In Abbildung 2–5 ist die Projektorganisation mit Totalunternehmer dargestellt.

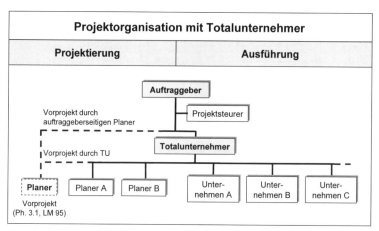

*Abbildung 2–5:*     *Projektorganisation mit Totalunternehmer (TU)*

### 2.4.6  Systemanbieter

Systemanbieter integrieren die Funktion eines die Vorprojektierung miteinbeziehenden Totalunternehmers sowie die Funktion eines Generalleistungsträgers im Bereich des Gebäudemanagements (vgl. Abbildung 2–6).

Als Generalleistungsträger im Bereich des Gebäudemanagements erbringen Systemanbieter die zum Betrieb eines Gebäudes erforderlichen Leistungen (z.B. Contracting) zumeist aus einer Hand. Sie übernehmen somit für einen Auftraggeber – wie ein Generalunternehmer im Bereich der Ausführung – die operative Durchführung des Betriebs der baulichen Anlage. Hierzu gehören unter anderem die Beauftragung, Koordination und Steuerung verschiedener Einzelleistungsträger.

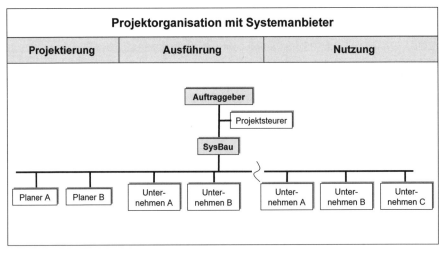

*Abbildung 2–6:     Projektorganisation mit Systemanbieter (SysBau)*

Unter dem Begriff des Gebäudemanagements (GM) wird dabei die Gesamtheit technischer, kaufmännischer und infrastruktureller Leistungen zur Nutzung von Gebäuden zusammengefasst[231].

## 2.5 Anbieterformen

Bei der Realisierung von Bauprojekten können verschiedene Formen von Anbietern die Funktion eines Einzelleistungs- bzw. Generalleistungsträgers oder eines Totalunternehmers ausüben. Die verschiedenen Anbieterformen werden im Folgenden dargestellt.

### 2.5.1 Generalunternehmungen

Generalunternehmungen treten bei Bauprojekten zumeist in der Funktion eines General- oder Totalunternehmers auf; ihr eigentlicher Geschäftszweck besteht somit in der Erbringung von GU-/TU-Leistungen. In seltenen Fällen fungieren sie auch als Generalplaner.

Die Schweizer Generalunternehmungen verfügen zumeist über ausgeprägte Projektmanagement-Kapazitäten, mit denen sie die Steuerung und Abwicklung von Bauprojekten innerhalb ihres Auftrags- und Aufgabenbereiches leisten. Ergänzt werden diese häufig von Kapazitäten zur Projektentwicklung und Planung. Die Fähigkeit zur Stellung und Absicherung von Preis- und Termingarantien erlangen sie auf der Basis ihres Eigenkapitals (vielfach in Form von Immobilien gebundenes Kapital) bzw. durch die Übernahme von Bürgschaftsverpflichtungen durch Dritte (z.B. einer Muttergesellschaft). Die Schweizer Generalunternehmungen verfügen innerhalb ihrer eigentlichen

---

[231] vgl. N.N., VDMA-Einheitsblatt 24196, 1996, S. 43

Generalunternehmensorganisation zumeist nicht über eigene Bauausführungs-kapazitäten.[232]

In der Schweiz sind die 22 bedeutendsten Generalunternehmungen innerhalb des Verbandes Schweizer Generalunternehmer (VSGU) zusammengeschlossen. Die VSGU-Mitglieder haben 1998 in der Schweiz einen Umsatz von 3,94 Mrd. sFr. erzielt, was einem Anteil am Hochbaumarkt, ihrem vorwiegenden Tätigkeitsgebiet, von ca. 12% entspricht.[233, 234]

## 2.5.2 Bauausführungsunternehmen

Als Einzelleistungsträger bei Projekten mit ELT-Projektform bzw. als Subunternehmen bei Projekten mit GU-/TU-Projektform treten sämtliche Arten von Unternehmen aus dem Bereich der Bauausführung auf. Entsprechend ihres Tätigkeitsgebietes lassen diese sich in Unternehmen des Bauhauptgewerbes und des Ausbaugewerbes unterscheiden. 1995 wurden im Bereich des Bauhauptgewerbes in der Schweiz 11'943 und im Bereich des Ausbaugewerbes 33'298 Unternehmen gezählt[235].

## 2.5.3 Planungsunternehmen

Planungsunternehmen führen, ihrem eigentlichen Geschäftszweck entsprechend, die Planung von Bauvorhaben aus. Darüber hinaus übernehmen sie bei ELT-Projektformen vielfach auch Aufgaben aus dem Bereich der Bauleitung, also der Projektkoordinierung, -steuerung und -überwachung. In der Funktion eines Generalplaners übernehmen sie zudem die gesamtheitliche Gebäudeplanung. Bei Projekten mit Totalunternehmer treten sie entweder in der Funktion eines Subplaners des Totalunternehmers bzw. als dessen Konsortialpartner auf.

Im Rahmen der eidgenössischen Betriebszählung wurden 1995 in der Schweiz 18'562 Planungsunternehmen gezählt.[236]

## 2.5.4 Anbieterkooperationen

Vielfach treten Anbieter bei der Vergabe von GU-/TU-Aufträgen nicht als Einzelunternehmen, sondern als Kooperationen verschiedener Unternehmen auf. Gründe für solche Kooperationen sind u.a. in der Erschliessung zusätzlichen Know-hows, in der Ergänzung eigener Kapazitäten, in der Teilung von Risiken, in der Begrenzung der Anzahl von Wettbewerbern etc. zu sehen.

---

[232] Hierin unterscheiden sie sich massgeblich von den deutschen Generalunternehmen. In Anlehnung an die deutsche Nomenklatur treten die Schweizer Generalunternehmen somit vorwiegend als General-übernehmer auf.

[233] N.N., VSGU Jahresbericht, 1998, S. 4-8

[234] N.N., Jahrbuch, 2000, S. 234

[235] N.N., Ergebnisse, 1995, S. 69

[236] N.N., Ergebnisse, 1995, S. 69

Als in Frage kommende Kooperationsformen lassen sich dabei u.a. Konsortien, Arbeitsgemeinschaften und virtuelle Unternehmen unterscheiden.

### 2.5.4.1 Konsortien

*Konsortien* sind Anbietergemeinschaften, bei denen sich eine begrenzte Anzahl von rechtlich selbständigen[237] Unternehmen mit gleichen und/oder sich ergänzenden Tätigkeiten zu einer projektbezogenen und damit zeitlich begrenzten Kooperation zusammenschliessen[238, 239].

Als *offene Konsortien* werden dabei solche Anbietergemeinschaften bezeichnet, bei denen der Vertragsabschluss des Auftraggebers nicht mit einzelnen Anbietern, sondern mit dem Konsortium erfolgt, das somit als Auftragnehmer fungiert. Die einzelnen Konsortialpartner haften dabei i.d.R. gesamtschuldnerisch.[240]

*Stille Konsortien* sind demgegenüber dadurch gekennzeichnet, dass einer der Konsortialpartner im Aussenverhältnis gegenüber dem Auftraggeber als General- bzw. Totalunternehmer die Alleinverantwortung zur Leistungserfüllung übernimmt.[241] Der als General- bzw. Totalunternehmer fungierende Konsortialpartner schliesst wiederum mit den anderen Konsortialpartnern einen Konsortialvertrag ab, in dem diese das Leistungsversprechen aus dem General- bzw. Totalunternehmervertrag mit übernehmen. Das stille Konsortium unterscheidet sich somit vom „reinen" Total- bzw. Generalunternehmer durch die Gestaltung des Innenverhältnisses (Anbieterkooperation statt Subunternehmerverhältnis). Vom offenen Konsortium unterscheidet es sich demgegenüber durch die Gestaltung des Aussenverhältnisses (ein Ansprechpartner für Haftungs- und Gewährleistungsfragen statt mehrerer möglicher Ansprechpartner).[242]

### 2.5.4.2 Arbeitsgemeinschaften (Argen)

Arbeitsgemeinschaften bedeuten wie Konsortien einen Zusammenschluss verschiedener Unternehmungen zur Erfüllung einer zeitlich begrenzten Aufgabe. Während jedoch ein Konsortium eine Liefer- bzw. Produktionsgemeinschaft selbständiger Partner darstellt und die Leistungserbringung durch die als Einzelunternehmen fungierenden Konsortialpartner erfolgt, ist die Arbeitsgemeinschaft als eigenständiges, zum Zweck der Leistungserbringung gegründetes Unternehmen zu betrachten. Die Arbeitsgemeinschaft verfügt über eigene Vermögensgegenstände, tritt als Arbeitgeber auf und erteilt ihrerseits Aufträge an andere Unternehmen.[243]

---

[237] BACKHAUS, Industriegütermarketing, 1997, S. 482-483

[238] GÜNTER, Projektkooperationen, 1998, S. 296-297

[239] ROSE/ROSE, Unternehmensformen, 1995, S. 109

[240] GÜNTER, Projektkooperationen, 1998, S. 297

[241] BACKHAUS, Industriegütermarketing, 1997, S. 483

[242] GÜNTER, Projektkooperationen, 1998, S. 301-302

[243] GÜNTER, Projektkooperationen, 1998, S. 302-303

### 2.5.4.3 Virtuelle Unternehmen

Wie Arbeitsgemeinschaften sind virtuelle Unternehmen in ihrer Existenz zeitlich begrenzt (z.B. zur Erstellung eines Gebäudes)[244]. Sie basieren jedoch auf einem auf langfristige Kooperation ausgerichteten Unternehmensnetzwerk.

Dabei werden verschiedene Unternehmen bzw. Unternehmensteile projektspezifisch aus dem Kooperationsnetzwerk zu einem virtuellen Unternehmen zusammengefügt. Die Auswahl der Unternehmen, die aus dem Kooperationsnetzwerk an der Bildung eines virtuellen Unternehmens teilnehmen, erfolgt dabei u.a. in Abhängigkeit der zur Abwicklung einer Projektaufgabe erforderlichen Ressourcen.

Aufgrund dieses langfristigen Charakters werden virtuellen Unternehmen verschiedene potenzielle Wettbewerbsvorteile zugesprochen, die sich unter anderem aus den Vorzügen eingespielter Geschäftsbeziehungen sowie der Möglichkeit zur projektübergreifenden Weiterentwicklung des gemeinsamen Leistungsangebotes und Marktauftritts ergeben.[245]

## 2.6 Vertragsformen

Der Abschluss eines Vertrages stellt im juristischen Sinne eine Transaktion dar. Der Ablauf und der Inhalt von Austauschprozessen in der Bauwirtschaft wird dabei in Form eines Vertrages zumeist individuell festgelegt. Trotz dieser weitgehenden Individualität und Einzigartigkeit der projektbezogenen Vertragsgestaltung lassen sich jedoch verschiedene grundsätzliche Vertragsformen unterscheiden. Die für die Abwicklung von GU- und TU-Aufträgen in Frage kommenden Vertragsformen sollen in ihrer Funktion als Rahmen zur Regelung von Austauschprozessen bei Bauprojekten im Folgenden erläutert werden.

### 2.6.1 Einheitspreisvertrag

Im Rahmen eines Einheitspreisvertrages wird der zwischen Auftraggeber und Anbieter vereinbarte Vertragsinhalt in Einzelleistungen (Einzelpositionen des Leistungsverzeichnisses) untergliedert. Den verschiedenen Einzelpositionen werden Abrechnungsmengen (z.B. 1 m$^2$) und Einheitspreise (z.B. 10 sFr./m$^2$) zugeordnet.[246]

Die Vergütung des Anbieters ergibt sich für jede Einzelleistung aus der Menge der vom ihm geleisteten Einheiten multipliziert mit dem zugehörigen Einheitspreis. Bei sehr kleinen Aufträgen ist es möglich, dass die gesamte von einem Anbieter zu erbringende Leistung durch einen einzigen Einheitspreis beschrieben wird. Im Gegensatz zum Pauschalpreis ergibt sich die Höhe der Vergütung aus der Summe der geleisteten Leistungseinheiten.[247]

---

[244] zur Definition der virtuellen Unternehmung vgl. auch SCHRÄDER, Management, 1996, S. 23-37

[245] zum Aufbau, Management sowie zu den Vorteilen virtueller Unternehmen in der Bauwirtschaft vgl. ausführlich GIRMSCHEID, Strategien, 1997, S. 12-18

[246] vgl. KAPELLMANN/SCHIFFERS, Vergütung, 2000, S. 31-32

[247] vgl. GAUCH, Werkvertrag, 1996, S. 258-268

## 2.6.2 Einheitspreisvertrag mit Kostendach

Um für den Auftraggeber die Höhe der maximalen Kosten zu beschränken, werden Einheitspreisverträge häufig mit einem Kostendach[248] versehen. Die Vergütung richtet sich dabei wie beim Einheitspreisvertrag nach der Menge der ausgeführten Leistungen sowie der Höhe der Einheitspreise. Ergibt sich hieraus eine Vergütungshöhe, die die Höhe des zumeist unter Wettbewerbsbedingungen ermittelten Kostendaches unterschreitet, so wird die Kostenersparnis in einem zuvor bestimmten Verhältnis zwischen Anbieter und Auftragnehmer aufgeteilt. Überschreitet das Produkt der Einheitspreise und geleisteten Mengen die Höhe des vereinbarten Kostendaches, so gehen die Kostenüberschreitungen vollständig zu Lasten des Anbieters[249].

## 2.6.3 Pauschal- und Globalvertrag

Durch einen *Pauschalvertrag* erfolgt die Übernahme eines Auftrages durch einen Anbieter zu einer im Voraus genau bestimmten Gesamtvergütung. Der Pauschalpreis ist in diesem Sinne eine feste Vergütungsvereinbarung, die unabhängig von der Höhe der tatsächlichen Kosten und ausgeführten Mengen zu leisten ist. Ein Pauschalvertrag hat somit für den durch ihn vereinbarten Leistungsinhalt einen weitgehenden Festpreischarakter. Grenzen dieses Festpreischarakters werden da erreicht, wo aus Bestellungsänderungen des Auftraggebers Mehraufwendungen für den Anbieter resultieren.[250]

Pauschalverträge, die mit einem vertraglich geregelten Teuerungsvorbehalt versehen werden, werden auch als *Globalverträge* bezeichnet. Der Teuerungsvorbehalt kann sich dabei auf das Gesamtwerk oder aber auf bestimmte Teile der zu seiner Erstellung erforderlichen Leistungen beziehen (z.B. nur Material- und Lohnteuerungen). Durch die Vereinbarung eines Teuerungsvorbehaltes wird der Festpreischarakter einer Pauschalvergütung relativiert.[251]

## 2.7 Wettbewerbsarten

Als Voraussetzung zum Zustandekommen eines Austausches mit einem Anbieter muss aus Sicht des Nachfragers u.a. gelten, dass die Differenz *der Kosten- und Nutzenelemente* grösser ist, als bei bestehenden Austauschalternativen (andere Anbieter)[252]. Nachfrager von GU-/TU-Leistungen führen in der Regel einen Anbieterwettbe-

---

[248] Der Einheitspreisvertrag mit Kostendach weist vielfältige Parallelen auf zum amerikanischen GMP (Guaranteed Maximum Price) -Vertrag auf. Vgl. hierzu u.a. ČADEŽ, Bauverträge, 2000, S. 20-23

Der entscheidende Unterschied ist jedoch darin zu sehen, dass die Schweizer Generalunternehmen i.d.R. selbst keine Ausführungsleistungen erbringen. Eine Pauschalierung von Eigenleistungen bezieht sich bei ihnen somit nur auf ihre (im Vergleich zu deutschen GUs geringe) GU-Eigenleistung (Projektmanagement und Garantien), die zudem zumeist als Prozentanteil an der Gesamtabrechnungssumme festgelegt wird.

[249] BRANDENBERGER/RUOSCH, 1996, S. 59-61

[250] vgl. GAUCH, Werkvertrag, 1996, S. 253-257

[251] vgl. GAUCH, Werkvertrag, 1996, S. 257-258

[252] vgl. Kapitel 2.1.2.1

werb[253] durch, mit dessen Hilfe sie die günstigste Austauschalternative evaluieren. Um den Anbieter mit der maximalen Differenz zwischen *Nutzenelementen* (Leistungsinhalt) und *Kostenelementen*[254] (Angebotspreis) zu ermitteln, bestehen für sie verschiedene Möglichkeiten zur Gestaltung von Anbieterwettbewerben. Je nachdem, ob nur der Angebotspreis, sowohl der Angebotspreis als auch der Leistungsinhalt oder nur der Leistungsinhalt Gegenstand des Wettbewerbs ist, lassen sich verschiedene Arten von Wettbewerben unterscheiden. Diese Wettbewerbsarten werden im Folgenden dargestellt.

## 2.7.1 Preiswettbewerb

Bei der Durchführung eines Preiswettbewerbes sind die von den Anbietern zu erbringenden Leistungen (z.B. durch eine detaillierte Leistungsbeschreibung) bereits eindeutig definiert (*Nutzenelemente* wurden vom Nachfrager festgelegt). Die Phasen 1 (Strategische Planung), 2 (Vorstudien) und 3 (Planung) nach LM 95 sind abgeschlossen; die Ausführung des Projektes wird als Ergebnis eines Preiswettbewerbs vergeben. Das massgebliche Unterscheidungskriterium der eingehenden Angebote ist neben der Bewertung der Leistungsfähigkeit der Anbieter der Angebotspreis (*Kostenelement*). Preiswettbewerbe werden in der Regel durchgeführt zur Vergabe von Einzelleistungs- und Generalunternehmeraufträgen.

## 2.7.2 Preis- / Leistungswettbewerb – Gesamtleistungswettbewerb

Der Gesamtleistungswettbewerb[255] (TU-Wettbewerb) ist dadurch gekennzeichnet, dass neben dem Preis (*Kostenelement*) auch die Ausgestaltung der baulichen Lösung (*Nutzenelement*) dem Wettbewerb untersteht. Der dem Wettbewerb unterliegende Leistungsinhalt entspricht dabei der Phase 3.1 (Vorprojekt), der Phase 3.2 (Bauprojekt) sowie der Phase 4 (Realisierung) nach LM 95.

Anhand des 3-stufigen Modells des Verbands Schweizerischer Generalunternehmer (VSGU)[256] wird im Folgenden (Abbildung 2–7) eine Möglichkeit zur Durchführung eines Gesamtleistungswettbewerbes dargestellt. Die drei Stufen bestehen aus einer Präqualifikation, einem Konzeptwettbewerb sowie der Phase der Projektausarbeitung.

---

[253] bzgl. verschiedener Vergabeverfahren zur Gestaltung eines Anbieterwettbewerbs vgl. Kapitel 2.8

[254] vgl. Tabelle 2–2

[255] Wettbewerbe, in denen verschiedene Konkurrenten zur Ausarbeitung eines ausführungsreifen Bauprojektes samt verbindlichem Angebot zur Realisierung eingeladen werden, werden in juristischer Hinsicht auch als Submissionswettbewerbe bezeichnet. vgl. GAUCH, Werkvertrag, 1996, S. 107-108

[256] N.N., Empfehlungen, 1995, S. 1-8

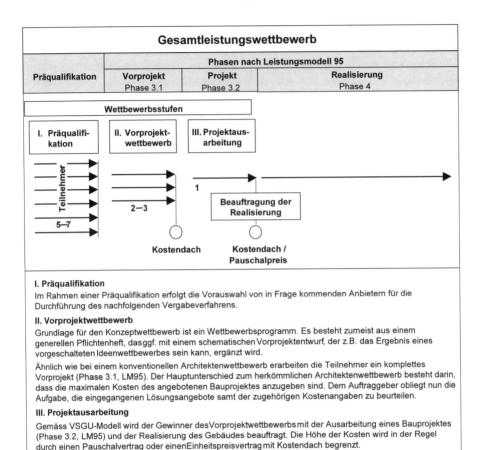

*Abbildung 2–7:    Ablauf des Gesamtleistungswettbewerbs (TU-Wettbewerb)[257]*

## 2.7.3  Leistungswettbewerb – Design to Cost

Beim Leistungswettbewerb kehrt sich innerhalb eines vom Auftraggeber gesetzten Maximalkostenrahmens die Betrachtungsweise gegenüber herkömmlichen Ausschreibungen (Preiswettbewerb) um. Nicht die auszuführende Bauleistung wird vom Auftraggeber vorgegeben, sondern die Höhe der maximalen Investitionskosten (*Kostenelement*). Infolgedessen ist das Vergabekriterium des Auftraggebers nun nicht mehr vorwiegend der geringste Angebotspreis, sondern das attraktivste Leistungsangebot (*Nutzenelemente*).

Die Projektmaximalkosten resultieren dabei aus übergeordneten unternehmerischen Wirtschaftlichkeitsbetrachtungen, die ein Auftraggeber im Rahmen seiner Immobilieninvestitionsentscheidung anstellt. Als Höhe des maximalen Investitionsbetrags ergeben

---

[257] Darstellung in Anlehnung an: BRANDENBERGER/RUOSCH, 1996, S. 63

sich diese unter einem festen *Kalkulationszinssatz* (z.B. angestrebte Mindestverzinsung) durch die Prognose des durch das Investitionsprojekt ausgelösten *Nutzens* (z.B. Mittelrückfluss/Jahr), der *Nutzungsdauer* sowie eines ggf. bestehenden *Restwertes* (Verkaufserlös)[258]. Die Abschätzung von Nutzen und Nutzungsdauer erfolgt dabei durch die Prognose der Absatzmarktentwicklung[259] sowie des Produktlebenszyklus[260] der mit Hilfe des Investitionsobjektes zu erbringenden Leistung.

- **Beispiel: Design-to-Cost – Institutionelle Anleger**

Institutionelle Anleger nutzen die von ihnen in Auftrag gegebenen Immobilienprojekte nicht selbst, sondern vermieten diese an die eigentlichen Nutzer. Ihr eigentliches Interesse besteht in der Erzielung einer attraktiven Kapitalverzinsung (= *angestrebte Mindestverzinsung*). Die beispielsweise durch eine Wohnungsüberbauung auf dem Immobilienmarkt erreichbaren Mieten in sFr./m$^2$ (= *Mittelrückfluss/Jahr*) sind den institutionellen Investoren bekannt. Unter Annahme eines bestimmten Betrachtungszeitraumes lassen sich in Verbindung mit den Grundstückskosten sowie die seine Nutzung begrenzenden Auflagen die maximalen Investitionskosten eines Gebäudes ermitteln.

Bei der Realisierung einer Bauabsicht gehen institutionelle Investoren zunehmend dazu über, das Investitionskostenrisiko frühzeitig auf einen Anbieter zu übertragen. Hierzu führen sie beispielsweise einen Gesamtleistungswettbewerb durch als dessen Voraussetzung sie den Teilnehmern die maximalen Projektkosten mitteilen und von diesen einen Lösungsvorschlag erwarten.

Die (präqualifizierten Anbieter) sind nun aufgerufen, auf der Grundlage der Maximalkosten ein Vorprojekt (Phase 3.1, LM 95) zu erstellen (Design-to-Cost). Nach erhaltenem Zuschlag sind sie an ihr Angebot gebunden und müssen dieses im Rahmen der festgelegten Kosten projektieren und ausführen.

## 2.8 Vergabeverfahren

Wettbewerbe zur Vergabe von GU-/TU-Aufträgen lassen sich hinsichtlich ihres Formalisierungsgrades unterscheiden. Unter dem Grad der Formalisierung wird dabei verstanden, inwieweit der Ablauf des Vergabeprozesses im Vorhinein festgelegten Regeln folgt und inwieweit diese Regeln für die Anbieter und ggf. für Dritte transparent gestaltet werden.

---

[258] vgl. STAEHELIN, Investitionsrechnung, 1993, S. 24-25

[259] vgl. SPREMANN, Investition, 1991, S. 386-388

[260] vgl. u.a. ZEHBOLD, Lebenszykluskostenrechnung, 1996, S. 2-4

Die Formalisierung von Vergabeverfahren dient dabei u.a. den folgenden Zielen:

- Evaluation der besten Austauschalternative für den Auftraggeber
- Motivation von Anbietern zur Teilnahme am Vergabeverfahren
- Sicherstellung der Rechtmässigkeit einer Auftragsvergabe[261]

Die o.g. Ziele sind dabei aus der Sicht des Auftraggebers gegen die Kosten der Durchführung des Wettbewerbsverfahrens abzuwägen. Im Sinne der Austauschtheorie sind die Kosten des Wettbewerbsverfahrens dabei als Transaktionskosten zu bezeichnen[262]. Die Transaktionskosten zur Durchführung eines Vergabeverfahrens sind i.d.R. von einer hohen *Spezifität* gekennzeichnet, da sie sich zum Grossteil auf Aufwendungen beziehen, die keiner alternativen Verwendung zugeführt werden können und daher nur in beschränktem Umfang und nur von professionellen Auftraggebern (hohe *Häufigkeit* der Transaktion) bei Folgeprojekten genutzt werden können.

### 2.8.1 Direkte Beauftragung

Die direkte Beauftragung (freihändige Vergabe) besteht in der Auftragsvergabe an einen Anbieter, der nicht auf der Grundlage eines Vergabe- bzw. Wettbewerbsverfahrens ausgewählt wurde.[263] Die direkte Bauauftragung eines Anbieters stellt das Vergabeverfahren mit dem geringsten Formalisierungsgrad dar.

### 2.8.2 Verhandlungsverfahren

Bei der Durchführung eines Verhandlungsverfahrens erfolgt die Vergabe eines Auftrags nach der Verhandlung zwischen einem Anbieter und dem Auftraggeber. Beide Seiten passen ihr Vorgehen und Verhalten in Abhängigkeit des Verhaltens ihres Gegenübers an; in Anlehnung an den *Interaktionsansatz* liegt somit eine gegenseitige Beeinflussung vor. Im Sinne der *Austauschtheorie* sind Verhandlungsverfahren i.d.R. dadurch gekennzeichnet, dass einem Auftraggeber mehrere Anbieter gegenüberstehen; es bestehen somit für ihn mehrere Austauschalternativen.

Bei der Auftragsvergabe durch private Auftraggeber bilden Verhandlungen nach der Durchführung eines formalisierten Ausschreibungsprozesses i.d.R. den Abschluss eines Vergabeverfahrens.

### 2.8.3 Formalisierte Vergabeprozesse

Formalisierte Vergabeprozesse sind durch die Einhaltung im Vorhinein vorgegebener und den anbietenden Unternehmen teils bekannter, teils unbekannter Vergabeverfahren gekennzeichnet. Insbesondere die Vergaben der öffentlichen Hand bzw. privat-

---

[261] Insbesondere öffentliche Auftraggeber sind von einem formalisierten Beschaffungsverhalten gekennzeichnet. Vgl. hierzu Kapitel 2.2

[262] zu den Kosten- und Nutzenelementen von Austauschrelationen vgl. Tabelle 2–2

[263] GAUCH, Werkvertrag, 1996, S. 109

rechtlicher Organisationen, die den Richtlinien des BoeB unterstehen, sind von strengen, detaillierten Ablaufschemata gekennzeichnet.

### 2.8.4 Vergabeverfahren mit Präqualifikation

Die Präqualifikation stellt eine Vorstufe zum eigentlichen Vergabeverfahren dar. Ihr Zweck für den Auftraggeber besteht darin, dass er für die Teilnahme am eigentlichen Vergabeverfahren diejenigen Anbieter auswählt, die seiner Auffassung nach für die Teilnahme grundsätzlich geeignet erscheinen. Durch eine Präqualifikation wird die Zahl der für das eigentliche Vergabeverfahren zugelassenen Anbieter auf i.d.R. fünf bis sieben[264] reduziert. Das weitere Wettbewerbsverfahren beschränkt sich anschliessend auf die präqualifizierten Anbieter.[265]

---

[264] N.N., Empfehlungen, 1996, S. 3-4
[265] GAUCH, Werkvertrag, 1996, S. 108

## 2.9 Zusammenfassung des Kapitels 2

Zur theoretischen Fundierung der Problematik des Marketings von Systemanbieterleistungen wird das Geschehen innerhalb von Markttransaktionen mit Hilfe ausgewählter theoretischer Ansätze erläutert. Die Auswahl der zur Anwendung kommenden Theorien erfolgte nach ihrer allgemeinen Anerkennung in der Fachwelt, ihrer Anwendbarkeit auf und Relevanz für den Untersuchungsgegenstand, ihrer vollständigen Gültigkeit sowie ihrer Zweckmässigkeit zur Erreichung der Untersuchungsziele. Dabei dienten die Buying-Center-Theorie und die Theorie der Transaktion als theoretischer Bezugsrahmen für die im Rahmen dieser Arbeit vorzunehmenden Untersuchungen sowie zur Modell-Strukturierung. Innerhalb der Theorie der Transaktion werden im Einzelnen die Austauschtheorie, die Principal-Agent-Theorie sowie die Transaktionskostentheorie vorgestellt.

Die in der Schweizer Bauwirtschaft auftretenden Auftraggeber von GU-, TU- und Sys-Bau-Leistungen lassen sich nach verschiedenen Kriterien unterscheiden. So kann eine Unterscheidung nach öffentlichen und privaten Auftraggebern, gewerblichen Selbstnutzern und institutionellen Investoren sowie nach Gelegenheitsauftraggebern und professionellen Auftraggebern vorgenommen werden. Bei der Realisierung ihrer Nachfrage nach baulichen Leistungen stehen den Auftraggebern verschiedene Projektorganisationsformen zur Auswahl. Bauprojekte lassen sich durch die direkte Beauftragung vieler Einzelleistungsträger, eines Generalplaners (GP) und eines Generalunternehmers (GU), eines Totalunternehmers (TU) oder aber eines Systemanbieters realisieren.

Generalunternehmungen treten projektspezifisch als Anbieter von GU-, TU- oder ggf. GP-Leistungen auf. Bauausführungs- und Planungsunternehmern sind je nach Projektorganisationsform als direkte Vertragspartner des Bauherrn oder als Subunternehmer eines General- oder Totalunternehmers für die Erbringung von Einzelleistungen im Bereich der Bauausführung bzw. Planung verantwortlich.

Mehrere Unternehmen, die zur Erbringung baulicher Leistungen kooperieren, bilden hierzu projektspezifisch Konsortien, Arbeitsgemeinschaften oder virtuelle Unternehmungen. Virtuelle Unternehmungen zeichnen sich dadurch aus, dass sie auf einem auf Langfristigkeit ausgerichteten Kooperationsnetzwerk beruhen.

Anbieter von GU- und TU-Leistungen erbringen ihre Leistungen auf der Grundlage von Einheitsverträgen mit bzw. ohne Kostendach oder auf der Grundlage von Pauschal-bzw. Globalverträgen. Im Wettbewerb um entsprechende Aufträge befinden sie sich dabei in Abhängigkeit des vom Auftraggeber gewählten Wettbewerbsverfahrens in einem Preis-, Gesamtleistungs- oder reinen Leistungswettbewerb. Hinsichtlich des vom Auftraggeber gewählten Vergabeverfahrens erfolgt die Vergabe der entsprechenden Leistungen durch eine direkte Beauftragung oder nach der Durchführung eines Verhandlungsverfahrens, eines formalisierten Vergabeprozesses oder eines zweistufigen Vergabeverfahrens mit Präqualifikation.

# 3 Eingliederung des Untersuchungsgegenstandes in die Marketingforschung

## 3.1 GU-/TU- und SysBau-Leistungen als Leistungsbündel

GU-/TU- und SysBau-Leistungen stellen von ihrer Charakteristik keine Einzelleistungen, sondern eine Kombination verschiedenartiger Teilleistungen dar. Es handelt sich bei ihnen somit um *Leistungsbündel*, die zur Lösung eines individuellen Auftraggeberproblems zusammengestellt werden.[266]

### 3.1.1 Generalunternehmer-Leistungen als Leistungsbündel

Generalunternehmer werden in der Regel[267] auf der Grundlage eines Einheitspreisvertrages mit Kostendach bzw. eines Pauschalvertrages tätig. Als einem wichtigen Charakteristikum ihrer Leistung bieten sie einem Auftraggeber somit zumeist eine *Garantie der maximalen Kosten* ihrer Leistungen. Hinzu kommt in den meisten Fällen eine *Garantie des Fertigstellungstermins*.

Darüber hinaus integrieren sie innerhalb ihres Vertragsverhältnisses mit einem Auftraggeber eine *Vielzahl baulicher Teilleistungen*, für die der Auftraggeber im Falle einer Projektorganisation mit Einzelleistungsträgern jeweils ein separates Vertragsverhältnis hätte abschliessen müssen. Die von einem Generalunternehmer abgegebenen Garantien erstrecken sich somit über eine Vielzahl von Teilleistungen. Da die Integration der baulichen Teilleistungen in den Verantwortungsbereich des Generalunternehmers fällt, ist er vor dem Hintergrund der von ihm abgegebenen Garantien für die Koordination dieser Teilleistungen untereinander verantwortlich. Als einen weiteren wichtigen Leistungsinhalt übernimmt er somit die *Schnittstellenkoordination* der ihm in der Projektorganisation nachgeschalteten Leistungsanbieter.

Der Bündelcharakter von Generalunternehmer-Leistungen resultiert somit zum einen aus der Summe der integrierten Einzelleistungen, der Koordination dieser Leistungen sowie den seitens eines Generalunternehmers abgegebenen Garantien.

### 3.1.2 Totalunternehmer-Leistungen als Leistungsbündel

Totalunternehmer bieten wie Generalunternehmer in der Regel[268] Garantien für die Kosten und den Fertigstellungstermin der von ihnen erbrachten Leistungen. Des Weite-

---

[266] vgl. KLEINALTENKAMP, Einführung, 2000, S. 216-219

[267] Generalunternehmer-Leistungen können auch ohne Garantieleistungen beauftragt werden. In diesen Fällen wird der Generalunternehmer tätig auf der Basis eines Einheitspreisvertrages. Das Leistungsbündel „GU" beschränkt sich in solchen Fällen auf die Integration der verschiedenen Teilleistungen. Generell gilt, dass entsprechende Garantieleistungen in jedem Fall explizit vereinbart werden müssen. In der Praxis werden Generalunternehmer-Leistungen fast immer in Verbindung mit Garantieleistungen beauftragt. Somit werden Kosten- und Termingarantien mit GU- und TU-Leistungen assoziiert und stellen eine wesentliche Ursache für die zunehmende Verbreitung dieser Leistungen dar.

[268] Wie bei GU-Leistungen bedarf es auch bei TU-Leistungen einer entsprechenden Vereinbarung, damit Garantieleistungen Teil des Leistungsbündels werden. Eine solche Vereinbarung ist in der heutigen Baupraxis jedoch die Regel.

ren bildet die Integration und Koordination verschiedener Einzelleistungen einen wichtigen Bestandteil der von ihnen erbrachten Kernleistungen. Der entscheidende Unterschied ist jedoch die Erweiterung des Leistungsbündels um Leistungen aus dem Bereich der Gebäudeplanung. Hieraus ergibt sich u.a. das Erfordernis der Koordinierung und Optimierung von Planungs- und Ausführungsleistungen untereinander im Hinblick auf eine optimierte Gebäudeerstellung.

Leistungen von Totalunternehmern bedeuten somit gegenüber Generalunternehmer-Leistungen eine quantitative und qualitative Erweiterung des Leistungsbündels.

### 3.1.3 SysBau-Leistungen als Leistungsbündel

Durch den Einbezug des Managements eines Gebäudes in den Leistungsumfang eines Systemanbieters ergibt sich gegenüber Totalunternehmer-Leistungen zum einen eine Erweiterung der integrierten Teilleistungen. Darüber hinaus resultiert hieraus u.a. eine Erweiterung der abgegebenen Garantien (in Abhängigkeit der jeweiligen Vertragsgestaltung, z.B. Leistungskennwerte, Kosten- u. Termingarantien über alle Bauprozessphasen) sowie der seitens des Systemanbieters geleisteten Schnittstellenkoordination. Die Koordination und die Optimierung der integrierten Teilleistungen beziehen sich dabei auf den gesamten Lebenszyklus eines Gebäudes (bzw. der zwischen Sys-Bau-Anbieter und Auftraggeber vereinbarten Vertragslaufzeit). Darüber hinaus entwickelt der SysBau seine Projekterfahrungen unter projektbezogenem und projektübergreifendem Wettbewerbsdruck mit Hilfe eines innovativen und lernenden Konzeptes ständig weiter. Er optimiert somit sein Life-Cycle-Konzept und kann auf der Basis seines Erfahrungspotenzials eine tendenziell höhere Leistungsfähigkeit als Anbieter von ELT-, GU- bzw. TU-Leistungen aufweisen.

Das Leistungsbündel eines SysBau-Anbieters im Bereich des Gebäudemanagements umfasst die in der nachfolgenden Tabelle 3–1 aufgeführten Teilleistungen:

| Inhalte des Leistungsbündels „Gebäudemanagement" eines SysBau-Anbieters | | |
|---|---|---|
| **Technisches Gebäudemanagement** | **Kaufmännisches Gebäudemanagement** | **Infrastrukturelles Gebäudemanagement** |
| Betreiben (Inbetriebnehmen, Instandhalten, Bedienen) | Archivieren | Catering |
| Dokumentieren | Beschaffungsmanagement | EDV-Dienstleistungen |
| Energiemanagement | Flächenmanagement | Gärtnerdienstleistungen |
| Entsorgen | Kostenplanung und -kontrolle | Hauswartdienste |
| Kommunikationsmanagement | Objektbuchhaltung | Interne Postdienste |
| Modernisieren | Projektmanagement | Kopier- und Druckereidienste |
| Optimieren | Vertragsmanagement | Parkhausbetreiberdienste |
| Sanieren | etc. | Reinigungs- und Pflegedienste |
| Umbauen | | Sicherheitsdienste |
| Verfolgen der technischen Gewährleistung | | Umzugsdienste |
| Versorgen | | Waren- und Logistikdienste |
| etc. | | Winterdienste |
| | | Zentrale (Telekommunikationsdienste) |
| | | etc. |

Tabelle 3–1: Inhalte des Leistungsbündels „Gebäudemanagement" eines Sys-Bau-Anbieters[269]

Gegenüber Totalunternehmer-Leistungen bedeuten Systemanbieterleistungen somit wiederum eine Erweiterung des Leistungsbündels in quantitativer und qualitativer Hinsicht.

### 3.1.4 Dimensionen von Leistungsbündeln

Der „Bündel"-Charakter von GU-/TU- und SysBau-Leistungen beinhaltet weitreichende Konsequenzen für deren Vermarktung. Zur weitergehenden Analyse dieser Konsequenzen lassen sich im Allgemeinen drei Dimensionen von Leistungsbündeln unterscheiden:

---

[269] in Anlehnung an: N.N., VDMA-Einheitsblatt 24196, 1996

| Dimensionen von Leistungsbündeln | |
|---|---|
| *Leistungspotenzial* | Fähigkeit und Bereitschaft eines Anbieters zur Offerierung und Generierung einer Problemlösung für einen Nachfrager. |
| *Leistungserstellungsprozess* | Aktivierung eines vorhandenen Leistungspotenzials zur Erstellung des Leistungsergebnisses unter der Einbeziehung interner und externer Faktoren (Integrativität). |
| *Leistungsergebnis* | Ergebnis des Leistungsprozesses, welches die eigentliche Nutzenstiftung für einen Nachfrager beinhaltet. |

Tabelle 3–2: *Dimensionen von Leistungsbündeln[270]*

## 3.2 Typologien im Business-to-Business-Marketing

Die Gestaltung von Marketingprozessen zur Vermarktung von Transaktionsinhalten ist in Anlehnung an Backhaus[271] in Abhängigkeit verschiedener Transaktionssituationen differenziert vorzunehmen. Er weist darauf hin, dass es innerhalb der Marketingwissenschaft nicht zweckmässig ist, allgemeine Marketingverhaltensprogramme unabhängig von der jeweiligen Transaktion zu entwickeln. Hieraus ergibt sich das Erfordernis zur Bildung von Transaktionstypologien, in denen die Vielfalt situationsspezifischer Transaktionen zu möglichst homogenen Gruppen zusammengefasst wird.

In der Marketingforschung finden sich verschiedene Ansätze zur Bildung von Transaktionstypologien, bei denen Transaktionen im Hinblick auf die folgenden Kriterien typologisiert werden:

- Integrativitätsgrad
- Interaktionsgrad
- Individualisierungsgrad
- Immaterialitätsgrad
- Kaufmuster / Kauftyp

### 3.2.1 Kriterien zur Typologisierung von Transaktionen

Im Folgenden werden zunächst die der Typologisierung zugrunde liegenden Kriterien erläutert. Die Transaktionen im Bereich von GU-/TU- und SysBau-Leistungen werden anschliessend bezüglich ihrer Besonderheiten im Hinblick auf die verschiedenen Kriterien analysiert.

#### 3.2.1.1 Integrativitätsgrad

Inhalte von Transaktionsvereinbarungen zeichnen sich im Bereich des GU-/TU- sowie SysBau-Marketings dadurch aus, dass sie auf die individuellen Bedürfnisse eines Auf-

---

[270] vgl. KLEINALTENKAMP, Einführung, 2000, S. 219-222

[271] BACKHAUS, Industriegütermarketing, 1997, S. 280

traggebers sowie auf die spezifischen Gegebenheiten eines Projektes zugeschnitten sind. Es handelt sich daher bei der Gestaltung solcher Leistungen um eine Produkt- bzw. Leistungsindividualisierung nach den Vorgaben und Bedürfnissen eines einzelnen Kunden.[272]

Mit zunehmender Individualität einer Markttransaktion nimmt jedoch auch die Notwendigkeit zu, die individuellen Anforderungen des Kunden in die Erstellung einer Leistung mit einzubeziehen. Es ergibt sich somit eine erhöhte Integrativität, d.h. eine erhöhte Anzahl leistungsrelevanter Faktoren (z.B. Informationen), die nicht vom Anbieter, sondern vom Nachfrager zum Erstellungsprozess beigesteuert werden müssen.[273]

Das Management der vom Nachfrager beizusteuernden Faktoren stellt dabei eine besondere Herausforderung im Rahmen integrativer Leistungsprozesse dar, da diese sich im Verfügungsbereich des Nachfragers befinden und somit auf sie aus Sicht des Anbieters nicht frei zugegriffen werden kann.[274]

Die Integration des Nachfragers in den Prozess der Leistungserbringung bewirkt zudem eine hohe Bedeutung von Interaktionsgesichtspunkten zwischen Anbieter und Nachfrager.[275] Der Integrationsprozess erstreckt sich dabei über alle Phasen eines Austausches inklusive der Leistungserstellung.

Die Betrachtung der Integrativität von Transaktionsprozessen, also dem Masse, in dem Leistungsbeiträge des Nachfragers zur Leistungserbringung erforderlich sind, ist eng mit der Interaktionsbetrachtung von Transaktionen verbunden.

Leistungen, die einen hohen Grad an Integrativität aufweisen, sind dadurch gekennzeichnet, dass externe Faktoren aus dem Verfügungsbereich des Nachfragers in den Prozess der Leistungserstellung integriert werden.

Folgende Grundkonfigurationen des *externen Faktors* lassen sich dabei unterscheiden[276]:

- *Materielle* oder *immaterielle* Güter, die von aussen (d.h. seitens des Nachfragers) in den Prozess der Leistungserstellung eingebracht werden.
- *Passive* Beteiligung des Nachfragers am Prozess der Leistungserstellung.
- *Aktive* Beteiligung des Nachfragers am Prozess der Leistungserstellung.

Insbesondere GU-/TU- und SysBau-Leistungen sind dadurch gekennzeichnet, dass der Auftraggeber durch die Bereitstellung externer Faktoren an der Leistungserstellung mitwirkt. Bei den bereitgestellten externen Faktoren handelt es sich u.a. um das Grundstück, dass sich in der Regel im Verfügungsbereich des Auftragnehmers befindet sowie um die Beschreibung der vom Anbieter zu erbringenden Leistung. Die Integration

---

[272] vgl. hierzu KLEINALTENKAMP, Einführung, 2000, S.197

[273] vgl. JAKOB, Auftragsmanagement, 1998, S. 9

[274] vgl. JAKOB, Auftragsmanagement, 1998, S. 10

[275] vgl. KOTLER/BLIEMEL, Marketing-Management, 1999, S. 724

[276] in Anlehnung an MALERI, 1994, S. 48

externer Faktoren beinhaltet u.a. die in der Tabelle 3–3 dargestellten, für das Marketing von GU-/TU- und SysBau-Leistungen relevanten Implikationen.

| Implikationen der Integrativität für das Marketing | |
|---|---|
| **Transport- und Lagerungsproblem** | Aus der Integration des externen Faktors ergeben sich häufig Lagerungs- und Transportprobleme. |
| **Standardisierungsproblem** | Die Integration des externen Faktors bedingt einen zumeist individuellen, personalintensiven und damit nur schwer standardisierbaren Leistungscharakter. |
| **Marketingorientierung der Leistungserstellung** | Die aktive oder passive Beteiligung des Nachfragers und/oder der Objekte aus seinem Verfügungsbereich am Prozess der Leistungserstellung macht es erforderlich, diesen Prozess u.a. nach Gesichtspunkten des Marketings zu gestalten. |
| **Asymmetrische Informationsverteilung** | Aufgrund der Tatsache, dass die Informationen auf Seiten des Anbieters und des Nachfragers im Hinblick auf Inhalt, Form und Verwendung des externen Faktors ungleich verteilt sind, liegt zwischen beiden Seiten eine asymmetrische Informationsverteilung[277] vor. Die aus der Gefahr opportunistischen Verhaltens im Hinblick auf den externen Faktor hervorgehende Unsicherheit des Nachfragers ist im Rahmen eines erfolgreichen Marketings durch die Anbieter zu reduzieren. |

Tabelle 3–3: *Implikationen der Integrativität für das Marketing*[278]

Der Prozess der Mitwirkung des Auftraggebers bzw. des Kunden an der Leistungserstellung wird dabei als *Kundenintegration*[279] bezeichnet.

Das Erfordernis der Kundenintegration in den Prozess der Leistungserstellung bedeutet, dass dieser erst nach erfolgter Einigung zwischen Auftraggeber und Anbieter beginnen kann. Diese Einigung kommt dabei auf der Grundlage der Präsentation des Leistungspotenzials durch den Anbieter zustande (vgl. die nachfolgende Abbildung)[280].

---

[277] bzgl. Informationsasymmetrien vgl. auch Kapitel 2.1.2.2

[278] MEFFERT/BRUHN, Dienstleistungsmarketing, 1997, S. 65-66

[279] vgl. KLEINALTENKAMP, Kundenintegration, 1997, S. 208-209

[280] vgl. KLEINALTENKAMP, Einführung, 2000, S. 222

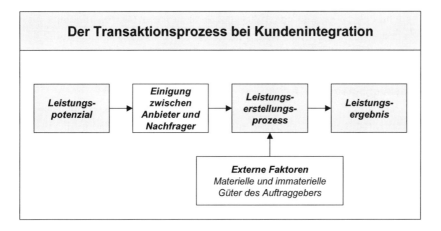

Abbildung 3–1:    Der Transaktionsprozess bei Kundenintegration[281]

- **Integrativität von Generalunternehmerleistungen**

Als externe Faktoren bringen Auftraggeber einerseits das zu bebauende Grundstück (*materielles Gut*) bzw. entsprechende Verfügungsrechte in den Prozess der Leistungserstellung ein. Darüber hinaus stellen sie dem Generalunternehmer eine Beschreibung (*immaterielles Gut*) des von ihm zu erbringenden Leistungsergebnisses zur Verfügung, die sie selbst oder durch die Beauftragung Dritter erstellt haben. In Zusammenarbeit mit dem Anbieter erfolgt die Einigung über die Transaktionsbedingungen sowie ggf. die Anpassung der Leistungsbeschreibung hinsichtlich einer verbesserten Realisierbarkeit des Gebäudes (*aktive Beteiligung des Nachfragers*). Änderungen des Bauablaufes oder unvorhergesehene Ereignisse beinhalten häufig die Integration des Auftraggebers zur Fällung projektrelevanter Entscheidungen in Bezug auf die Gestaltung des Gebäudes, seiner Erstellungskosten sowie seines Fertigstellungstermins (*aktive Beteiligung des Nachfragers*).

- **Integrativität von Totalunternehmerleistungen**

Als externen Faktor muss der Auftraggeber seine Vorstellungen und Anforderungen an die Gestaltung eines Gebäudes (Vorprojekt als Teil der TU-Leistung, Ph. 3.1) bzw. an seine planerische Detaillierung in den Prozess der Planungserstellung einbringen (*aktive Beteiligung des Nachfragers*). Hierbei nimmt er an der Erstellung der Planungsleistungen teil.

- **Integrativität von Systemanbieterleistungen**

Die Integrativität von Systemanbieterleistungen resultiert zum einen aus den im Rahmen von GU- bzw. TU-Leistungen zu integrierenden externen Faktoren. Im Rahmen

[281] in Anlehnung an KLEINALTENKAMP/ PLÖTNER, Business-to-Business-Kommunikation, 1994, S. 133; vgl. KLEINALTENKAMP, Einführung, 2000, S. 223

der Nutzung eines Gebäudes ist der Auftraggeber bzw. seine Mitarbeiter/Mieter oder ggf. die Mitarbeiter eines Gebäudemieters passiv in die Erstellung der Leistung „Gebäudemanagement" integriert (*passive Beteiligung des Nachfragers*).

### 3.2.1.2 Interaktionsgrad

Der Interaktionsansatz[282] setzt sich mit der gegenseitigen Beeinflussung und Beeinflussbarkeit von Nachfrager und Anbieter auseinander, wobei auch interne Interaktionen auf beiden Seiten (z.B. innerhalb eines Buying Centers) mit einbezogen werden. Aus der interaktionsorientierten Betrachtung von Transaktionen wird im Rahmen des Interaktionsansatzes der Schluss gezogen, dass die beteiligten Parteien nicht unabhängig voneinander die Ziele einer Transaktion formulieren und durchsetzen können.[283] Denn als Voraussetzung für das Zustandekommens eines Austausches muss aus ihm immer auch eine Vorteilhaftigkeit für die Gegenpartei resultieren.

Unter der Annahme eines beiderseitigen Interesses an der Abwicklung eines Austausches lässt sich schlussfolgern, dass der Erfolg eines Austausches sowohl vom Nachfrager als auch vom Anbieter sowie insbesondere von der stattfindenden gegenseitigen Beeinflussung bestimmt wird.[284]

Die in der Marketingforschung vorliegenden Ansätze zur Beschreibung und Analyse von Interaktionen lassen sich einerseits dahingehend unterscheiden, wieviele Parteien an einem Interaktionsprozess beteiligt sind. Findet eine Analyse von Interaktionen zwischen zwei Parteien statt, so handelt es sich um einen dyadischen[285] Interaktionsansatz; sind hingegen mehrere Parteien beteiligt, so spricht man von Multi-Aktoren-Gruppen[286]. Andererseits ist eine Unterscheidung möglich, ob als Betrachtungsobjekt Personen oder Organisationen analysiert werden (vgl. Tabelle 3–4)[287].

---

[282] Interaktion (lateinisch) = Wechselbeziehung

[283] vgl. JAKOB, Auftragsmanagement, 1998, S. 8

[284] vgl. NIESCHLAG/DICHTL/HÖRSCHGEN, Marketing, 1994, S. 486

[285] dyadisch (griechisch) = aus zwei Einheiten bestehend.

[286] Als Multi-Aktoren-Gruppen sind die auf Seiten von Anbietern und/oder Nachfragern beteiligten Personen bzw. Organisationen zu verstehen.

[287] BACKHAUS, Industriegütermarketing, 1997, S. 135

| Interaktionsansätze im Industriegütermarketing | | |
|---|---|---|
| | **Anzahl der Beteiligten** | |
| | **zwei** | **mehr als zwei** |
| **Art der Beteiligten** — **Personen** | I. Dyadisch-personale Interaktionsansätze | II. Multipersonale Interaktionsansätze |
| **Organisationen** | III. Dyadisch-organisationale Interaktionsansätze | IV. Multiorganisationale Interaktionsansätze |

*Tabelle 3–4:    Typologie der Interaktionsansätze im Industriegütermarketing[288]*

Insbesondere im Bereich des GU-/TU- sowie im SysBau-Marketing sind Transaktions-vereinbarungen zwischen Nachfragern und Anbietern häufig das Ergebnis von Verhandlungen, bei denen sich beide Parteien hinsichtlich ihres Verhaltens stark beeinflussen. Interaktionsgesichtspunkte nehmen somit eine besondere Bedeutung ein. Diese marketingrelevanten Gesichtspunkte beziehen sich dabei sowohl auf personale als auch auf organisationale Interaktionen.

Da bei vorliegender Integrativität sowohl der Anbieter auf den externen Faktor einwirkt und der Nachfrager über dessen Bereitstellung auf den Prozess der Leistungserstellung und das Leistungsergebnis einwirkt, liegt eine gegenseitige Einwirkung (Interaktion) zwischen Nachfrager und Anbieter vor.

Der Interaktionsgrad bezieht sich dabei auf die *Form* der Einbindung des externen Faktors in den Prozess der Leistungserstellung[289], d.h. auf das Mass (Intensität, Häufigkeit, etc.), in dem Anbieter und die seitens des Nachfragers bereitgestellten externen Faktoren in Interaktion treten. Er erstreckt sich im Wesentlichen auf die Phase der Leistungserstellung. Das Erfordernis der Integration des externen Faktors schlägt sich jedoch auch in der Gestaltung des Leistungspotenzials eines Anbieters nieder.[290]

• **Interaktionsgrad von Generalunternehmerleistungen**

Generalunternehmer werden in der Regel auf der Basis eines klar definierten Auftragsinhaltes tätig; die von ihnen auszuführende Leistung ist aufbauend auf den Ergebnissen der Planung (Phase 3, Projektierung, LM 95) in detaillierter Form beschrieben (Phase 4.1, Ausschreibung, LM 95). Ihre Interaktion mit dem Auftraggeber bzw. den von ihm beauftragten Dritten beschränkt sich somit in der Phase der Ausführung (Phase 4.2–4.4, LM 95) auf die Vereinbarung, Kontrolle sowie die ggf. erforderliche Anpassung des Leistungsergebnisses. Einzelne Interaktionsanlässe ergeben sich da-

---

[288] in Anlehnung an KERN, Interaktionsansatz, 1990, S. 17f.; BACKHAUS, Industriegütermarketing, 1997, S. 135

[289] vgl. MEFFERT/BRUHN, Dienstleistungsmarketing, 1997, S. 33

[290] vgl. MEFFERT/BRUHN, Dienstleistungsmarketing, 1997, S. 33

bei u.a. durch die Teilnahme am Vergabeprozess, das Aushandeln der Vertragsbedingungen, die Abnahme von Teilen des Leistungsergebnisses durch den Auftraggeber, Verhandlungen über Mehr-/Minderkosten und Terminänderungen sowie die Schlussabnahme durch den Auftraggeber.

- **Interaktionsgrad von Totalunternehmerleistungen**

Totalunternehmer treten zu einem vergleichsweise frühen Zeitpunkt in den Ablauf eines Projektes ein. Zusätzlich zu den zwischen einem Generalunternehmer und einem Auftraggeber stattfindenden Interaktionen ergeben sich im Rahmen ihrer Planungstätigkeit weitere Interaktionen. Hieraus resultiert zum einen eine gegenüber der Abwicklung von GU-Leistungen gesteigerte Interaktionshäufigkeit.

Zum anderen ergibt sich darüber hinaus aus der Erbringung von Planungsleistungen auch eine erhöhte Interaktionsintensität. Der planende Anbieter erhält u.a. Einsicht in die grundsätzlichen Überlegungen und Ziele des Auftraggebers, die den Hintergrund seiner baulichen Nachfrage bilden. Darüber hinaus beinhaltet die Erbringung von Planungsleistungen häufig auch einen Zielfindungsprozess, während dem ein starker gedanklicher Austausch zwischen Auftraggeber und planendem Anbieter zur Ausgestaltung und Weiterentwicklung der baulichen Lösung stattfindet. Totalunternehmer, die auf der Grundlage eines Pauschalpreises tätig werden, müssen sich bei der planerischen Detaillierung ihres Lösungsvorschlages zudem mit dem Auftraggeber dahingehend auseinandersetzen, dass ein Ausgleich zwischen dem Interesse des Totalunternehmers an einem minimalen Erstellungsaufwand und dem Interesse des Auftraggebers an einer möglichst hochwertigen Lösung gefunden wird.

- **Interaktionsgrad von Systemanbieterleistungen**

Systemanbieter erbringen im Unterschied zu einem Totalunternehmer auch Leistungen, die sich auf die Bewirtschaftung eines Gebäudes beziehen.

Aufgrund ihrer Garantie der Nutzungseigenschaften eines Gebäudes haben Systemanbieter ein starkes Eigeninteresse an der technischen Gebäudegestaltung und Gebäudeoptimierung. Sie werden sich daher sehr viel stärker im Zielfindungsprozess der Gebäudeplanung engagieren als ein Totalunternehmer. Die Interaktion zwischen einem Systemanbieter und einem Auftraggeber wird daher bereits in der Planungsphase einen sehr hohen Intensitätsgrad aufweisen. Sie kann darüber hinaus auch Einfluss auf Beziehungen zwischen dem Auftraggeber und Dritten, wie z.B. einem Mieter, nehmen und dadurch zusätzlich an Bedeutung gewinnen (Multiorganisationale Interaktion).

Die Ausweitung der Transaktionsbeziehung auf die Nutzungsphase bedeutet darüber hinaus, dass stattfindende Interaktionen sich nicht wie bei einem Totalunternehmer auf die Planung und Ausführung eines Gebäudes beschränken. Durch die Einbeziehung der Nutzungsphase ergibt sich damit auch eine gesteigerte Interaktionshäufigkeit zwischen Auftraggeber und Systemanbieter.

Bei den Planungs- und Ausführungsleistungen als Teil der Leistungsbündel von Systemanbietern handelt es sich um *ergebnisorientierte* Leistungen, da sich das Interesse des Auftraggebers in starker Weise auf das Leistungsergebnis richtet. Dieses besteht in der Erstellung der Gebäudeplanung sowie insbesondere in der Fertigstellung eines Gebäudes. Im Unterschied dazu ist das Management eines Gebäudes vorwiegend als eine *prozessorientierte* Leistung zu betrachten, da der Auftraggeber vorwiegend am Prozess der Leistungserbringung interessiert ist und ein Leistungsergebnis im eigentlichen Sinne nicht vorliegt.[291] Die Interaktion zwischen Auftraggeber und Anbieter wird aufgrund des vorherrschenden Prozesscharakters somit eine besonders hohe Bedeutung im Rahmen der Marketingaktivitäten eines SysBau-Anbieters einnehmen.

### 3.2.1.3 Individualisierungsgrad

Je nachdem, ob sich ein Angebot eher an einen einzelnen Kunden oder an einen breiten (anonymen) Markt bzw. ein Marktsegment richtet, ergibt sich der Individualisierungsgrad eines Leistungsangebotes.[292]

Leistungen, die einen hohen Grad an Integrativität und Interaktion aufweisen, sind i.d.R. nur beschränkt standardisierbar. Die eingeschränkte Verfügbarkeit des externen Faktors sowie seine Integration in den Prozess der Leistungserstellung beinhaltet das Erfordernis einer individualisierten Gestaltung des Leistungserstellungsprozesses.

### • Individualisierungsgrad von GU-/TU- und SysBau-Leistungen

Im Bereich von GU-/TU- und SysBau-Leistungen ist zwischen der Individualisierung des Leistungspotenzials sowie zwischen der Individualisierung der Leistungserstellung und des Leistungsergebnisses zu unterscheiden.

Die Gestaltung des Leistungspotenzials eines GU-/TU- oder SysBau-Anbieters kann einerseits auf den Gesamtbereich des Hochbaumarktes hin ausgerichtet werden. Andererseits kann sie auch im Hinblick auf eingeschränkte Marktsegmente, wie z.B. Spitalbau, Multiplex-Kinos, Parkhäuser etc., spezialisiert gestaltet werden.

Die Gestaltung des Prozesses der Leistungserstellung und des Leistungsergebnisses wird demgegenüber immer in weiten Teilen auf den einzelnen Auftraggeber hin individualisiert werden müssen. Diese Notwendigkeit ergibt sich u.a. aus der Integrativität von GU-/TU- und SysBau-Leistungen. Darüber hinaus ist die Erstellung von Gebäuden als Einzelleistung zu betrachten. Diese Einzigartigkeit der Leistungserstellung und des Leistungsergebnisses ergibt sich neben den individuellen Anforderungen der Auftraggeber aus den individuellen Randbedingungen eines jeden Bauprojektes (Lage des Grundstückes, beteiligte Unternehmen, Erstellungszeitpunkt etc.).

Im Bereich des Leistungserstellungsprozesses und des Leistungsergebnisses muss es jedoch das Ziel sein, zwischen Faktoren zu unterscheiden, in denen eine vom Kunden wahrgenommene Individualisierung oder eine kostensparende Standardisierung zweckmässig sind.

---

[291] vgl. MEFFERT/BRUHN, Dienstleistungsmarketing, 1997, S. 29
[292] vgl. BACKHAUS, Industriegütermarketing, 1997, S. 287

### 3.2.1.4 Immaterialitätsgrad

Der Immaterialitätsgrad einer Leistung richtet sich danach, inwieweit es sich bei ihr um die realisierte Nachfrage nach einem menschlichen oder automatisierten *Leistungspotenzial* eines Anbieters handelt. Nach Meffert/Bruhn ist es für die Immaterialität einer Leistung wesentlich, dass sie als *„angebotene oder nachgefragte menschliche beziehungsweise automatisierte Leistungsfähigkeit und damit weder als Vorleistung noch als Ergebnis, sondern als noch nicht realisierte (...) Leistungsfähigkeit gilt"*. Solche Leistungspotenziale verfügen, solange sie noch nicht innerhalb eines Leistungsprozesses zwecks Leistungserbringung realisiert werden, über einen immateriellen, d.h. unkörperlichen und sinnlich nicht wahrnehmbaren Status. Zur Bewertung der Immaterialität einer Leistung ist es dabei unerheblich, ob in den Leistungserstellungsprozess eingebrachte Faktoren (z.B. Objekte des Leistungsprozesses, Vorprodukte etc.) oder das Ergebnis der Leistungserstellung selbst einen materiellen oder immateriellen Charakter hat.[293]

Beim Marketing von Leistungen, die einen hohen Grad an Immaterialität aufweisen, handelt es sich also um die Vermarktung von Leistungspotenzialen.

Aus der Immaterialität von Leistungen, bzw. Teilleistungen als Bestandteile eines Leistungsbündels, resultiert u.a. ihre *Nichtlagerfähigkeit* sowie ihre *Nichttransportfähigkeit*.[294]

* **Immaterialität von Generalunternehmer-Leistungen**

Das Leistungsergebnis von Generalunternehmer-Leistungen besitzt in Form des erstellten Gebäudes zweifelsfrei einen starken materiellen Charakter. Auch viele der in den Leistungsprozess eingebrachten Faktoren, wie z.B. das Grundstück oder die eingesetzten Baumaterialen, Vorprodukte sowie die eingesetzten Maschinen weisen einen materiellen Charakter auf.

Die Generalunternehmer-Leistung in ihrer Funktion als Leistungsprozess zur Erreichung des Leistungsergebnisses (Gebäude) selbst ist jedoch als weitgehend immaterielle Leistung zu betrachten. Während der immaterielle Charakter dieser Leistungen in Bezug auf die Leistungsbestandteile *vereinbarte Garantieleistung* sowie *Schnittstellenkoordination* eindeutig ist, bedarf die Bewertung der Immaterialität der einzelnen integrierten Teilleistungen einer näheren Betrachtung.

Die Ausführung baulicher Einzelleistungen (Leistungserstellungsprozess) erfolgt nach der Beauftragung durch einen Auftraggeber. Grundlage für diese Beauftragung ist somit ein vorhandenes Leistungspotenzial auf Seiten des Anbieters und nicht eine bereits fertiggestellte, materielle Leistung. Die zu erbringende Einzelleistung hat somit zum Zeitpunkt der Beauftragung einen immateriellen Status; sie existiert nur als Leistungsbeschreibung. Bauliche Einzelleistungen als Bestandteile des Leistungsbündels „Gene-

---

[293] vgl. MEFFERT/BRUHN, Dienstleistungsmarketing, 1997, S. 59
[294] vgl. MEFFERT/BRUHN, Dienstleistungsmarketing, 1997, S. 60

ralunternehmer-Leistung" sind darüber hinaus nicht transportfähig, sondern müssen am Ort der Baustelle erbracht werden.

- **Immaterialitätsgrad von Totalunternehmer-Leistungen**

Auch das Ergebnis einer Totalunternehmer-Leistung besitzt einen starken materiellen Leistungscharakter. Dadurch, dass die Erstellung der Gebäudeplanung einen Teil des Leistungsergebnisses bildet, weist das Leistungsergebnis eines Totalunternehmers jedoch einen im Vergleich zum Leistungsergebnis eines Generalunternehmers erhöhten Immaterialitätsgrad auf.

Die Beauftragung der Gebäudeplanung als Teil des Leistungsbündels „Totalunternehmerleistung" erfolgt auf der Grundlage des allgemeinen Leistungspotenzials eines Anbieters zur Erbringung der entsprechenden Leistungen (Umsetzung des Leistungspotenzials innerhalb des Leistungserstellungsprozesses in ein Leistungsergebnis). Es handelt sich bei Totalunternehmerleistungen im Hinblick auf die erbrachten Planungs- und Projektierungsleistungen somit um weitgehend immaterielle Leistungen, auch wenn das Ergebnis der Planung in Form der Planungsunterlagen einen teilweise materiellen Charakter aufweist.

Für die Phase der Gebäuderealisierung (Ph. 4, LM 95) gelten hinsichtlich der Immaterialität von Totalunternehmer-Leistungen die in Bezug auf die Generalunternehmer-Leistung getroffenen Aussagen.

- **Immaterialitätsgrad von Systemanbieter-Leistungen**

Gegenüber General- und Totalunternehmerleistungen weist nicht nur die eigentliche angebotene Leistung, sondern auch das Leistungsergebnis von Systemanbietern einen weitgehend immateriellen Leistungscharakter auf. Dieser ergibt sich aus der Garantie der Nutzungs- und Leistungseigenschaften sowie aus der Erbringung der Gebäudebewirtschaftung, welche von einem Systemanbieter zusätzlich zur Erstellung der Gebäudeplanung sowie der Gebäudeerstellung unter ggf. vereinbarten Kosten- und Termingarantien sowie einer Schnittstellenkoordination erbracht wird.

### 3.2.1.5 Kauftyp

Als weiteres Kriterium zur Typologisierung von Transaktionsprozessen lassen sich solche Verhaltensweisen unterscheiden, bei denen als dominierendes Kaufmuster bzw. *Kauftyp* aus der Sicht der Anbieterbetrachtung eine *Einzeltransaktion* im Vordergrund steht oder eine *Wiederkaufsituation*. [295]

Plinke beschreibt als ein Extrem die vollständige Marktorientierung des Anbieters auf eine angestrebte Transaktion ohne die Berücksichtigung jeglicher Verbundeffekte mit anderen Transaktionen bzw. Transaktionsmöglichkeiten (*Transaction Selling*). Das andere Extrem bildet demgegenüber die Planung einer langfristigen Geschäftsbeziehung, bei der sich die Marktorientierung weniger auf die einzelne Transaktion als vielmehr auf

---

[295] vgl. BACKHAUS, Industriegütermarketing, 1997, S. 287

die wiederholte Abwicklung von Transaktionen mit einem Auftraggeber bezieht (*Relationship Selling*).[296] Hieraus abgeleitet resultiert für den Anbieter eine geringere oder höhere Bedeutung von Kundenbindung und Wiederkaufprozessen.[297]

Die Frage nach möglichen Verbundeffekten zwischen zwei Transaktionen ist im Bereich von GU-/TU-Leistungen vorwiegend abhängig von der Art des Auftraggebers.

So lassen sich einerseits Auftraggeber finden, die ihre Vergabeentscheidung unabhängig von vorangegangenen Transaktionen treffen. Es treten somit auch keine Verbundeffekte zwischen einer bevorstehenden Transaktion und zukünftigen Transaktionen auf; man spricht in solchen Fällen auch *von Transaction Buying*. Auf der anderen Seite gibt es Auftraggeber, die die Zukunft und die Vergangenheit im Hinblick auf Transaktionen mit einem Anbieter in ihre Veragbeentscheidung miteinbeziehen. In solchen Fällen handelt es sich um Wiederkaufentscheidungen bzw. *Relationship Buying*.[298] Zur Vermeidung von Effektivitätsverlusten innerhalb der Gestaltung des Marketings ist es entscheidend, Kunden, die ein Relationship Buying betreiben, ein entsprechendes Relationship-Selling gegenüberzustellen *(Relationship Marketing)*. Auftraggeber, die ein Transaction Buying betreiben, sollten demgegenüber aus Effizienzgründen auch mit einem Transaction Selling bedient werden (*Transaction Marketing*). Das Erfordernis einer Anpassung des Anbieterverhaltens an das Beschaffungsverhalten der Nachfrager wird in der nachfolgenden Tabelle 3–5 zusammenfassend dargestellt.

| Relationship Buying und Relationship Selling | | |
|---|---|---|
| | Relationship Selling gegeben: | |
| | ja | Nein |
| **Relationship Buying gegeben:** ja | *Relationship Marketing* | *Effektivitätsverluste* |
| **Relationship Buying gegeben:** nein | *Effizienzverluste* | *Transaction Marketing* |

Tabelle 3–5:     Relationship Buying und Relationship Selling[299]

Die Entscheidung eines Nachfragers, seine Nachfrage im Sinne eines Transaction Buyings bzw. eines Relationship Buyings zu gestalten, richtet sich dabei danach, welche Form des Leistungsbezugs für ihn die geringsten Transaktionskosten[300] verursacht. Je grösser die Häufigkeit einer Transaktion ist, je unsicherer sie ist und je grösser ihre Spezifität ist, desto vorteilhafter ist für ihn die Praktizierung eines Relationship Buyings.[301]

---

[296] PLINKE, Grundkonzeption, 2000, S. 160

[297] vgl. BACKHAUS, Industriegütermarketing, 1997, S. 287

[298] PLINKE, Geschäftsbeziehungsmanagement, 1997, S. 9-10

[299] PLINKE, Geschäftsbeziehungsmanagement, 1997, S. 10-12

[300] vgl. Kapitel 2.1.2.3

[301] PLINKE, Geschäftsbeziehungsmanagement, 1997, S. 10

Professionelle Auftraggeber, die häufig als Auftraggeber am Markt auftreten, werden seitens der Anbieter eher unter dem Gesichtspunkt einer Kundenbindung betrachtet als Gelegenheitsauftraggeber. Öffentliche Auftraggeber können aufgrund der für sie geltenden Vergaberichtlinien ihre Erfahrungen mit einem Anbieter aus vergangenen Projekten nicht im Sinne einer Verbundwirkung berücksichtigen. Sie werden dementsprechend aus Sicht der Anbieter trotz ihrer zum Teil häufigen Nachfrage weniger unter Gesichtspunkten einer Wiederkaufsituation bedient.[302]

Eine Folge von Markttransaktionen, zwischen denen eine innere Verbindung besteht und die nicht zufällig erfolgt, lässt sich als eine *Geschäftsbeziehung* definieren. Als innere Verbindung sind dabei Motive auf Seiten des Anbieters und/oder des Nachfragers zu betrachten, die eine planmässige Verknüpfung von Einzeltransaktionen zweckmässig oder notwendig erscheinen lassen. Bezüglich der inneren Verbindung zwischen den einzelnen Transaktionen ist zwischen *sachbezogenen, personenbezogen* und *unternehmensbezogenen* Bindungen zu unterscheiden.[303] Aus der Sicht des Marketings ist es unzureichend, einzelne Transaktionen, die im Rahmen einer Geschäftsbeziehung zustande kommen, isoliert zu betrachten. Denn jede solche Transaktion unterliegt Einflüssen vergangener Transaktionen und übt wiederum Einfluss auf folgende Transaktionen aus.[304]

Die Bindung eines Kunden an einen Anbieter zur Etablierung bzw. Aufrechterhaltung einer Geschäftsbeziehung, d.h. zur Tätigung von Folgetransaktionen, wird dabei als *Kundenbindung* bezeichnet.

### 3.2.2 Transaktionstypologien im Bereich von GU-/TU- und SysBau-Leistungen

Hinsichtlich der verschiedenen Typologisierungskriterien werden im Folgenden vier Ansätze zur Typologisierung von Transaktionen im Bereich von GU-/TU- und SysBau-Leistungen vorgestellt.

#### 3.2.2.1 Typologisierung hinsichtlich der Integrativität des Leistungsprozesses und der Immaterialität des Leistungsinhaltes

Kombinationen von Teilleistungen zur Lösung eines Nachfrageproblems lassen sich nach Kleinaltenkamp nach den folgenden Typologisierungskriterien unterscheiden[305]:

- Unterscheidung hinsichtlich des Umfangs, in dem sich der *Leistungsinhalt* als Problemlösung aus *materiellen* bzw. *immatriellen* Leistungselementen zusammensetzt.

- Unterscheidung hinsichtlich des Ausmasses, in dem die Teilleistungen mit oder ohne Mitwirkung des Auftraggebers erstellt werden können (Mass der Integrativität des Leistungsprozesses).

---

[302] vgl. hierzu auch Kapitel 4.2.9.1

[303] PLINKE, Geschäftsbeziehungsmanagement, 1997, S. 23-25

[304] vgl. TOMCZAK, Relationship-Marketing, 1994, S. 196

[305] vgl. KLEINALTENKAMP, Einführung, 2000, S. 216-219

Leistungen, die durch eine hohe Integrativität sowie eine hohe Immaterialität (Nichtlagerfähigkeit, Nichttransportfähigkeit) gekennzeichnet sind, weisen einen starken *Dienstleistungscharakter* auf.[306]

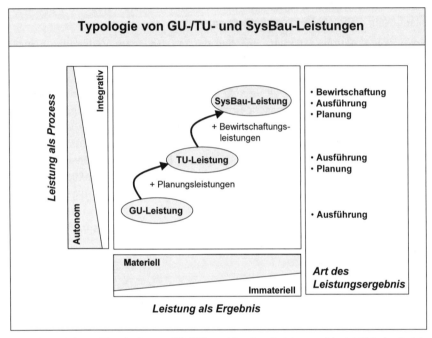

Abbildung 3–2:    Typologie von GU-/TU- und SysBau-Leistungen hinsichtlich des Leistungsergebnisses und des Leistungserstellungsprozesses[307]

### 3.2.2.2 Typologisierung hinsichtlich des Sach- bzw. Dienstleistungscharakters

Als Schlussfolgerung einer mehrseitigen Erörterung verschiedener Definitionsansätze zur Beschreibung von Dienstleistungen und zu deren Abgrenzung von Sachleistungen stellen Meffert/Bruhn fest, dass „eine vollständige Abgrenzung von Dienstleistungen und Sachleistungen (...) mit erheblichen Problemen verbunden ist." Dieses Defizit ist ihrer Auffassung nach auf die hohe Komplexität und Heterogenität des Untersuchungsgegenstandes „Dienstleistung" zurückzuführen.[308] Die von ihnen untersuchten

---

[306] Zur Definition des Dienstleistungsbegriffs vgl. u.a. NIESCHLAG/DICHTL/HÖRSCHGEN, Marketing, 1994, S. 34-35; MEFFERT/BRUHN, Dienstleistungsmarketing, 1997, S. 23-30; KOTLER/BLIEMEL, Marketing-Management, 1999, S. 673-674

[307] Art der Darstellung in Anlehnung an KLEINALTENKAMP, Einführung, 2000, S. 217, in Anlehnung an ENGELHARDT/KLEINALTENKAMP/RECKENFELDERBAUMER, Leistungsbündel, 1993, S. 416

[308] vgl. MEFFERT/BRUHN, Dienstleistungsmarketing, 1997, S. 30

Definitionsansätze sind dabei nach *tätigkeitsorientierten, prozessorientierten, ergeb-nisorientierten* und *potenzialorientierten* Definitionen zu unterscheiden.[309]

Meffert/Bruhn definieren Dienstleistungen als „selbständige, marktfähige Leistungen, die mit der Bereitstellung und/oder dem Einsatz von Leistungsfähigkeiten verbunden sind (*Potenzialorientierung*). Interne und externe Faktoren werden im Rahmen des Er-stellungsprozesses kombiniert (*Prozessorientierung*). Die Faktorenkombination des Dienstleistungsanbieters wird mit dem Ziel angesetzt, an den externen Faktoren, an Menschen oder deren Objekten nutzenstiftende Wirkungen zu erzielen (*Ergebnisorien-tierung*)".[310]

Somit resultiert erst aus den spezifischen Fähigkeiten und der Bereitschaft des Dienst-leistungsanbieters zur Erbringung einer Dienstleistung (Potenzialorientierung) und der Einbringung des externen Faktors durch den Dienstleistungsnachfrager als prozess-auslösendes und -begleitendes Element (Prozessorientierung) ein Dienstleistungser-gebnis (Ergebnisorientierung).[311]

Als Dienstleistungen im Industriegüterbereich, die um die eigentliche Kernleistung gruppiert werden, nennt Belz[312] exemplarisch u.a.:

▪ Garantieleistungen

▪ Feasibility-Studien

▪ Engineering- und Projektierungsleistungen

▪ Managementverträge

▪ Kompensationsgeschäfte

#### • Potenzial- und prozessorientierte Erörterung

Die einem Kunden von einem GU-, TU- und SysBau-Anbieter angebotenen Leistungen liegen zum Zeitpunkt der Leistungsvereinbarung nur als Potenziale, d.h. als Fähigkei-ten, zur Erreichung der vom Kunden definierten Leistungsziele vor. Sie haben einen immateriellen Charakter[313]. Die Beauftragung des Anbieters erfolgt nicht auf der Basis eines bereits realisierten Leistungsergebnisses, sondern auf der Grundlage einer Be-schreibung der zu erbringenden Leistungen mit dem Ziel, ein Gebäude zu erstellen und ggf. zu bewirtschaften.

Die Fähigkeit eines Anbieters zur Erbringung von GU-, TU- bzw. SysBau-Leistungen ergibt sich aus dessen Fähig- und Fertigkeiten selbst, durch Beauftragung Dritter sowie durch die Integration des Kunden, Gebäude zu planen, zu erstellen bzw. zu bewirt-schaften. Einzelne Leistungspotenziale bestehen dabei in der Fähigkeit zur Integration verschiedener Teilleistungsanbieter, zur schnittstellenübergreifenden Gebäudeoptimie-

---

[309] MEFFERT/BRUHN, Dienstleistungsmarketing, 1997, S. 24

[310] MEFFERT/BRUHN, Dienstleistungsmarketing, 1997, S. 27

[311] vgl. MEFFERT/BRUHN, Dienstleistungsmarketing, 1997, S. 25

[312] BELZ, Leistungssysteme, 1991, S. 349

[313] vgl. Kapitel 3.2.1.4

rung, zur Kosten- und Terminsteuerung, zur Abgabe von Garantieversprechen etc. Auf Seiten des Anbieters liegen dessen Fähigkeiten in Form von Mitarbeitern mit verschiedenen Erfahrungen und Fähigkeiten, definierten Prozessen und Organisationsstrukturen, dokumentiertem Know-how, verfügbarem Kapital etc. vor.

Im Rahmen einer prozessorientierten Erörterung ergibt sich der Dienstleistungscharakter von GU-, TU- und SysBau-Leistungen dadurch, dass die Einbringung externer Faktoren[314] aus dem Verfügungsbereich des Kunden ein auslösendes und begleitendes Element des Leistungserstellungsprozesses darstellt. Wie zuvor bereits dargestellt, weisen GU-, TU- und SysBau-Leistungen deshalb einen hohen Integrativitäts- und Individualisierungsgrad auf[315].

Vor dem Hintergrund einer potenzial- und prozessorientierten Betrachtung besitzen GU-, TU- und SysBau-Leistungen einen weitgehenden Dienstleistungscharakter. Dieser ergibt sich aus der zwingenden Integration externer Faktoren in den Leistungserstellungsprozess sowie aus der Tatsache, dass es sich bei ihrer Beauftragung um noch nicht realisierte Leistungspotenziale handelt.

- **Ergebnisorientierte Erörterung**

Nach Auffassung von Maleri kann die Leistung eines Anbieters nicht als Prozess, sondern nur als das Ergebnis des von ihm durchgeführten Prozesses angesehen werden. Denn nur Leistungsergebnisse und nicht Leistungserstellungsprozesse sind am Markt vertretbar. Er definiert Dienstleistungen als für den Absatz produzierte immaterielle Wirtschaftsgüter[316]. Die von einem GU-, TU- oder SysBau-Anbieter produzierten Gebäude weisen als Ergebnis des Leistungserstellungsprozesses demgegenüber einen starken materiellen und damit sachlichen Charakter auf. Vor dem Hintergrund des Resultates der Tätigkeit eines GU-, TU- oder SysBau-Anbieters sind die von ihnen erbrachten Leistungen (als Ergebnis des Leistungserstellungsprozesses) somit als Sachleistungen zu verstehen. Auch entspricht die Zielsetzung eines Auftraggebers, mit der er einen solchen Anbieter beauftragt, in der Erstellung eines materiellen Leistungsergebnisses.

Vor dem Hintergrund einer ergebnisorientierten Erörterung von GU-, TU- und SysBau-Leistungen sind diese somit weitgehend als Sachleistungen zu betrachten.

- **Zusammenfassende Bewertung des Sach- bzw. Dienstleistungscharakters von GU-/TU- und SysBau-Leistungen**

Zur Bewertung des Dienstleistungscharakters von GU-, TU- und SysBau-Leistung ist eine differenzierte Unterscheidung vorzunehmen, je nachdem ob potenzial-, prozess- oder ergebnisorientierte Gesichtspunkte im Vordergrund einer Definition stehen. Während das Leistungsergebnis eines GU-, TU- oder SysBau-Anbieters einen starken Sachleistungscharakter aufweist, lassen potenzial- und prozessorientierte Betrachtun-

---

[314] vgl. Kapitel 3.2.1.1

[315] vgl. Kapitel 3.2.1.1 und Kapitel 3.2.1.3

[316] vgl. MALERI, Grundlagen, 1994

gen die Schlussfolgerung zu, dass es sich bei diesen Leistungen um Dienstleistungen handelt.

Als Arbeitsdefinition sollen im Folgenden GU-, TU- und SysBau-Leistungen entsprechend ihres Leistungsergebnisses als Sachleistungen definiert werden, zu deren Erbringung Leistungserstellungsprozesse erforderlich sind, die einen hohen Dienstleistungscharakter besitzen.

Für eine Untersuchung der aus der Sicht des Marketings resultierenden Implikationen einer Entwicklung von GU- und TU-Anbietern zu SysBau-Anbietern sind dabei insbesondere potenzial- und prozessorientierte Definitionsansätze von Bedeutung. Denn zum einen kann die Entscheidung zur Beauftragung eines Anbieters immer nur aufgrund der Bewertung seines Leistungspotenzials erfolgen. Des Weiteren resultiert die Zufriedenheit eines Kunden mit der Leistungserbringung insbesondere auch aus seiner erfolgreichen Integration (als externer Faktor) in den Leistungserstellungsprozess (Management des externen Faktors).

Die Entwicklung von GU- und TU-Anbietern zu SysBau-Anbietern bedeutet eine Ausweitung des Dienstleistungscharakters des Leistungserstellungsprozesses.

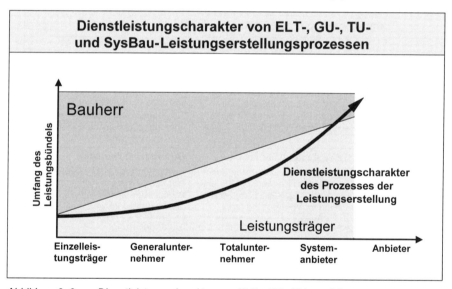

Abbildung 3–3:   Dienstleistungscharakter von ELT-, GU-, TU-, und Sys-
Bau-Leistungserstellungsprozessen[317]


### 3.2.2.3 Typologisierung hinsichtlich des Individualisierungsgrades und des Kauftyps

Nach Auffassung von Plinke lassen sich Kunden bzw. Auftraggeber als Quelle des Erfolgs eines Anbieters dahingehend differenzieren, dass nicht alle Anbieter diese Res-

---

[317] vgl. GIRMSCHEID, Projektabwicklungsformen, 2001

source in ihrer Bedeutung gleich einschätzen und sich im Gegenzug auch die Erwartungen der Kunden an die Anbieter unterscheiden. In Abhängigkeit der Bedeutung dieser Quelle, der Höhe ihrer Kosten sowie ihrer Substituierbarkeit werden von den Anbietern *Programme* definiert, die die Akquisition dieser Quelle sicherstellen sollen.[318]

Die Gestaltung dieser Programme vollzieht sich dabei in Abhängigkeit der beiden folgenden Typologisierungskriterien[319]:

- *Individualisierungsgrad des Leistungsangebotes*
- *Kauftyp (Einzeltransaktion/Wiederkaufsituation)*

Je nach vorliegendem Transaktionstyp lassen sich die in Tabelle 3–6 dargestellten Programme von Anbietern zur Marktorientierung unterscheiden. Die Darstellung entspricht einer weitergehenden Differenzierung der unter Kapitel 3.2.1.5 vorgestellten Begriffsbestimmung des Transaction Marketings und des Relationship Marketings entsprechend der Markterfassung durch den Anbieter. Richtet sich dieser auf den einzelnen Kunden, so wird anstatt von einem Transaction bzw. Relationship Marketing von einem *Projekt-* bzw. *Key Account Marketing* gesprochen.

| Transaktionstyp und Programme der Marktorientierung | | | |
|---|---|---|---|
| | | **Fokus der Markterfassung des Anbieters** | |
| | | Einzelkunde | Segmente oder Gesamtmarkt |
| **Dominierendes Kaufmuster** | **Einmalkaufentscheidung** | *Projektmarketing* Ausrichtung des Anbieterverhaltens auf einen spezifischen Einzelkunden für einen singulären Bedarfsfall. | *Transaction Marketing* Ausrichtung des Anbieterverhaltens auf die optimale Gestaltung der Einzeltransaktion gegenüber einem (anonymen) Markt bzw. Marktsegment. |
| | **Wiederholungskauf** | *Key Account Marketing* Ausrichtung auf einzelne (bedeutsame) Kunden, bei der eine längerfristige Geschäftsbeziehung im Vordergrund steht. | *Relationship Marketing* Ausrichtung auf Märkte/Marktsegmente, wobei einzelne transaktionsübergreifende Verhaltensprogramme relevant werden. |

Tabelle 3–6: *Transaktionstyp und Programme der Marktorientierung*[320]

### 3.2.2.4 Typologisierung nach der Integrativität und der Intensität der Geschäftsbeziehung

In Abhängigkeit der *Integrativität* sowie der Intensität einer Geschäftsbeziehung lassen sich nach Kleinaltenkamp die in Abbildung 3–4 dargestellten Transaktionstypen definieren.

---

[318] PLINKE, Grundkonzeption, 2000, S. 158-159

[319] BACKHAUS, Industriegütermarketing, 1997, S. 287

[320] vgl. PLINKE, Grundkonzeption, 2000, S. 158-159; BACKHAUS, Industriegütermarketing, 1997, S. 288

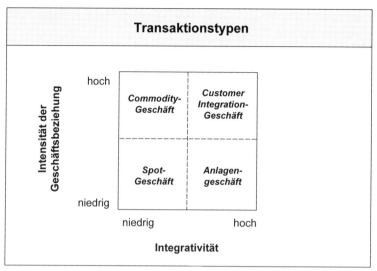

*Abbildung 3–4:    Transaktionstypen in Abhängigkeit der Intensität der Geschäftsbeziehung
und des Integrativitätsgrades[321]*

Als *Spot-Geschäfte* lassen sich dabei solche Transaktionen bezeichnen, bei denen die getauschten Güter (Inhalte eines Austausches) eine starke Homogenität aufweisen und der Prozess ihrer Erstellung von keiner bzw. nur einer geringen Integrativität gekennzeichnet ist. Ferner zeichnet Spot-Geschäfte aus, dass zu ihrer Abwicklung zwischen Anbietern und Nachfragern i.d.R. keine transaktionsübergreifenden Geschäftsbeziehungen aufgebaut werden. Transaktionen, die wie Spot-Geschäfte eine geringe Integrativität aufweisen, bei denen jedoch Geschäftsbeziehungen eine wichtige Rolle für das Marketing spielen, werden als *Commodity-Geschäfte* bezeichnet. *Anlagen-Geschäfte* sind demgegenüber einerseits durch eine hohe Integrativität der Leistungserstellung und andererseits durch eine geringe Intensität der Geschäftsbeziehung gekennzeichnet. In Abgrenzung hierzu ist dass massgebliche Merkmal von *Customer-Integration-Geschäften*, dass sie zum einen eine hohen Integrativität hinsichtlich ihrer Erstellung auszeichnet. Zum anderen sind sie dadurch charakterisiert, dass sich zu ihrer Abwicklung intensive Geschäftsbeziehungen zwischen Anbietern und Nachfragern etablieren.[322]

Aufgrund der Integrativität von GU-/TU- und SysBau-Leistungen handelt es sich bei diesen um Transaktionen, die als Anlagen- bzw. Customer-Integration-Geschäfte zu bezeichnen sind. Dabei ist es in erster Linie vom Verhalten des Auftraggebers abhängig, inwieweit dieser seine Nachfrage nach den entsprechenden Leistungen im Rah-

---

[321] vgl. KLEINALTENKAMP, Business to Business Marketing, 1997, S. 756-758

[322] vgl. KLEINALTENKAMP, Business to Business Marketing, 1997, S. 756-758

men von Geschäftsbeziehungen realisiert bzw. sich Verbundeffekte zwischen verschiedenen Transaktionen ergeben.[323]

Vor diesem Hintergrund kann die Zuordnung von GU-/TU- und SysBau-Leistungen zu den entsprechenden Transaktionstypen nicht allgemeingültig vorgenommen werden.

### 3.2.2.5 Typologisierung von Leistungseigenschaften

Die im Vorangegangenen dargestellten Typologien von Leistungen und die diesbezüglichen Besonderheiten von GU-/TU- und SysBau-Leistungen haben wichtige Konsequenzen für die Nachfrager. Eine massgebliche Konsequenz aus der Sicht der Nachfrager ist darin zu sehen, dass diese im Vorfeld einer Transaktion oftmals nicht sicher sein können, ob die von einem Anbieter bereitgestellte Problemlösung tatsächlich die von ihnen angestrebte Kosten-Nutzen-Relation[324] erreicht. Hieraus entsteht aus Sicht der Nachfrager eine hohe empfundene Unsicherheit, die sie dadurch zu reduzieren versuchen, dass sie sich problemlösungsspezifisches Wissen aneignen (z.B. durch die Beauftragung eines Beraters, Einstellung eigener Experten o.ä.), um die Kosten-Nutzen-Relation eines Austausches im Vorhinein bestmöglich bewerten zu können.[325]

In vielen Fällen sind die Informationen zur Beurteilung der Vorteilhaftigkeit einer Transaktion jedoch erst nach Abschluss der Transaktion oder überhaupt nicht verfügbar. Die Nachfrager stehen daher dem Problem gegenüber, die Vorteilhaftigkeit eines Austausches hinsichtlich seiner Kosten-/Nutzen-Relation nicht hinreichend im Vorfeld einer Transaktion beurteilen zu können.

Hinsichtlich der Verfügbarkeit von Informationen zur Beurteilung einer Transaktion ist zwischen drei Typen von Leistungseigenschaften zu unterscheiden. Diese sind in der Tabelle 3–7 dargestellt.

---

[323] vgl. Kapitel 3.2.1.5
[324] vgl. Kapitel 2.1.2.1
[325] vgl. KLEINALTENKAMP, Einführung, 2000, S. 223

| Typen von Leistungseigenschaften | | |
|---|---|---|
| | direkte Kontrolle nach dem Kauf | |
| | möglich | nicht möglich |
| **direkte Kontrolle vor dem Kauf** — **möglich** | *Search qualities*<br>(Sucheigenschaften)<br>Eigenschaften, die vom Nachfrager durch die Inspektion des Leistungs-angebotes bzw. eine Informa-tionssuche bereits vor der Leistungs-vereinbarung vollständig beurteilt wer-den können. | *(nicht behandelt)* |
| **direkte Kontrolle vor dem Kauf** — **nicht möglich** | *Experience qualities*<br>(Erfahrungseigenschaften)<br>Eigenschaften, die seitens eines Nachfragers erst nach erfolgter Inan-spruchnahme des Leistungs-ergebnisses auf der Grundlage einer Erfahrung beurteilt werden können. | *Credence qualities*<br>(Vertrauenseigenschaften)<br>Eigenschaften, die vom Nachfrager weder vor der Leistungsverein-barung noch nach Inanspruchnahme des Leistungsergebnisses beurteilt werden können. |

Tabelle 3–7:        *Typen von Leistungseigenschaften*[326]

Kleinaltenkamp[327] weist darauf hin, dass die Zuordnung bestimmter Leistungseigen-schaften zu den drei Kategorien nicht für alle Nachfrager in identischer Weise gilt. Vielmehr ergeben sich nachfragerspezifische Unterschiede aus der Fähigkeit zur Beur-teilung sowie der Möglichkeit oder der Bereitschaft, die Kosten einer Leistungsbeurtei-lung zu tragen.

Diesbezügliche Unterschiede ergeben sich beispielsweise zwischen Gelegenheitsauf-traggebern und professionellen Auftraggebern von GU-/TU- und SysBau-Leistungen. Denn aufgrund von Erfahrungs- und ggf. Kompetenzvorteilen fällt es professionellen Auftraggebern sehr viel leichter, das Leistungspotenzial eines Anbieters bzw. die Vor-teilhaftigkeit eines Angebotes abzuschätzen.

Da GU-/TU- und SysBau-Leistungen Bündel verschiedener Teilleistungen sind, weisen sie in Abhängigkeit der jeweiligen Teilleistungen sowohl *Search Qualities*, *Experience Qualities* als auch *Credence Qualities* auf. Wie die meisten Problemlösungen im Busi-ness-to-Business-Bereich, besitzen auch GU-/TU- und insbesondere SysBau-Leistungen in vergleichsweise geringem Masse *Search Qualities*. Hieraus resultiert ei-ne hohe wahrgenommene Unsicherheit für einen Auftraggeber.

Die Weiterentwicklung von GU-Angeboten über TU-Leistungen hin zu SysBau-Leistungen bedeutet u.a., dass der Dienstleistungscharakter des Leistungsbündels ei-nes Anbieters eine zunehmende Dominanz erfährt. Hieraus lässt sich bereits an dieser Stelle schlussfolgern, dass bei der Vergabe von SysBau-Leistungen aus der Sicht der Auftraggeber *Experience Qualities* und *Credence Qualities* eine gesteigerte Bedeutung

---

[326] Darstellung in Anlehnung an PLÖTNER, 1993, S. 268

[327] vgl. KLEINALTENKAMP, Einführung, 2000, S. 225-226

erlangen werden. Der Umgang mit dem Unsicherheitsempfinden eines Auftraggebers wird daher gegenüber heute eine verstärkte Bedeutung als Erfolgsfaktor des Marketings dieser Leistungen einnehmen. Im Business-to-Business-Markt werden folglich Vertrauens- und Erfahrungskäufe von GU-, TU- und SysBau-Leistungen in Zukunft eine immer höhere Relevanz einnehmen.

### 3.2.2.6 Typen von Transaktionsprozessen in Abhängigkeit von Informations- und Unsicherheitsproblemen

Zur weitergehenden Analyse der vor bzw. innerhalb von Transaktionen auftretenden Unsicherheiten lassen sich diese in Abhängigkeit des Informations- und Unsicherheitsproblems für Anbieter und/oder Nachfrager typologisieren.[328]

| Typen von Transaktionsprozessen | | | |
|---|---|---|---|
| | | **Nachfragerseite** | |
| | | Niedriges Ausmass an Informations- und Unsicherheitsproblemen | Hohes Ausmass an Informations- und Unsicherheitsproblemen |
| **Anbieterseite** | Niedriges Ausmass an Informations- und Unsicherheitsproblemen | *Sicherheitsgeschäft* | *Nachfragerseitiges Unsicherheitsgeschäft* |
| | Hohes Ausmass an Informations- und Unsicherheitsproblemen | *Anbieterseitiges Unsicherheitsgeschäft* | *Beidseitiges Unsicherheitsgeschäft* |

*Tabelle 3–8:*     *Typen von Transaktionsprozessen in Abhängigkeit von Informations- und Unsicherheitsproblemen*[329]

*Sicherheitsgeschäfte* zeichnet aus, dass Anbieter und Nachfrager über die auszutauschenden Transaktionsinhalte sowie über den ihnen gegenüberstehenden Transaktionspartner vollumfänglich informiert sind. Demgegenüber sind *anbieterseitige* bzw. *nachfragerseitige Unsicherheitsgeschäfte* dadurch gekennzeichnet, dass der Nachfrager bzw. der Anbieter einen Informationsvorteil gegenüber seinem Transaktionspartner besitzt; im Sinne der Principal-Agent-Theorie[330] liegt somit eine Informationsasymmetrie vor. Besteht eine beidseitige hohe transaktionsbezogene Unsicherheit, so wird dies als ein *beidseitiges Unsicherheitsgeschäft* bezeichnet.[331]

Im Folgenden sind eine Reihe von Ursachen für Unsicherheit von Auftraggebern im Bereich von GU-/TU- und SysBau-Transaktionen dargestellt[332]:

---

[328] vgl. Tabelle 3–8

[329] vgl. KLEINALTENKAMP, Einführung, 2000, S. 229-230

[330] vgl. Kapitel 2.1.2.2

[331] vgl. KLEINALTENKAMP, Einführung, 2000, S. 229-230

[332] vgl. KLEINALTENKAMP, Business-to-Business Marketing, 1997, S. 756

- Unsicherheiten resultieren zum einen aus der *Integrativität der Leistungserstellung*. Der Auftraggeber kann im Vorfeld nur ungenügend einschätzen, wie der Anbieter mit den aus seinem Verfügungsbereich stammenden externen Faktoren umgeht (Form und Qualität der Interaktion) und inwieweit es ihm gelingen wird, diese erfolgreich zu einem zufriedenstellenden Leistungsergebnis mit internen Faktoren zu kombinieren.

- Der *hohe Komplexitätsgrad* von GU-/TU- und insbesondere SysBau-Leistungen erschwert aus der Sicht des Auftraggebers die Bewertung der Vorteilhaftigkeit eines Angebotes. Dies gilt insbesondere im Hinblick auf das Zusammenwirken der vielfältigen Teilleistungen eines Leistungsbündels. Gegebenenfalls bestehende Informationsasymmetrien zwischen Anbieter und Auftraggeber erhöhen dabei das subjektive Unsicherheitsempfinden des Auftraggebers.

- Investitionen zur Erstellung und zur Nutzung von Gebäuden nehmen aus Sicht vieler Auftraggeber einen *hohen Transaktionswert* ein, woraus entsprechend hohe ökonomische Transaktionsrisiken für die einzelnen Auftraggeber resultieren.

- Gebäude stellen für gewerbliche Selbstnutzer als Auftraggeber häufig ein notwendiges Element im Rahmen ihrer Leistungsprozesse dar. Insbesondere im Bereich der betriebsnotwendigen Immobilien ist die Gestaltung eines Gebäudes eng mit der Kerntätigkeit eines Unternehmens verbunden[333]. Sie nimmt somit einen Einfluss auf seine unternehmerische Tätigkeit sowie seine künftige Flexibilität im Bereich operativer und strategischer Entscheidungen. Die Entscheidung zur Erstellung eines Gebäudes kann somit eine *hohe Bedeutung für die weitere Entwicklung eines Auftraggebers* einnehmen.

- Gebäude gelten als ausgesprochen langlebige Wirtschaftsgüter. Die Entscheidung eines Auftraggebers zur Beauftragung einer Gebäudeerstellung stellt somit ein *Langfristengagement* dar. Dies gilt insbesondere für Gebäudeinvestitionen, die eine hohe Spezifität hinsichtlich der besonderen Anforderungen ihres Auftraggebers aufweisen und somit nur in begrenztem Umfang marktgängig, d.h. zu angemessenen Bedingungen veräusserbar sind.

- Die Vergabe von GU-/TU- sowie SysBau-Leistungen ist *häufig von komplexen Entscheidungsprozessen* gekennzeichnet[334]. Auf Seiten des Anbieters und des Auftraggebers sind zumeist mehrere Personen und z.T. Institutionen (z.B. externe Berater, interne Immobilienabteilung, operative Unternehmenseinheiten als spätere Nutzer, externe gewerbliche Mieter etc.) beteiligt, die über eine Vielzahl von Leistungsmerkmalen sowie Preis- und Vertragsmerkmalen zu entscheiden haben (Buying-Center-Problematik).

Jede Transaktion beinhaltet als Einflussfaktor auf die Höhe ihrer Transaktionskosten für einen Auftraggeber die *Unsicherheit*[335], dass sie die Anforderungen erfüllt bzw. nicht

---

[333] vgl. MEYER, Immobilien, 1998, S. 237

[334] vgl. SCHOLZ, Vertrags-Management, 1997, S. 172

[335] vgl. Kapitel 2.1.2.3

erfüllt, die er an die Bewertung ihrer Vorteilhaftigkeit stellt. Dies gilt insbesondere für solche Leistungen, die aufgrund ihrer Leistungseigenschaften ausgeprägte *Experience* und *Credence Qualities* aufweisen und somit im Vorfeld einer Beauftragung nur unzureichend bewertet werden können. Dabei ist festzustellen, dass je grösser der Umfang des von einem Anbieter angebotenen Leistungsbündels ist, desto grösser ist seine Relevanz für den Gesamterfolg einer Gebäudeerstellung. Aus diesem Grund prüfen Auftraggeber Umstand, Inhalt, Form und Partner einer potenziellen Transaktionsbeziehung um so intensiver, je ausgeprägter der Umfang des zu beauftragenden Leistungsbündels ist.

Eine Transaktionsbeziehung mit einem *Einzelleistungsträger* bedeutet vor diesem Hintergrund eine vergleichsweise geringe Unsicherheit für einen Kunden, da ein Einzelleistungsträger in der Regel nur in relativ geringem Masse für den Gesamterfolg eines Projektes verantwortlich ist (geringes Transaktionsrisiko). Aufgrund der vergleichsweise geringen Erfolgsrelevanz eines Einzelleistungsträgers für den Gesamtprojekterfolg nimmt die Einschätzung seines Leistungspotenzials einen entsprechend geringen Einfluss auf die Entscheidung bezüglich der Vergabe von Einzelleistungen. Bei der Bewertung der Vorteilhaftigkeit eines Austausches mit einem Einzelleistungsträger stehen aus diesem Grunde der Nutzen und die Kosten aus dem Vertragsgegenstand im Vordergrund.

Demgegenüber bedeutet die Erweiterung des Leistungsbündels eines Anbieters von GU-/TU- und in besonderem Masse SysBau-Leistungen neben der hierdurch zunehmenden Integrativität, Immaterialität und Komplexität der Leistung eine höhere Erfolgsrelevanz für den Gesamtprojekterfolg. Entsprechend gaben die befragten Auftraggebervertreter im Rahmen der Experteninterviews an, dass die Beurteilung des Leistungspotenzials eines Anbieters um so stärker die Vergabeentscheidung beeinflusst, je grösser dessen Anteil für den Gesamtprojekterfolg ist. Dementsprechend sind Präqualifikationen zur Bewertung des Leistungspotenzials eines Anbieters baulicher Einzelleistungen eher unüblich, während sie ein häufig angewendetes Instrument zur Abschätzung des Leistungspotenzials in Frage kommender GU- und TU-Anbieter darstellen.

- **Steigerung der Relevanz der Anbieterattraktivität durch Erweiterung des Leistungsbündels**

Die Erweiterung des angebotenen Leistungsbündels über den Aufbau von SysBau-Angeboten bedeutet somit nicht nur, wie bisher vielfach angenommen, die Möglichkeit zur Differenzierung des eigenen Angebotsprogramms gegenüber den Wettbewerbern. Sie beinhaltet auch die Chance, einer aus Sicht der Auftraggeber als vergaberelevant wahrgenommenen Differenzierung der Anbieter über ihr individuelles Leistungspotenzial.

Viele Anbieter von GU-/TU-Leistungen nehmen für sich in Anspruch, über ein besonders hohes Leistungspotenzial zu verfügen und bedauern gleichzeitig, dass diese Form der Differenzierung bis anhin, d.h. bei Einzelleistungs- und Generalleistungsvergaben, einen zu geringen wettbewerbswirksamen Einfluss auf die Vergabeentscheidung vieler

Auftraggeber ausübt. Die Entwicklung zum Systemanbieter Bau (SysBau) beinhaltet daher neben einer möglichen Wettbewerbsdifferenzierung über neue Leistungsinhalte auch die Chance zur verstärkten Profilierung gegenüber den Auftraggebern aufgrund ihres individuellen, anbieterbezogen Leistungspotenzials (Abbildung 3–5).

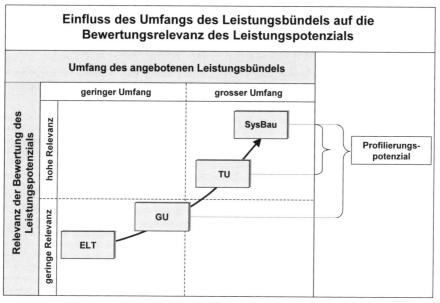

Abbildung 3–5:     *Einfluss des Umfangs des Leistungsbündels auf die Relevanz seiner Bewertung*

## 3.3 Zusammenfassung des Kapitels 3

Leistungen von GU-, TU- und SysBau-Anbietern sind aufgrund der Vielzahl der in ihnen enthaltenen Teilleistungen als Leistungsbündel zu verstehen. Als verschiedene
Dimensionen von Leistungsbündeln sind das Leistungspotenzial (als Fähigkeit zur
Leistungserbringung), der Leistungserstellungsprozess sowie das eigentliche Leistungsergebnis zu betrachten. GU-, TU- und SysBau-Leistungen sind entsprechend des
durch sie geschaffenen Leistungsergebnisses (Gebäude) als Sachleistungen zu
bewerten, zu deren Realisierung Leistungsprozesse erforderlich sind, die einen hohen
Dienstleistungscharakter aufweisen. Die Weiterentwicklung von GU-/TU- zu SysBau-
Leistungen bedeutet, dass der Dienstleistungscharakter des Leistungserstellungsprozesses zunehmende Bedeutung erlangt.

Transaktionen lassen sich in der allgemeinen Marketingforschung bezüglich ihrer Integrativität, ihres Interaktionsgrades, ihres Individualisierungsgrades, ihres Immateriali-
tätsgrades sowie des ihnen zugrunde liegenden Kaufmusters unterscheiden. Die Weiterentwicklung von GU- zu TU- und SysBau-Leistungen bewirkt insbesondere, dass
der Leistungserstellungsprozess von einer zunehmenden Integrativität gekennzeichnet
ist, d.h. der Auftraggeber ist durch eine vermehrte aktive oder passive Beteiligung an
der Erstellung des Leistungsergebnisses beteiligt. Gleichzeitig weist die erbrachte Leistung einen zunehmenden immateriellen Charakter auf.

GU-,TU- und SysBau-Leistungen besitzen als Bündel verschiedener Teilleistungen Eigenschaften, die schon vor der Auftragsvergabe, erst nach der Auftragsvergabe oder
überhaupt nicht bzw. nur unter entsprechendem Aufwand vom Auftraggeber hinreichend bewertet werden können. Neben der Komplexität der Leistungsbündel von GU-,
TU- und SysBau-Anbietern und anderen Faktoren resultiert hieraus eine wahrgenommene Unsicherheit für die Auftraggeber der entsprechenden Leistungen. Die Erweiterung des Leistungsbündels von GU-/TU-Anbietern zu SysBau-Anbietern bewirkt dabei
eine zunehmende Unsicherheit der Auftraggeber bezüglich der Frage, ob ein Anbieter
aufgrund seines Leistungspotenzials in der Lage ist, die von einem Auftraggeber angestrebte Problemlösung auch zu erreichen. Hierdurch nimmt mit zunehmendem Umfang
des von einem Anbieter erbrachten Leistungsbündels auch die Relevanz der Bewertung seines Leistungspotenzials für die Vergabeentscheidung eines Auftraggebers zu.
Die Entwicklung von SysBau-Leistungen ermöglicht den Anbietern daher auch die
Chance zur Erzielung einer massgeblichen Profilierung über ihr Leistungspotenzial. Die
Anbieter differenzieren sich über ihre grundsätzliche Fähigkeit, die vom Auftraggeber
angestrebte Problemlösung zu erreichen.

# 4 Positionierungsgesichtspunkte des Leistungspotenzials von GU-/TU-Anbietern

## 4.1 Definition Vergabekriterien

Zur Bewertung der Vorteilhaftigkeit eines Austausches vergleichen Auftraggeber seine Kosten- und Nutzenelemente dahingehend, dass aus ihrer subjektiven Sicht die Nutzenelemente die Kostenelemente übersteigen.

Zur Auswahl eines Anbieters stellen sie dabei die Vorteilhaftigkeit verschiedener vorliegender Austauschalternativen einander gegenüber. Neben der *Vorteilhaftigkeit aus Nutzen und Kosten des Vertragsgegenstandes* bestimmen auch die *Transaktionskosten und* der *Transaktionsnutzen* (Wert der Durchführung des Austausches) sowie *Kosten und Nutzen aus der Folgewirkung eines Austausches* die Vorteilhaftigkeit einer Austauschalternative.[336]

Die Kriterien, die Auftraggeber zur Bewertung der Vorteilhaftigkeit einer Vergabe von GU-/TU- bzw. SysBau-Leistungen anlegen, werden im Folgenden als *Vergabekriterien* bezeichnet.

### 4.1.1 Kosten- und Nutzenelemente aus der Bereitstellung des Vertragsgegenstandes als Vergabekriterium

Bei *Generalunternehmer*-Vergaben ergibt sich die Höhe der Kosten aus der Bereitstellung des Vertragsgegenstandes zum Zeitpunkt der Auftragsvergabe aus dem Vergleich der vorliegenden Angebotspreise. Da sich alle vorliegenden Angebote auf den selben, auftraggeberseitig beschriebenen Vertragsgegenstand beziehen, liegen Unterschiede hinsichtlich des Nutzens des Vertragsgegenstandes nicht vor. GU-Vergaben werden daher hinsichtlich ihrer Kosten- und Nutzenelemente aus der Bereitstellung des Vertragsgegenstandes vornehmlich nach dem Vergabekriterium des niedrigsten Angebotspreises vergeben. Es herrscht ein weitestgehender Preiswettbewerb.

Demgegenüber ergibt sich bei *Totalunternehmer*-Vergaben, die die Erstellung eines Vorprojektes beinhalten, der Nutzen durch die Bereitstellung des Vertragsgegenstandes (z.B. schlüsselfertiges Gebäude) aus dem angebotenen Entwurf der baulichen Lösung. Daher resultiert der Wert aus der Bereitstellung des Vertragsgegenstandes bei der Vergabe von Totalunternehmer-Aufträgen für den Auftraggeber sowohl aus dem von einem Anbieter eingereichten Angebotspreis als auch aus dessen Lösungsangebot. Es herrscht ein Preis-/Leistungs- bzw. Leistungswettbewerb[337].

---

[336] vgl. Kapitel 2.1.2.1

[337] vgl. Kapitel 2.7

### 4.1.2 Kosten- und Nutzenelemente aus der Durchführung des Austausches (Transaktion)

Aus der Sicht der Auftraggeber unterliegen die *Spezifität* sowie die *Häufigkeit* ihrer Auftragsvergaben weitestgehend ihrem eigenen Einfluss. Unter dem Gesichtspunkt der Transaktionskostenminimierung verbleibt daher die mit einer Auftragsvergabe verbundene *Unsicherheit*[338] als wichtigstes Vergabekriterium[339].

Da Auftraggeber die Beauftragung von GU-/TU-Leistungen als Unsicherheitsgeschäft betrachten, versuchen sie, das Leistungspotenzial eines Anbieters zur Reduzierung von Unsicherheitselementen eines Austausches im Vorhinein bestmöglich abzuschätzen.

Aufgrund der Immaterialität[340] von GU-/TU- und SysBau-Leistungen sowie der erforderlichen Kundenintegration[341] handelt es sich beim Marketing dieser Leistung im eigentlichen Sinne um *das Marketing von Leistungspotenzialen*. Die Leistung eines GU-/TU- bzw. SysBau-Anbieters ist zum Zeitpunkt seiner Beauftragung durch den Auftraggeber noch nicht erstellt; sie liegt in Form eines immateriellen Leistungsversprechens vor. Dieses Leistungsversprechen bezieht sich auf die erfolgreiche Durchführung eines Leistungserstellungsprozesses (Planung und Ausführung) zur vertragsgemässen Erstellung des Leistungsergebnisses (z.B. schlüsselfertiges Gebäude).

Entscheidender Erfolgsfaktor für das Marketing von GU-/TU- und SysBau-Anbietern ist somit die Kenntnis und Umsetzung der Kriterien, nach denen Auftraggeber ihr Leistungspotenzial bewerten.

### 4.1.3 Relevanz der Bewertung des Anbieter-Leistungspotenzials im Vergabeprozess

Im Vorfeld bzw. zu Beginn eines Vergabeprozesses muss sich ein Auftraggeber die Frage stellen, welche Anbieter er in diesen integrieren möchte.

Zur Evaluation geeigneter An-bieter sind in der Praxis in erster Linie folgende Modelle vorzufinden:

- Professionelle Auftraggeber, die häufig bauen, führen oftmals eigene Anbieterlisten, auf denen diejenigen Anbieter verzeichnet sind, die aufgrund ihrer allgemeinen Leistungsfähigkeit grundsätzlich für eine Vergabe in Frage kommen. Anbieterlisten, die unabhängig von einem konkreten Projekt in einer Auftraggeberorganisation gepflegt werden, beziehen sich somit ausschliesslich auf das Leistungspotenzial eines Anbieters, soweit es sich im Vorfeld eines Vergabeprozesses bewerten lässt.

---

[338] vgl. Kapitel 3.2.2.6

[339] vgl. Kapitel 3.2.2.6

[340] vgl. Kapitel 3.2.1.4

[341] vgl. Kapitel 3.2.1.2

• Darüber hinaus besteht die Möglichkeit der Durchführung eines zweiphasigen Wettbewerbsverfahrens mit einer Präqualifikation, als deren Ergebnis projektbezogen geeignete Anbieter hinsichtlich ihres Leistungspotenzials evaluiert werden.

Die im Rahmen der quantitativen Auftraggeberbefragung befragten Auftraggebervertreter waren zu ca. 81% der Auffassung, dass auch nach erfolgter Präqualifikation die Bewertung des Leistungspotenzials eines Anbieters einen Einfluss auf ihre Vergabeentscheidung ausübt. 18% von ihnen bezeichneten diesen Einfluss sogar als *hoch*. Dabei lässt sich festhalten, dass zwischen den Angaben der im Rahmen der Umfrage differenzierten Auftraggeberarten keine signifikanten Unterschiede hinsichtlich des Einflusses der Bewertung des anbieterseitigen Leistungspotenzials nach erfolgter Präqualifikation bestehen (vgl. Abbildung 4–1).

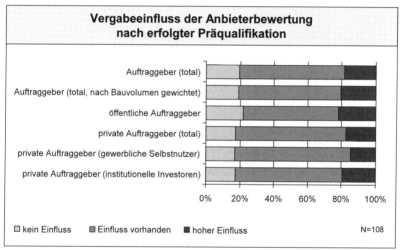

Abbildung 4–1:    *Einfluss der Anbieterbewertung nach erfolgter Präqualifikation auf die Vergabeentscheidung – differenziert nach Auftraggeberarten*

Die vielfach vorherrschende Annahme, dass die Bewertung des Leistungspotenzials im Rahmen eines Vergabeprozesses durch eine Präqualifikation von der endgültigen Vergabeentscheidung abgekoppelt wird, kann damit als nicht zutreffend bezeichnet werden.

Gesichtspunkte zur Bewertung des Leistungspotenzials sind somit als Erfolgsfaktoren im GU-/TU-Geschäft zu bewerten, deren Erfolgswirkung über eine Präqualifikation zur Vorauswahl in Frage kommender Anbieter hinausgeht. Sie beeinflussen bei der Bewertung der Nutzen- und Kostenelemente eines Austausches massgeblich die Vergabeentscheidung eines Auftraggebers.

Bezüglich der Bedeutung der Beurteilung des Leistungspotenzials eines Anbieters für die Vergabeentscheidung eines Auftraggebers ist festzustellen, dass je früher dieser sich im Vergabeprozess befindet, desto höher für ihn die Bedeutung der Beurteilung des Anbieter-Leistungspotenzials zur Präferenzbildung ist. Mit zunehmendem Verlauf des Vergabeprozesses nimmt jedoch die Bewertung von Kosten- und Nutzenelementen aus dem Vertragsgegenstand an Bedeutung zu (vgl. Abbildung 4–2).

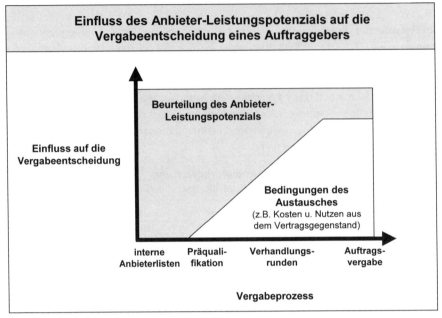

Abbildung 4–2:   *Einfluss der Beurteilung des Anbieter-Leistungspotenzials auf die Vergabeentscheidung*

Das Ziel vieler GU-/TU-Anbieter besteht jedoch darin, den herkömmlichen, formalisier-ten Vergabeprozess zu durchbrechen und eine frühzeitige Beauftragung zu erreichen, um unter dem frühzeitigen Einbezug ihres Ausführungs-Know-hows eine bestmögliche Projektoptimierung zu erreichen (vgl. Abbildung 4–3). Hierzu ist es aus Sicht des Marketings erforderlich, innerhalb eines Bauprojektes möglichst früh eine Beziehung zum Buying Center des Auftraggebers herzustellen und erfolgreich das eigene Leistungspotenzial darzustellen. Denn zu einem frühzeitigen Projektzeitpunkt stellt dieses das ausschliessliche Kriterium zur Beurteilung eines Anbieters dar.

Insbesondere SysBau-Anbieter sind zur Entfaltung ihres Systemangebots und als Voraussetzung einer lebenszyklusorientierten Gebäudeoptimierung auf einen frühzeitigen Eintritt in den Ablauf eines Bauprojektes angewiesen (vgl. Abbildung 4–3). Daher ist es aus ihrer Sicht von besonderer Bedeutung, einen Auftraggeber zu einem frühzeitigen Projektzeitpunkt von der Vorteilhaftigkeit des eigenen Leistungspotenzials zu überzeugen.

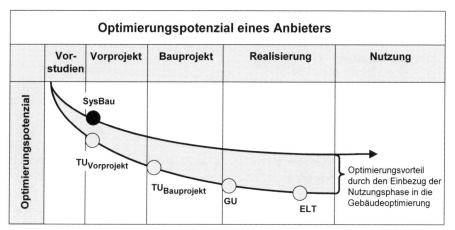

*Abbildung 4–3:*     *Optimierungspotenzial eines Anbieters in Abhängigkeit seines Projektein-
tritts sowie des Umfangs seines Leistungsbündels*

Darüber hinaus bedeutet die Entwicklung von SysBau-Leistungen für einen GU-
/TU-Anbieter die Erweiterung des angebotenen Leistungsbündels. Hieraus ergibt sich
in Anlehnung an Abbildung 3–5 die zunehmende Bedeutung des Anbieter-
Leistungspotenzials als Vergabekriterium der Auftraggeber.

Die Kosten und Nutzenelemente aus der Bereitstellung des Vertragsgegenstandes ergeben sich projektbezogen, da die Gestaltung des Angebotspreises, des Leistungsangebotes (GU-/SysBau-Aufträge) sowie der zugehörigen Vertragsbedingungen weitestgehend in Abhängigkeit der Rahmenbedingungen jedes Einzelprojektes festgelegt
werden.

Das Leistungspotenzial eines TU- bzw. SysBau-Anbieters wird demgegenüber einen
projektübergeordneten Einfluss auf das Marketing eines Anbieters nehmen und ist damit als langfristiger, d.h. strategischer, Erfolgsfaktor zu werten.

## 4.2 Kriterien zur Bewertung des Leistungspotenzials von GU-/TU-Anbietern aus der Sicht des Auftraggebers

Bei den durchgeführten Experteninterviews sowie der Fragebogenerhebung wurden
die Gesichtspunkte, nach denen Auftraggeber heute das Leistungspotenzial eines GU-/
TU-Anbieters beurteilen, analysiert und in ihrer Marktrelevanz quantitativ bewertet[342].

Die im Folgenden hinsichtlich der Bewertung des Anbieterleistungspotenzials evaluierten Positionierungsgesichtspunkte lassen sich den folgenden Kriteriengruppen zuordnen[343]:

---

[342] vgl. Kapitel 1.7

[343] vgl. Abbildung 4–34

- Mitarbeiter des Anbieters
- Grad der Leistungsintegration und Gestaltung des Fremdleistungsbezugs
- Stabilität und Konstanz
- Regionale Präsenz
- Beschaffungsstrategie
- Auftraggebererfahrungen
- Referenzen des Anbieters

Bei der im Folgenden dargestellten Analyse dieser Positionierungsgesichtspunkte wird zwischen Kriterien unterschieden, die sich auf das Ziel der Erreichung des Leistungsergebnisses (*Erreichung des Leistungsziels bzw. Leistungsergebnisses*) beziehen sowie solchen, die sich auf das Ziel der Gestaltung einer aus Sicht des Auftraggebers erfolgreichen Integration des externen Faktors in den Prozess der Leistungserstellung (*Interaktionsziel*) beziehen.

Des Weiteren werden auch solche Kriterien betrachtet, die sich nicht auf das Leistungspotenzial des Anbieters im engeren Sinne beziehen, sondern aus Sicht des Auftraggebers im Rahmen einer transaktionsübergreifenden Betrachtungsweise einen Beitrag dazu leisten, dass dieser seine unternehmerischen Zielsetzung erreicht. Der Begriff des Leistungspotenzials wird in diesem Sinne erweitert auf die Fähigkeit eines Anbieters, durch seine Beauftragung zu einer verbesserten Zielerreichung des Auftraggebers beizutragen.

### 4.2.1 Mitarbeiter des Anbieters

Die Analyse der Experteninterviews ergab, dass sowohl nach Auffassung der Anbieter als auch der Auftraggeber die Qualifikation sowie die Zusammenarbeit der an einem Projekt beteiligten Mitarbeiter einen entscheidenden Einfluss auf den Erfolg eines Bauprojektes ausüben.

In der Erkenntnis dieser Bedeutung bewerten die Auftraggeber das Leistungspotenzial eines Anbieters im Hinblick auf einen bevorstehenden Leistungsprozess zur Gebäudeerstellung u.a. anhand seiner Mitarbeiter bzw. des Verhältnisses, das sie zu diesen pflegen.

Der Einfluss der Qualifikationsbewertung der Mitarbeiter, die seitens eines Anbieters für die Planung und Realisierung eines Bauprojektes vorgeschlagenen werden, nimmt nach Aussage der befragten Auftraggeber bei 80% von diesen einen mindestens *wichtigen* Einfluss auf ihre Vergabeentscheidung. Ca. 30% der befragten Auftraggebervertreter bezeichneten den Gesichtspunkt der Mitarbeiterbewertung dabei sogar als *sehr wichtig*. Zwischen den befragten Auftraggeberarten sind nach Auswertung der Befragungsergebnisse keine signifikanten Unterschiede hinsichtlich des Einflusses der Mitarbeiterbewertung auf ihre Vergabeentscheidung festzustellen (vgl. Abbildung 4–4).

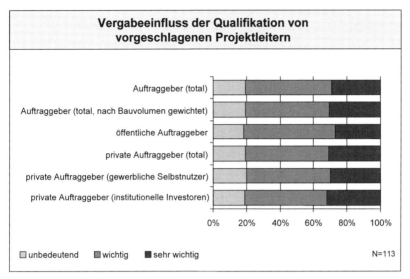

Abbildung 4–4:     Einfluss der Qualifikationsbewertung der Anbietermitarbeiter – differenziert
                   nach Auftraggeberarten

Neben den für die operative Projektabwicklung verantwortlichen Bau- und Projektleitern werden auch die im Rahmen der Auftragsakquisition tätigen Niederlassungsleiter, Vertriebsbeauftragten (z.B. Key Account Manager) sowie ggf. die Unternehmensleitung des Anbieters einer Bewertung durch den Auftraggeber unterworfen.

Die Leistungsfähigkeit der Mitarbeiter des Anbieters sowie das Verhältnis zu ihnen wird aus Sicht einiger Auftraggeber dabei u.a. auch dadurch bestimmt, dass das Anbieterunternehmen seinen Mitarbeitern ein professionelles Arbeitsumfeld bereitstellt und diese in ihrer Leistungsfähigkeit fördert.

Damit umfasst die Bewertung der Leistungsfähigkeit der Mitarbeiter eines Anbieters:

▪ die Mitarbeiter selbst,

▪ das Verhältnis, das man als Auftraggeber zu diesen pflegt, sowie

▪ die Professionalität des durch das Anbieterunternehmen bereitgestellten Arbeitsumfeldes.

Welche Personen auf Seiten des Auftraggeberunternehmens an der Bewertung der Leistungsfähigkeit der Mitarbeiter eines Anbieters beteiligt sind (Zusammensetzung des Buying Centers), ist abhängig von der Grösse und der Struktur der Auftraggeberorganisation, der Stellung des Buying Centers innerhalb der Auftraggeberorganisation sowie der Art und Grösse des zu vergebenden Auftrages. In jedem Fall beteiligt sind der für das Projekt bestimmte Projektleiter des Auftraggebers sowie bei grösseren Auftragsvergaben der Leiter des Buying Centers. Darüber hinaus beeinflussen gegebenenfalls auch Vertreter der Gesamtunternehmensleitung des Auftraggebers die Bewertung der Anbietermitarbeiter (Abbildung 4–5).

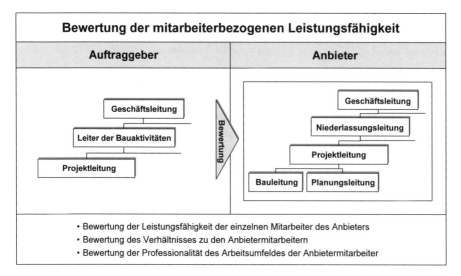

Abbildung 4–5:     Bewertung der Leistungsfähigkeit der Mitarbeiter des Anbieters durch den
                   Auftraggeber

Generalunternehmungen, die sich innerhalb eines Vergabeverfahrens um einen GU-
bzw. TU-Auftrag bemühen, müssen oftmals die für die Projektbearbeitung vorgesehenen Bau- und Projektleiter dem Auftraggeber vorstellen. Die Bewertung der Mitarbeiter
durch den Auftraggeber erfolgt dabei anhand der folgenden Gesichtspunkte:

▪ Lebensläufe der Projektleiter

▪ Erfahrungen aus vorangegangenen Projekten[344]

▪ Auftreten bzw. Verhalten der Projektleiter während des Vergabeprozesses[345]

▪ Referenzen bereits betreuter Projekte[346]

Um seitens der Anbieter die bestmöglichen Projektleiter für eine Projektabwicklung angeboten zu bekommen, legen einige Auftraggeber im Vergabeverfahren bewusst hohes Gewicht auf deren Bewertung. Sie tun dies in der Annahme, dass die Anbieter zur
Optimierung ihrer Wettbewerbschancen ihre besten Projektleiter denjenigen Auftraggebern anbieten, die innerhalb ihrer Vergabeentscheidung der Mitarbeiterbewertung
die höchste Relevanz zumessen.

In Einzelfällen haben Auftraggeber in der Vergangenheit sogar Garantien verlangt,
dass die vorgestellten Projektleiter ein Bauprojekt bis zu seinem Ende betreuen[347] und
nicht ggf. auf ein anderes Projekt versetzt werden oder das Anbieterunternehmen ver-

---

[344] vgl. Kapitel 4.2.9

[345] vgl. Kapitel 4.2.10

[346] vgl. Kapitel 4.2.11

[347] vgl. Kapitel 4.2.5.2

lassen. Um eine solche Garantie leisten zu können, muss ein Anbieter wiederum mit seinen Projektleitern einen Sondervertrag schliessen, damit er diese über die normalen Kündigungsfristen hinaus mindestens für die Projektdauer verbindlich an das eigene Unternehmen binden und damit der Garantieverpflichtung gegenüber dem Auftraggeber nachkommen kann.

Die bei der Bewertung der Mitarbeiter, welche seitens eines Anbieters vorgestellt werden, zu unterscheidenden Gesichtspunkte *Bewertung der Mitarbeiterqualifikation, persönlichen Beziehung* zwischen den Vertretern des Auftraggebers und des Anbieters sowie *Bewertung des Arbeitsumfeldes der Projektleiter* werden im Folgenden einer vertieften Analyse unterzogen.

### 4.2.1.1 Bewertung der Mitarbeiterqualifikation

Aufgrund des Dienstleistungscharakters des Leistungserstellungsprozesses von GU-/ TU-Leistungen nimmt die Bewertung der Mitarbeiterqualifikation eine wichtige Bedeutung innerhalb der anbieterbezogenen Vergabekriterien des Auftraggebers ein. Wegen der Immaterialität von GU-/TU-Leistungen rücken dabei die Mitarbeiter eines Anbieters u.a. als Qualitätsindikator für die von ihm angebotenen Leistungen in den Vordergrund.[348]

Des Weiteren verfügen die Anbieter von GU-/TU-Leistungen, wie alle durch eine integrative Leistungserstellung geprägte Unternehmen, über ein in starker Weise personenbezogenes Unternehmensimage.[349] So gaben viele der im Rahmen der Experteninterviews nach dem Leistungspotenzial der verschiedenen Schweizer Generalunternehmen befragten Auftraggebervertreter an, das Leistungspotenzial der jeweiligen Unternehmen in besonderer Weise mit der Leistungsfähigkeit einzelner Mitarbeiter zu assoziieren. Ein wichtiger Aspekt, der die Bedeutung der Mitarbeiterbewertung durch den Auftraggeber begründet, ist somit die bei GU-, insbesondere jedoch bei TU-Leistungen, erforderliche Integration des externen Faktors, d.h. die notwendige Beteiligung des Auftraggebers am Leistungserstellungsprozess. Die Beteiligung eines Auftraggebers an der Leistungserstellung begründet seinerseits das Interesse, mit Personen zusammenzuarbeiten, die eine erfolgreiche Interaktion während der Projektabwicklung zur bestmöglichen Erreichung des Leistungsergebnisses erwarten lassen. Innerhalb der Experteninterviews bewerteten die Auftraggebervertreter u.a. die Fähigkeit eines Projektleiters als besonders wichtig, sich als Teilaspekt der Integration des externen Faktors in die Interessen eines Auftraggebers hineinversetzen zu können.

Nach der Bedeutung sozialer Kompetenzen für das Anforderungsprofil eines Projektleiters befragt, gaben ca. 81% der Befragten an, dass sie solche Fähigkeiten als *wichtig* erachten; 32% benannten diese sogar als *sehr wichtig*.

Hierbei fällt auf, dass mit steigendem jährlichen Bauvolumen der Auftraggeber die Bewertung soziale Kompetenzen als *sehr wichtige Fähigkeit* eines Projektleiters proporti-

[348] vgl. WOODRUFFE, 1995, S. 178

[349] vgl. MEFFERT/BRUHN, Dienstleistungsmarketing, 1997, S. 450

onal zunimmt. Die professionellen Auftraggeber der Schweizer Bauwirtschaft, die Bauvolumina von über 100 Mio. sFr./Jahr realisieren, weisen den sozialen Kompetenzen eines Projektleiters zu insgesamt 92% eine *wichtige* bis *sehr wichtige* Bedeutung zu. Unter der Annahme, dass gerade die grossen Auftraggeber aufgrund ihrer hohen Bauvolumina und ihrer dementsprechenden Erfahrungsvorteile besonders professionell in der Abwicklung von Bauvorhaben sind, zeigt sich hieraus, dass die hohe Gewichtung sozialer Kompetenzen eines Projektleiters nicht Produkt einer „romantischen" Vorstellung des Bauens ist, sondern letztendlich der Erreichung „harter" Projektziele dient. Als besonders signifikant zu bewerten ist auch die unterschiedliche Gewichtung sozialer Kompetenzen zwischen gewerblichen Selbstnutzern (68% *wichtig* bis *sehr wichtig*) und institutionellen Investoren (94% *wichtig* bis *sehr wichtig*) (vgl. Abbildung 4–6).

Die Begründung dieses signifikanten Unterschiedes ist dabei vor allem darin zu sehen, dass gerade bei institutionellen Investoren, anders als bei vielen gewerblichen Selbstnutzern als Auftraggebern, das Verhältnis zu Dritten, wie z.B. Mietern, eine ausserordentliche Bedeutung für den langfristigen Erfolg ihrer Immobilieninvestition einnimmt. Aus ihrer Sicht ist daher die dyadisch-organisationale bzw. multiorganisationale Interaktion[350] zwischen ihnen, dem GU-/TU-Anbieter sowie ihren Mietern von besonderer Wichtigkeit. Die Bedeutung sozialer Kompetenzen für das Anforderungsprofil eines Projektleiters wird von ihnen deshalb entsprechend hoch bewertet.

---

[350] vgl. Kapitel 3.2.1.2

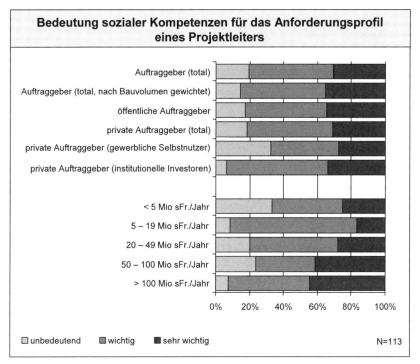

Abbildung 4–6: Bedeutung sozialer Fähigkeiten für das Anforderungsprofil eines Projektleiters – differenziert nach Auftraggeberarten und Intensität der jährlichen Bautätigkeit

Die Frage der Sozialkompetenz der Bau- und Projektleiter ist dabei aus Sicht der Auftraggeber insbesondere auch bei Umbaumassnahmen von hoher Bedeutung, bei denen die Bautätigkeit unter fortgesetzter Bauwerksnutzung erfolgt und viele Konfliktpotenziale zwischen der Bauausführung und den Gebäudenutzern bestehen.

### 4.2.1.2 Beziehungen zwischen den Mitarbeitern des Auftraggebers und des Anbieters

Aufgrund der Integration des externen Faktors kommt nicht nur der Frage der Qualifikation der beteiligten Mitarbeiter eine hohe Bedeutung zu, sondern auch der Frage, inwieweit sich zwischen ihnen, den Vertretern des Anbieters, als auch anderen Projektbeteiligten ein im Sinne der Projektabwicklung effizientes Arbeitsverhältnis aufbauen lässt. Eine persönliche Affinität zwischen den Projektbeteiligten, die sich möglicherweise auf eine bereits vorhandene oder zurückliegende Geschäftsbeziehung gründet, ist in diesem Zusammenhang aus Sicht der befragten Experten sehr förderlich, um zu einem effizienten Projektablauf beizutragen.

Auch für die Phase des Vergabeprozesses können vorhandene geschäftliche Beziehungen zwischen den Beteiligten Vorteile beinhalten. Für den Anbieter bestehen diese in einer verbesserten Eigendarstellung; für den Auftraggeber liegen diese aufgrund der persönlichen Kenntnis des Anbietermitarbeiters in einer einfacheren Bewertung seines Leistungspotenzials.

Nach Auswertung der Experteninterviews beinhalten vorhandene Geschäftsbeziehungen zwischen Auftraggeber und Anbieter vor allem:

- einen Informationsaspekt,
- einen Vertrauensaspekt sowie
- einen Aspekt der „inneren" Verpflichtung.

Die drei genannten Aspekte vorhandener Beziehungen entfalten ihre Wirkung dabei sowohl zur Darstellung des anbieterseitigen Leistungspotenzials bzw. zur Bewertung des Angebotes aus Sicht des Auftraggebers als auch während des Prozesses der Leistungserstellung im eigentlichen Projektablauf (vgl. Abbildung 4–7).

Abbildung 4–7:     *Vorhandene Beziehungen als Vergabevorteil*

Der Informationsaspekt vorhandener Beziehungen entfaltet seine Wirkung jedoch nicht nur projektbezogen zur Darstellung des eigenen Leistungspotenzials, sondern aus Sicht der Anbieter insbesondere auch zur projektunabhängigen Evaluation bestehender Marktchancen.

Im Rahmen der Experteninterviews wurden vorhandene Beziehungen von Seiten der Anbieter als wichtiges Instrument der Auftragsakquisition benannt. So trägt ein weitverzweigtes Kontaktnetz innerhalb der Bauwirtschaft dazu bei, Informationen über aktuelle Marktchancen zu erhalten. Eine Beziehung zu einem Vertreter eines Auftraggebers kann darüber hinaus dazu beitragen, einen projektbezogenen Informationsvorsprung zu erhalten, der die erleichterte Optimierung des eigenen Angebotes im Hinblick auf die auftraggeberseitigen Vergabekriterien ermöglicht.

Eine hohe Qualität der Beziehung zwischen einem Auftraggeber und einem Anbieter, die zum Beispiel aus einer positiven Interaktion aus vorangegangenen Projekten resultiert, kann dabei in Form einer „inneren" Verpflichtung[351] beim Auftraggeber den Wunsch auslösen, die Vorteilhaftigkeit eines Angebotes vorausgesetzt, einen Auftrag an einen bestimmten Anbieter zu vergeben. Neben Zufriedenheit und Vertrauen wird

---

[351] vgl. STAHL, Qualität, 1997, S. 35

eine solche „innere" Verpflichtung von Tomczak/Dittrich[352] als wichtiges psychologisches Instrument zur Herstellung einer Kundenbindung betrachtet.

Die im Jahre 1997 von der Universität St. Gallen international angelegte Studie „Best Practice in Marketing" zeigte u.a., dass sowohl im Bereich der Investitionsgüterhersteller als auch der Dienstleistungsunternehmen der persönliche Verkauf und Beziehungen die aus Sicht der befragten Unternehmen wichtigsten Akquisitionsinstrumente darstellen[353].

Im Folgenden soll die Bedeutung von solchen Beziehungen zwischen Auftraggebern und Anbietern im Bereich von GU-/TU-Leistungen für die *Darstellung des Leistungspotenzials* sowie den *Prozess der Leistungserstellung* vertieft analysiert werden.

- **Beziehungen zur Unterstützung der Darstellung des anbieterseitigen Leistungspotenzials**

Vorhandene Beziehungen werden zum Zweck der Darstellung des Leistungspotenzials sowie zur Auftragsverhandlung am stärksten in Form des persönlichen Verkaufs zur Wirkung gebracht.

Für Kotler/Bliemel[354] bezeichnet der persönliche Verkauf dabei das „Verkaufsgespräch mit einem oder mehreren Käufern, um auf einen Verkaufsabschluss hinzuwirken". Sie nennen den persönlichen Verkauf neben Werbung, Direktmarketinginstrumenten, Verkaufsförderung sowie Öffentlichkeitsarbeit als ein Instrument der absatzfördernden Kommunikation.

Somit ist innerhalb der Kommunikationsanstrengungen eines Unternehmens der persönliche Verkauf das Instrument, das sich durch eine starke persönliche Interaktion der beteiligten Personen auszeichnet.

Gekennzeichnet ist der persönliche Verkauf nach Auffassung von Nieschlag/Dichtl/Hörschgen[355] dadurch, dass die „Akquisition von Kunden durch unmittelbare, nicht mediale Einwirkung auf potenzielle oder tatsächliche Abnehmer" erfolgt. Als eine Form des persönlichen Verkaufs nennen sie u.a. den Verkauf schlüsselfertiger Industrieanlagen im Grosskraftwerksbereich durch ein Team hochspezialisierter Experten, womit die Bedeutung des persönlichen Verkaufs aufgrund der Affinität des genannten Beispiels zu GU-/TU-Aufträgen bereits angesprochen wird.

Besonders im Bereich von privaten GU-/TU-Auftragsvergaben erfolgt die Akquisition von Aufträgen in starkem Masse in Form des persönlichen Verkaufs. Vertreter der Anbieter- und Auftraggeberseite verhandeln persönlich und oftmals während mehrerer Verhandlungsrunden über zu vergebende Bauaufträge.

Bei öffentlichen Vergaben spielt der persönliche Verkauf demgegenüber eine eher untergeordnete Rolle. Angebote werden hier zumeist in schriftliche eingesandt, im Rah-

---

[352] TOMCZAK/DITTRICH, Kunden, 1997, S. 14; 35

[353] TOMCZAK/REINECKE/KARG/MÜHLMEYER, 1999, S. 6-7

[354] KOTLER/BLIEMEL, Marketing-Management, 1999, S. 926

[355] NIESCHLAG/DICHTL/HÖRSCHGEN, Marketing, 1994, S. 484-485

men einer öffentlichen Submission gesichtet und auf der Grundlage der schriftlichen Angebotsunterlagen verglichen (Formalisiertes Vergabeverhalten öffentlicher Auftraggeber).

- **Beziehungen zur Unterstützung der Leistungserbringung**

Beziehungen unterstützen nicht nur die Leistungsdarstellung durch den Anbieter bzw. die Angebotsbeurteilung durch den Auftraggeber, sondern tragen nach Aussage der befragten Experten auch zu einer verbesserten Auftragsabwicklung bei.

Die Erwartung eines Kunden an eine Beziehung besteht u.a. in der Art und Weise, wie zwischen den beteiligten Personen kommuniziert wird. Sie zielt auf die Fairness sowie die Effizienz der Beziehung zwischen Auftraggeber und Anbieter ab. Ein positives Klima innerhalb dieser Beziehung kann dabei u.a. als ein Puffer gegen störende Einflüsse (z.B. bei Nachtragsverhandlungen, Leistungsänderungen, Vertragsinterpretationen etc.) auf die Effizienz der Beziehung gesehen werden[356].

## 4.2.2 Leistungs-Integrationsgrad des Anbieters

Hinsichtlich ihrer Bewertung durch die Auftraggeber lassen sich die Schweizer Generalunternehmungen auch nach ihrem *vertikalen Integrationsgrad*, d.h. nach ihrer Leistungs- bzw. Fertigungstiefe unterscheiden. Der vertikale Integrationsgrad bezieht sich dabei auf den Anteil der von einem GU-/TU-Anbieter innerhalb der eigenen Unternehmung erbrachten Wertschöpfungsstufen.

---

[356] vgl. STAHL, Qualität, 1997, S. 30-34

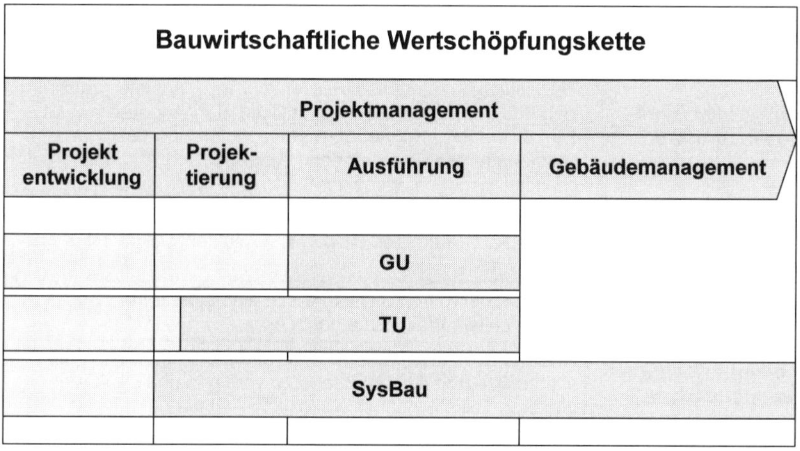

| Bauwirtschaftliche Wertschöpfungskette | | | | |
|---|---|---|---|---|
| | Projektmanagement | | | |
| Projektentwicklung | Projektierung | Ausführung | Gebäudemanagement | |
| | | GU | | |
| | | TU | | |
| | SysBau | | | |
| | | | | |

*Abbildung 4–8:*     *Marktleistung von GU-/TU- und SysBau-Anbietern bezogen auf die bauwirtschaftliche Wertschöpfungskette[357]*

Als Marktleistung (vgl. Abbildung 4–8) bieten Generalunternehmungen die schlüsselfertige Erstellung von Bauprojekten unter Abgabe einer Termin- und Kostengarantie an.

Der genaue Umfang und die Zusammensetzung der angebotenen Leistungen (Leistungsbündel) richtet sich dabei aufgrund des Transaktionsfokus des GU-/TU-Geschäftes nach den individuellen Erfordernissen der zu erfüllenden Projektaufgabe sowie den individuellen Anforderungen eines Auftraggebers.

Als Eigenleistung erbringen die Generalunternehmungen unabhängig der konkreten Projektumstände mindestens die Integration verschiedener Teilleistungen sowie das auf ihren Auftrags- und Aufgabenbereich bezogene Projektmanagement selbst. Über diese eigentliche Kerneigenleistung hinaus werden von den verschiedenen Generalunternehmen jedoch zum Teil auch weitere Teile ihrer Marktleistungen als Eigenwertschöpfung selbst erbracht. Dementsprechend lassen sich Generalunternehmungen als GU-/TU-Leistungsanbieter danach charakterisieren, welche Leistungen sie ergänzend zu ihrer Kerneigenleistung selbst erbringen. Die Art der in der Bauwirtschaft bei den GU-/TU-Anbietern vorzufindenden realisierten Eigenwertschöpfung sowie die sich aus ihr ergebenden Anbietertypologien werden in der folgenden Tabelle dargestellt:

---

[357] in Anlehnung an SCHULTE/GIRMSCHEID, Lösungsansätze, 1998, S. 19

| Typologien von GU-/TU-Anbietern | |
|---|---|
| **GU-/TU-Anbieter als *reine* *Teilleistungsintegratoren*** | Anbieter, deren unternehmerische Eigenleistung sich auf die Teilleistungsintegration beschränkt. Diese Anbieter zeichnen sich dadurch aus, dass sie sämtliche zum Angebot von GU-/TU-Leistungen erforderlichen Ressourcen, die über das Projektmanagement ihres eigenen Auftrags- und Aufgabenbereiches hinausgehen, von externen Unternehmen beziehen. |
| **GU-/TU-Anbieter mit *eigener* *Projektentwicklungstätigkeit*** | Anbieter, die neben der Teilleistungsintegration im Rahmen von GU-/TU-Aufträgen auch als Projektentwickler tätig werden. |
| **GU-/TU-Anbieter mit *eigener* *Planungstätigkeit*** | Anbieter, deren Kernleistung durch eine eigene Planungs- bzw. Architekturtätigkeit ergänzt wird. |
| **GU-/TU-Anbieter mit *eigener* *Bauproduktionstätigkeit*** | Anbieter, die innerhalb ihrer Unternehmensorganisation über eigene Bauproduktionsressourcen verfügen und Bauleistungen zum Teil mit eigenen Kapazitäten erbringen. |

*Tabelle 4–1:*     *Typologien von GU-/TU-Anbietern hinsichtlich ihrer realisierten Eigenwertschöpfung*

Hinsichtlich der innerhalb der eigenen Unternehmensorganisation vorgehaltenen Ressourcen zur Eigenwertschöpfung lassen sich die verschiedenen GU-/TU-Anbieter des Weiteren charakterisieren nach:

- Anzahl der innerhalb des Anbieterunternehmens durch Eigenleistung realisierten Wertschöpfungsstufen

- Umfang der Ressourcen zur Eigenwertschöpfung (im Bereich der Projektentwicklung, der Planung oder der Bauproduktion) im Vergleich zu den Ressourcen, die der Teilleistungsintegration und dem Projektmanagement des eigenen Auftrags- und Aufgabenbereiches zuzuordnen sind.

- Stellung der Ressourcen zur Eigenwertschöpfung innerhalb der Anbieterorganisation

Die GU-/TU-Anbieterklassifizierung hinsichtlich der Stellung der Ressourcen zur Eigenwertschöpfung ergibt sich dahingehend, ob diese innerhalb der Organisation der eigentlichen Generalunternehmung oder innerhalb einer übergeordneten Konzern- bzw. Unternehmensorganisation angesiedelt sind. Viele GU-/TU-Anbieter verfügen beispielsweise zwar nicht innerhalb der Organisation ihrer eigentlichen GU-/TU-Tätigkeit über die genannten ergänzenden Ressourcen; die GU-/TU-Tätigkeit selbst jedoch ist Teil einer übergeordneten Konzern- bzw. Unternehmensorganisation, die die genannten Ressourcenarten in anderen Organisationseinheiten vorhält.

### 4.2.2.1 Bewertung aus Sicht der Auftraggeber

Aus Sicht der Auftraggeber ist die Frage nach dem Grad der Leistungsintegration eines GU-/TU-Anbieters insgesamt als neutral zu bewerten.

Die Vorteile, die sich aus einer starken Leistungsintegration ergeben können, bestehen in der Erzielung von Wettbewerbsvorteilen durch die Nutzung von anbieterseitigen Synergiepotenzialen. Diese Potenziale bestehen zum einen in einer engeren und effizienteren Zusammenarbeit innerhalb einer Unternehmensorganisation gegenüber der projektbezogenen Beauftragung externer Partner. Zum anderen sind sie in der gemeinsamen Nutzung vorhandener Ressourcen zu sehen (Anbietervorteile).

Nachteile einer starken anbieterseitigen Leistungsintegration ergeben sich aus Kundensicht durch die Gefahr möglicher Manipulationen, die aufgrund eines gesamtunternehmerischen Interessenverbundes zwischen der eigentlichen GU-/TU-Tätigkeit sowie weiterer Unternehmensaktivitäten bestehen können. Aus Sicht einiger der befragten Auftraggebervertreter ist die Berücksichtigung anbieterseitiger Ressourcen als „interne" Subunternehmer durch den GU-/TU-Anbieter jedoch problembehaftet. Sie befürchten, dass sich innerhalb des Projektablaufes der GU-/TU-Anbieter im Zweifelsfall eher an den Interessen seiner unternehmenseigenen Subunternehmer als ihren eigenen orientiert (*Unsicherheit* aufgrund *opportunistischen Verhaltens*[358] des Anbieters).

Damit lässt sich feststellen, dass aus der Gestaltung der Fertigungstiefe eines GU-/TU-Anbieters zunächst kein genereller Kundenvorteil abgeleitet werden kann. Die Frage, ob sich aus einem stärkeren bzw. geringeren Integrationsgrad eines Anbieters ein Kundenvorteil realisieren lässt, ist projektbezogen in Abhängigkeit des individuellen Auftraggebers, der zu bewältigenden Projektaufgabe sowie der betrachteten Ressourcenart zu entscheiden. Generalunternehmen, die innerhalb ihrer Unternehmensorganisation über vielfältige Kompetenzen verfügen, müssen projektspezifisch entscheiden, inwieweit sie zur Erbringung der von ihnen angebotenen Leistungen beabsichtigen, auf eigene oder fremde Ressourcen zurückzugreifen. Hier ist anbieterintern zu bewerten, ob und wie durch die Integration unternehmensinterner Ausführungsleistungen Anbietervorteile erzielt werden können. Aus Sicht des Marketings ist somit eine projektbezogene Make-or-Buy-Entscheidung zweckmässig.

### 4.2.2.2 Eigene Projektentwicklungstätigkeit

Diederichs[359] definiert den Begriff der Projektentwicklung als eine Faktorkombination von Standort, Projektidee und Kapital mit dem Ziel, dass „einzelwirtschaftlich wettbewerbsfähige, arbeitsplatzschaffende und -sichernde sowie gesamtwirtschaftlich, sozial- und umweltverträgliche Immobilienprojekte geschaffen und dauerhaft rentabel genutzt werden können".

Nach Auffassung von Drescher[360] lassen sich dabei unter dem Begriff der Projektentwicklung alle Tätigkeiten zusammenfassen, die an organisatorischem und koordinationstechnischem Aufwand erforderlich sind, um eine Idee für ein Immobilienprojekt in die Tat umzusetzen.

Initianten und Träger von Projektentwicklungen können sowohl Grundstücksbesitzer sein, die ein bestehendes Grundstück zu einer attraktiven Immobilie entwickeln wollen, Selbstnutzer, die einen eigenen Baubedarf haben, institutionelle Investoren mit dem Ziel der Investition von Anlagevermögen, freie Projektentwickler als Dienstleister oder

---

[358] vgl. Kapitel 2.1.2.2

[359] DIEDERICHS, Grundlagen, 1996, S. 29

[360] DRESCHER, Projektentwicklung, 1989, S. 21

Generalunternehmungen mit eigener Projektentwicklungstätigkeit ohne eigenes Nutzungs- bzw. Investitionsinteresse.

Generalunternehmungen als Projektentwickler entwickeln i.d.R. für ein bestehendes Grundstück, an dem sie sich die erforderlichen Verfügungsrechte gesichert haben, einen Investitionsvorschlag.

Als Ergebnis einer Projektentwicklung wird einem institutionellen Investor ein Investitionsvorschlag unterbreitet, aus dem die wichtigsten Informationen über die Charakteristik des vorgeschlagenen Projektentwurfes hervorgehen. Diese sind in der Regel[361]:

- Standortqualität

- Qualität und Flexibilität der Nutzung

- Attraktivität der Mieter und Mietermix (falls schon bekannt)

- realisierbare Projektrendite

- Investitionsvolumen

- Garantieleistungen des Anbieters (max. Investitionskosten, Fertigstellungstermin, Vermietungsgarantie etc.)

Die Vergabe eines Projektentwicklungsvorschlages erfolgt i.d.R. anhand der von den einzelnen interessierten Investoren an ein Projekt gestellten Renditeerwartungen. Die von einem Investor eingeforderte Mindestrendite resultiert dabei u.a. neben der Situation auf dem Immobilienmarkt sowie der Situation des allgemeinen Zinsumfeldes aus dessen Risikobewertung der angebotenen Investitionsmöglichkeit.

Je attraktiver der Projektentwicklungsvorschlag anhand der oben genannten Bewertungsgesichtspunkte aus Sicht der Investoren erscheint, d.h. je höher die langfristige Sicherheit einer Anlageinvestition bezüglich Mieteinnahmen und Wertentwicklung ist, desto geringer sind die aus Gründen der Anlagestrategie von den institutuionellen Investoren mindestens einzufordernden Projektanfangsrenditen.

Im Allgemeinen erhält derjenige Investor den Investitionszuschlag, der sich mit der geringsten Projektanfangsrendite zufrieden gibt. Die Projektanfangsrendite ergibt sich dabei aus den vom Projektentwickler garantierten Investitionskosten zur Projekterstellung sowie den von ihm, bzw. einen bereits gefundenen Mieter, garantierten Mindestmieteinnahmen für eine bestimmte Periode. Die Garantie eines Projektentwicklers für die anfänglichen Mieteinnahmen beschränkt sich dabei auf einen Zeitraum von in der Regel ein bis zwei Jahren; Mietverträge mit einem bereits gefundenen Mieter können demgegenüber eine Laufzeit von bis zu zwanzig Jahren einnehmen.

Aus der Kenntnis der am Markt üblichen Immobilienrenditen werden dabei seitens einer Generalunternehmung von Anfang an sämtliche Anstrengungen im Sinne eines *Design-to-Cost*[362] darauf verwendet, eine Relation zwischen den Investitionskosten ei-

---

[361] vgl. u.a. www.swiss-prime-site.ch (Mai, 2000)

[362] vgl. Kapitel 2.7.3

nes Projektes und den durch seine Vermietung zu erzielenden Mieteinnahmen herzustellen, die einem Investor eine Rendite mindestens in Höhe der marktüblichen Kapitalverzinsung im Immobilienbereich ermöglicht.

Je geringer die seitens eines Investors eingeforderte Mindestanfangsrendite ausfällt, desto höher ist – unter der Annahme eines bestimmten Mietertrages – der Betrag, für den ein Projekt von einer Generalunternehmung als Projektentwickler an einen Investor verkauft wird.

Projektentwicklungskonzepte, die eine Kapitalverzinsung oberhalb des marktüblichen Niveaus erreichen würden, weisen dabei ein hohes Gewinnpotenzial für eine Generalunternehmung auf. Die Differenz aus der sich durch eine Projektentwicklung ergebenden Kapitalverzinsung zu der marktüblichen Rendite für vergleichbare Objekte entspricht dabei dem Projektentwicklungsgewinn. Zur Abschöpfung dieses Gewinns erhöht eine Generalunternehmung als Projektentwicklerin ihre Projektentwicklungs- bzw. TU-Vergütung dahingehend, dass sich die den Investoren angebotenen Renditen auf einem marktüblichen Niveau einstellen.

Das Angebot an einen institutionellen Investor hat dabei einen weitestgehenden „Produkt"-Charakter, indem die wesentlichen Inhalte des Investitionsangebotes zur Erreichung des Hauptbewertungskriteriums, der Immobilienverzinsung, bereits durch die Generalunternehmung bestimmt wurden. So erfolgt bei einer Projektentwicklung durch eine Generalunternehmung die Bestimmung der Projektorganisation sowie der an der Projektausführung zu beteiligenden Partner vor der Vergabe an einen Investor durch die Generalunternehmung selbst. Sämtliche Überlegungen, die ein Investor sonst bei eigenen Projektentwicklungen zur Erreichung seines projektbezogenen Investitionszieles anstellt, werden seitens des Projektentwicklers vorweggenommen und sind Teil des von ihm erarbeiteten „Investitionsproduktes". Die Differenzierung eines Investitionsangebotes erfolgt dabei vorwiegend über die mit ihm langfristig voraussichtlich erreichbare Projektrendite.

Der für ein Investitionsangebot zu erzielende Preis ergibt sich aus den Verhandlungen des Anbieters, d.h. des Projektentwicklers, mit den in Frage kommenden Investoren. Zur Erreichung einer maximalen Eigenwertschöpfung geschieht die Durchführung des Projektes dabei unter der weitestgehenden Berücksichtigung der unternehmenseigenen Kapazitäten der Generalunternehmung. Die Realisierung des Projektes erfolgt dabei zur Erzielung einer frühestmöglichen Kostensicherheit in der Regel als Totalunternehmerauftrag.

- **Risiken der PE-Tätigkeit für eine Generalunternehmung**

Die Risiken einer PE-Tätigkeit ergeben sich aus den allgemeinen Risiken des Projektentwicklungsgeschäftes. Hinzu kommen besondere Risiken, die insbesondere aus der unternehmerischen Verknüpfung von GU-/TU- und Projektentwicklungstätigkeit resultieren.

Die allgemeinen Risiken einer Projektentwicklungstätigkeit bestehen in erster Linie darin, die in eine Projektentwicklung investierten Vorleistungen nicht durch eine Projektrealisierung kompensieren zu können. Weitere Risiken können sich aus übernommenen Garantieverpflichtungen zur Absicherung einer versprochenen Projektanfangsrendite (z.B. Vermietungsgarantien) ergeben.

Unter diesem Gesichtspunkt gelten als Risiken der Projektentwicklung im Einzelnen[363]:

- das Entwicklungsrisiko

- das Standortrisiko

- das Genehmigungsrisiko

- das Finanzierungsrisiko

Unternehmerische Risiken, die sich durch eine Verknüpfung von PE- und GU-/TU-Tätigkeit ergeben können, bestehen zum einen in einer mangelnden Erfolgstransparenz beider Tätigkeitsgebiete, die zu einer ungewollten und nicht erkannten Quersubventionierung führen kann. Gewinne, die ursächlich auf eine erfolgreiche Projektentwicklung zurückzuführen sind, werden häufig nicht innerhalb der Projektentwicklungs- sondern der GU-/TU-Tätigkeit als Gewinn ausgewiesen. Nach Aussagen der befragten Experten sind im Rahmen von Projektentwicklungsangeboten Provisionen für die eigentliche Projektentwicklung, die einen Betrag von 1% übersteigen, am Markt nicht durchsetzbar. Aus diesem Grund werden Erfolge der eigentlichen Projektentwicklung im Rahmen von Investitionsangeboten an Bauherren zumeist in den Preis für die TU-Leistung eingerechnet.

Des Weiteren muss darauf geachtet werden, dass Projektentwicklungen nicht als Selbstversorgung der Kapazitäten der Generalunternehmung betrachtet werden, aus denen zwar zunächst attraktive TU-Aufträge hervorgehen, die sich jedoch letztlich nicht zu auskömmlichen Bedingungen auf Investoren übertragen lassen. Trotz teilweiser Vertriebsfunktion der PE-Aktivitäten für die eigene GU-/TU-Tätigkeit muss immer der Erfolg eines Projektes und nicht der sich u.a. aus diesem ergebende Bau- bzw. GU-/TU-Auftrag im Vordergrund stehen.

### 4.2.2.3 Eigene Planungskompetenz

Auftraggeber betrachten ihre baulichen Zielsetzungen weitestgehend als individuelle Einzelfälle, zu deren Lösung projektbezogen die bestgeeignetsten Planer hinzugezogen werden sollen. Aus Sicht einiger der im Rahmen der Experteninterviews befragten Auftraggebervertreter sind anbietereigene Planungskompetenzen, die von diesen zur Maximierung der unternehmenseigenen Wertschöpfung im Rahmen von TU-Leistungen favorisiert beauftragt werden, daher oftmals ungeeignet zur bestmöglichen Erreichung ihrer Projektziele. Denn auch für den Fall eines Gesamtleistungswettbewerbes- bzw. eines TU-Wettbewerbes, bei dem der planerische Lösungsansatz neben anderen Gesichtspunkten Teil des Wettbewerbes ist und somit in die Vergabeentscheidung des Bauherren einfliesst, wird ein Auftraggeber eher solche Anbieterkonsor-

---

[363] vgl. DIEDERICHS, Grundlagen, 1996, S. 43-46

tien beauftragen, deren Planer das noch verbleibende Optimierungspotenzial, z.B. im Bereich von Detaillösungen, seiner Einschätzung nach am besten nutzen werden.

Die im Rahmen der quantitativen Umfrage befragten Auftraggeber betrachteten das Vorhandensein eigener Planungskapazitäten innerhalb einer Generalunternehmung zu 28% als ohne Einfluss auf die Bewertung ihrer Attraktivität als Anbieter von TU-Leistungen. 41% nannten eigene Planungskapazitäten dabei als nicht wünschenswert; nur 30% der befragten Auftraggeber erachteten Planungskapazitäten auf Seiten einer Generalunternehmung als wünschenswert. Dabei stehen besonders öffentliche Auftraggeber generalunternehmereigenen Planungskapazitäten besonders ablehnend gegenüber, sie lehnen diese zu 62% als nicht wünschenswert ab.

Besonders auffällig ist auch die mit steigender Höhe des jährlichen Bauvolumens der befragten Auftraggeber proportionale Zunahme der Ablehnung eigener Planungskapazitäten einer Generalunternehmung. Unter den privaten Auftraggebern lehnen institutionelle Investoren generalunternehmereigene Planungskapazitäten stärker ab als gewerbliche Selbstnutzer (vgl. Abbildung 4–9).

Die Tatsache, dass die grossen professionellen Auftraggeber Generalunternehmungen skeptisch gegenüberstehen, die TU-Aufträge mit eigenen Planungskapazitäten abwickeln, ist besonders beachtenswert zur Darstellung und Gestaltung des anbieterseitigen Leistungspotenzials.

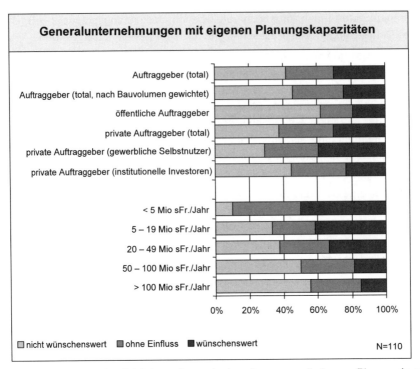

**Generalunternehmungen mit eigenen Planungskapazitäten**

Auftraggeber (total)
Auftraggeber (total, nach Bauvolumen gewichtet)
öffentliche Auftraggeber
private Auftraggeber (total)
private Auftraggeber (gewerbliche Selbstnutzer)
private Auftraggeber (institutionelle Investoren)

< 5 Mio sFr./Jahr
5 – 19 Mio sFr./Jahr
20 – 49 Mio sFr./Jahr
50 – 100 Mio sFr./Jahr
> 100 Mio sFr./Jahr

0%   20%   40%   60%   80%   100%

☐ nicht wünschenswert  ▨ ohne Einfluss  ■ wünschenswert          N=110

*Abbildung 4–9:*     *Attraktivität von Generalunternehmungen mit eigenen Planungskapazitäten*
*– differenziert nach Auftraggeberarten*

Generalunternehmen, die über ausgeprägte eigene Planungskapazitäten verfügen, werden tendenziell auch in geringerem Umfang von freien Planern bzw. Architekten zur Bildung eines Angebotskonsortiums aufgefordert, da sie selbst diese im Gegenzug nur in vergleichsweise wenigen Fällen bei anderen Projekten in Form von Gegengeschäften mit Planungsleistungen beauftragen können. Aus diesem Grunde können sich Generalunternehmungen mit starken Planungskapazitäten nur in geringerem Masse der Akquisitionsbeihilfe freier Planungs- und Architekturunternehmen bedienen.

Gegen eigene Planungskapazitäten einer Generalunternehmung spricht zudem der Grundsatz der öffentlichen Hand, dass Unternehmen, die sich mit ihrer Planungsabteilung an der Ausarbeitung eines Bauprojektes beteiligt haben, aufgrund eines etwaigen hierdurch erworbenen Wissensvorsprungs nicht an einer anschliessenden Ausschreibung der Ausführungsleistungen, z.B. in Form einer GU-Vergabe, beteiligen dürfen.

Häufig stehen auch Vergabewünsche des Auftraggebers, der möglicherweise einen bestimmten Planer favorisiert, aus Akquisitionsgründen einer Miteinbeziehung eigener Planungskapazitäten in ein TU-Angebotskonsortium entgegen.

### 4.2.2.4  Eigene Bauproduktionskompetenz
Viele der heute am Schweizer Markt auftretenden Generalunternehmungen verfügen innerhalb ihrer Unternehmensorganisation über eigene Bauausführungskapazitäten.

Dabei sind in den Anbieterorganisationen die Generalunternehmer- und die Bauausführungstätigkeit in der Regel in Form eigenständiger Profit-Center voneinander getrennt und somit weitestgehend eigenständig in ihrem Marktverhalten.

Trotz dieser Eigenständigkeit von Generalunternehmer- und Bauausführungstätigkeit kann die Zusammenarbeit mit konzerneigenen Bauproduktionseinheiten für eine Generalunternehmung gegenüber der Beauftragung freier Bauleistungsanbieter den Vorteil einer verbesserten Koordination und schnittstellenübergreifenden Zusammenarbeit zwischen Planung und Ausführung beinhalten. Denn durch die organisatorische Verbindung wird eine Interessengleichrichtung in der Verfolgung mittel- bis langfristiger unternehmerischer Zielsetzungen erreicht.

- **Nachteile eigener Bauausführungskapazitäten für eine Generalunternehmung**

Den genannten Vorteilen einer Verknüpfung von Generalunternehmungs- und Bauausführungstätigkeit stehen aus Sicht der im Rahmen der Experteninterviews befragten Interviewpartner insbesondere bei der Anwendung von Einheitspreisverträgen mit Kostendach die folgenden Nachteile gegenüber:

- geringere Abrechnungstransparenz für den Auftraggeber
- geringeres Potenzial zur Erzielung von Vergabegewinnen

Etwaige Nachteile einer Konzernzusammengehörigkeit von Generalunternehmungs- und Bauausführungstätigkeit können sich aus Kundensicht dadurch ergeben, dass ggf. ein zu starker Interessensverbund zwischen diesen beiden Bereichen entsteht. Insbesondere bei Kostendachverträgen, die von den Auftraggebern häufig u.a. zur Erzielung einer grösstmöglichen Kostentransparenz gewählt werden, könnte das Auftraggeberinteresse an einer transparenten Gestaltung der Abrechnungsschnittstelle zwischen Generalunternehmung und den ausführenden Unternehmen durch einen solchen Interessensverbund gestört werden.

Auftraggeber, die eine Generalunternehmung auf der Basis eines Kostendachvertrages beauftragen, möchten von Kosteneinsparungen, z.B. in Form von Vergabegewinnen, profitieren. Generalunternehmungen, die mit Vorliebe mit konzerneigenen Ausführungskapazitäten zusammenarbeiten, beinhalten aus Sicht eines Auftraggebers den Nachteil, dass sie ggf. auf die von ihnen nach erfolgter Beauftragung getätigten Subunternehmeranfragen weniger marktgerechte Angebote erhalten als Generalunternehmungen ohne eigene Ausführungskapazitäten (vgl. Abbildung 4–10).

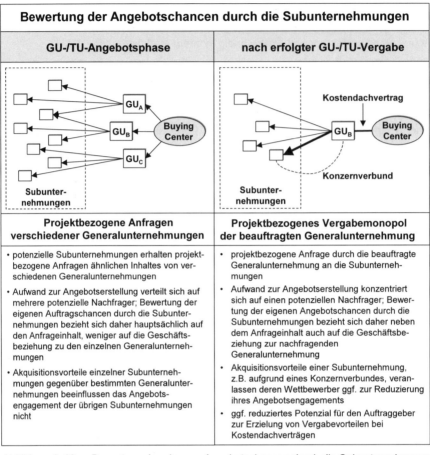

| Bewertung der Angebotschancen durch die Subunternehmungen | |
| --- | --- |
| **GU-/TU-Angebotsphase** | **nach erfolgter GU-/TU-Vergabe** |

| **Projektbezogene Anfragen verschiedener Generalunternehmungen** | **Projektbezogenes Vergabemonopol der beauftragten Generalunternehmung** |
| --- | --- |
| • potenzielle Subunternehmungen erhalten projektbezogene Anfragen ähnlichen Inhaltes von verschiedenen Generalunternehmungen<br><br>• Aufwand zur Angebotserstellung verteilt sich auf mehrere potenzielle Nachfrager; Bewertung der eigenen Auftragschancen durch die Subunternehmungen bezieht sich daher hauptsächlich auf den Anfrageinhalt, weniger auf die Geschäftsbeziehung zu den einzelnen Generalunternehmungen<br><br>• Akquisitionsvorteile einzelner Subunternehmungen gegenüber bestimmten Generalunternehmungen beeinflussen das Angebotsengagement der übrigen Subunternehmungen nicht | • projektbezogene Anfrage durch die beauftragte Generalunternehmung an die Subunternehmungen<br><br>• Aufwand zur Angebotserstellung konzentriert sich auf einen potenziellen Nachfrager; Bewertung der eigenen Angebotschancen durch die Subunternehmungen bezieht sich daher neben dem Anfrageinhalt auch auf die Geschäftsbeziehung zur nachfragenden Generalunternehmung<br><br>• Akquisitionsvorteile einer Subunternehmung, z.B. aufgrund eines Konzernverbundes, veranlassen deren Wettbewerber ggf. zur Reduzierung ihres Angebotsengagements<br><br>• ggf. reduziertes Potenzial für den Auftraggeber zur Erzielung von Vergabevorteilen bei Kostendachverträgen |

*Abbildung 4–10:   Bewertung der eigenen Angebotschancen durch die Subunternehmungen vor und nach einer GU-/TU-Auftragsvergabe*

Von den im Rahmen der qualitativen Umfrage befragten Auftraggebervertretern halten nur 27% eigene Bauausführungskapazitäten einer Generalunternehmung für wünschenswert. 32% gaben an, dass das Vorhandensein solcher Kapazitäten auf Anbieterseite keinen Einfluss auf dessen Attraktivität hat; 41% der Auftraggebervertreter bezeichneten eigene Bauausführungskapazitäten als nicht wünschenswert.

Eine Differenzierung des Befragungsergebnisses nach Auftraggeberarten zeigt, dass öffentliche Auftraggeber generalunternehmereigene Bauausführungskapazitäten am wenigsten skeptisch betrachten. Ein Vergleich zwischen den institutionellen Investoren und den gewerblichen Selbstnutzern ergibt, dass insbesondere die institutionellen Investoren eigene Bauausführungskapazitäten als nicht wünschenswert zur Erbringung von GU-/TU-Leistungen ansehen (vgl. Abbildung 4–11).

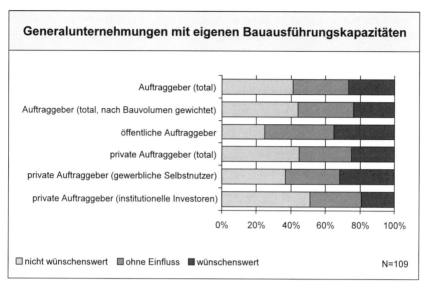

Abbildung 4–11: Attraktivität von Generalunternehmen mit eigenen Bauausführungskapazitäten – differenziert nach Auftraggeberarten

### 4.2.3 Partner- und Subunternehmerbeziehungen des Anbieters

General- bzw. Totalunternehmungen zeichnen sich dadurch aus, dass sie einen Grossteil der von ihnen einem Kunden angebotenen Leistungen nicht selbst erbringen, sondern von Subunternehmen bzw. Lieferanten beziehen. GU-/TU-Leistungsanbieter weisen in diesem Sinne einen hohen Fremdleistungsanteil auf. Ihre Eigenwertschöpfung beträgt je nach Leistungstiefe projektbezogen zwischen 8 und 20%.

In vielen Fällen bilden Generalunternehmen auch mit anderen Unternehmungen projektbezogene Kooperationen (z.B. in Form eines Konsortiums). Partner können dabei sowohl Planungsunternehmen als auch andere General- bzw. Totalunternehmungen sein.

#### 4.2.3.1 Beeinflussung der Subunternehmervergaben durch den Auftraggeber

Entsprechend ihres hohen Wertschöpfungsanteils nehmen die an einem Projekt beteiligten Sub- bzw. Partnerunternehmen einen entsprechend hohen Einfluss auf den Erfolg eines Bauprojektes. Demzufolge werden durch die Auftraggeber vielfach nicht nur die General- bzw. Totalunternehmen als eigentliche Vertragspartner des Auftraggebers einer Beurteilung hinsichtlich ihres Leistungspotenzials unterworfen, sondern auch die von ihnen für die Projektabwicklung vorgesehenen Sub- bzw. Partnerunternehmen.

Günter[364] weist darauf hin, dass im Rahmen von Kundenverhandlungen eines Anbieters häufig u.a. auch darüber verhandelt wird, welche Unternehmen auf Seite des Anbieters die zur Erfüllung einer Gesamtaufgabe erforderlichen Teilleistungen erbringen.

Um einen Einfluss auf die Beauftragung der Subunternehmer durch den GU-/TU-Anbieters nehmen zu können, wählen Auftraggeber von GU- bzw. TU-Leistungen häufig die Vertragsform des Einheitspreisvertrages mit Kostendach[365]. Eventuelle Mehrkosten, die sich aus der Vergabe an den von einem Auftraggeber bevorzugten Subunternehmer gegenüber dem Vergabevorschlag des GU-/TU-Anbieters ergeben, werden aufgrund des offenen Abrechnungsverfahrens des Einheitspreisvertrages sowie die Offenlegung der Subunternehmerangebote transparent. Sie werden dem GU-/TU-Anbieter in entsprechender Höhe vergütet und das Kostendach des Vertrages wird entsprechend erhöht.

### 4.2.3.2 Partner wird zum Subunternehmen

In der Praxis bieten TU-Anbieter ihre Leistungen vielfach dem Kunden als vertikale Kooperation[366] mit einem Architektur- bzw. Planungsunternehmen in Form eines Anbieterkonsortiums[367] an. Horizontale Kooperationen[368] zwischen verschiedenen Generalunternehmungen (Arbeitsgemeinschaften) sind demgegenüber eher selten und beschränken sich in der Schweiz zumeist auf besonders grosse und komplexe Projekte.

Dem Planungsunternehmen obliegt dabei die Gestaltung des hinsichtlich eines attraktiven Kosten/Nutzen-Verhältnisses wettbewerbsfähigen Lösungsvorschlages (architektonisch und funktional). Die Rolle der Generalunternehmung als TU-Anbieter liegt demgegenüber während der Angebotsphase schwerpunktmässig in der Absicherung des abgegebenen Leistungsversprechens und der Abgabe entsprechender Garantien.

Die Motivation eines TU-Anbieters zu einer projektbezogenen Kooperation mit einem Planungsunternehmen kann dabei unter dem Gesichtspunkt des Marketings verschie-

---

[364] GÜNTER, Projektkooperationen, 1998, S. 269

[365] vgl. Kapitel 2.6

[366] Im Allgemeinen bezeichnet man *vertikale Kooperationen* als Verbindungen von Funktionen einander im Wertschöpfungsprozess nachgeordneter Unternehmen, wie z.B. einem Lieferanten und einem seiner Abnehmer. Bei den in der Bauwirtschaft vorherrschenden Wertschöpfungsketten lassen sich Verknüpfungen von Planungs-, Ausführungs- und Betreiberleistungen als vertikale Kooperationen definieren.
Vgl. bzgl. der Definition von Kooperationsrichtungen u.a. BRONDER/PRITZL, Wegweiser, 1992, S. 32

[367] vgl. Kapitel 2.5

[368] *Horizontale Kooperationen* bedeuten eine Zusammenarbeit von Unternehmen mit ähnlichen unternehmerischen Zielsetzungen in einer oder mehrerer Funktionen auf derselben Wertschöpfungsstufe. Der Zweck einer horizontalen Kooperation kann in der Erzielung von Kostenvorteilen durch die gemeinsame Nutzung vorhandener oder zu beschaffender Ressourcen liegen. Horizontale Kooperationen werden vielfach angewendet, um durch die Bündelung der Kapazitäten und Ressourcen Aufträge abwickeln zu können, die aufgrund ihres Umfangs bzw. des sich aus ihrer Abwicklung ergebenden Risikos für ein Unternehmen allein nicht realisierbar wären.
Vgl. bzgl. der Definition von Kooperationsrichtungen u.a. BRONDER/PRITZL, Wegweiser, 1992, S. 32

dene Ursachen haben, die zumeist darauf abzielen die eigenen Auftragschancen zu erhöhen. Die verschiedenen Motive zur Einbindung eines Planungsunternehemens sind in der Tabelle 4–2 dargestellt[369]:

| Motive zur Angebotskooperation mit einem Planungsunternehmen | |
| --- | --- |
| *Erweiterung der Kapazitäten* | Die partnerschaftliche Beteiligung des Planungsunternehmens ist aufgrund des Auftragsumfanges zur Ausarbeitung eines umfassenden Angebotes erforderlich. |
| *Schliessung von Kompetenzlücken* | Die Beteiligung des Partnerunternehmens schliesst Kompetenzlücken innerhalb des projektspezifischen Leistungspotenzials des TU-Anbieters. |
| *Präferenzstellung des Planungsunternehmens* | Das Partnerunternehmen nimmt beim potenziellen Auftraggeber eine Präferenzstellung ein (ggf. stellt dessen Beteiligung seitens des Auftraggebers sogar eine Bedingung zur Angebotsabgabe dar). Seine Beteiligung erhöht die eigene Anbieterattraktivität. |
| *Informationsvorteile des Planungsunternehmens* | Das Partnerunternehmen besitzt Informationsvorteile bezüglich einer bestehenden Angebotschance (Kenntnis der Nachfrage, Zusammensetzung des Buying Centers, Präferenzen des Auftraggebers etc). Es soll darüber hinaus durch die partnerschaftliche Integration in ein gemeinsames Anbieterkonsortium für die Erkennung und Weitergabe dieser Information „belohnt" und zu zukünftigen, weiteren Akquisitionsbeihilfen motiviert werden. |

Tabelle 4–2    *Motive für einen TU-Anbieter zur Angebotskooperation mit einem Planungsunternehmen*

Vielfach nimmt das Planungsunternehmen nach erfolgter Beauftragung hinsichtlich der Projektorganisation gegenüber dem TU eine untergeordnete Position ein. Es wird zum planenden Subunternehmen des TUs (vgl. Abbildung 4–12).

---

[369] In Anlehnung an GÜNTER, Projektkooperationen, 1998, S. 275-283

*Abbildung 4–12:*    *Projektstellung von Planungs- und Generalunternehmungen innerhalb eines Anbieterkonsortiums vor und nach erfolgter Auftragsvergabe*

Dies erfolgt zum einen aus dem Grunde, dass Planungsunternehmen in der Regel aufgrund ihrer geringeren Ausstattung mit Eigenkapital nicht in der Lage sind, über die Stellung von entsprechenden Bürgschaften die seitens eines Auftraggebers geforderten Garantieleistungen zu erbringen[370]. Sie treten somit i.d.R. bei Gesamtleistungs- bzw. TU-Aufträgen nicht als direkte Vertragspartner des Bauherren auf.

Ferner wünschen viele Auftraggeber durch die Beauftragung einer unternehmerisch haftenden Generalunternehmung die Überwachung der Planungsleistungen hinsichtlich der Termin- und Kostenziele als massgebliche Bestandteile des Leistungszieles[371].

Darüber hinaus erfolgt die Beauftragung eines GU-/TU-Anbieters nicht zuletzt zur Vereinfachung und Reduzierung der Projektschnittstellen für den Auftraggeber. Die vertragliche Unterordnung des planenden Unternehmens unter den TU beinhaltet aus der Sicht des Bauherren somit auch eine Reduzierung der aus Sicht des Bauherren zu handhabenden Vertragsbeziehungen. Die Bewertung der Partner- und Subunternehmerbeziehungen eines GU-/TU-Anbieters bezieht sich sowohl auf das *Leistungspotenzial der Partner- bzw. Subunternehmer* selbst als auch auf die *Gestaltung der Partner- bzw. Subunternehmerbeziehung* zu diesen durch den GU-/TU-Anbieter (Abbildung 4–13).

---

[370] vgl. Kapitel 4.2.5.3

[371] vgl. SIGRIST, Bauen, 2000, S. 1-2

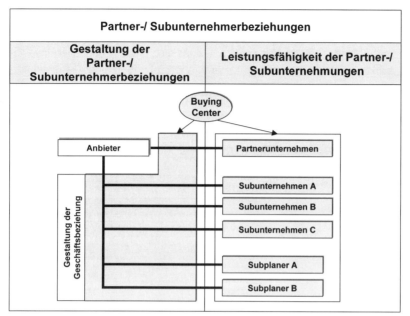

Abbildung 4–13:   *Bewertung der Partner- und Lieferantenbeziehungen durch den Auftraggeber*

### 4.2.3.3   Bewertung der beteiligten Sub-/Partnerunternehmen

Die Bewertung der von einem GU-/TU-Anbieter an der Projektabwicklung beteiligten Sub- bzw. Partnerunternehmen durch den Auftraggeber hängt u.a. ab von den durch diese zu erbringenden Leistungen sowie des Zeitpunktes ihres Projekteintrittes.

Zur Beschränkung des Umfanges dieser Arbeit wird auf die verschiedenen Aspekte der Bewertung von GU-/TU-Subunternehemen an dieser Stelle nicht weiter eingegangen.

### 4.2.3.4   Bewertung der Gestaltung der Subunternehmer-/Partnerbeziehungen

Neben den Subunternehmen selbst bewerten Auftraggeber auch die Art und Weise, in der ein GU-/TU-Anbieter seine Subunternehmerbeziehungen gestaltet. Aus Sicht der befragten Experten ergibt sich hierbei eine Unterscheidung u.a. danach, ob eine Subunternehmerbeziehung kontinuierlich im Rahmen einer Geschäftsbeziehung gepflegt wird oder ob ein Subunternehmer ausschliesslich nach projektspezifischen Gesichtspunkten ausgewählt wird.

Die Mehrzahl der im Rahmen der quantitativen Umfrage befragten Auftraggebervertreter hält kontinuierliche Subunternehmer- und Lieferantenbeziehungen einer Generalunternehmung nicht für wünschenswert (66%). Für 28% resultiert aus der Art und Weise der Gestaltung solcher Beziehungen kein Einfluss auf die Attraktivität eines Anbieters von GU-/TU-Leistungen. Lediglich 6% der Befragten halten demgegenüber kontinuierliche Subunternehmer- und Lieferantenbeziehungen einer Generalunternehmung für wünschenswert.

Unter den privaten Auftraggebern fällt dabei auf, dass sich die institutionellen Investoren mit 72% stärker gegen kontinuierliche Lieferantenbeziehungen einer Generalunternehmung aussprechen als gewerbliche Selbstnutzer, die diese mit 58% in nur vergleichsweise geringem Masse ablehnen (Abbildung 4–14).

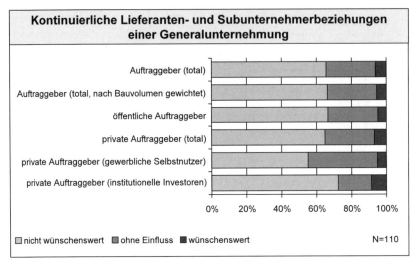

Abbildung 4–14: Bewertung kontinuierlicher Lieferantenbeziehungen einer Generalunternehmung – differenziert nach Auftraggeberarten

Nach Auswertung der Umfrage lässt sich somit schlussfolgern, dass die Mehrzahl der auf dem GU-/TU-Markt auftretenden Auftraggeber wünscht, dass die Generalunternehmungen ihre Lieferanten- und Subunternehmerbeziehungen vorwiegend nach *projektbezogenen* und nicht nach *projektübergreifenden* Kriterien festlegen. Vorteile einer eingespielten Geschäftsbeziehung treten in der Beurteilung durch die Auftraggeber gegenüber einer projektweisen Auswahl von in Frage kommenden Lieferanten und Subunternehmern zurück. Die Auftraggeber präferieren somit ein *Transaction Buying*[372] der Generalunternehmungen zum Bezug von Subunternehmerleistungen.

Die Gründe hierfür dürften in erster Linie darin begründet liegen, dass Auftraggeber in besonderem Masse auf eine transparente Abrechnungsschnittstelle zwischen Generalunternehmung und Subunternehmern (insbesondere im Falle von Kostendachverträgen) Wert legen und darüber hinaus ihre Bauprojekte als individuelle Aufgaben betrachten, für die projektbezogen die geeignetsten Subunternehmer und Lieferanten beauftragt werden sollten.

Die Gesichtspunkte, nach denen die Gestaltung der Lieferantenbeziehungen aus der Sicht einer Generalunternehmung bewertet werden sollten, ähneln dabei stark der Fra-

---

[372] vgl. Kapitel 3.2.1.5

ge, inwieweit eine Generalunternehmung auf konzerneigene Kapazitäten zur Leistungserbringung zurückgreifen sollte[373,374]. Denn letztendlich handelt es sich bei der
Leistungserbringung mit eigenen Kapazitäten auch um eine kontinuierliche Gestaltung
von Subunternehmer- und Lieferantenbeziehungen mit der Besonderheit, dass sich die
Bezugsquellen unternehmensintern und nicht -extern befinden.

Auftraggeber zielen bei der Bewertung der Frage, ob die von ihnen beauftragten Anbieter eine hohe Eigenwertschöpfung aufweisen sollten oder ob diese langfristige Kooperationen oder ein Transaction Buying praktizieren sollten, in erster Linie auf Kostenas-
pekte ab.

Aus Sicht des GU-/TU-Anbieters selbst muss diese Frage demgegenüber das Ergebnis
einer umfassenderen, auch unter dem Einbezug von weiteren Gesichtspunkten (Nutzenelemente) stattfindenden Untersuchung sein. Seine Aufgabe besteht darin, Anbie-
ter- und Kundenvorteile zur Maximierung seiner Wettbewerbskraft zu erzeugen. Hierbei
spielt auch die Frage eine Rolle, inwieweit sich durch den Aufbau kontinuierlicher Geschäftsbeziehungen (Relationship Buying) Anbietervorteile durch die Integration von
Know-how in komplementären Bereichen aufbauen lassen. Dies gilt insbesondere für
die Beherrschung komplexer Aufgabenstellungen mit vielfältigen Schnittstellen, wie
z.B. der integrativen Betrachtung von technischen Installationen.

## 4.2.4  Grösse des Anbieterunternehmens

Die Grösse eines Anbieters äussert sich durch den von ihm jährlich generierten Umsatz, der Anzahl seiner Beschäftigten sowie der Anzahl und Grösse der von ihm in der
Vergangenheit realisierten Bauprojekte. Bei der Vergabe von grösseren
GU-/TU-Aufträgen wird seitens der Auftraggeber vielfach grossen Anbietern die Fähigkeit zugesprochen, solche Projekte aufgrund ihrer umfangreicheren Ressourcen erfolgreich abzuwickeln.

Neben ihrem quantitativ höheren Leistungspotenzial bieten grosse Anbieter aus Sicht
der Auftraggeber weitere Vorteile, die im Folgenden erläutert werden.

### 4.2.4.1  Unternehmerische Substanz zur Abfangung finanzieller Schwierigkeiten

Aufgrund der Vielfalt ihrer unternehmerischen Tätigkeiten, z.B. viele verschiedene
Bauprojekte, wird Anbietern aus der Sicht der Auftraggeber i.d.R. mit zunehmender unternehmerischer Grösse eine grössere finanzielle Stabilität[375] zugesprochen.

Der Zusammenhang zwischen der Grösse eines Anbieters und der damit verbundenen
Risikoverteilung auf verschiedene Projekte lässt sich anhand der in den 50er-Jahren
von *H. Markowitz*[376] entwickelten Portfoliotheorie begründen. Er weist modellhaft nach,
dass die Anlagestreuung auf verschiedene Investitionen den Vorteil einer Risikoredu-

---

[373] vgl. Kapitel 4.2.2.3

[374] vgl. Kapitel 4.2.2.4

[375] vgl. Kapitel 4.2.5

zierung gegenüber einer Einzelinvestition beinhaltet. Übertragen auf die Tätigkeit eines Anbieters bedeutet dies, dass grosse Anbieter aufgrund der vielen bearbeiteten Projekte unter Aufrechterhaltung ihrer durchschnittlichen Unternehmensrendite eine günstigere Risikostruktur aufweisen als solche Anbieter, die ihre Tätigkeit auf wenige und verglichen mit dem Volumen ihrer unternehmerischen Gesamttätigkeit grosse Projekte konzentrieren. Denn aufgrund vieler einzelner Projekte eines Anbieters ergibt sich bei ihm ein interner Risikoausgleich. Seine erwartete Gesamtrendite entspricht dem gewichteten arithmetischen Mittel der erwarteten Renditen der Einzelprojekte. Das Risiko der Gesamttätigkeit (Projektportfolio), das aus der Varianz der erwarteten Einzelrenditen resultiert, sinkt jedoch unter das Durchschnittsrisiko der Einzelprojekte ab.[377]

Kleinere Anbieter, die sich um die Ausführung eines vergleichsweise grossen Projektes bewerben, sind diesbezüglich im Nachteil. Aus Sicht eines Auftraggebers können sie im Falle grösserer Schwierigkeiten wegen ihrer mangelnden unternehmerischen Substanz und eines fehlenden internen Risikoausgleiches finanzielle Probleme nicht ausreichend abfangen.

Obwohl die Möglichkeit eines internen Risikoausgleichs bei der Stellung einer Bürgschaft[378] infolge des geringeren Konkursrisikos von den bürgenden Banken bzw. Versicherungen berücksichtigt wird, haben Auftraggeber von GU-/TU-Leistungen erfahrungsgemäss ein grösseres Vertrauen in die unternehmerische Stabilität grosser Unternehmen, auch wenn kleinere Anbieter ebenfalls in der Lage sind, gleichwertige Bürgschaften zu stellen.

### 4.2.4.2 Know-how zur Bewältigung von spezifischen Aufgaben

Aufgrund der hohen Anzahl von in der Vergangenheit abgewickelten Projekten verfügen grössere Anbieter häufig über Erfahrungsvorteile in der Realisierung von Bauprojekten mit spezifischen Anforderungen. Es fällt ihnen daher im Vergleich zu kleineren Anbietern sehr viel leichter, spezifische Referenzen im Hinblick auf die Besonderheiten einer nachgefragten GU- bzw. TU-Leistung vorzuweisen.[379]

Darüber hinaus verfügen grössere Anbieter vielfach über unternehmensübergreifende Stabsabteilungen, in denen sie spezielles Know-how und Ressourcen zusammenfassen und im Bedarfsfall einzelnen operativen Einheiten zur Verfügung stellen.

### 4.2.4.3 Einkaufsvorteile aufgrund hoher Nachfragermacht

Wegen ihrer vergleichsweise umfangreichen Nachfrage nach Subunternehmerleistungen können grosse Anbieter ihre hohe Nachfragermacht zugunsten des Auftraggebers einsetzen, um für diesen z.B. bei Einheitspreisverträgen mit Kostendach zusätzliche Vergabegewinne zu realisieren.

---

[376] vgl. ausführlich: MARKOWITZ, Portfolio, 1991

[377] vgl. PAUSENBERGER, Unternehmenszusammenschlüsse, 1993, S. 4444-4445

[378] vgl. Kapitel 4.2.5.3

[379] vgl. Kapitel 4.2.11

### 4.2.5 Stabilität und Konstanz des Anbieters

Da die Zusammenarbeit mit einem Anbieter aus der Sicht der Auftraggeber einen massgeblichen Einfluss auf den Erfolg eines Bauprojektes ausübt, verlieren Anbieter, die grösseren Veränderungen unterworfen sind, für den Auftraggeber an Attraktivität. Die Kunden fürchten, von solchen Veränderungen in für sie eventuell negativer Weise betroffen zu werden. Sie möchten sicher sein, dass der Anbieter in der Form und Gestalt, in der er anhand seines Leistungspotenzials für die Projektausführung ausgewählt wurde, zumindest für die Zeit des Projektes, besser auch darüber hinaus, erhalten bleibt. Aus der Sicht eines Auftraggebers ist es dabei wünschenswert, dass die zur Bewertung der Anbieter herangezogenen Kriterien für die Abwicklung eines Projektes Gültigkeit behalten. Sie legen Wert darauf, dass ein von ihnen als geeignet befundener Anbieter zumindest für die Zeit der Projektabwicklung diejenigen Eigenschaften behält, die ihn für eine Beauftragung ausgezeichnet haben und er sich hinsichtlich dieser Eigenschaften aus ihrer Sicht nicht verschlechtert.

Insbesondere professionelle Auftraggeber sind darüber hinaus daran interessiert, dass sich die von ihnen favorisierten Anbieter nicht nur projektbezogen sondern auch projektübergreifend durch eine Konstanz und Stabilität bezüglich der von ihnen angelegten Bewertungskriterien auszeichnen. Denn Erfahrungsvorteile in der Zusammenarbeit mit solchen Anbietern sollen in Form einer transaktionsübergreifenden Geschäftsbeziehung entfaltet werden können.

Bei der Analyse der Auftraggeberanforderungen hinsichtlich der Konstanz und Stabilität der Anbieter in Bezug auf die von ihnen herangezogenen Bewertungskriterien ist daher zum einen zu unterscheiden zwischen einer *projektbezogenen* und einer *projektübergreifenden* Konstanz der Anbietercharakteristik. Des Weiteren lässt sich diese Anbieterkonstanz differenzieren nach Gesichtspunkten, die sich auf das Anbieterunternehmen als Institution bzw. seine Mitarbeiter beziehen. Eine weitere Dimension in der Analyse der Anbieterkonstanz ergibt sich daher durch die Unterscheidung zwischen *unternehmensbezogenen* und *personenbezogenen* Bewertungsgesichtspunkten (vgl. Abbildung 4–15).

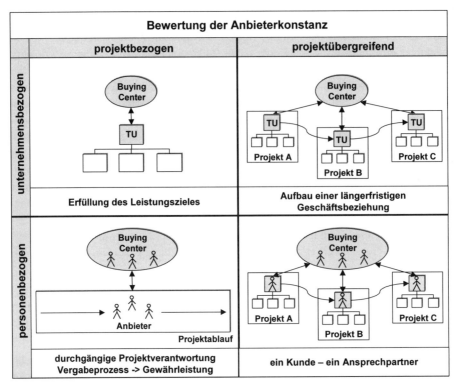

*Abbildung 4–15:    Bewertung der Konstanz eines Anbieter durch den Auftraggeber*

Die einzelnen Dimensionen der Stabilität und Konstanz eines Anbieters werden im Folgenden weitergehend analysiert.

### 4.2.5.1 Unternehmensbezogene Betrachtung der Anbieterkonstanz

Unternehmen sind in ihrer Struktur und in ihrem Leistungsangebot im Laufe ihrer Entwicklung vielfältigen selbst- bzw. fremdbestimmten Veränderungen ausgesetzt.[380] Diese Veränderungen nehmen dabei selbstverständlich auch starken Einfluss auf die Beziehung eines Unternehmens zu seinen Kunden. Aus Sicht der Auftraggeber besitzen dabei Unternehmen, die im Zeitraum der Projektabwicklung und ggf. darüber hinaus Veränderungsprozesse durchlaufen, als mögliche Transaktionspartner unter Umständen eine verringerte Anbieterattraktivität.

---

[380] zur Dynamik von Unternehmensorganisationen vgl. bspw. VAHS, Organisation, 1997, S. 216-221

Solche Veränderungen können beispielsweise sein:

• Einstellung der unternehmerischen Tätigkeit (z.B. durch Konkurs oder Liquidation)

• veränderte Besitzverhältnisse (z.B. durch Verkauf des Unternehmens)

• strukturelle Veränderungen innerhalb der Organisation des Unternehmens (z.B. aufgrund von Restrukturierungen oder Massnahmen zur Organisationsentwicklung)

• Veränderungen der Unternehmensstrategie (z.B. in Form von Geschäftsfeldverlagerungen)

Die obengenannten Veränderungen können dabei in ihrer Akquisitionswirkung sowohl projektbezogen als auch projektübergreifend Wirkung zeigen.

• **Projektbezogene Gesichtspunkte der Konstanz des Anbieterunternehmens**

Wichtigstes Interesse eines Auftraggebers hinsichtlich der projektbezogenen Stabilität eines Anbieters ist dessen Fähigkeit, seiner vertraglich formal vereinbarten Leistungsverpflichtung nachzukommen. Nicht zuletzt die beinahe bzw. tatsächlich erfolgten Unternehmenszusammenbrüche zahlreicher und zum Teil renommierter Anbieter von GU-/TU-Anbieter während des Strukturwandels der Schweizer Bauwirtschaft und die damit verbundenen Folgen für die im Rahmen von Bauprojekten beteiligten Transaktionspartner haben die Auftraggeber dazu veranlasst, verstärkte Aufmerksamkeit auf die unternehmerische Substanz der Anbieter, z.B. in Form der Unternehmensbonität, zu richten. Zu diesem Zweck müssen Anbieter von GU-/TU-Leistungen einem Auftraggeber gegenüber ihr Leistungsversprechen zumeist durch Bürgschaften absichern.[381]

Die Unternehmensbonität wird dementsprechend von 83% der innerhalb der quantitativen Umfrage befragten Auftraggebervertreter als *wichtig* (40%) bzw. *sehr wichtig* (43%) für die Bestimmung der Attraktivität eines GU-/TU-Anbieters bezeichnet. Im Vergleich zu privaten Auftraggebern (87% *wichtig* bis *sehr wichtig*) nimmt die Unternehmensbonität dabei für öffentliche Auftraggeber (69% *wichtig* bis *sehr wichtig*) eine vergleichsweise geringere Bedeutung ein.

Bei der Unterscheidung der privaten Auftraggeber nach gewerblichen Selbstnutzern und institutionellen Investoren zeigt sich, dass insbesondere die institutionellen Investoren (94% *wichtig* bis *sehr wichtig*, davon 25% *sehr wichtig*) der Unternehmensbonität als Beweis der unternehmerischen Stabilität eines Anbieters eine hohe Bedeutung zukommen lassen. Gewerbliche Selbstnutzer bezeichnen die Bedeutung der Unternehmensbonität für die Attraktivität eines GU-/TU-Anbieters demgegenüber nur zu 80% als *wichtig* bis *sehr wichtig*, wobei 25% diese als *sehr wichtig* einstufen (Abbildung 4–16).

---

[381] vgl. hierzu Kap. 4.2.5.3

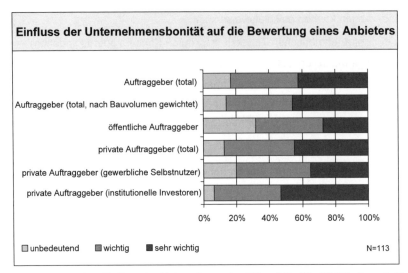

**Einfluss der Unternehmensbonität auf die Bewertung eines Anbieters**

Auftraggeber (total)

Auftraggeber (total, nach Bauvolumen gewichtet)

öffentliche Auftraggeber

private Auftraggeber (total)

private Auftraggeber (gewerbliche Selbstnutzer)

private Auftraggeber (institutionelle Investoren)

0%   20%   40%   60%   80%   100%

☐ unbedeutend   ▨ wichtig   ▪ sehr wichtig                     N=113

*Abbildung 4–16:     Einfluss der Unternehmensbonität auf die Attraktivität eines Anbieters*
*– differenziert nach Auftraggeberarten*

- **Projektübergreifende Gesichtspunkte der Konstanz des Anbieterunternehmens**

In der Zusammenarbeit mit einem Anbieter möchten Auftraggeber davon profitieren, dass der Anbieter an einer Fortsetzung einer Transaktionsbeziehung bei Folgeprojekten interessiert ist und sich daher bemüht, die Auftraggebererwartungen bezüglich der Abwicklung eines Bauprojektes zu erfüllen. Schliesslich sind die mit einem Anbieter gemachten Erfahrungen ein wichtiges Bewertungskriterium der Auftraggeber, um die Leistungsfähigkeit eines Anbieters einzuschätzen[382]. Vor diesem Hintergrund sind aus der Sicht der Auftraggeber solche Anbieter interessant, die über die Projektabwicklung eines konkreten Projektes hinaus an der Abwicklung entsprechender Aufträge bzw. einer weiteren Beauftragung durch den Auftraggeber interessiert sind.

Viele Auftraggeber legen daher Wert darauf, dass die von ihnen beauftragten Leistungsinhalte auch in Zukunft noch zu den Kernaktivitäten des Anbieters zählen. Sie möchten im Falle einer erfolgreichen Zusammenarbeit ggf. Folgeaufträge mit diesem Unternehmen abwickeln und somit aus einer erfolgreichen Transaktions- ggf. eine längerfristige Geschäftsbeziehung aufbauen.

Unternehmen, die zum Verkauf stehen, sind aus Sicht der Auftraggeber hinsichtlich der Konstanz ihrer weiteren Entwicklung vergleichsweise schwer einzuschätzen. Ein gefundener Käufer wird unter Umständen die Ausrichtung des Unternehmens verändern, z.B. im Rahmen einer Geschäftsfeldverlagerung, so dass der Aufbau einer für den Erfolgsfall einer Transaktion angestrebten längerfristigen Geschäftsbeziehung erschwert wird.

---

[382] vgl. Kapitel 4.2.9

Auch Unternehmensrestrukturierungen können Veränderungen auslösen, deren Ergebnisse im Vorhinein nicht hinreichend abgeschätzt werden können und die ggf. einen längerfristigen und projektübergreifenden Einfluss auf die Beziehung zwischen einem Anbieter und einem Auftraggeber ausüben können.

### 4.2.5.2 Personenbezogene Betrachtung der Anbieterkonstanz

Die erfolgreiche Abwicklung eines Bauprojektes wird in entscheidendem Masse auch von der Zusammenarbeit der am Projekt beteiligten Personen geprägt. Aus diesem Grund bezieht die Betrachtung der Konstanz und Stabilität eines Anbieters insbesondere personelle, d.h. auf dessen Mitarbeiter bezogene, Gesichtspunkte mit ein.

• **Projektbezogene Konstanz der anbieterseitig Projektbeteiligten**

Um Informations- und Erfahrungsverluste innerhalb der Abwicklung eines Bauprojektes zu vermeiden, sind Auftraggeber darauf bedacht, dass derjenige Projektleiter bzw. das Projektleitungsteam, den bzw. das sie im Rahmen des Vergabeverfahrens als geeignet evaluiert haben, das entsprechende Projekt bis zu seinem Abschluss betreut. Denn Wechsel in der Projektleitung eines Bauprojektes sind erfahrungsgemäss immer mit Störungen und Informationsverlusten verbunden und daher aus der Sicht der Auftraggeber unbedingt zu vermeiden.

Aus diesem Grund bezeichneten 93% der im Rahmen der quantitativen Umfrage befragten Auftraggeber die Vermeidung personeller Wechsel innerhalb der Projektleitung eines GU-/TU-Anbieters während der Abwicklung eines Bauprojektes als *wichtig* bis *sehr wichtig*. Aus der Gewichtung der Auftraggebernennungen nach den von ihnen realisierten Bauvolumina ergibt sich hierbei keine signifikante Veränderung dieser hohen Bedeutung.

Ein Vergleich der gewerblichen Selbstnutzer und der institutionellen Investoren zeigt dabei, dass seitens der institutionellen Investoren (88% *wichtig* bis *sehr wichtig*) die Vermeidung personeller Wechsel bezogen auf die gewerblichen Selbstnutzer (98% *wichtig* bis *sehr wichtig*) als vergleichsweise etwas weniger wichtig erachtet wird.

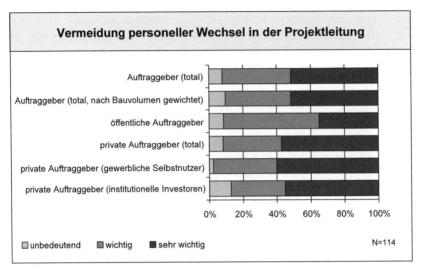

Vermeidung personeller Wechsel in der Projektleitung

*Abbildung 4–17:*    *Bedeutung einer projektbezogenen Kontinuität der anbieterseitig
Projektbeteiligten – differenziert nach Auftraggeberarten*

- **Projektübergreifende Konstanz der Anbietermitarbeiter**

Projektübergreifend möchten Auftraggeber im Umgang mit einem Anbieterunternehmen nach Möglichkeit immer mit denselben Mitarbeitern in Kontakt treten. Im Idealfall
setzen sie dabei eine Geschäftsbeziehung mit solchen Projektleitern fort, die sie bereits aus vorangegangenen Projekten kennen und mit denen sie gute Erfahrungen verbinden. Durch die Kenntnis des Leistungsvermögens ist aus ihrer Sicht die erfahrungs-
basierende Beurteilung eines Projektleiters mit einem geringeren wahrgenommenen
Beauftragungsrisiko verbunden als die Beauftragung von Anbietern, die für eine Projektabwicklung ihnen unbekannte Mitarbeiter vorsehen. Auch unter dem Gesichtspunkt
einer verbesserten Interaktion zwischen den an einem Projekt beteiligten Personen
möchten sie nach Möglichkeit mit solchen Personen zusammenarbeiten, mit denen sie
bereits eine persönliche Beziehung verbindet[383].

### 4.2.5.3 Bürgschaften als finanzieller Stabilitätsnachweis

Die Vergabe von GU- und TU-Aufträgen beinhaltet zumeist die Abgabe weitreichender
Garantieleistungen durch den Anbieter. Diese setzen sich zusammen aus der Garantie
der maximalen Projektkosten, der Garantie der Fertigstellung und des Fertigstellungstermins sowie der Garantie der Art, des Umfanges sowie der Qualität der zu erbringenden Leistungen.

---

[383] vgl. Kapitel 4.2.1

- **Bietungsgarantien als Vorstufe der Erfüllungsbürgschaften**

Bietungsgarantien (oder auch Bereitschaftsgarantien; engl. Bid Bonds) sichern die An-
nahme eines Auftrags durch einen Anbieter nach erhaltenem Vergabezuschlag ab.
Durch Bietungsgarantien schützen sich Auftraggeber vor unseriösen Angeboten und
stellen sicher, dass ein Anbieter nach einer entsprechenden Plazierung im Submissi-
onsergebnis zu seinem Angebot steht.[384] Vom Grundsatz sind im schweizerischen
Recht Bietungsgarantien eigentlich nicht erforderlich, da ein Anbieter im Falle einer
Rücknahme seines Angebotes ersatzpflichtig für den Schaden ist, den er durch seinen
Rückzug verursacht.[385]

Im Schweizer GU-/TU-Geschäft sind heute Bietungsgarantien in Höhe von 5% des Auftragswertes üblich.

- **Erfüllungsbürgschaften als Garantie des Leistungsversprechens**

Zur Absicherung ihrer vertraglichen Garantieversprechen sind die Anbieter bei grösseren Bauprojekten in der Regel aufgerufen, dem Auftraggeber eine Erfüllungsgarantie
(engl. Performance Bond) zu liefern. Erfüllungsgarantien lassen sich weiter spezifizieren in Leistungsgarantien, die sich eher auf die eigentliche Projektrealisierung beziehen und daher vielfach auch als Erfüllungsgarantie im engeren Sinne bezeichnet werden[386] und Gewährleistungsgarantien, die die Gewährleistungsverpflichtung des Anbieters innerhalb der Gewährleistungsfrist absichern.

Erfüllungsbürgschaften basieren in der Schweiz rechtlich auf Art. 492ff. OR. Sie werden in der Regel durch einen erstklassigen Bürgen, wie z.B. einer Schweizer Bank
oder Versicherungsgesellschaft, gedeckt, der im Bedarfsfall für das Garantieversprechen eines Anbieters eintritt.

Marktüblich sind im GU-/TU-Geschäft zur Zeit Erfüllungsgarantien in Höhe von 10%
des Auftragswertes.

Die Bürgschaftskommission, d.h. die für die Ausgabe einer Erfüllungsbürgschaft jährlich anfallende Gebühr, beträgt im Bereich der Bankbürgschaften am Markt zur Zeit im
Durchschnitt ca. 2% des zu verbürgenden Auftragswertes. Die Höhe der Bürgschaftskommission ist dabei in erster Linie abhängig von der Bonität des zu verbürgenden
Anbieters und kann je nach dessen individueller Situation stark variieren.

- **Anzahlungsbürgschaften**

Bei Auftragsvergaben wird teilweise zwischen Auftraggeber und Anbieter ein Zah-
lungsplan vereinbart, der vorsieht, dass der Auftraggeber bereits Zahlungen für noch
nicht erbrachte Leistungen leistet, und somit ein Zahlungsüberhang zugunsten des An-

---

[384] vgl. ISSELSTEIN/SCHAUM, Auftragsfinanzierung, 1998, S. 219

[385] BÜTIKOFER, Fakten, 1997, S. 8

[386] BÜTIKOFER, Fakten, 1997, S. 8

bieters entsteht. In solchen Fällen dienen Anzahlungsbürgschaften dem Anbieter als Sicherheit, dass die geleisteten Zahlungen (auch nach einem Ausfall des Anbieters) dem Projekt zugeführt und nicht zweckentfremdet eingesetzt werden.

- **Erfüllungsbürgschaften als Beweis langfristiger Stabilität**

Zur Beurteilung, ob eine Erfüllungsgarantie ausgestellt werden kann, bewertet eine Bank (bzw. Versicherung) die finanzielle Gesamtsituation der anbietenden Generalunternehmung. Die Fähigkeit, eine Bankbürgschaft liefern zu können, ist daher auch ein Hinweis für den Auftraggeber auf die Bonität, d.h. die finanzielle Stabilität, eines Anbieters. Die Wahrscheinlichkeit möglicher Störungen des Projektes aufgrund finanzieller Schwierigkeiten der ausführenden Generalunternehmung kann auf diese Weise minimiert werden.

Des Weiteren wird durch die Stellung einer Erfüllungsbürgschaft der Druck auf einen Anbieter zur ordnungsgemässen Leistungserbringung erhöht.[387]

Insgesamt dient die Stellung von Erfüllungsbürgschaften aus Sicht der Auftraggeber dem Zweck, deren wahrgenommenes Beauftragungsrisiko in der Zusammenarbeit mit einer Generalunternehmung als GU-/TU-Anbieter zu reduzieren.

## 4.2.6 Regionale Präsenz

Die Auswertung der Experteninterviews hat u.a. zu dem Ergebnis geführt, dass Auftraggeber einen Anbieter neben anderen Gesichtspunkten auch nach seiner regionalen Präsenz beurteilen.

Bei der Betrachtung der regionalen Präsenz bei GU-/TU-Leistungen zu unterscheiden zwischen:

- dem Ort der Leistungserstellung,

- dem Ort der Bestellung (Akquisitionsort) sowie

- dem Standort des anbietenden Unternehmens.

- **Ort der Leistungserstellung**

Zur Bestimmung des Ortes der von einem GU-/TU-Anbieter zu erbringenden Leistungen sind diese nach verschiedenen Leistungsbestandteilen zu unterscheiden.

Als ein wichtiges Charakteristikum der Bauwirtschaft erfolgt die Erbringung der eigentlichen physischen Bauleistung i.d.R. zu einem bedeutenden Anteil auf der Baustelle. Daher ist in der Bauwirtschaft aufgrund der für sie typischen Baustellenfertigung der Nutzungsort des Leistungsresultates identisch mit dem Ort seiner massgeblichen physischen Erstellung.

Die Erbringung der eigentlichen GU-Leistung ist demgegenüber bezüglich der Teilleistungsintegration, des Projektmanagements innerhalb des GU-Auftrags- und Aufgabenbereiches sowie der bereitgestellten Garantieleistungen nur zum Teil an die Baustelle

---

[387] vgl. ISSELSTEIN/SCHAUM, Auftragsfinanzierung, 1998, S. 219

gebunden. Je nach Auftragsgrösse erfolgt beispielsweise die anbieterseitige Projektleitung nicht nur auf der Baustelle, sondern auch innerhalb der Niederlassung der Generalunternehmung sowie zu gewissen Anteilen im Hause des Auftraggebers (Präsentationen, Koordinationssitzungen etc.).

Die Garantieleistung lässt sich demgegenüber aufgrund ihres abstrakten Leistungscharakters nur sehr viel schwieriger ihrem Erstellungsort örtlich zuordnen.

Im Bereich der TU-Leistungen werden insbesondere die zu erbringenden Planungsleistungen baustellenunabhängig in den Räumen des TU-Anbieters bzw. der von ihm beauftragten Planungsunternehmen erbracht.

- **Ort der Bestellung (Akquisitionsort)**

Der Bestellort ist derjenige Ort, von dem eine Nachfrage ausgeht. Er entspricht dem Sitz des für die Auftragsvergabe verantwortlichen Buying Centers.

- **Standort der Anbieterorganisation**

Der Standort der Anbieterorganisation besteht bei regional dezentralisierten Unternehmen aus dem physischen Standort der anbietenden Niederlassung. Bei zentral organisierten Unternehmen sowie bei kleineren Unternehmen entspricht der Standort der Anbieterorganisation dem physischen Hauptsitz des Unternehmens.

### 4.2.6.2 Besonderheiten der GU-/TU-Marketingorganisation

Da es sich bei GU-/TU-Leistungen um komplexe, individuell beauftragte Einzelfertigungen handelt, erfolgt die Akquisition solcher Aufträge fast immer durch die Anbieter selbst. Zur Beratung eines Kunden während der Auftragsvergabe sowie zur Abstimmung und Definition des Leistungsgegenstandes muss im Rahmen der Akquisitionstätigkeit von GU-/TU-Leistungen ein hohes Fachwissen zur Verfügung stehen, weshalb die Akquisitionstätigkeit nur sehr schwer von der Kompetenz zur Erbringung von GU-/TU-Leistungen getrennt werden kann.[388]

Aufgrund des starken Einzeltransaktionscharakters der Bauwirtschaft erfolgt bei GU-/TU-Leistungen die Ausübung wichtiger Marketingfunktionen, wie der Preisgestaltung und der Leistungsgestaltung, zu weiten Teilen projektbezogen. Träger dieser Funktionen sind, ggf. in Unterstützung durch eine Kalkulationsabteilung, die operativen Leiter der für die Leistungserbringung verantwortlichen Unternehmenseinheit. Die Zusammengehörigkeit dieser wichtigen Marketingfunktionen im Rahmen der Auftragsakquisition und der operativen Leistungserbringung erschwert bei GU-/TU-Leistungen die organisatorische Trennung dieser Bereiche.

Bezüglich der Gestaltung des Absatzkanalsystems herrscht aus diesem Grunde bei GU-/TU-Leistungen die direkte Distribution vor. Die Verpflichtungserklärung des Anbie-

---

[388] vgl. KOTLER/BLIEMEL, Marketing-Management, 1999, S. 829

ters sowie die Erbringung der GU-/TU-Leistung erfolgt durch dasselbe Unternehmen, meistens sogar durch dieselbe Unternehmenseinheit[389].

Zwar verfügen im Rahmen ihrer Marketingorganisation viele Unternehmen über ein übergreifendes Key-Account-Management zur Betreuung besonders erfolgsrelevanter Kunden. Doch die Vereinbarung einer Transaktion erfolgt auch bei solchen Kunden immer in Zusammenarbeit zwischen einem operativen Leiter und einem Key-Account-Manager.

Wegen der starken Zusammengehörigkeit der operativen Projektabwicklung und der Auftragsakquisition richtet sich die Marketingorganisation der meisten grösseren Schweizer GU- bzw. TU-Anbieter nach deren regional dezentralisierten Struktur, ggf. unterstützt durch überregional operierende Key-Account-Manager. Dadurch ist die geographische Nähe eines Anbieter bezüglich seiner operativen Leistungserbringung wie auch seiner Akquisitionstätigkeit stark an den physischen Standort der Anbieterorganisation gebunden.

### 4.2.6.3 Kundenanforderungen an die regionale Präsenz eines Anbieters

Die Auftraggeber selbst betrachten die örtliche Nähe zwischen der auf Seiten des Anbieters die Akquisitionsfunktion übernehmenden Stelle und dem Buying Center als vergleichsweise unwichtig, weshalb sich durch ihre Gestaltung allein kein Kundenvorteil ableiten lässt. Demgegenüber werten die Anbieter eine solche akquisitorische Nähe als wichtigen Anbietervorteil (Abbildung 4–18).

Auch Nieschlag/Dichtl/Hörschgen[390] werten die Nähe zwischen Kunde und Anbieter in erster Linie als einen Anbietervorteil. Sie beschreiben die physische Nähe eines Anbieters zu einem Kunden als eine Dimension der Kundennähe, die darauf ausgerichtet ist, den Zugang zu den potenziellen Bedarfsträgern eines regionalen Teilmarktes zu verbessern. Aus ihrer Sicht liegt der Vorteil einer Kundennähe insbesondere in der Kenntnis der Art und Zahl der Bedarfsträger sowie deren Ansprüchen begründet.

Die Auftraggeber bewerten demgegenüber bei der Betrachtung der regionalen Präsenz eines Anbieters vornehmlich dessen regionale Verwurzelung in der Region des eigentlichen Bauprojektes. Aus ihrer Sicht besteht der Vorteil in der Beauftragung eines Anbieters, dessen Standort der Anbieterorganisation innerhalb der Region der eigentlichen Bauausführung liegt, in Vorteilen bezüglich der:

▪ Kenntnis des regionalen Teilmarktes

▪ Interessenvertretung vor Ort

Meffert[391] stellt bezüglich der Vorteilhaftigkeit einer gebietsorientierten Marketingorganisation fest, dass diese in der Lage ist, auf die speziellen Bedürfnisse unterschiedli-

---

[389] vgl. MEFFERT/BRUHN, Dienstleistungsmarketing, 1997, S. 428-429

[390] NIESCHLAG/DICHTL/HÖRSCHGEN, Marketing, 1994, S. 116

[391] MEFFERT, Grundlagen, 1998, S. 996

cher Länder bzw. Regionen bestmöglich einzugehen. Für ihn ergibt sich aus einer regionalen Marktkenntnis somit insbesondere ein Kundenvorteil, der in dem Eingehen auf die regionalen Kundenbedürfnisse durch den Anbieter besteht. Seiner Auffassung nach verfügen die Mitarbeiter einer gebietsorientierten Marketingorganisation durch ihre regionale Spezialisierung über bestmögliche Kenntnisse bezüglich der Kunden, der Wettbewerbssituation und politisch-rechtlicher Gegebenheiten der regionalen Teilmärkte.

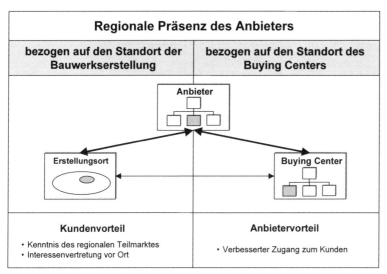

Abbildung 4–18:    *Gesichtspunkte der geographischen Nähe zwischen Kunde und Anbieter im GU-/TU-Marketing*

Der Inhalt des Kundenvorteils, der sich durch die Gestaltung der regionalen Anbieterpräsenz erzielen lässt, wird im weiteren Verlauf dieses Kapitels vertieft analysiert werden.

### 4.2.6.4  Kenntnis des regionalen Teilmarktes

Aus der regionalen Präsenz eines Anbieters innerhalb des für die Auftragsausführung relevanten regionalen Teilmarktes resultieren Wissens- und Erfahrungsvorteile im Hinblick auf eventuelle Besonderheiten des jeweiligen regionalen Marktes. Im Rahmen der Experteninterviews wurden durch die Befragten dabei am häufigsten die Kenntnis regionaler Vorschriften und Gesetze, Erfahrungsvorsprünge bei der Auswahl geeigneter Subunternehmer sowie die Kenntnis des regionalen Marktpreisniveaus genannt. Hinzu kommt die verbesserte Möglichkeit zur Wahrnehmung von Auftraggeberinteressen am Ort und im Umfeld der Auftragsabwicklung. Diese unterschiedlichen Aspekte der regionalen Marktkenntnis werden im Folgenden näher betrachtet (vgl. Abbildung 4–19).

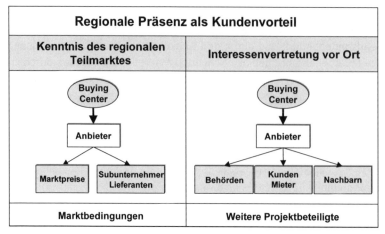

*Abbildung 4–19:* *Kenntnis des regionalen Teilmarktes und Interessenvertretung vor Ort als Kundenvorteil einer regionalen Präsenz*

- **Kenntnis geeigneter Subunternehmer und Lieferanten**

Aufgrund ihres hohen Leistungsanteils an der Durchführung eines Bauprojektes nimmt die Auswahl der Subunternehmer Einfluss auf die Beurteilung der GU-/TU-Anbieter durch einen Auftraggeber. Zum Zeitpunkt der Vergabe eines GU-/TU-Auftrages stehen die seitens der Anbieter an einem Projekt zu beteiligenden Subunternehmer jedoch in vielen Fällen noch nicht fest. In solchen Fällen bezieht sich die Anbieterbeurteilung nicht auf die Subunternehmer selbst, sondern auf die Fähigkeit eines Anbieters, ggf. in Abstimmung mit einem Auftraggeber, geeignete Subunternehmer für die Abwicklung eines Bauprojektes auszuwählen.

Bezüglich der Fähigkeit, geeignete Subunternehmer zu bestimmen, weisen dabei aus Sicht der befragten Experten solche Anbieter Vorteile auf, die aufgrund einer weitrei-chenden regionalen Marktkenntnis die Leistungsfähigkeit der regional in Frage kom-menden Subunternehmer am besten beurteilen können. Aus Auftraggebersicht können aus diesem Grunde bezüglich der Auswahl geeigneter Subunternehmer insbesondere solche Anbieter vergaberelevante Wettbewerbsvorteile erzielen, die in starkem Masse räumlich dezentralisiert sind und über regionale Niederlassungen verfügen.

- **Kostenkenntnis des regionalen Marktpreisniveaus**

Standortbezogene Faktoren nehmen einen wichtigen Einfluss auf die Kosten eines Bauprojektes. Regionale Baupreisunterschiede ergeben sich dabei insbesondere aus dem Einfluss der regionalen Lohn- und Gehaltsstruktur, dem Einfluss der standortab-hängigen Witterungsbedingungen sowie den regionalen Wettbewerbsbedingungen der Subunternehmen und Zulieferbetriebe. Aufgrund der Unterschiede, die zwischen ver-schiedenen regionalen Teilmärkten bestehen können, ist es deshalb erforderlich, bei der Kostenermittlung von Bauprojekten das regionale Preisniveau möglichst genau einschätzen zu können.[392]

Obwohl GU-/TU-Anbieter eine Transaktion mit einem Auftraggeber in der Regel auf der Grundlage eines Pauschalvertrages bzw. eines Einheitspreisvertrages mit Kostendach[393] abwickeln und somit die Höhe der maximalen Baukosten garantieren, legen Auftraggeber Wert auf eine möglichst gute Kostenkenntnis des regionalen Marktpreisniveaus durch die Anbieter.

Ein Grund hierfür ist darin zu sehen, dass insbesondere bei Einheitspreisverträgen mit Kostendach die Auftraggeber von möglichen Kostenoptimierungen der Anbieter im Verlauf des Bauprojektes profitieren möchten. Besonders bei TU-Vergaben besteht bezüglich der Detaillierung der baulichen Planung für einen Anbieter ein hohes Optimierungspotenzial. Die Fähigkeit eines TU-Anbieters, u.a. aufgrund einer guten Kenntnis des regionalen Marktpreisgefüges die Kosten eines Bauwerkes zu optimieren, kann daher einen hohen Einfluss auf die Kostenstruktur eines Bauprojektes nehmen.

Anbieter, die über Erfahrungsvorteile bezüglich der Region der Bauausführung verfügen, sind daher aus der Sicht vieler Auftraggeber bezüglich standortbezogener Kosteneinflüsse am besten in der Lage, die Kostenstruktur eines Bauwerkes zu optimieren.

Diese Fähigkeit zur Kostenoptimierung bezieht sich insbesondere auch auf Projektänderungen, bei denen die Kunden die Kostenfolgen ihrer Änderungswünsche seitens des Anbieters möglichst genau beziffert haben möchten. Die gute Kenntnis des lokalen Marktpreisniveaus versetzt einen Anbieter in solchen Fällen in die Lage, die Auswirkungen von Projektänderungen möglicherweise auch als Entscheidungsgrundlage für den Auftraggeber am besten zu beurteilen.

Generell sind die Auftraggeber an möglichst geringen Baupreisen interessiert. Nach eigener Auskunft ist es dabei für die Abwicklung eines Projektes am förderlichsten, wenn ein Anbieter seinen Angebotspreis in der vollen Erkenntnis der tatsächlichen Kostenstruktur eines Bauprojektes einreicht. Anbieter, die sich z.B. infolge einer mangelnden Kenntnis des regionalen Marktpreisniveaus in der Höhe der Kosten eines Bauprojektes verkalkulieren, werden im Verlauf der späteren Projektrealisierung nach Ursachen für mögliche Kostenüberschreitungen suchen. Zur Verbesserung ihres Baustellenergebnisses werden solche Anbieter dabei möglicherweise verstärkt versuchen, über die Formulierung von Nachträgen ihre Einnahmen zu erhöhen bzw. über die Verringerung ihres Leistungsniveaus ihre Selbstkosten zu reduzieren.

### 4.2.6.5 Interessenvertretung vor Ort

Ein Teilbestandteil von GU-/TU-Leistungen ist oftmals auch die Vertretung von Auftraggeberinteressen am Ort der Projektausführung.

---

[392] SCHULTE, Kostenermittlung, 1997, S. 42-53

[393] vgl. Kapitel 2.6

- **Verbesserte Interaktion mit Nutzern, Kunden, Nachbarn**

Die Nähe einer Anbieterorganisation zum Ort der Projektausführung kann nach Auffassung der befragten Experten auch Vorteile beinhalten bezüglich der verbesserten Kommunikation mit anderen an einem Projekt direkt oder indirekt Beteiligten. Solche Kommunikationsvorteile können dabei in einer vorhandenen Affinität der beteiligten Personen aufgrund des regionalen Zusammengehörigkeitsgefühls, dem besseren Verständnis für regional begründete Belange des Transaktionspartners sowie in einer evtl. bereits vorhanden Beziehung (Gegengeschäfte, vorangegangene Aufträge etc.) begründet sein.

Die Integration des externen Faktors als Charakteristikum von GU-/TU-Leistungen beschränkt sich in vielen Fällen nicht nur auf den Auftraggeber selbst. Insbesondere bei institutionellen Auftraggebern, die nicht selbst als spätere Nutzer eines Gebäudes auftreten, nimmt beispielsweise die Interaktion mit dem späteren Mieter, d.h. dem Kunden des Auftraggebers, eine aus deren Sicht wichtige Bedeutung ein.

Durch den Grad sowie der Art und Weise der Berücksichtigung eventueller Bedürfnisse eines späteren Nutzers besitzt ein Auftragnehmer von GU- und insbesondere von TU-Leistungen somit einen wichtigen Einfluss auf das Verhältnis zwischen seinem Auftraggeber und dessen Kunden, den späteren Mietern.

Dies gilt äquivalent auch für solche Auftraggeberorganisationen, bei denen intern die Rollen des Auftraggebers und späteren Vermieters, z.B. das Profit-Center „Immobilien", sowie des späteren internen Mieter, z.B. eine operativen Unternehmenseinheit, organisatorisch getrennt sind. Bei solchen Auftraggebern kommt hinzu, dass die Auslösung der eigentlichen Nachfrage häufig durch den späteren Mieter erfolgt. Insbesondere in solchen Fällen, bei denen den späteren Mieter und die regionale Anbieterorganisation ein Gegengeschäftspotenzial[394] verbindet, können sich die o.g. Kommunikationsvorteile aus einer regionalen Präsenz ergeben.

- **Behördenkontakte**

Kommunikationsvorteile eines regional verwurzelten Anbieters können sich im Interesse des Auftraggebers auch im Umgang mit Behörden ergeben und einen positiven Einfluss auf die Erreichung seiner Projektziele nehmen.

Einige Experten sagten im Rahmen der Interviews aus, dass bestehende Kontakte eines Anbieters zu den zuständigen Kantonal- bzw. Gemeindebehörden z.B. in der Hinsicht vorteilhaft sein können, dass die Bewilligungschancen eines Bauantrages ggf. vorab informell abgeklärt werden können und ein Bauprojekt im Hinblick auf seine Bewilligungsfähigkeit optimiert werden kann.

### 4.2.6.6 Bedeutung der regionalen Präsenz

Aufgrund der Bewertung der regionalen Präsenz des Anbieters am Ort der Bauausführung stellt die regionale Ausgestaltung der Niederlassungsverteilung und damit auch

---

[394] vgl. Kapitel 4.2.7

der Marketingorganisation ein Differenzierungsinstrument für einen Anbieter von GU-/TU-Leistungen dar. Im Rahmen der allgemeinen Planung von Marketingstrategien beschreiben auch Kotler/Bliemel[395] die Art und den Abdeckungsgrad des Distributionssystems als ein Mittel zur Differenzierung.

Befragt nach der Vergaberelevanz der regionalen Präsenz eines GU-/TU-Anbieters am Ort der Projektausführung gaben 50% der Auftraggeber an, dass sie diese als *unbedeutend* erachten, während wiederum 50% diese als *wichtig* bis *sehr wichtig* erachten. Die Gewichtung der Antworten nach den von den jeweils Befragten verantworteten Bauvolumina ergab dabei keine Veränderung, die Bewertung des Gesichtspunktes der regionalen Präsenz kann daher als weitgehend unabhängig vom Bauvolumen der Auftraggeber betrachtet werden.

Auffällig ist hierbei, dass besonders öffentliche Auftraggeber, die in der Vergangenheit häufig dem Vorwurf der bevorzugten Auftragsvergabe an lokale Anbieter ausgesetzt waren, die regionalen Präsenz eines Anbieters zu 75% als *unbedeutend* hinsichtlich des Vergabeeinflusses bezeichnen. Bei den privaten Auftraggebern überwiegt demgegenüber mit 54% die Anzahl der Befragten, die dem Gesichtspunkt der regionalen Nähe einen Vergabeeinfluss einräumen.

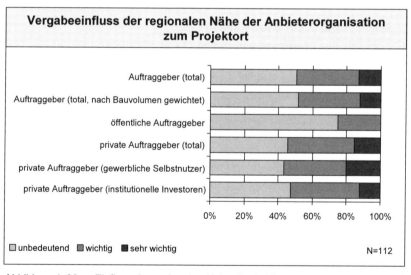

Abbildung 4–20: *Einfluss der regionalen Nähe der Anbieterorganisation auf die Vergabeentscheidung – differenziert nach Auftraggeberarten*

## 4.2.7 Gegengeschäftspotenzial

Gegengeschäfte (engl. Countertrades) bzw. Kompensationsgeschäfte bezeichnen im eigentlichen Sinne solche Geschäfte, bei denen „ein Verkauf davon abhängt, dass um-

---

[395] vgl. KOTLER/BLIEMEL, Marketing-Management, 1999, S. 493-494

gekehrt vom Abnehmer Güter oder Dienstleistungen gekauft oder aber wenigstens für den Abnehmer vermittelt werden müssen"[396].

Die in der Praxis zu findenden Ausprägungen von Gegengeschäften werden in der folgenden Tabelle näher unterschieden[397,398].

| Typen von Gegengeschäften | |
|---|---|
| **Klassischer Barter** | reiner Austausch von Realgütern zwischen zwei Unternehmen |
| **Triangularer Barter** | reiner Austausch von Realgütern zwischen drei Unternehmen in Form eines Dreiecksgeschäftes |
| **Moderner Barter** | wie klassischer Barter, Lieferung und Gegenlieferung werden jedoch durch monetäre Zahlung abgegolten |
| **Parallelgeschäft (Kopplungsgeschäft/Counterpurchase)** | Lieferung und Gegenlieferung werden in zwei getrennten Verträgen vereinbart und durch monetäre Zahlung abgegolten. |
| **Rückkaufgeschäft (Pay-Back-Geschäft)** | Lieferant verpflichtet sich, als Gegenlieferung Leistungen zu akzeptieren, die mit Hilfe seine Lieferung erstellt werden. |

*Tabelle 4–3:     Typen von Gegengeschäften*


### 4.2.7.1  Gegengeschäfte in der Bauwirtschaft

Vor dem Hintergrund der oben unterschiedenen Gegengeschäftsformen lassen sich Gegengeschäfte in der Bauwirtschaft am ehesten unter dem Begriff der Parallelgeschäfte einordnen. Denn Gegengeschäfte werden in der Bauwirtschaft üblicherweise in zwei eigenständigen Verträgen abgewickelt und durch jeweils eigenständige monetäre Zahlungen abgegolten.

Im Gegensatz zu klassischen Gegengeschäftsbeziehungen, bei denen gemäss der eingangs genannten Definition von Schuster ein Geschäftsabschluss u.a. davon abhängt, dass ein Gegengeschäft stattfindet, erfolgen Gegengeschäfte in der Bauwirtschaft häufig im Rahmen einer transaktions- bzw. projektübergreifenden Geschäftsbeziehung. Viele professionelle Auftraggeber beziehen dabei in ihre Vergabeentscheidung mit ein, in welchem Masse ein Anbieter in der Vergangenheit Leistungen, d.h. Sachgüter oder Dienstleistungen, vom eigenen Unternehmen bezogen hat bzw. in der Zukunft beziehen wird, ohne dass das Gegengeschäft im konkreten Einzelfall vertraglich vereinbart wird. Die Berücksichtigung von Gegengeschäften dient in diesem Sinne eher der Honorierung vorangegangener Leistungsbezüge sowie der Schaffung eines Anreizes für weitere Leistungsbezüge.

---

[396] vgl. SCHUSTER, 1998, S. 440

[397] vgl. BACKHAUS, Industriegütermarketing, 1997, S. 521-523

[398] vgl. GÜNTER/KUHL, Beschaffungspolitik, 1995, S. 441-447

## 4.2.7.2 Inhalt von Gegengeschäften in der Bauwirtschaft

Art und Inhalt der von einem Bauleistungsanbieter mit einem Auftraggeber zu tätigenden Gegengeschäfte können dabei von unterschiedlicher Natur sein. Sie werden bestimmt aus dem Geschäftszweck des Auftraggebers sowie dem Beschaffungsbedarf des Anbieters.

Während im Allgemeinen in internationalen Geschäftsbeziehungen bei Gegengeschäften der Austausch von Sachgütern vorherrscht[399], sind in der Bauwirtschaft insbesondere im Bereich der professionellen institutionellen Auftraggeber Dienstleistungen Bestandteil von Gegengeschäften zwischen einem Anbieter und einem Auftraggeber.

- **Gegengeschäftspotenzial im Kerngeschäftsbereich der übergeordneten Auftraggeberorganisation**

Die von einem Auftraggeber berücksichtigten Gegengeschäftsbeziehungen beziehen sich zumeist auf den eigentlichen Geschäftszweck der Auftraggeberorganisation. Das für die Auftragsvergabe zuständige Buying Center berücksichtigt dabei die Geschäftsinteressen der operativen Kernbereiche des übergeordneten Gesamtunternehmens.

Typische Beispiele für die Berücksichtigung von Gegengeschäften in Form von Dienstleistungen sind Versicherungs- oder Bankdienstleistungen, die ein Anbieter von Bauleistungen bei einer Versicherung bzw. Bank bezieht. Versicherungen oder auch Banken, die entweder als gewerbliche Selbstnutzer oder insbesondere als institutionelle Anleger tätig werden, bewerten in diesem Fall das sie mit einem Anbieter verbindende Gegengeschäftspotenzial als Vergabekriterium.

- **Gegengeschäftspotenzial im Kerngeschäftsbereich des Buying Centers**

Die Buying Center der grossen institutionellen Anleger werden aufgrund gesetzlicher Vorschriften oder auch aus Gründen der Anlageoptimierung von den Investmentabteilungen ihrer Unternehmen u.a. damit beauftragt, Teile der Anlagegelder in Immobilien zu investieren. Sie sind dabei zur Realisierung ihres Anlagebedarfes darauf angewiesen, ausreichende Investitionsmöglichkeiten am Markt vorzufinden. Innerhalb der Experteninterviews gaben alle der befragten Vertreter institutioneller Anleger an, zur Zeit nicht in genügendem Masse Investitionsmöglichkeiten zu finden, die ihren Ansprüchen an die Anlagequalität eines Immobilienobjektes genügen. Zwei der Befragten Experten sagten dabei aus, dass sie zur Zeit nur ca. 80% ihres Immobilienanlagebedarfs am Markt realisieren können.

Insbesondere die grossen Generalunternehmungen treten jedoch vielfach auch als Projektentwickler auf und offerieren u.a. den institutionellen Anlegern Investitionsmöglichkeiten in Form entwickelter Immobilienprojekte. Bei besonders attraktiven Objekten stehen die Investoren dabei in einem Investorenwettbewerb, bei dem derjenige Investor den Zuschlag erhält, der sich u.a. mit der geringsten Projektanfangsrendite zufrieden gibt. In Form einer Art Gegengeschäft werden jedoch Vergaben attraktiver Investi-

---

[399] vgl. GÜNTER/KUHL, Beschaffungspolitik, 1995, S. 440

tionsmöglichkeiten in Form eines „Gentlemen Agreements" an die Bedingung geknüpft, den Anbieter bei anderen Projekten in der Funktion einer General- bzw. Totalunternehmung zu berücksichtigen.

### 4.2.7.3 Vergaberelevanz des Gegengeschäftspotenzials

- **Zweckmässigkeit der Berücksichtigung von Gegengeschäften zur Auftragsvergabe**

Wirtschaftliche Gründe zur Berücksichtigung von Gegengeschäften bestehen für den einzelnen Auftraggeber in erster Linie in der Schaffung und Nutzung von Erlösmöglichkeiten sowie von Chancen zur Absatzausweitung[400]. In diesem Sinne stellt die Berücksichtigung von Gegengeschäften für die Auftraggeber neben den üblichen Vertriebswegen eine zusätzliche Vertriebsmöglichkeit dar.

Gründe dafür, Gegengeschäfte nicht in die Vergabeentscheidung mit einzubeziehen, sind hauptsächlich in der Aufrechterhaltung der Wirtschaftlichkeitstransparenz innerhalb einer Unternehmensorganisation zu sehen. Buying Center, die innerhalb einer Auftraggeberorganisation für die Vergabe von Bauaufträgen verantwortlich sind, könnten nämlich ggf. zusätzliche Einkaufsvorteile realisieren, müssten sie nicht in irgendeiner Form Rücksicht auf das Gegengeschäftspotenzial eines Anbieters nehmen. Verschiedene Auftraggebervertreter, die in ihren Unternehmen für die Vergabe von Bauaufträgen verantwortlich sind, gaben im Rahmen der Experteninterviews an, dass sie die Unterstützung des Kerngeschäfts ihres Unternehmens durch Gegengeschäfte zwar grundsätzlich als sinnvoll erachten, sie jedoch im Falle einer Nichtberücksichtigung zusätzliche Einkaufsvorteile erzielen könnten.

- **Relevanz von Gegengeschäften in Abhängigkeit des Geschäftszweckes und der Unternehmensphilosophie des Auftraggebers**

Bezüglich der Relevanz des Gegengeschäftspotenzials für die Auftragsvergabe ist zwischen solchen Auftraggebern zu unterscheiden, die:

- aufgrund ihres Geschäftszweckes grundsätzlich keine Leistungen für Unternehmen der Bauwirtschaft erbringen.

- zwar Leistungen für Unternehmen der Bauwirtschaft erbringen bzw. erbringen können, jedoch Gegengeschäfte nicht in ihre Vergabeentscheidung miteinbeziehen.

- Leistungen für Unternehmen der Bauwirtschaft erbringen bzw. erbringen können und Gegengeschäfte in ihre Vergabeentscheidung miteinbeziehen.

Aus den Ergebnissen der quantitativen Umfrage ergab sich, dass insgesamt 21% der befragten Bauherren der letzten unter den o.g. Kategorien zuzuordnen sind, wobei 11% vorhandene Gegengeschäftspotenziale als *wichtiges* und 10% als *sehr wichtiges* *Vergabekriterium* bezeichnen.

---

[400] GÜNTER/KUHL, Beschaffungspolitik, 1995, S. 440

Für öffentliche Auftraggeber haben Gegengeschäfte naturgemäss keine Relevanz, weshalb diese deren Vergabebedeutung erwartungsgemäss als durchweg unbedeutend bezeichnen (Abbildung 4–21).

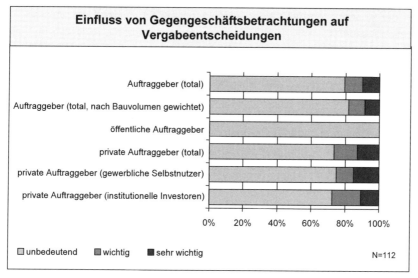

Abbildung 4–21:   *Einfluss von Gegengeschäftsbetrachtungen auf Vergabeentscheidungen – differenziert nach Auftraggeberarten*

### 4.2.7.4  Zeitpunkt der Berücksichtigung von Gegengeschäften innerhalb des Vergabeprozesses

Hinsichtlich ihrer Bewertung von Gegengeschäften innerhalb des Vergabeprozesses lassen sich Auftraggeber danach unterscheiden, zu welchem Zeitpunkt sie die Bewertung von Gegengeschäften in ihre vergaberelevanten Entscheidungen mit einbeziehen.

• **Gegengeschäfte als Präqualifikationskriterium**

Im Rahmen der Experteninterviews gaben diejenigen Auftraggeber, die Gegengeschäfte in ihre Vergabeentscheidung mit einbeziehen, zum Teil an, dass sie das Vorhandensein von Gegengeschäften zur Voraussetzung machen, einem Anbieter überhaupt die Gelegenheit zur Teilnahme an einem Vergabeverfahren einzuräumen. Gegengeschäfte nehmen in dieser Beziehung den Charakter eines Präqualifikationskriteriums ein.

• **Gegengeschäfte als Vergabekriterium in Pattsituationen**

Andere Auftraggeber wiederum nannten Aspekte des Gegengeschäftes als ausschlaggebendes Kriterium bei einer näherungsweisen Attraktivitätsgleichheit zweier oder mehrerer vorliegender Angebote. In einer solchen Pattsituation zwischen den Anbietern wird im Zweifelsfall demjenigen Anbieter der Vergabezuschlag erteilt, der mit dem Auftraggeber die grösseren Gegengeschäftsbeziehung pflegt.

### 4.2.7.5 Organisatorische Koordination von Gegengeschäften innerhalb der Auftraggeberorganisation

- **Ausgangspunkt der Gegengeschäftsbewertung**

Hinsichtlich der Koordination des Gegengeschäftspotenzials innerhalb der Auftragge-berorganisation lassen sich solche Auftraggeber unterscheiden, die *aktiv*, d.h. aus ei-genem Antrieb, das sie mit den jeweiligen Anbietern verbindende Gegengeschäftspo-tenzial ggf. in Abstimmung zwischen Buying Center und anderen operativen Ge-schäftseinheiten evaluieren. Innerhalb der Experteninterviews gaben diese Auftraggeber an, teilweise über speziell zu diesem Zweck eingerichtete Koordinations-stellen im Vorfeld bevorstehender Auftragsvergaben den Gegengeschäftsumfang ver-schiedener in Frage kommender Auftraggeber zu evaluieren. Beispielsweise sind in-nerhalb des Buying Centers einer grossen Schweizer Versicherungsgesellschaft meh-rere Mitarbeiter ausschliesslich damit beschäftigt, Gegengeschäftspotenziale für Auftragsvergaben zu erkennen und zu bewerten.

Andere Auftraggeber bewerten das Gegengeschäftspotenzial erst, falls es von einem Anbieter als Vergabekriterium eingefordert wird. In diesem Fall handelt es sich um eine *passive* Bewertung des Gegengeschäftspotenzials, bei der der Evaluation des Gegen-geschäftes zunächst eine Aktivität des Anbieters vorausgeht (Abbildung 4–22).

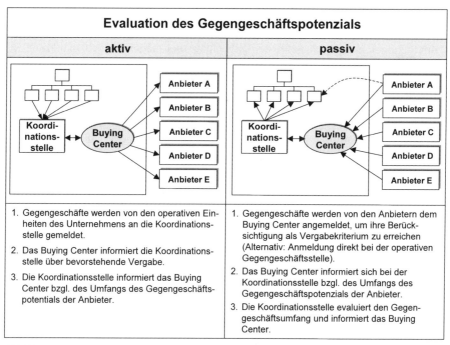

**Evaluation des Gegengeschäftspotenzials**

| aktiv | passiv |
|---|---|

1. Gegengeschäfte werden von den operativen Einheiten des Unternehmens an die Koordinationsstelle gemeldet.
2. Das Buying Center informiert die Koordinationsstelle über bevorstehende Vergabe.
3. Die Koordinationsstelle informiert das Buying Center bzgl. des Umfangs des Gegengeschäftspotentials der Anbieter.

1. Gegengeschäfte werden von den Anbietern dem Buying Center angemeldet, um ihre Berücksichtigung als Vergabekriterium zu erreichen (Alternativ: Anmeldung direkt bei der operativen Gegengeschäftsstelle).
2. Das Buying Center informiert sich bei der Koordinationsstelle bzgl. des Umfangs des Gegengeschäftspotenzials der Anbieter.
3. Die Koordinationsstelle evaluiert den Gegengeschäftsumfang und informiert das Buying Center.

Abbildung 4–22:    Aktive bzw. passive Evaluation des Gegengeschäftspotenzials innerhalb einer Auftraggeberorganisation

• **Gegengeschäftspotenzial in Abhängigkeit des Bezugsfeldes**

Neben der Aktivität zur Berücksichtigung des Gegengeschäftspotenzials lässt sich die Bewertung von Gegengeschäften durch die Auftraggeber dahingehend unterscheiden, ob sie sich auf die gesamte Auftraggeberorganisation oder nur auf Teilbereiche bezieht. Ob die Bewertung sich beispielsweise auf regionale Bereiche beschränkt oder in Bezug auf das Gesamtunternehmen bewertet wird, ergibt sich u.a. aus:

▪ der Organisation des Auftraggeberunternehmens,

▪ seiner Unternehmensphilosophie sowie dem

▪ Zweck einer baulichen Nachfrage.

Einige Unternehmen, die in Form von Profitcentern dezentral organisiert sind, bewerten das Gegengeschäftspotenzial vorwiegend in Bezug auf den die bauliche Nachfrage ursächlich auslösenden Unternehmensbereich. Andere Unternehmen mit einer anderen Unternehmensphilosophie bewerten demgegenüber trotz einer ähnlichen Unternehmensorganisation das Gegengeschäftspotenzial unternehmensweit (Abbildung 4–23).

Des Weiteren ist es möglich, dass eine Versicherung, die im Bereich ihres Kundengeschäftes nach regionalen Gesichtspunkten dezentral organisiert ist und für eine regionale Unternehmenseinheit als gewerblicher Selbstnutzer Büroräume benötigt, das Gegengeschäftspotenzial der Anbieter vorwiegend in Bezug auf den die Nachfrage auslösenden Unternehmensbereich bewertet. Dieselbe Versicherung, die an anderer Stelle über ihre zentrale Investmentabteilung in der Funktion eines institutionellen Anlegers als Auftraggeber auftritt, bewertet demgegenüber das Gegengeschäftspotenzial der Anbieter unternehmensweit.

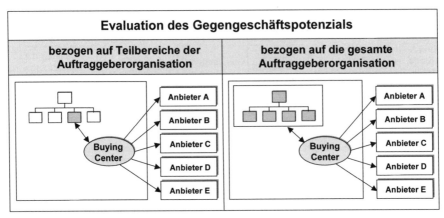

Abbildung 4–23:    Evaluation des Gegengeschäftspotenzials in Abhängigkeit des Bezugsfeldes

### 4.2.7.6  Zusammensetzung des anbieterseitigen Gegengeschäftspotenzials

Gegengeschäfte bestimmen sich in ihrer Höhe zum einen aus dem Wert der von einem Anbieter vom Auftraggeber direkt bezogenen Leistungen. Ein Anbieter ist jedoch projektbezogen bzw. projektübergeordnet auch mit anderen Unternehmen bzw. Unternehmenseinheiten organisatorisch verbunden, die eigenes Gegengeschäftspotenzial gegenüber einem Auftraggeber besitzen (vgl. Abbildung 4–24).

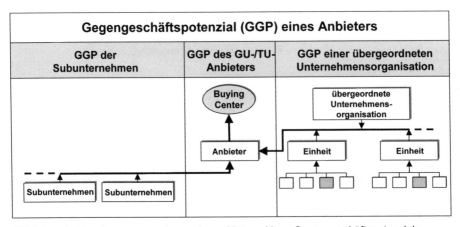

Abbildung 4–24:    Zusammensetzung des anbieterseitigen Gegengeschäftspotenzials

- **Gegengeschäftspotenzial der Subunternehmen**

General- bzw. Totalunternehmer benötigen zur Erbringung ihrer Leistungen zumeist einen hohen Fremdleistungsanteil. Der Grossteil der von einer General- bzw. Totalunternehmung angebotenen Leistungen wird somit von Subunternehmen erbracht, die ggf. ihrerseits eigene Geschäftsbeziehungen mit einem Auftraggeber unterhalten.

Zum Gegengeschäftspotenzial der General- bzw. Totalunternehmen addiert sich somit zum gewissen Teil das Gegengeschäftspotenzial der in die Angebotserstellung mit einbezogenen Subunternehmen (vgl. Abbildung 4–24).

- **Gegengeschäfte der anbieterseitig übergeordneten Unternehmensorganisation**

Neben den Geschäftsbeziehungen der Subunternehmen können solche General- bzw. Totalunternehmen, die Teil einer übergeordneten Unternehmensorganisation (zum Beispiel eines Baukonzerns) sind, auch auf das Gegengeschäftspotenzial dieser übergeordneten Unternehmens-organisation zur Akquisitionsunterstützung zurückgreifen (vgl. Abbildung 4–24).

## 4.2.8 Multiple Sourcing

Im Rahmen der Experteninterviews nannten einige der befragten Bauherrenvertreter auch den Gesichtspunkt der bewussten Auftragsverteilung im Sinne eines Multiple Sourcing als ein Kriterium zur Entscheidung einer Auftragsvergabe. Bei sonst identischen Leistungsmerkmalen wird bei einer Vergabeentscheidung nach Multiple-Sourcing-Gesichtspunkten im Zweifelsfall demjenigen Anbieter der Vergabezuschlag erteilt, der in der Vergangenheit am wenigsten berücksichtigt wurde.

Multiple Sourcing (bzw. Order Splitting oder Auftragsstreuung) beinhaltet damit als Vergabekriterium die bewusste Verteilung der innerhalb einer bestimmten Periode anfallenden Auftragsvergaben auf verschiedene Anbieter. Im Sinne einer Beschaffungsstrategie stellt das Multiple Sourcing eine gegenteilige Strategie zum Single Sourcing dar, bei dem das gesamte Beschaffungsvolumen auf einen Anbieter konzentriert wird.

Im Allgemeinen ergeben sich aus der Sicht eines Bestellers die in Tabelle 4–4 formulierten Argumente als Entscheidungshintergrund für eine Single- bzw. Multiple-Sourcing-Strategie.

| Vorteile einer Single Sourcing Strategie | Vorteile einer Multiple Sourcing Strategie |
|---|---|
| • Stärkung der Einkaufsposition bei Preisverhandlungen<br>• Verminderung des Beschaffungsaufwandes<br>• Verbesserung der Kommunikation<br>• Stärkere Hilfestellung durch den Auftragnehmer<br>• Planungserleichterungen | • Streuung der Beschaffungsrisiken<br>• Förderung des Wettbewerbes unter den Anbietern<br>• Minimierung der Lieferantenmacht einzelner Anbieter<br>• Chancen der Innovation wg. Vielfalt der eingehenden Ideen |

*Tabelle 4–4:*  *Allgemeine Vorteile einer Single-Sourcing- bzw. Multiple-Sourcing-Strategie[401]*

### 4.2.8.1 Multiple Sourcing als Vergabekriterium

Auftraggeber von GU-/TU-Aufträgen, die bewusst Gesichtspunkte des Multiple Sourcings in ihre Vergabeentscheidung miteinbeziehen, verfolgen damit als Ziele in erster Linie die Beschränkung der Auftragnehmermacht sowie die Kommunikation der Chancengleichheit aller Anbieter zum Erhalt des Vergabezuschlages (vgl. Tabelle 4–5):

| Multiple Sourcing | |
|---|---|
| **Beschränkung der Auftragnehmermacht** | **Kommunikation der Chancengleichheit** |
| • Know-how bezgl. Auftraggeberspezifischer Leistungen<br><br>• Verhinderung eines Informationsvorsprungs bzgl. des Auftraggebers | • Kommunikation des Buying Centers gegenüber der Auftraggeberorganisation<br><br>• Kommunikation des Buying Centers gegenüber den anbietenden Unternehmen |

*Tabelle 4–5:*  *Bedeutung und Ziele des Multiple Sourcings in der Bauwirtschaft*

### 4.2.8.2 Beschränkung der Auftragnehmermacht

Mit der Verteilung der Auftragsvolumina versuchen einige Auftraggeber, die Auftragnehmermacht einzelner Anbieter zu beschränken. Ziel ist es hierbei sicherzustellen, dass kein Unternehmen in die Lage versetzt wird, aufgrund eines Wissensvorsprunges (Know-how, Informationen) eine Wettbewerbsstellung einzunehmen, die dem transparenten Wettbewerb unter den einzelnen Anbietern entgegenwirkt (vgl. Tabelle 4–5).

---

[401] in Anlehnung an BAILY/FARMER, 1992, S. 431-433

- **Multiple Sourcing zur Verhinderung eines Know-how-Vorsprungs in Bezug auf auftraggeberspezifische Leistungen**

Ein möglicher Know-how-Vorsprung bezieht sich dabei zum einen auf die von einem Unternehmen typischerweise nachgefragten Auftragsleistungen. Auftraggeber, die unter dem Gesichtspunkt technischer, organisatorischer oder kaufmännischer Anforderungen besondere Leistungen nachfragen, wollen verhindern, dass einige wenige Anbieter in diesem Bereich einen Kenntnisvorsprung erwerben, der sie u.U. in die Lage versetzt, wettbewerbswirksame Angebotsvorteile zu erreichen. Die Gefahr einer langfristigen Auftragnehmermacht wird dabei von den Auftraggebern höher bewertet als die Chance, durch die Förderung anbieterseitiger Spezialkenntnisse ggf. zu einer Verbesserung des Leistungsangebotes beizutragen.

- **Multiple Sourcing zur Verhinderung eines Informationsvorsprunges in Bezug auf den Auftraggeber**

Ein weiterer Aspekt bei der Verhinderung einer Wissenskonzentration liegt in der Kenntnis der auftraggeberseitigen Vergabestrukturen (Buying Center) bzw. in der Kenntnis der in diesen ablaufenden Entscheidungsprozesse. Hierdurch soll verhindert werden, dass ein Anbieter in die Lage versetzt wird, seinen Informationsvorsprung innerhalb eines Wettbewerbsverfahrens in der Form einzusetzen, dass er ein unter den Bedingungen des Wettbewerbs vorteilhaftes Angebot formuliert, welches sich letztendlich als nicht optimal erweist. Hintergrund ist hierbei der Gedanke, dass derjenige Anbieter, der unter gleichen und transparenten Wettbewerbsbedingungen das attraktivste Angebot vorlegt, auch derjenige sein wird, der bei einer Beauftragung die im Sinne des Auftraggebers besten Leistungsresultate erzielen wird.

### 4.2.8.3 Kommunikation der Chancengleichheit

Hauptargument für eine Multiple Sourcing Strategie ist aus Sicht der professionellen Nachfrager die Kommunikation der projektbezogenen Chancengleichheit für die anbietenden Unternehmen, einen Auftrag zu erhalten.

Diese Kommunikation richtet sich aus der Sicht des Buying Centers entsprechend der nachfolgenden Abbildung sowohl an interne als auch an externe Adressaten (vgl. Tabelle 4–5; Abbildung 4–25).

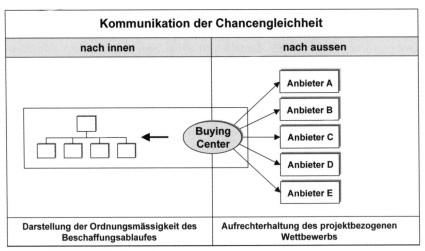

*Abbildung 4–25:  Multiple Sourcing zur Kommunikation der projektbezogenen Chancengleichheit nach innen und aussen*

- **Kommunikation der Chancengleichheit nach aussen**

Durch die regelmässige Verteilung der Auftragsvolumina auf verschiedene Anbieter soll gegenüber diesen zum Ausdruck gebracht werden, dass prinzipiell alle Anbieter dieselben Chancen haben, einen Auftrag zu erhalten (vgl. Abbildung 4–25).

Auftraggeber, die Auftragsvergaben u.a. auch unter dem Gesichtspunkt einer Multiple Sourcing Strategie entscheiden, wollen hierdurch verhindern, dass potenzielle Anbieter aufgrund einer Konzentration der Auftragsvergaben auf einen oder einige Anbieter den Eindruck erhalten, bei den Auftragsvergaben des Auftraggebers evtl. eine nachteilige Wettbewerbsposition einzunehmen. Einige potenzielle Anbieter könnten ansonsten zu dem Entschluss kommen, an künftigen Wettbewerbsverfahren nicht mehr teilzunehmen oder zumindest keine zu hohen Aufwendungen in die Angebotsgestaltungen zu investieren. Denn aufgrund des Aufwandes der Angebotsbearbeitung schätzen heute die Anbieter in einer Vorevaluationsphase die eigenen Chancen zur Erreichung eines Vergabezuschlages genau ab, bevor sie sich dazu entschliessen, Ressourcen in die Erstellung eines Angebotes zu investieren.

Ein Auftraggeber, der im Extremfall seine sämtlichen Auftragsvergaben im Sinne eines Single Sourcings auf einen Anbieter konzentriert, könnte sich später der Situation gegenübergestellt sehen, im Falle einer Ausschreibung neben dem Angebot des präferierten Bieters keine weiteren ernstgemeinten Angebote mehr zu erhalten, wodurch letztendlich der gewünschte Wettbewerb zur Optimierung der angebotenen Leistungen verloren ginge.

- **Kommunikation der Chancengleichheit nach innen**

Neben der Kommunikation nach aussen kann es aus der Sicht eines Buying Centers zweckmässig sein, die prinzipielle Chancengleichheit aller Anbieter auch nach innen gegenüber dem eigenen Unternehmen zu demonstrieren (vgl. Abbildung 4–25). Mitglieder eines Buying Centers, die ihre Auftragsvergaben auf einen oder einige wenige Anbieter konzentrieren, können insbesondere in der Bauwirtschaft leicht in den Verdacht geraten, mit einer Single-Sourcing-Strategie nicht nur Vorteile für das eigene Unternehmen, sondern auch persönliche Vorteile zu erzielen. Um solche Verdächtigungen von Vornherein auszuschliessen, werden gegebenenfalls Aufträge nach dem Prinzip des Multiple Sourcings auf verschiedene Anbieter verteilt.

Beispielsweise sind bei einigen Bauherrenorgansationen interne Vergabeanträge, mit denen die Vergabe von Aufträgen ab einer bestimmten Grössenordnung durch übergeordnete Stellen zu genehmigen sind, mit der Angabe zu versehen, wann und in welchem Umfang ein Anbieter in der Vergangenheit mit Aufträgen bedacht worden ist.

#### 4.2.8.4  Relevanz des Multiple Sourcings als Vergabekriterium

Diejenigen Bauherren, die das Multiple Sourcing als ein Vergabekriterium innerhalb der Experteninterviews nannten, werteten dieses in seiner Relevanz für die Entscheidung einer Vergabe jedoch als vergleichsweise untergeordnet. Das Kriterium des Multiple Sourcing kommt daher bei den entsprechenden Bauherren erst dann in Betracht, falls mehrere ansonsten ähnlich attraktive Angebote im Sinne einer Pattsituation vorliegen.

Dementsprechend gaben im Rahmen der quantitativen Marktumfrage nur 50% der befragten Auftraggebervertreter an, Gesichtspunkte des Multiple Sourcings in ihre Vergabeentscheidung miteinzubeziehen, wovon 44% diesen Einfluss als *wichtig* und nur 6% als *sehr wichtig* bezeichnen.

Bei der Analyse der Nennungen der Vertreter öffentlicher Auftragergeber fällt auf, dass immerhin 41% angaben, eine bewusste Vergabestreuung im Sinne eines Multiple-Sourcings vorzunehmen, obwohl die Vergaberichtlinien für öffentliche Auftraggeber die Bewertung dieses Gesichtspunktes nicht vorsehen. Erwartungsgemäss hätten daher die öffentlichen Auftraggeber Multiple-Sourcing-Gesichtspunkte zu 100% als unbedeutend bewerten müssen.

Die privaten Auftraggeber unterscheiden sich dahingehend, dass die institutionellen Auftraggeber (70% *wichtig* bis *sehr wichtig*), ggf. aufgrund ihrer häufigeren Bautätigkeit, strategischen Beschaffungsüberlegungen im Sinne eines Multiple Sourcings eine höhere Bedeutung zumessen als die gewerblichen Selbstnutzer (55% *wichtig* bis *sehr wichtig*).

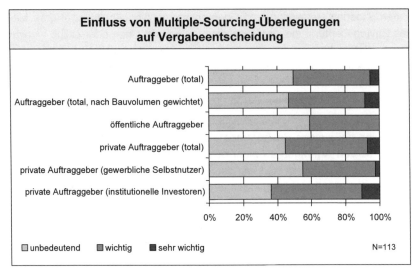

Abbildung 4–26: Einfluss von Multiple-Sourcing-Überlegungen auf Vergabeentscheidungen – differenziert nach Auftraggeberarten

Eine höhere Gewichtung des Multiple Sourcings ist aus Sicht der Auftraggeber nicht sinnvoll, da dieses sich weder direkt auf das Leistungspotenzial eines Anbieters noch auf die angebotene Leistung bezieht. Eine ausschliessliche Vergabe nach dem Kriterium des Multiple Sourcings, bei der abwechselnd alle Anbieter mit Auftragsvergaben bedacht würden, würde bedeuten, die seitens eines Anbieters bei einem Projekt bewiesene Leistungsfähigkeit nicht zu bewerten und damit einen Anbieter letztendlich davon abzuhalten, seine Leistungen in der Hoffnung auf weitere Beauftragungen zu optimieren.

### 4.2.9 Erfahrungen des Auftraggebers in der Zusammenarbeit mit einem Anbieter

Aus der Sicht der Auftraggeber spielen Erfahrungen, die sie bei vergangenen Projekten mit verschiedenen Anbietern gemacht haben, eine wichtige Rolle zur Beurteilung des Leistungspotenzials eines Anbieters.

Generell sind zur Bestimmung des Leistungspotenzials eines Anbieters unter anderem solche Aspekte von Bedeutung, die ein Auftraggeber erst dadurch beurteilen kann, dass er eine Transaktionserfahrung mit einem Anbieter gemacht hat. Zur Realisierung einer solchen Erfahrung kann es dabei erforderlich sein, dass ein Auftraggeber einen entsprechenden Auftrag vergibt. Erfahrungseigenschaften (experience qualities) werden in diesem Sinne auch als „versteckte Eigenschaften" bezeichnet, die erst nach einem Kauf durch einen Auftraggeber beurteilt werden können[402,403].

---

[402] vgl. KLEINALTENKAMP, Einführung, 2000, S. 224-225

[403] vgl. Kapitel 3.2.2.5

Im Bereich von Erfahrungen zur Anbieterbeurteilung wird im Folgenden unterschieden werden zwischen (vgl. Abbildung 4–27):

- Eigenerfahrung eines Auftraggebers aus vergangenen Projekten
- Eigenerfahrungen eines Auftraggebers aus dem Vergabeprozess des betrachteten Projektes[404]
- Erfahrungen anderer Auftraggeber[405]

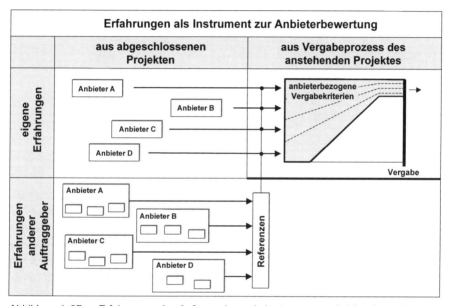

Abbildung 4–27:   *Erfahrungen des Auftraggebers als Instrument zur Anbieterbewertung*

Neben der eigenen Zufriedenheit mit den Leistungen eines Anbieters bezieht der Auftraggeber auch die Erfahrungen anderer Auftraggeber in seine Vergabeüberlegungen mit ein. Erfahrungen anderer Auftraggeber sind ein Bestandteil der Referenzen eines Anbieters, die in diesem Sinne als Fremderfahrungen betrachtet werden können. Die Bedeutung von Referenzen wird vertieft innerhalb des Kapitels 4.2.11 untersucht werden. Während professionelle Bauherren aufgrund eines entsprechend grossen Erfahrungsumfanges fast ausschliesslich ihre eigenen Erfahrungen bewerten, sind für nicht-professionelle Bauherren, die möglicherweise zum ersten Mal eine Vergabeentscheidungen treffen, die Erfahrungen anderer Kunden von einer höheren Relevanz.

Unabhängig von Art, Umfang und Häufigkeit seiner bisherigen Bautätigkeit sammelt jeder Auftraggeber während des Vergabeprozesses mit den Anbietern eigene Erfahrungen. Diese Erfahrungen werden massgeblich durch das Verhalten der Anbieter im Vergabeprozess bestimmt. Der Einfluss des Anbieterverhaltens im Vergabeprozess im

---

[404] vgl. Kapitel 4.2.10

[405] vgl. Kapitel 4.2.11

Sinne der Eigenerfahrungen eines Auftraggebers innerhalb eines laufenden Projektes wird vertieft im nachfolgenden Kapitel untersucht werden.

Im Folgenden werden die Eigenerfahrungen aus vergangenen Projekten in ihrem Einfluss auf die Vergabeentscheidung eines Auftraggebers analysiert.

### 4.2.9.1 Einteilung des Kauftypes in Abhängigkeit der vorhandenen Erfahrungen

Bezüglich vorhandener bzw. nicht vorhandener Erfahrungen eines Auftraggebers mit einem Anbieter kann in Anlehnung an den Kaufklassenansatz, welcher von Robinson/Faris/Wind[406] entwickelt wurde, die Unterteilung von Kaufsituationen erfolgen nach:

- Erstmalige Transaktion mit einem Anbieter
- Modifizierte Transaktion mit einem Anbieter
- Wiederholte Transaktion mit einem Anbieter

Eine *erstmalige Transaktion* mit einem Anbieter ist dabei dadurch gekennzeichnet, dass ein Auftraggeber bisher noch nicht mit einem Anbieter zusammengearbeitet hat und dementsprechend nicht auf Erfahrungen zur Bewertung seiner Leistungsfähigkeit zurückgreifen kann.

Als eine *modifizierte Transaktion* mit einem Anbieter lassen sich solche Situationen beschreiben, bei denen ein Auftraggeber zwar bereits mit einem Anbieter mindestens einen GU-/TU-Auftrag abgewickelt hat, jedoch entscheidende Unterschiede zwischen der vergangenen Transaktion und der anstehenden Auftragsvergabe bestehen. Solche Unterschiede können sich zum einen aus vorhandenen Differenzen zwischen der in der Vergangenheit erfolgten Transaktion und der bevorstehenden Transaktion ergeben, die eine Übertragung des in der Vergangenheit durch den Anbieter gezeigten Leistungspotenzials auf den neuen Leistungsgegenstand erschweren. Zum anderen können auf Seiten des Anbieters in der Zwischenzeit Veränderungen stattgefunden haben, die u.a. Einfluss auf dessen Leistungspotenzial genommen haben. Im Rahmen einer modifizierten Transaktion mit einem Anbieter kann ein Auftraggeber nur bedingt auf seine Erfahrungen zur Bewertung des Leistungspotenzials eines Anbieters zurückgreifen[407].

Eine *wiederholte Transaktion* mit einem Anbieter lässt sich demgegenüber so beschreiben, dass ein Auftraggeber mit dem zu betrachtenden Anbieter bereits in der Vergangenheit mindestens einen GU-/TU-Auftrag abgewickelt hat und zwischen dem anstehenden Auftrag und der vergangenen Transaktionen hinsichtlich ihrer Art keine signifikanten Unterschiede bestehen, die die Übertragung des Leistungspotenzials eines Anbieters auf anstehende Aufgabenstellungen erschweren, und sich auch das Leistungspotenzial des Anbieters in der Zwischenzeit nicht signifikant verändert hat.

---

[406] ROBINSON/FARIS/WIND, 1967, S. 97-104

[407] vgl. Kapitel 4.2.5

## 4.2.9.2 Einfluss der Auftraggebererfahrung auf die Anbieterbewertung

Viele der im Rahmen der Experteninterviews befragten Auftraggebervertreter gaben an, zur Bewertung eines Anbieters in besonderem Masse die Erfahrungen, die sie mit diesem bei vergangenen Projekten gemacht haben, heranzuziehen. Positive Erfahrungen mit einem Anbieter führen dabei insbesondere bei *modifizierten Transaktionen* und *wiederholten Transaktionen* zu einer Präferierung solcher Anbieter. Negative Erfahrungen führen dementsprechend zu einer Reduzierung der Attraktivität eines Anbieters aus der Sicht des Auftraggebers.

Beispielsweise gab im Rahmen der Experteninterviews ein Anbietervertreter an, dass er bei einem kürzlich abgeschlossenen Bauprojekt sehr schlechte Erfahrungen mit einem Anbieter gemacht hat. Kosten- und Terminvorgaben wurden überschritten, d.h. wichtige Aspekte des Leistungsziels wurden aus Kundensicht verfehlt. Die Klärung der Ursachen der Verfehlung des Leistungsziels fand vor Gericht statt, womit auch das Interaktionsziel aus der Sicht des Auftraggebers nicht erreicht werden konnte. Als Konsequenz aus dieser Anbietererfahrung gab der Auftraggeber an, dass er mit dem entsprechenden Anbieter auf absehbare Zeit nicht mehr zusammenarbeiten werde.

Die Auswertung der quantitativen Auftraggeberumfrage ergab, dass 63% der befragten Auftraggebervertreter in ihre Vergabeentscheidungen die Zufriedenheit mit einem Anbieter bei vorangegangenen Projekten mit einbeziehen. 48% davon bezeichneten den Einfluss ihrer Auftraggeberzufriedenheit als *wichtig* und 15% als *sehr wichtig*.

Öffentliche Auftraggeber können aufgrund der bestehenden gesetzlichen Grundlagen und Vergaberichtlinien ihre Zufriedenheit bei vergangenen Projekten nicht in ihre Vergabeentscheidung mit einbeziehen und gaben daher mehrheitlich (77%) an, dass sie den Einfluss der Auftraggeberzufriedenheit als *unbedeutend* für ihre Vergabeentscheidung betrachten. Private Auftraggeber weisen ihrer Auftraggeberzufriedenheit demgegenüber ein bedeutend höheres Gewicht zu. 55% von ihnen bezeichneten diesen Einfluss als *wichtig* und 18% als *sehr wichtig*.

Die weitergehende Differenzierung der privaten Auftraggeber zeigt, dass die gewerblichen Selbstnutzer (78% *wichtig* bis *sehr wichtig*) bei der Entscheidung einer Auftragsvergabe ihrer Auftraggeberzufriedenheit eine etwas höhere Bedeutung zukommen lassen als die institutionellen Anleger (68% *wichtig* bis *sehr wichtig*).

194

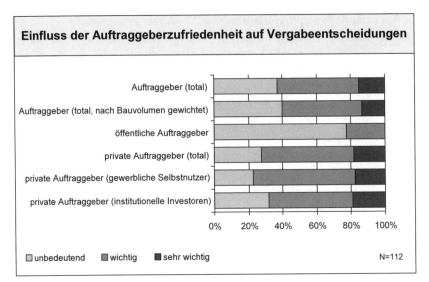

Abbildung 4–28:   Einfluss der aus vergangenen Projekten hervorgegangenen Auftraggeberzufriedenheit auf Vergabeentscheidungen – differenziert nach Auftraggeberarten

Im Rahmen von allgemeinen empirischen Untersuchungen[408,409] wurde die gängige Auffassung der Marketingforschung bestätigt, dass zwischen Kundenzufriedenheit und Kundenbindung eine enge Korrelation besteht. Dabei wurde u.a. festgestellt, dass insbesondere in Märkten mit einer hohen Wettbewerbsintensität und Käuferdominanz, wie z.B. dem GU-/TU-Markt, i.d.R. die Erreichung einer *sehr hohen* Kundenzufriedenheit zur Erhöhung der Kundenbindung von Bedeutung ist.

Dies bestätigt die Aussage der im Rahmen der Experteninterviews befragten Anbieter-vertreter sowie die Ergebnisse der quantitativen Befragung, dass eine Zufriedenstel-lung eines Auftraggebers bei vergangenen Projekten nicht in jedem Fall zu massgebli-chen Vorteilen bei kommenden Auftragsvergaben führt. Demgegenüber beinhaltet eine Nichtzufriedenstellung erhebliche Nachteile für einen Anbieter bei kommenden Verga-ben. Zur Erreichung einer Präferenzstellung bei einem Auftraggeber ist es daher erfor-derlich, seine Erwartung bezüglich der Erreichung seiner Projektziele überzuerfüllen und den Kunden zu „begeistern".

Mass für die Bewertung dieser Erfahrungen ist die Kundenzufriedenheit eines Auftrag-gebers bei in der Vergangenheit realisierten Bauprojekten. Die Zufriedenheit eines Auf-traggebers im Hinblick auf zurückliegende Transaktionen wird von Plinke beschrieben als „die Relation aus der vom Kunden wahrgenommenen Problemlösung des Anbieters und der vom Kunden erwarteten Problemlösung."[410] Kotler/Bliemel definieren Kunden-

[408] HOFMANN, Kundenzufriedenheit, 1998, S. 20-23
[409] JONES/SASSER, 1995, S. 91
[410] PLINKE, Grundkonzeption, 2000, S. 115

zufriedenheit in ähnlicher Weise, indem sie feststellen, dass „Zufriedenheit entsteht als Empfindung des Kunden durch seinen Vergleich von wahrgenommenem Wertgewinn (als Resultat des Kaufs) und erwartetem Wertegewinn (vor dem Kauf)"[411].

Bei der Beschreibung der Dimensionen der Kundenzufriedenheit unterscheidet Plinke[412] zwischen der Zufriedenheit mit der *Vertragserfüllung* sowie der Zufriedenheit mit dem *Austauschprozess*.

Bezüglich der eingangs definierten, durch GU-/TU-Anbieter zu erreichenden Projektziele, lassen sich in Anlehnung an Plinke die Dimensionen der Zufriedenheit eines Auftraggebers von GU-/TU-Leistungen somit beschreiben als:

- Zufriedenheit mit der Erreichung des Leistungsziels (–> Vertragserfüllung)
- Zufriedenheit mit der Durchführung des Leistungserstellungsprozesses als Interaktionsziel (–> Integration des externen Faktors)

Die Zufriedenheit eines Auftraggebers mit einem GU-/TU-Anbieter resultiert somit aus dessen Erwartungen vor der Auftragsvergabe an die Erreichung des Leistungs- und Interaktionszieles sowie seiner subjektiven Bewertung bezüglich der Erreichung dieser Ziele.

Während die Erfüllung des im Bereich von GU-Leistungen zumeist klar definierten Leistungszieles i.d.R. von den Auftraggebern vorausgesetzt wird, bieten sich hier insbesondere hinsichtlich der Durchführung des Leistungserstellungsprozesses Potenziale, die Erwartungen des Kunden zu übertreffen und bei ihm eine sehr grosse Kundenzufriedenheit auszulösen und damit auch das Interaktionsziel zu erreichen. Beispielsweise lässt sich eine persönliche Beziehung zu einem Kunden aufbauen, die sich chancenverbessernd auf kommende Vergaben auswirkt.

Demgegenüber bestehen bei TU-Leistungen aufgrund des weniger klar definierten Leistungsziels Potenziale zur Herstellung einer sehr hohen Kundenzufriedenheit sowohl im Bereich des Leistungsziels als auch im Bereich des Leistungserstellungsprozesses.

Der Einbezug von Erfahrungen aus vergangenen Projekten lässt sich auf das Bedürfnis eines Kunden zurückführen, an eine erlebte erfolgreiche Projektabwicklung aus der Vergangenheit anzuknüpfen und diese nach Möglichkeit zu wiederholen.

Der Einbezug der eigenen Zufriedenheit mit vergangenen Projektabwicklungen bedeutet aus der Sicht des Auftraggebers die Belohnung eines Anbieters für dessen erbrachte Leistungen. Die Erkenntnis des hohen Einfluss der Kundenzufriedenheit auf die Vergabeentscheidung eines Auftraggebers bedeutet somit aus der Sicht eines GU-/TU-Anbieters einen wirksamen Anreiz zur Maximierung der eigenen Leistungen.

Insgesamt weisen die Auftraggeber dem Kriterium der Eigenerfahrung eine höhere Bedeutung zu als dem Kriterium des Multiple Sourcing. Insbesondere für die gewerbli-

---

[411] In Anlehnung KOTLER/BLIEMEL, Marketing-Management, 1999, S. 52-53
[412] PLINKE, Grundkonzeption, 2000, S. 113-115

chen Selbstnutzer haben die eigenen Erfahrungen einen sehr hohen Stellenwert im Vergleich zu Überlegungen des Multiple Sourcings[413]. Ob im Falle einer Auftragsvergabe eher die Wiederbeauftragung eines aufgrund der Eigenerfahrung als leistungsfähig bewerteten Anbieters favorisiert wird oder aufgrund von Multiple-Sourcing-Überlegungen eher ein anderer Anbieter favorisiert wird, wird im Einzelfall als Kompromiss zwischen beiden Überlegungen entschieden werden. Hierbei nehmen in der Praxis auch Überlegungen aus der übergeordneten Beschaffungsstrategie (z.B. Verringerung der Lieferantenanzahl) des Auftraggebers sowie projektspezifische Fragestellungen (z.B. Bedeutung von Erfahrungsvorteilen) einen Einfluss auf die Kompromissfindung.

### 4.2.10 Verhalten während des Vergabeprozesses

Nicht-professionelle Bauherren oder Bauherren, die zum ersten Mal bauen, können als eigene Erfahrung mit einem Anbieter in jedem Fall dessen Verhalten in der Angebotsphase bewerten. Hierbei schliessen diese aus der Interaktion mit dem Anbieter sowie aus dessen Präsentation seiner Mitarbeiter[414] sowie seines Unternehmen auf seine im Beauftragungsfall zu erwartende Fähigkeit zur Erreichung des Leistungs- sowie des Interaktionsziels (Abbildung 4–29).

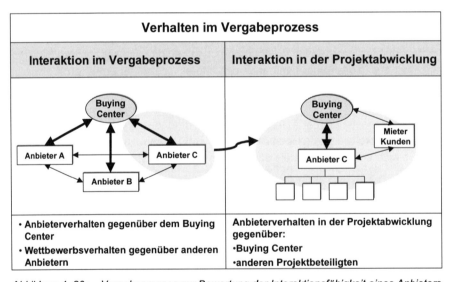

*Abbildung 4–29: Vergabeprozess zur Bewertung der Interaktionsfähigkeit eines Anbieters*

---

[413] vgl. Abbildung 4–34

[414] vgl. Kapitel 4.2.1

- **Wettbewerbsverhalten der Anbieter untereinander**

Auch das Wettbewerbsverhalten der Anbieter untereinander kann Einfluss auf die Anbieterbewertung durch das Buying Center nehmen. Dabei können sich Auftraggeber beispielsweise durch ein zu aggressives Verhalten eines Anbieters gestört fühlen, der durch ein unfaires Wettbewerbsverhalten eine Beauftragung erreichen möchte. Sie befürchten dabei, das unfaire und aggressive Verhalten des Anbieters könne sich im späteren Projektverlauf auch gegen sie selbst bzw. andere Projektbeteiligte richten.

- **Bewertung der Anbietermitarbeiter im Rahmen des Vergabeprozesses**

Während des Vergabeprozesses eines Bauprojektes ergeben sich Kontakte zwischen den Mitarbeitern eines Anbieters und den Mitgliedern des Buying Centers. Die Mitarbeiter der Anbieter sind beispielsweise häufig aufgerufen, sich selbst sowie ihr Angebot im Rahmen einer persönlichen Präsentation vorzustellen.[415]

Auftraggebern bietet sich im Rahmen eines Vergabeprozesses somit die Möglichkeit, Bau- und Projektleiter, mit denen sie noch keine eigenen Erfahrungen verbinden, hinsichtlich ihrer fachlichen und vor allem ihrer sozialen Kompetenzen (z.B. im Rahmen eines persönlichen Gespräches) zu bewerten.

Von den im Rahmen der quantitativen Auftraggeberumfrage befragten Auftraggebervertretern gaben dementsprechend 73% an, dass sie den Vergabeprozess als *wichtige* (55%) bis *sehr wichtige* (18%) Möglichkeit betrachten, um die Leistungsfähigkeit der Mitarbeiter eines Anbieters zu bewerten. Im Gegensatz zu öffentlichen Auftraggebern (45% *wichtig* bis *sehr wichtig*) weisen private Auftraggeber dieser Möglichkeit dabei eine vergleichsweise höhere Bedeutung (79% *wichtig* bis *sehr wichtig*) zu.

Da die institutionellen Investoren die Bedeutung sozialer Kompetenzen für das Anforderungsprofil eines Projektleiters insgesamt als wichtiger erachten als die gewerblichen Selbstnutzer (vgl. Abbildung 4–6), nimmt für sie die Bewertung der Mitarbeiter innerhalb des Vergabeprozesses eine entsprechend höhere Bedeutung ein. Während die institutionellen Investoren diese Bedeutung des Vergabeprozesses zu 62% als *wichtig* und zu 21% als *sehr wichtig* bezeichneten, waren es bei den gewerblichen Selbstnutzern mit 59% bzw. 16% etwas weniger (Abbildung 4–30).

---

[415] vgl. Kapitel 4.2.1

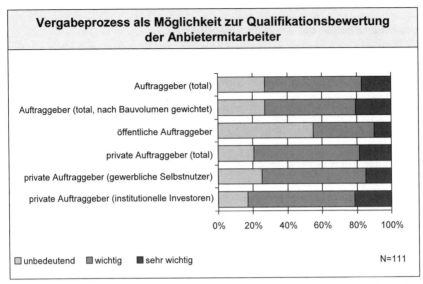

*Abbildung 4–30: Bedeutung des Vergabeprozesses zur Bewertung der Anbietermitarbeiter – differenziert nach Auftraggeberarten*

## 4.2.11 Referenzen eines Anbieters

Referenzen sind aus Sicht der befragten Experten ein wichtiges Instrument, um das Leistungspotenzial eines Anbieterunternehmens bzw. der von ihm vorgestellten Projektleiter zur Erreichung des Leistungsergebnisses und zur Durchführung eines gut koordinierten, integrativen Leistungserstellungsprozesses zu bewerten. In Abhängigkeit des Kunden sowie der zu erfüllenden Aufgabe nehmen Referenzen eine wichtige Stellung innerhalb der Marketingaktivitäten von GU-/TU-Anbietern ein.

### 4.2.11.1 Definition

Für Günter[416] sind Referenzen „Anlagen/Systeme/Projekte aus bereits abgeschlossenen Aufträgen oder Projekten, auf die nach ihrer Fertigstellung und/oder ihrem Verkauf bei absatz- und/oder beschaffungspolitischen Entscheidungen innerhalb mindestens eines weiteren Kauf-/Verkaufprozesses Bezug genommen wird".

Cornelsen[417] beschreibt demgegenüber Referenzen als eine Form der direkten, verbalen Kommunikation zwischen mehreren Personen, deren Inhalt der Austausch konkreter Erfahrungen mit einem Anbieter bzw. dessen Angebotsleistung ist.

Zur Erörterung der Bedeutung von Referenzen für die Akquisition von GU-/TU-/SysBau-Leistungen werden im Weiteren in Anlehnung an Jakob[418] die in der folgenden

---

[416] GÜNTER, 1979, S. 145-151

[417] CORNELSEN, 1998, S. 3

[418] JAKOB, Auftragsmanagement, 1998, S. 36

Tabelle dargestellten Begriffe in ihrer Erläuterung auf das GU-/TU-Marketing erweitert[419] und angewendet.

| Begriffe zur Beschreibung von Referenzwirkungen | |
|---|---|
| **Referenzobjekt** | Bauwerk bzw. Auftraggeber, von dem eine Referenzwirkung ausgeht bzw. ausgehen soll. |
| **Referenzträger** | Ehemaliger Auftraggeber, der für eine Auskunft anderen Nachfragern zur Verfügung steht. |
| | Marketinginstrument, mit dem ein Referenzobjekt gegenüber dem Referenztarget dargestellt wird. |
| **Referenzsubjekt** | Auftragnehmer als Ersteller eines Referenzobjektes bzw. ehemaliger Transaktionspartner eines Referenzkunden, der dieses bzw. diesen zur Erzielung einer Referenzwirkung einsetzt. |
| **Referenztarget** | Auftraggeber, dessen Vergabeentscheidung durch eine Referenzwirkung beeinflusst wird bzw. werden soll. |

Tabelle 4–6: *Begriffe zur Beschreibung von Referenzwirkungen*


## 4.2.11.2 Allgemeine Bedeutung von Referenzen für die Entscheidungsfindung des Auftraggebers

Die allgemeine Bedeutung und Wirkung von Referenzen wird im Rahmen der Marketingforschung seitens verschiedener Autoren erörtert.

Zur Bedeutung von Referenzen schreibt Cornelsen[420], dass insbesondere im Bereich von Industriegütern Referenzen eine hohe Bedeutung beigemessen wird. Dabei wird seitens der potenziellen Kunden vor allem im Bereich des industriellen Anlagengeschäftes die *Funktionstüchtigkeit* bereits erstellter Anlagen bei den Betreibern überprüft.

Jakob[421] und Plötner[422] betrachten Referenzen demgegenüber in erster Linie als eine *vertrauensfördernde Massnahme.*

Aufgrund der Bedeutung von Unsicherheit als zentrale Determinante des Käuferverhaltens im Business-to-Business-Bereich werden von Jakob Referenzen als eine Massnahme betrachtet, die darauf ausgerichtet ist, die Unsicherheit des Käufers zu reduzieren. Referenzen sind für ihn Informationen, die nicht direkt die potenzielle Trans-

---

[419] JAKOB berücksichtigt bei seinen Begriffsbildungen als Referenzobjekte nur Anlagen/ Systeme/Projekte. Nach den Resultaten der Experteninterviews geht eine Referenzwirkung jedoch insbesondere auch von ehemaligen Kunden aus, selbst wenn diese nicht selbst als Referenzträger auftreten.
Träger einer Referenz sind im Bereich des GU-/TU-Marketings darüber hinaus nicht nur ehemalige Kunden, die eine Referenzaussage gegenüber potenziellen Neukunden kommunizieren. Referenzen werden (z.B. im Rahmen einer Präqualifikation) seitens der Anbieter auch mit Hilfe anderer Marketinginstrumente, z.B. mit Hilfe von Prospekten, PR-Massnahmen, kommuniziert. Aus diesem Grund wird in der o.g. Erläuterung der Begriff des Referenzträgers auf sämtliche eine Referenz kommunizierenden Elemente erweitert.

[420] CORNELSEN, 1998, S. 6

[421] JAKOB, Auftragsmanagement, 1998, S. 34-35

[422] PLÖTNER, 1995, S. 32-33

aktion betreffen, sondern dem potenziellen Käufer aufzeigen, dass der Anbieter im Rahmen früherer Transaktionen seine Vertrauenswürdigkeit bereits unter Beweis gestellt hat. Für den Fall, dass zwischen Anbieter und Nachfrager noch keine Transaktionserfahrungen vorliegen, sind Referenzen seiner Auffassung nach eine Substitution der Eigenerfahrung.

Nach Auffassung von Tomczak/Dittrich sind Referenzen „vor allem im Business-to-Business-Bereich sowie bei Dienstleistungen üblich". Sie unterstützen die Aussagen Jakobs, indem Referenzen ihrer Auffassung nach aufzeigen, dass ein Anbieter bereits bei vorangegangenen Geschäften seine Vertrauenswürdigkeit gezeigt hat.

Im Rahmen der Akquisitionsanstrengungen eines Anbieters entwickeln Referenzen somit eine nicht unwichtige Bedeutung. Entsprechend stellen Referenzen nach Auffassung von Plinke[423] u.a. einen Nutzen für den Anbieter dar, der aus der Folgewirkungen einer Transaktion hervorgeht. Dieser *Referenznutzen* wird von ihm als die Erfolgswirkung zukünftiger Geschäfte definiert, die auf den die Referenzwirkung ausstrahlenden Auftrag zurückzuführen sind. Projekte, die über einen hohen Referenznutzen verfügen, werden seitens der Baupraxis häufig auch als „Prestigeprojekte" bezeichnet.

- **Referenzen im Bereich von GU-/TU-Leistungen**

Die im Rahmen der Experteninterviews gewonnen Erkenntnisse zeigten auf, dass im Bereich von GU-/TU-Leistungen Referenzen als Mittel der Anbieterbewertung durch einen Auftraggeber nach ihrem Ziel unterschieden werden können in die:

- Bewertung der allgemeinen Leistungsfähigkeit
  (–> Erreichung des Leistungsziels)

- Bewertung von Erfahrungsvorteilen im Bereich von Spezialaufgaben
  (–> Erreichung des Leistungsziels)

- Bewertung der Interaktion mit ehemaligen Kunden
  (–> Erreichung des Interaktionsziels im Leistungserstellungsprozess)

- **Referenzen zur Darstellung der allgemeinen Leistungsfähigkeit**

Unter dem Gesichtspunkt der Darstellung der allgemeinen Leistungsfähigkeit besteht der Referenznutzen für einen Anbieter darin, dass er einem potenziellen Kunden anhand von fertiggestellten Bauprojekten aufzeigt, dass er bereits in der Vergangenheit vielfach in der Lage war, Bauprojekte erfolgreich zu realisieren. Auf diese Weise möchte der Anbieter von Seiten eines Auftraggebers als stabil, vertrauenswürdig und kompetenter potenzieller Auftragnehmer wahrgenommen werden.

Die im Rahmen der quantitativen Umfrage befragten Auftraggeber weisen Referenzen zu 62% eine *wichtige* und zu 23% eine *sehr wichtige* Bedeutung zu, um die allgemeine Leistungsfähigkeit eines Anbieters zu bewerten.

---

[423] PLINKE, Grundlagen, 2000, S. 45

Eine Unterscheidung öffentlicher und privater Auftraggeber ergibt, dass die öffentlichen Auftraggeber (96% *wichtig* bis *sehr wichtig*) die Bedeutung von Referenzen zur Bewertung der allgemeinen Leistungsfähigkeit eines Anbieters gegenüber den privaten Auftraggebern (82% *wichtig* bis *sehr wichtig*) vergleichsweise höher einschätzen (vgl. Abbildung 4–31).

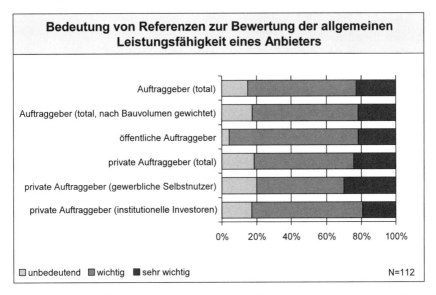

Abbildung 4–31:    *Bedeutung von Referenzen zur Bewertung der allgemeinen Leistungsfähigkeit eines Anbieters – differenziert nach Auftraggeberarten*

Zur Darstellung der allgemeinen Leistungsfähigkeit eines Anbieters bzw. seiner Mitarbeiter eignen sich als Referenzobjekte in erster Linie die Bauprojekte selbst.

- **Referenzen zur Darstellung von Erfahrungsvorteilen im Bereich von Spezialaufgaben**

Neben der allgemeinen Leistungsfähigkeit werden Referenzen in vielen Fällen bezogen auf ggf. vorhandene Besonderheiten der abzuwickelnden baulichen Aufgabe betrachtet. Bei Bauvorhaben, deren Anforderungen sich in wichtigen Bereichen von denen der üblichen GU-/TU-Bautätigkeit unterscheiden, werden seitens der Anbieter Referenzen zum Einsatz gebracht, die die besonderen Erfahrungen des Anbieters in solchen speziellen Problembereichen aufzeigen sollen. Solche Besonderheiten können dabei in unterschiedlichen Bereichen liegen und dementsprechend unterschiedliche Erfahrungen bzw. Kenntnisse und Fähigkeiten des Anbieters erfordern, wie z.B.:

- Funktion des Bauwerkes
  (–> Anwendungsverständnis des Anbieters)
- Gestaltung des Bauwerkes
  (–> Architekturverständnis des Anbieters)
- Einsatz besonderer bautechnischer Herstellungsverfahren
  (–> technische Kompetenz des Anbieters)
- vielfältige Schnittstellen
  (–> Fähigkeit zur Bewältigung einer komplexen Teilleistungsintegration)
- enge Termin- und Kostenvorgaben
  (–> Aufstellung einer effizienten GU-/TU-Projektorganisation)

Hierbei handelt es sich dann um Spezialreferenzen, wie z.B. im Bereich des Industrie-baus für die chemische Industrie, des Bauens unter fortgesetzter Nutzung, des De-sign-to-Cost etc.

Mit Hilfe von Spezialreferenzen soll in Erfahrung gebracht werden, inwieweit auf seiten des Anbieters notwendige Erfahrungen im Bereich der zu erfüllenden Projektaufgabe vorhanden sind. Der aus Spezialreferenzen hervorgehende Referenznutzen für einen Anbieter ist dabei insbesondere in Erfahrungsvorteilen zu sehen, die er gegenüber an-deren Wettbewerbern wettbewerbswirksam darstellen kann. Solche Erfahrungsvorteile sollen vom Kunden als indirekter Hinweis auf Vorteile im Hinblick auf die bereitzustel-lenden Kenntnisse und Fähigkeiten wahrgenommen werden.

Die Bedeutung von Referenzen zur Beurteilung von spezifischen Fähigkeiten eines Anbieters zur Erfüllung besonderer Aufgaben wird von den im Rahmen der quantitati-ven Umfrage befragten Auftraggebern durchweg als wichtig bis *sehr wichtig* bezeichnet (91%).

Hierbei lassen, wie auch schon bei der Bewertung von Referenzen zur Ermittlung der allgemeinen Leistungsfähigkeit eines Anbieters (vgl. Abbildung 4–31), die öffentlichen Auftraggeber (96% *wichtig* bis *sehr wichtig*) Referenzen zur Bewertung spezifischer Anbieterfähigkeiten die höchste Bedeutung zukommen. Private Auftraggeber (72% *wichtig* bis *sehr wichtig*) bewerten solche spezifischen Referenzen demgegenüber et-was weniger stark.

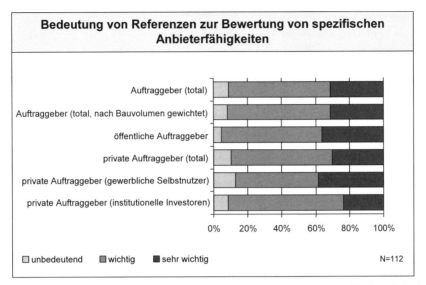

**Bedeutung von Referenzen zur Bewertung von spezifischen Anbieterfähigkeiten**

*Abbildung 4–32:*   *Bedeutung von Referenzen zur Bewertung von spezifischen Anbieterfähigkeiten im Bereich besonderer baulicher Aufgaben – differenziert nach Auftraggeberarten*

Im Bereich der Spezialreferenzen eignen sich zur Darstellung von in der Vergangenheit erreichten spezifischen Leistungszielen, wie zur Darstellung der allgemeinen Leistungsfähigkeit auch, als Referenzobjekte in erster Linie die Bauprojekte selbst.

- **Gegenüberstellung von Referenzen zur Bewertung der allgemeinen Leistungsfähigkeit und spezifischer Fähigkeiten eines Anbieters**

Die Bedeutung von Referenzen für das Marketing von GU-/TU-Leistungen, d.h. ihr Einfluss auf die Vergabeentscheidung eines Auftraggebers, ist aufgrund des Fokus der Bauwirtschaft auf Einzeltransaktionen sowohl kunden- als auch transaktionsspezifisch zu betrachten. Generell lässt sich jedoch aus den Resultaten der Experteninterviews sowie der quantitativen Umfrage folgendes Grundschema erkennen:

- Insbesondere nicht-professionelle Auftraggeber, die eher selten Bauaufträge vergeben, nutzen Referenzen, um sich einen ersten Branchenüberblick bezüglich der allgemeinen Leistungsfähigkeit der einzelnen Anbieter zu verschaffen. Im Rahmen der quantitativen Umfrage konnte eine Korrelation zwischen der Höhe der jährlicher Bautätigkeit sowie der Bedeutung von Referenzaussagen zur Bewertung der allgemeinen Leistungsfähigkeit eines Anbieters festgestellt werden (vgl. Abbildung 4–33).

- Für professionelle Bauherren mit einer intensiven Bautätigkeit besteht der Wert von Referenzen in erster Linie in der Beurteilung spezifischer Fähigkeiten zur Erfüllung besonderer Aufgaben. Zur Bewertung der allgemeinen Leistungsfähigkeit eines Anbieters stützen sich professionelle Bauherren eher auf eigene Erfahrungen, die sie mit den verschiedenen Unternehmen gemacht haben. Aus den Ergebnissen der quantitativen Auftraggeberbefragung ergibt sich mit zunehmender Bautätigkeit der befragten Auftraggeber eine steigende Bedeutung von Referenzaussagen zur Bewertung spezifischer Anbieterfähigkeiten (vgl. Abbildung 4–33). Professionelle Bauherren führen oftmals Anbieterlisten, auf denen die wichtigsten in Frage kommenden Anbieter verzeichnet und ggf. in ihrer allgemeinen Leistungsfähigkeit beschrieben sind. Referenzen werden daher bei vielen professionellen Auftraggebern projektbezogen nicht zur Bewertung der allgemeinen Leistungsfähigkeit eines Anbieters herangezogen, sondern sie dienen eher der projektunabhängigen jährlichen Überprüfung der Anbieterlisten.

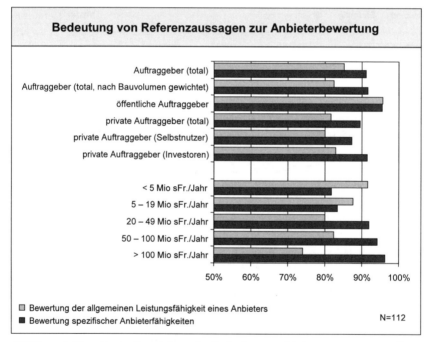

Abbildung 4–33:  *Gegenüberstellung der Bedeutung von Referenzaussagen zur Bewertung der allgemeinen Leistungsfähigkeit sowie spezifischer Fähigkeiten eines Anbieters – differenziert nach Auftraggeberarten*

- **Referenzen zur Darstellung einer positiven Interaktion mit ehemaligen Kunden**
Neben der Darstellung der eigenen Fähigkeit, ein Bauprojekt in ein den Auftraggeber zufriedenstellendes Endresultat zu überführen, werden Referenzen darüber hinaus dazu verwandt, potenziellen Kunden einen Hinweis auf eine erfolgreiche Interaktion während der Projektabwicklung zu geben. Aufgrund der für TU- und insbesondere für Sys-

Bau-Leistungen typischen Integration des externen Faktors nimmt bei diesen Anbieterformen die Erwartung einer effizienten und für die beteiligten Personen angenehmen Zusammenarbeit eine besondere Bedeutung für die Vergabeentscheidung des Auftraggebers ein[424].

Der Referenznutzen für einen Anbieter ist dabei darin zu sehen, dass er einem potenziellen Anbieter mit Hilfe von Referenzobjekten einen Hinweis auf eine zu erwartende positive Interaktion gibt.

Um einen solchen Hinweis auf eine positive Interaktion bei vergangenen Projekten zu geben, sind neben dem Einsatz von Referenzprojekten insbesondere Referenzkunden als Referenzobjekte von Bedeutung. Diese sollten nach Möglichkeit über die effiziente Zusammenarbeit mit den Anbietern berichten oder durch die wiederholende Beauftragung eines Anbieters eine solche Effizienz vermuten lassen.

- **Referenzen zur Bewertung der Mitarbeiter eines Anbieters**

Neben der Bewertung der Leistungsfähigkeit der anbietenden Unternehmen finden Referenzen auch Anwendung auf die Bewertung der seitens eines Anbieters vorgeschlagenen Projektleiter. Fast alle der interviewten Experten waren der Auffassung, dass der Projektleiter einer Generalunternehmung einen massgeblichen Erfolgseinfluss auf ein Bauprojekt hat. Deshalb nutzen alle Auftraggeber Referenzen zur Beurteilung der Erfahrungen, Kenntnisse und Fähigkeiten der vorgestellten Projektleiter bzw. Projektleitungsteams.[425]

### 4.2.11.3 Kritische Betrachtung der Aussagekraft von Referenzen

- **Transparenz**

Bei der Bewertung von Referenzen steht ein Kunde der Schwierigkeit gegenüber, dass die seitens eines Anbieters als Referenzen genannten Objekte für ihn zunächst eine mangelnde Transparenz aufweisen. Sie lassen für einen aussenstehenden Betrachter nur bedingt erkennen, ob ihre Durchführung wirklich unter sämtlichen Gesichtspunkten zur vollsten Zufriedenheit des Kunden erfolgte (Leistungserstellungsprozess und Leistungsergebnis).

Um sich einen tiefergehenden Eindruck von einem Referenzobjekt zu verschaffen, muss ein interessierter Kunde mit einem ehemaligen Auftraggeber in Kontakt treten und sich über die Projektinterna informieren. Dies setzt selbstverständlich voraus, dass ehemalige Kunden bereit sind, als Referenzträger dem Referenztarget vollumfänglich und wahrheitsgemäss Auskunft zu erteilen. Für den interessierten Kunden verbleibt somit als Unsicherheitsfaktor, dass er nicht weiss, ob ihm der Referenzkunde sämtliche für ihn wichtigen Gesichtspunkte der Zusammenarbeit mit dem Anbieter nennt.

---

[424] vgl. Kapitel 4.2.1
[425] vgl. Kapitel 4.2.1

- **Anbieterseitige Vorselektion der dargestellten Referenzobjekte**

Bei der Darstellung von Referenzobjekten gegenüber einem Referenztarget beschränken sich die Referenzsubjekte selbstverständlich auf solche Referenzobjekte, die nach Möglichkeit sowohl bezüglich des Leistungsziels als auch des Interaktionsziels erfolgreich verlaufen sind (Referenzprojekte).

Bei der Darstellung von Referenzen erfolgt somit durch den Anbieter eine Vorselektion, die bezüglich seiner Eigendarstellung bei potenziellen Kunden einen möglichst positiven Eindruck seiner Leistungsfähigkeit erzeugen soll.

- **Begrenzte Übertragbarkeit von Referenzen**

Ein Kunde kann nur bedingt aus den Erfahrungen anderer Kunden auf die Erfüllung seiner eigenen, individuellen Anforderungen schliessen. Aufgrund des Projektcharakters der GU-/TU-Tätigkeit stellt jedes Bauprojekt besondere und einzigartige Anforderungen, die einer allgemeinen Übertragbarkeit von Erfahrungen auf andere Projekte entgegenstehen.

Es stellt sich daher generell die Frage, ob diejenigen Kriterien, die er selbst zur Bewertung des Erfolgs eines Bauprojektes anlegt, auch von Seiten anderer Kunden unter derselben Gewichtung als massgeblich erachtet werden.

Des Weiteren kommt es bei Bauprojekten u.a. auch auf eine positive persönliche Interaktion zwischen den beteiligten Personen an[426]. Das Zustandekommen einer positiven Beziehung zwischen den Beteiligten hängt jedoch von einer Vielzahl individueller Faktoren ab und ist nicht uneingeschränkt auf andere Personen zu übertragen.

- **Indirekte, rückwärtsgerichtete Anbieterbeurteilung**

Referenzen sind in ihrer Aussagekraft rückwärtsgerichtet, d.h. sie beziehen sich auf Leistungsergebnisse und Leistungserstellungsprozesse aus der Vergangenheit. Aus diesen in der Vergangenheit erzielten Leistungen soll auf das Leistungspotenzial eines Anbieters geschlossen werden. Auf dieses vermutete Leistungspotenzial wiederum stützt sich die Hoffnung, dass es einen Anbieter bei dem betrachteten Projekt in die Lage versetzen wird, den Kunden im Hinblick auf seine projektbezogenen Zielsetzungen zufrieden zu stellen.

Die Unsicherheit für einen Kunden bei der Beurteilung von Referenzen besteht darin, dass er nicht sicher sein kann, dass ein in der Vergangenheit gezeigtes Leistungspotenzial nach wie vor vorhanden ist und dieses auch bei dem betrachteten Projekt zur Wirkung gebracht werden kann.

---

[426] vgl. Kapitel 4.2.1

## 4.3 Zusammenfassung des Kapitels 4

Die Weiterentwicklung von GU-/TU- zu SysBau-Leistungen bedeutet, dass solche Vergabekriterien zunehmende Bedeutung erlangen, die sich auf die Beurteilung des Anbieter-Leistungspotenzials beziehen.

Aus den Ergebnissen der quantitativen und qualitativen Befragungen wurden die unterschiedlichen Kriterien ermittelt, anhand derer Auftraggeber heute das Leistungspotenzial von GU- und TU-Anbietern bewerten.

Die folgende Abbildung 4–34 ist eine Zusammenfassung der innerhalb dieses Kapitels analysierten Positionierungsgesichtspunkte zur Bestimmung des Leistungspotenzials von GU-/TU-Anbietern. Die Ausprägungen der verschiedenen Kriterien werden im Hinblick auf die weiteren Ausführungen dahingehend unterschieden, ob sie sich auf die Bewertung institutioneller Investroren oder gewerblicher Selbstnutzer beziehen.

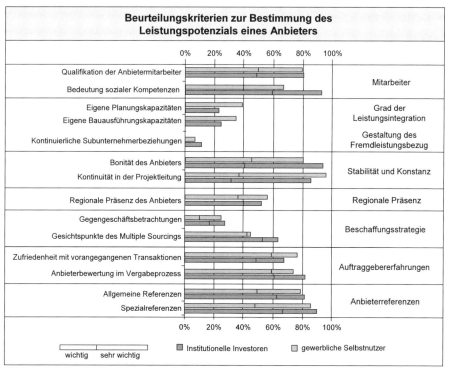

Abbildung 4–34:   Positionierungsgesichtspunkte zur Bestimmung des Leistungspotenzials eines GU-/TU-Anbieters – differenziert nach gewerblichen Selbstnutzern und institutionellen Investoren

Die in der Abbildung 4–34 dargestellten Ergebnisse stellen die von den Auftraggebern geäusserten Aspekte zur Bewertung der Attraktivität von GU-/TU-Anbietern dar. Im Rahmen einer umfassenden strategischen Ausrichtung sind von einem Anbieter neben diesen Positionierungsgesichtspunkten auch solche Gesichtspunkte in Betracht zu ziehen, aus denen sich projektspezifische Kundenvorteile und projektübergreifende Anbietervorteile ergeben. Solche Anbietervorteile können beispielsweise aus längerfristigen Kooperationsbeziehungen eines GU-/TU-Anbieters mit Subunternehmern oder aus einer erhöhten Eigenwertschöpfung resultieren. Denn um eine umfassende Zielfunktion für das Marketing einer spezifischen Angebotsleistung zusammenzustellen, sind Kosten und Nutzenelemente der von einem Anbieter angebotenen Austauschalternative so zu gestalten, dass sie aus der Sicht des Auftraggebers eine grösstmögliche Vorteilhaftigkeit erreichen.

# 5 Entwicklung von Handlungsalternativen für das Marketing von SysBau-Leistungen

Im Folgenden wird aufbauend auf den in Kapitel 3 und 4 dargestellten Erkenntnissen ein Vermarktungs-Modell entwickelt. Anhand dieses Modells werden anschliessend Handlungsalternativen für die Marktpositionierung künftiger SysBau-Anbieter gegeben. Diese Empfehlungen resultieren dabei aus der Projektion der heute an GU-/TU-Anbieter angelegten Bewertungskriterien auf SysBau-Anbieter. Bei dieser Projektion wird unter Bezugnahme auf die Marketingtheorie die Erweiterung des Leistungsbündels berücksichtigt, die bei der Entwicklung von GU-/TU-Anbietern zu SysBau-Anbietern stattfindet.

Ferner wird das Modell aufzeigen, inwieweit die auftraggeberseitigen Kriterien zur Bewertung der Attraktivität von SysBau-Anbietern dynamischen Einflüssen unterliegen (Input-Faktoren) und somit die Attraktivität eines Anbieters (Output-Faktoren) beeinflussen. Hierzu wird beispielhaft der Einfluss von gegenwärtig auf dem Schweizer Immobilienmarkt zu beobachtenden Strukturveränderungen auf die Bedeutung bestimmter Bewertungskriterien analysiert.

Zum Abschluss dieser Arbeit werden mit Hilfe des Lebenszyklus-Konzeptes Handlungsalternativen für die erfolgreiche Einführung von SysBau-Leistungen in den Schweizer Baumarkt entwickelt.

## 5.1 Einführung in die Modelllehre

Als Modelle lassen sich gedankliche, sprachliche oder auch materielle Abbildungen von Objektsystemen verstehen, die bestimmte Ähnlichkeitsanforderungen zu erfüllen haben. Diese Ähnlichkeitsanforderungen werden von dem der Abbildung zugrunde liegenden Original sowie von der Art des Abbildungsmittels bestimmt.[427] Der im Allgemeinen aus der Konstruktion eines Modells hervorgehende Nutzen besteht darin, dass Modelle Abstraktionen und Vereinfachungen der komplexen Realität darstellen. Bei ihrer Konstruktion erfolgt eine Auswahl relevanter Merkmale für eine bestimmte Problemstellung.[428,429]

Modelle haben in den Wirtschafts- und Naturwissenschaften einen hohen Stellenwert erlangt. Hierbei unterscheidet man im Allgemeinen zwischen verschiedenen Typen von Modellen[430,431,432]:

---

[427] KÖHLER, Modelle, 1975, S. 2708

[428] HABERFELLNER, Systems Engineering, 1999, S.9

[429] MAG, Modellunterstützung, 1995, S. 323-332

[430] MAG, Modellunterstützung, 1995, S. 323-332

[431] Gabler Wirtschaftslexikon. 14. Auflage, S. 2648

[432] KÖHLER, Modelle, 1975, S. 2708

- Mit Hilfe von *Beschreibungsmodellen* bzw. *Ermittlungsmodellen* werden reale Objekte deskriptiv erfasst. Ihr Zweck besteht in der systematischen Erfassung relevanter Merkmale, weshalb Beschreibungsmodelle häufig auch mit dem Synonym der *Erfassungsmodelle* bezeichnet werden.

- *Erklärungsmodelle* sind zu interpretieren als die Anwendung von Theorien auf Tatbestände. Erklärungsmodelle beinhalten vielfach Generalisierungen, die eine Regelmässigkeit in Form von Ursache-Wirkungsbeziehungen herstellen. Wegen der Strukturidentität von Erklärung und Prognose lassen sich Erklärungsmodelle zudem vielfach auch für prognostische Zwecke verwenden. Man spricht in solchen Fällen auch von *Prognosemodellen*. Eine besondere Ausprägung von Prognosemodellen stellen *Simulationsmodelle* dar, mit deren Hilfe Wirkungen alternativer Bedingungskonstellationen simuliert werden können.

- Als *Entscheidungsmodelle* lassen sich zum einen die verschiedenen Verfahren der Entscheidungsforschung beschreiben, die zur Lösung strukturierter Entscheidungsprobleme herangezogen werden (z.B. Operations Research). Auf der anderen Seite spricht man von solchen Entscheidungsmodellen, die der Lösung von unstrukturierten Problemstellungen dienen (z.B. Entscheidungsbaumverfahren). Es besteht eine enge Beziehung zwischen Entscheidungsmodellen und Erklärungsmodellen, da die Ziele von Entscheidungsmodellen häufig nicht von Beginn an gegeben sind, sondern erklärungsbedürftige Tatbestände darstellen. Entscheidungsmodelle sind insofern gekennzeichnet durch eine Verknüpfung von Erklärungs- und Prognoseaussagen mit den Zielsystemen des Modells.

Modelle lassen sich zwar als Abbildungen bezeichnen, sie repräsentieren das ihnen zugrunde liegende Original aber in der Regel nur bedingt.

Zur exakten Beschreibung eines Modells ist es daher erforderlich, u.a. genaue Angaben zu machen hinsichtlich:

- des *Originals*, auf das es sich bezieht
- der *Zeitspanne*, für die es gilt sowie
- der *Intention*, die der Modellbildung zugrunde liegt.[433]

## 5.2 Abgrenzung des der Modellbildung zugrunde liegenden Originals

Das *Original* des zu bildenden Modells besteht in der Beurteilung des Leistungspotenzials von SysBau-Anbietern aus der Sicht *institutioneller Anleger* und *gewerblicher Selbstnutzer* als zukünftige Auftraggeber solcher Leistungen. Des Weiteren besteht es aus den Einflussmöglichkeiten eines Anbieters von SysBau-Leistungen zur Optimierung der Wahrnehmung seines Leistungspotenzials durch den Auftraggeber und damit in der Maximierung seiner Chancen zur Beauftragung. In zeitlicher Hinsicht stellt es die

---

[433] STACHOWIAK, Modell, 1989, S. 219-220

Veränderungen dar, denen die oben genannten Zusammenhänge beim Durchlaufen verschiedener Marktphasen von SysBau-Leistungen unterworfen sind.

Darüber hinaus sind die dynamischen Einflüsse, denen die genannten Sachverhalte ausgesetzt sind, Teil des durch das Modell abzubildenden Originals. Ausgehend vom dem das Modell ausserhalb seiner Abgrenzung umgebenden Umsystems ergeben sich aus diesen dynamischen Einflüssen Modellinput-Faktoren, die Einfluss auf die Beurteilung des Anbieter-Leistungspotenzials und damit auf dessen Positionierungsbemühungen nehmen. Diese Input-Faktoren werden in Form von Parametern als „Auftraggeberspezifisches Vergabeverhalten" sowie „Art und Umfang des Leistungsgegenstandes" zusammengefasst. Dabei wird davon ausgegangen, dass Entwicklungen auf dem allgemeinen Baumarkt, insbesondere in Bezug auf die Kundenanforderungen an die Getaltung und Realisierung von Bauwerken, Veränderungen ausgesetzt sind, die den Prozess der Anbieterbewertung massgeblich beeinflussen.

## 5.3 Geltungsdauer des Modells

Die Entwicklung des Modells erfolgte aufbauend auf den empirischen Untersuchungen dieser Arbeit. Es bezieht sich als Abbildung somit auf Wirkungszusammenhänge, die zum Zeitpunkt der Untersuchungsführung zu beobachten waren. Unter der Annahme, dass diese Wirkungszusammenhänge zeitlichen Einflüssen unterliegen, kann das Modell in seiner Geltungsdauer daher nicht von vornherein als unbeschränkt betrachtet werden. Zur Bestimmung der Geltungsdauer des Modells wird davon ausgegangen, dass die das Modell bildenden Strukturen eine langlebige Geltungsdauer besitzen, da sie aufbauend auf allgemeine Theorien der Wirtschaftswissenschaften entwickelt wurden, die in ihrer Geltungsdauer keinen temporären Einschränkungen unterliegen. Einzelne Inhalte des Modells, wie z.B. Gesichtspunkte und ihre Gewichtung zur Bewertung des Leistungspotenzials eines Anbieters, sind demgegenüber eher als Erkenntnisse mit einer kurzfristigen Geltungsdauer zu betrachten. Zur Berücksichtigung zukünftiger, veränderter Randbedingungen sind diese in ihrem Einfluss auf die einzelnen Modellinhalte abzuschätzen und entsprechende Anpassungen vorzunehmen. Um dynamisch-zeitliche Entwicklungsprozesse berücksichtigen zu können, verfügt das Modell über die beiden Modellinputfaktoren „Auftraggeberspezifisches Vergabeverhalten" sowie „Art und Umfang des Leistungsgegenstandes". Hierdurch lassen sich später dynamische Veränderungen dieser Faktoren in das Modell integrieren.

## 5.4 Intention der Modellbildung

Mit Hilfe des entwickelten Modells wird durch eine bewusste Reduktion der komplexen Wirklichkeit auf die aus Sicht des Marketings bedeutendsten Aspekte ein strukturierter Rahmen zur Analyse des Marketings von SysBau-Leistungen entwickelt. Die nachfolgenden Ausführungen zum Marketing sowie die Ableitung entsprechender Handlungsalternativen werden anschliessend anhand der vorgegebenen Modellstruktur erfolgen.

Aus wissenschaftlicher Sicht bietet der Prozess der Modellbildung dabei die Chance, die komplexen Strukturen, die der Bewertung eines SysBau-Anbieters zugrunde liegen, einer für das Marketingverständnis zweckmässigen, einfachen Ordnung zu unterwerfen.

## 5.5 Modellcharakter

Bei dem im Folgenden dargestellten Modell zum Marketing von GU-/TU- und SysBau-Leistungen handelt es sich in weiten Teilen um ein *Erklärungs- und Entscheidungsmodell*, das die Bewertung eines SysBau-Anbieters aus der Sicht eines Auftraggebers solcher Leistungen erklärt bzw. den Entscheidungsprozess des Anbieters im Rahmen der einzelnen Marktphasen antizipiert. Aufbauend auf den im Verlauf dieser Arbeit dargestellten Theorien zum Business-to-Business-Marketing sowie zur Eingliederung des Marketings von GU-/TU- und SysBau-Leistungen in diesen theoretischen Bezugsrahmen erfolgt die strukturierte Darstellung dieser Bewertung.

Der Einbezug bestehender Einflussmöglichkeiten eines SysBau-Anbieters auf die Bewertung seines Leistungspotenzials durch einen Auftraggeber bedingt, dass das Modell auch den Charakter eines *Entscheidungsmodells* besitzt. Es beschreibt präskriptiv die bestehenden Zielfunktionen für Handlungsalternativen, um daraus konkrete, individuelle Handlungsempfehlungen zur Erreichung der Marketingziele eines Anbieters zu entwickeln.

## 5.6 Struktur des Modells

Das entwickelte Modell besteht im Ganzen aus den folgenden beiden, miteinander verknüpften Modelldimensionen:

- Kunde-Anbieter-Struktur
- Marktentwicklungsstruktur

Zur Unterstützung der systematischen Ableitung von Zielfunktionen zur Entwicklung von Handlungsalternativen bildet das Modell in der *Kunde-Anbieter-Struktur* die Mechanismen zur Bewertung der Attraktivität von SysBau-Anbietern durch die Auftraggeber ab. Hierbei stellt es die Struktur und Prozessbeziehungen dar, aus denen sich als Abgleich mit den Bewertungskriterien eines Auftraggebers die von einem SysBau-Anbieter realisierte Marktposition ergibt.

In der *Marktentwicklungsstruktur* stellt das Modell die Veränderungen dar, denen die in der Kunde-Anbieter-Struktur beschriebenen Zusammenhänge in den einzelnen Marktphasen (Markt-Lebenszyklus) unterworfen sind.

Das Modell bildet eine Analysestruktur zur Ermittlung von Positionierungsoptionen für SysBau-Anbieter. Des Weiteren werden die beiden Modelldimensionen, die Kunde-Anbieter- und die Marktentwicklungsstruktur, bezüglich ihrer Implikationen für das Marketing von SysBau-Anbietern analysiert.

Hierzu erfolgt zunächst die Prognose zukünftiger Anforderungen an das erfolgreiche Marketing eines SysBau-Anbieters, die sich aus Veränderungen des Modell-Umsystems ergeben. Zur erfolgreichen Einführung und Etablierung von SysBau-

Leistungen in der Schweizer Bauwirtschaft werden anschliessend Handlungsalternativen anhand des Lebenszyklus-Konzeptes für verschiedene Marktphasen abgeleitet.

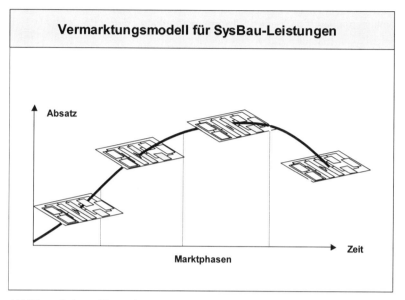

*Abbildung 5–1:    Vermarktungsmodell für SysBau-Leistungen*

Die Kunde-Anbieter-Struktur sowie die Modell-Marktentwicklungsstruktur werden im Folgenden weitergehend beschrieben.

## 5.6.1  Darstellung der Kunde-Anbieter-Struktur

Die in *Abbildung 5–2* dargestellte Kunde-Anbieter-Struktur des Vermarktungsmodells besteht im Wesentlichen aus drei Modellebenen:

- Bedürfnisebene der Auftraggeber
  - –> Anforderungen an das Leistungsergebnis
  - –> Anforderungen an den Leistungserstellungsprozess
- Ebene der Anbieterbewertung
  - –> Bewertung des Anbieterleistungspotenzials zur Erfüllung des Auftraggeberbedürfnisses
- Gestaltungsebene des Anbieters
  - –> projektübergreifend
  - –> projektspezifisch

Die *Bedürfnisebene der Auftraggeber* bildet die auftraggeberseitig stattfindende Synthese der Kriterien zur Bewertung eines Anbieters ab. Diese Kriterien sind massgeblich für die anschliessend erfolgende Bewertung eines Anbieters aus der Sicht des Auftraggebers. Die Ebene der *Anbieterbewertung* stellt dar, wie sich aus den Bewertungskriterien des Auftraggebers und der Erfüllung dieser Kriterien durch die einzelnen An-bieter das relative Bewertungsresultat eines Anbieters hinsichtlich seines wahrgenom-menen Leistungspotenzials ergibt. Die Ebene der *Gestaltungsoptionen des Anbieters* bildet die Beeinflussbarkeit des eigenen Bewertungsresultates durch den Anbieter ab. Diese Beeinflussbarkeit resultiert dabei aus der aktiven Positionierung eines SysBau-Anbieters hinsichtlich der von den Auftraggebern angelegten Bewertungskriterien so-wie ihrer relativen Stellung gegenüber ihren Wettbewerbern. Aufbauend auf der Analy-se der Auftraggeberbedürfnisse sowie der Anbieterbewertung haben diese im Rahmen ihres Marketing-Managements die Möglichkeit, ihre Positionierung aktiv zu steuern.

Die einzelnen Modellebenen werden in den nachfolgenden Abschnitten weitergehend erörtert.

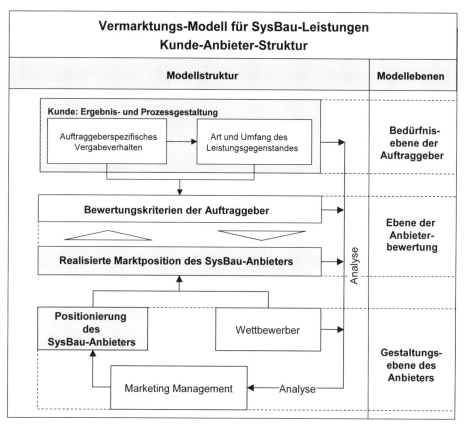

Abbildung 5–2: *Kunde-Anbieter-Struktur des Vermarktungs-Modells für SysBau-Leistungen*

### 5.6.1.1 Bedürfnisebene der Auftraggeber

Auf der Bedürfnisebene der Auftraggeber erfolgt die Synthese[434] einzelner Kriterien, nach denen Auftraggeber die Attraktivität der Anbieter im Wettbewerb beurteilen. Sie ergibt sich zum einen aus auftraggeberspezifischen Besonderheiten zur Realisierung seiner Nachfrage sowie der Art und des Umfanges des zu beschaffenden Leistungsgegenstandes. In ihr spiegeln sich die Bedürfnisse der Auftraggeber zur Realisierung seiner Nachfrage nach GU-/TU- bzw. SysBau-Leistungen wieder.

- **Auftraggeberspezifisches Vergabeverhalten**

Die unter Kapitel 4 durchgeführten empirischen Untersuchungen zur Bewertung des Leistungspotenzials von GU-/TU-Anbietern zeigten deutlich, dass es bei der Gewichtung einzelner Bewertungskriterien erhebliche Unterschiede je nach Art des Auftraggebers gibt. Diese Unterschiede ergeben sich aus der Häufigkeit und dem Volumen der

---

[434] Synthese [gr.] = Zusammenfügung verschiedener Teile zu einem Ganzen durch Verbindung bzw. Vereinigung

Nachfrage eines Auftraggebers, des Zwecks seiner Immobilieninvestition sowie dadurch, ob es sich um einen öffentlichen oder einen privaten Auftraggeber handelt.

Neben diesen direkt beobachtbaren Segmentierungskriterien bestehen weitere, nur indirekt ableitbare Unterschiede hinsichtlich der von einem Auftraggeber eingesetzten Positionierungsgesichtspunkte zur Bestimmung des Leistungspotenzials eines Anbieters[435]. Solche, nur indirekt ableitbaren Segmentierungskriterien äusserten sich vor dem Hintergrund der unter Kapitel 4 erhobenen Bewertungsgesichtspunkte z.B. in der Betrachtung anbieterseitigen Gegengeschäftspotenzials sowie in der Verfolgung einer Multiple- bzw. Single-Sourcing-Beschaffungsstrategie.

Gesichtspunkte, die sich über das auftraggeberspezifische Vergabeverhalten auf die Bewertung der Anbieter auswirken, sind u.a.:

- die Investitionsziele des Auftraggebers
- die Auftragegeber-Organisation
- die Struktur und Zusammensetzung des Buying Centers
- die Beschaffungsrichtlinien des Auftraggebers
- die regionale Präsenz des Auftraggebers

- **Art und Umfang des Leistungsgegenstandes**

In Kapitel 4 konnte nachgewiesen werden, dass Art und Umfang des durch einen Auftraggeber nachgefragten Leistungsgegenstandes ebenfalls Einfluss auf die Bewertungskriterien zur Beurteilung der Vorteilhaftigkeit einer Austauschalternative nehmen. So ergeben sich beispielsweise aus den technischen oder wirtschaftlichen Anforderungen eines Projektes bestimmte Anforderungen an einen Anbieter, die im Rahmen seiner Bewertung durch den Auftraggeber z.B. mit Hilfe vorhandener Referenzen überprüft werden.

Darüber hinaus wurde in Kapitel 3 gezeigt, dass insbesondere aus der Erweiterung eines Leistungsbündels von GU-/TU- zu SysBau-Leistungen die Bedeutung der Bewertung des Anbieter-Leistungspotenzials gegenüber der Bewertung der Bedingungen eines Austausches an Bedeutung zunimmt. Die Bedeutung der Bewertung des Anbieter-Leistungspotenzials wird auch vom Zeitpunkt der Bewertung innerhalb des Vergabeprozesses bestimmt. Während in frühen Phasen des Vergabeprozesses die Bewertung des Leistungspotenzials eines Anbieters dominiert, treten mit zunehmendem Ablauf eines Vergabeverfahrens und detaillierterer Definition des Leistungsbündels Faktoren in den Vordergrund, die sich auf die Bedingungen eines Austausches beziehen.

Zwischen dem auftraggeberspezifischen Vergabeverhalten sowie Art und Umfang des Leistungsgegenstandes besteht eine beeinflussende Beziehung. Denn die Beschaffungsstrategie sowie die internen Ressourcen eines Auftraggebers nehmen Einfluss auf die Definition des Umfanges des Leistungsgegenstandes (z.B. durch die Bestim-

---

[435] bzgl. direkter oder indirekter Segmentierungsgesichtspunkte vgl. Tabelle 2–3

mung der Projektorganisationsform). So konnte bei der Durchführung der qualitativen Experteninterviews festgestellt werden, dass die Projektorganisationsform für ein Bauprojekt in der Regel zwar anhand projektspezifischer Gesichtspunkte bestimmt wird, einzelne Auftraggeber jedoch bestimmte Projekt-organisationsformen präferieren.

Einzelne Kriterien, die über die Art und den Umfang des Leistungsgegenstandes Einfluss auf die Bewertungskriterien nehmen, sind u.a.:

- die Projektorganisationsform (GU/TU/SysBau)
- der Projektumfang (Umfang der benötigten Ressourcen)
- die technische Anforderungen
- der Ort der Ausführung
- die Gebäudefunktion

### 5.6.1.2 Anbieterbewertung

Ausgehend von den Bedürfnissen zur Realisierung einer GU-/TU- oder SysBau-Leistung, die sich aus dem auftraggeberspezifischen Vergabeverhalten und dem Leistungsgegenstand ergeben, erfolgt die Synthese der Bewertungskriterien zur Bestimmung der Vorteilhaftigkeit bestehender Austauschalternativen.

Innerhalb eines Marktes ist die Marktposition eines Anbieters der Ausdruck dafür, welche Präferenzen die Nachfrager für einen Anbieter bzw. die von ihm angebotenen Problemlösungen haben. An diese Problemlösung stellen sie bestimmte Anforderungen, anhand derer sie den Wert der Problemlösung bzw. die Vorteilhaftigkeit einer Aus-tausch-alternative beurteilen. In Abhängigkeit davon, wie sehr die angebotenen Problemlösungen den Anforderungen der Nachfrager genügen, werden sie als attraktive bzw. unattraktive Austauschalternativen wahrgenommen.[436]

Die Bewertung der Attraktivität eines Anbieters von SysBau-Leistungen erfolgt entsprechend durch den Vergleich des Leistungspotenzials eines Anbieters mit den vom Auftraggeber herangezogenen Bewertungskriterien. Die Ausprägung einzelner Bewertungskriterien auf Seiten des Auftraggebers wird mit ihrer Gewichtung innerhalb des Anforderungsprofils des Anbieters verglichen. Als Ergebnis dieses Bewertungsprozesses liegt die Marktposition eines Anbieters vor.

Zur umfassenden Beurteilung der Marktposition eines Anbieters ist diese relativ zu den Wettbewerbern bzw. zu den bestehenden Austauschalternativen zu analysieren.[437] Die relative Marktposition eines Anbieters im Vergleich zu seinen Wettbewerbern ergibt sich insbesondere durch den Vergleich seines Bewertungsresultates mit dem anderer Anbieter, die zusammen mit ihrem Angebot aus der Sicht des Auftraggebers eine Austauschalternative darstellen.

---

[436] KLEINALTENKAMP/FLIESS, Marketingstrategie, 1999, S. 245
[437] HESKETT, Managing, 1986, S. 125

Die Marktposition eines Anbieters lässt sich somit auf zwei massgebliche Beurtei-
lungsachsen, nämlich die Beurteilungsachse „Unternehmung – Kunde" (*marktseitige*
Bewertung) und „Unternehmung – Konkurrenz" (*konkurrenzseitige* Bewertung) zurückführen, die Teil des von Ohmae definierten Bezugsrahmens für strategisches Denken,
des „strategischen Dreiecks", sind (vgl. Abbildung 5–3)[438].

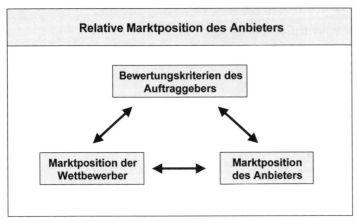

*Abbildung 5–3:     Relative Anbieter-Marktposition[439]*

Aufbauend auf dem Bezugsrahmen des strategischen Dreiecks stellt Abbildung 5–4 die
durch einen Anbieter realisierte Marktposition als Resultat eines auftraggeberseitigen
Bewertungsprozesses modellhaft dar. Der Auftraggeber legt verschiedene Kriterien (*1
bis n*), denen er eine unterschiedliche Relevanz (*Bewertungsrelevanz*) zuweist, zur Bewertung der verschiedenen Anbieter an. Die Anbieter erfüllen aufgrund ihres unter-
nehmensspezifischen Anbieterprofils die einzelnen Bewertungskriterien in unterschied-
lichem Masse (*Erfüllungsgrad*). Die Marktposition eines Anbieters hinsichtlich eines
einzelnen Bewertungskriteriums ergibt sich schliesslich aus der Bewertungsrelevanz
eines Kriteriums und seines Erfüllungsgrades durch den Anbieter. Die gesamte Marktposition resultiert schliesslich aus der Summe der auf die Einzelkriterien bezogenen
Marktpositionen.

---

[438] KÜHN/GRÜNIG, Grundlagen, 1998, S, 171-172

[439] In Anlehnung an OHMAE, Mind, 1982

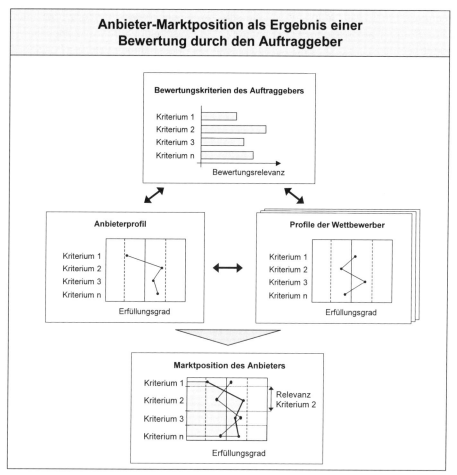

Abbildung 5–4: *Relative Anbieter-Marktposition als Resultat eines auftraggeberseitigen Bewertungsprozesses*

### 5.6.1.3 Gestaltungsoptionen des Anbieters

Es obliegt dem SysBau-Anbieter sich so zu positionieren, dass er bzw. sein Angebot als vorteilhafte Austauschalternative wahrgenommen wird. Sein Handlungsraum liegt dabei in der projektbezogenen und projektübergreifenden Gestaltung seines Leistungspotenzials und seines Leistungsangebotes bezüglich der von einem konkreten Auftraggeber bzw. vom Markt herangezogenen Bewertungskriterien.

Im Rahmen einer *strategischen Positionierung* werden einzelne Dienstleistungen, strategische Geschäftsfelder oder ganze Dienst-leistungsunternehmen in einen durch Käuferbefragungen gewonnenen Eigenschaftenraum eingeordnet.[440] Dabei ist vor dem

---

[440] MEFFERT/BRUHN, Dienstleistungsmarketing, 1997, S. 124

Hintergrund der Zielsetzungen für ein strategisches Geschäftsfeld darüber zu befinden, welche Position es in seinem Markt anstrebt. Die Entscheidung über die angestrebte Marktposition sowie die Umsetzung entsprechender Massnahmen wird als Positionierung bezeichnet.[441]

Die Bestimmung der angestrebten Marktposition erfolgt dabei in Abhängigkeit der festgelegten Wettbewerbsstrategie sowie der Marketingziele. Sie ist im Rahmen des Marketing-Managements Teil der Marketingstrategieplanung des Anbieters.[442] Ziel eines jeden Anbieters muss es sein, aus Sicht der Auftraggeber eine möglichst attraktive Marktposition einzunehmen, d.h. den Kriterien zu ihrer Beurteilung möglichst gut zu entsprechen. Vorhandene Gestaltungsoptionen eines Anbieters zur Erreichung einer möglichst attraktiven Marktposition bestehen dabei in der Anpassung der eigenen Marketingstrategie sowie der Festlegung des Marketing-Mix (= Kombination der zur Marktbearbeitung zur Verfügung stehenden Marketinginstrumente).

Der Einsatz vorhandener Marketinginstrumente zielt dabei sowohl auf die Gestaltung und Darstellung der Bedingungen des durch einen Anbieter angestrebten Austausches als auch auf die Darstellung und Gestaltung des Anbieter-Leistungspotenzials ab.

Die projektbezogene bzw. projektübergreifende Veränderung der eigenen Positionierung eines Anbieters im Hinblick auf die seitens eines Auftraggebers herangezogenen Beurteilungskriterien bedeutet eine Rückkoppelung der Auftraggeberbedürfnisse.

### 5.6.2 Darstellung der Marktentwicklungsstruktur

Es ist davon auszugehen, dass das Marketing von SysBau-Leistungen zeitlichen Veränderungen unterworfen sein wird, die sich u.a. dadurch ergeben, dass diese Leistungen eine zunehmende Etablierung in der Bauwirtschaft erfahren. Diese zunehmende Etablierung äussert sich in einer veränderten Wettbewerbssituation (Anzahl Wettbewerber, strategische Erfolgsfaktoren etc.). Diese Veränderungen werden innerhalb der Modell-Marktentwicklungsstruktur berücksichtigt, die sich auf das Lebenszyklus-Konzept zur Beschreibung verschiedener Marktphasen bezieht.

Das Lebenszyklus-Konzept[443] beschreibt den „Lebensweg" einer Marktleistung, wie z.B. SysBau-Angeboten, von der ersten Markteinführung bis zum Marktaustritt. Es wurde erstmals von Abramowitz[444] unter Bezug auf das Modell des Produktlebenszyklus beschrieben. Es stellt ein zeitbezogenes Marktreaktionsmodell dar, in dem unternehmerische Erfolgsgrössen, wie z.B. Absatz, Umsatz oder Gewinn, über der Zeit als

---

[441] KLEINALTENKAMP/FLIESS, Marketingstrategie, 1999, S. 244

[442] KLEINALTENKAMP/FLIESS, Marketingstrategie, 1999, S. 238-239

[443] In seiner Anwendung auf nicht natürliche Systeme greift der Begriff des Lebenszyklus das Charakteristikum des natürlichen Lebens auf, indem er die Entwicklungsphasen beschreibt, die z.B. eine Marktleistung während ihrer Lebensdauer durchläuft. Das Lebenszyklus-Konzept setzt diese Entwicklungsphasen in einen zeitbezogenen und/oder logischen Modellzusammenhang.
Vgl.: WÜBBENHORST, Lebenszykluskosten, 1984, S. 56; ENGELHARDT, Produktlebenszyklus, 1989, S. 1591-1602

[444] ABRAMOWITZ, Monopolic Selling, 1937

Variable dargestellt werden.[445] Nach Auffassung von Meffert/Bruhn weist das Lebenszyklus-Konzept insbesondere im Dienstleistungsbereich eine grosse Bedeutung auf.[446]

Der Nutzen des Lebenszyklus-Konzeptes liegt u.a. darin, dass es als Entscheidungshilfe bei der Entwicklung von Marktstrategien dient.[447]

Unter idealtypischen Betrachtungen durchlaufen Märkte wie Produkte bestimmte Lebenszyklen. Die einzelnen Lebenszyklen sind dabei von einem bestimmten Verlauf der
Absatz- oder Produktumsatzzahlen charakterisiert und werden üblicherweise in folgende Phasen unterteilt[448]:

▪ Einführungsphase

▪ Wachstumsphase

▪ Stagnationsphase

▪ Schrumpfungsphase

Der idealtypische Verlauf eines Produktlebenszyklus wird in der folgenden Abbildung
5–5 dargestellt.

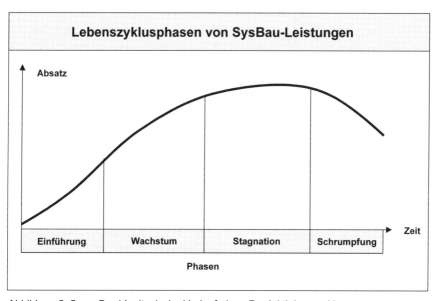

Abbildung 5–5:     Der idealtypische Verlauf eines Produktlebenszyklus

Innerhalb des Kapitels 5.9 werden Handlungsalternativen zur Gestaltung des Marketings von SysBau-Anbietern in den einzelnen Marktphasen gegeben.

---

[445] NIESCHLAG/DICHTL/HÖRSCHGEN, Marketing, 1994, S. 903

[446] MEFFERT/BRUHN, Dienstleistungsmarketing, 1997, S. 128-129

[447] NIESCHLAG/DICHTL/HÖRSCHGEN, Marketing, 1994, S. 906

[448] vgl. NIESCHLAG/DICHTL/HÖRSCHGEN, Marketing, 1994, S. 896-898

## 5.7 Potenzielle Systemkonzepte

Die Systemkompetenz des SysBau-Anbieters kann sich in verschiedenen Dimensionen äussern. Im Folgenden werden exemplarisch denkbare Dimensionen von SysBau-Konzepten vorgestellt:

- Eine dieser Dimensionen kann dabei die Fähigkeit sein, *optimierte Lösungen für bestimmte Objektarten* (z.B. Schulen, Sportstätten, Gefängnisse, Spitäler, Multiplex-Kinos etc.) zu entwickeln. Das Systemverständnis ergibt sich dabei aus der umfassenden Kenntnis dieser Objektarten hinsichtlich ihrer Planung, Erstellung und Bewirtschaftung. Der SysBau-Anbieter entwickelt neben seinem traditionellen Erstellungsverständnis auch ein weitgehendes Nutzer- und Betreiberverständnis (z.B. durch operatives Contracting), das ihn in die Lage versetzt, eine umfassende Life-Cycle-Optimierung zu erreichen.

- Des Weiteren kann sich seine Systemkompetenz in der *Optimierung von Gebäudesystemen hinsichtlich verschiedener Nutzungsdauern* entfalten. Aufgrund der angestrebten Gebäudenutzungsdauer findet er unter der Berücksichtigung des Gebäudezwecks zu einem optimalen Verhältnis zwischen Investitions- und Betriebskosten und ermöglicht somit eine auftraggeberspezifische Optimierung der Life-Cycle-Kosten. Diese Optimierung bezieht sich dabei auf alle Teilsysteme eines Gebäudes. Bei der Planung der Tragstruktur in Abhängigkeit der angedachten Nutzungsdauer könnte dies bedeuten, bei Gebäuden, die auf Langfristigkeit ausgelegt sind, Stahlbetonkonstruktionen einzusetzen und bei Gebäuden mit eher kurz und mittelfristigen Nutzungsdauern rückbaubare Holz oder Stahlkonstruktionen einzusetzen. Das gleiche gilt für die Infra- und Nutzungsstruktur eines Gebäudes.

- Ferner lassen sich Gebäudesysteme auch im Hinblick auf *bestimmte Ausbaustandards* optimieren. Hierbei besteht die Systemkompetenz eines SysBau-Anbieters darin, verschiedene Ausbaustandards für unterschiedliche Bedarfsfälle konzeptionell vorzuhalten und in Abhängigkeit der Auftraggeberwünsche schnell und kostengünstig zu realisieren. Ihr Einsatz liesse sich dann bei einem Gebäude je nach Nutzungsbedürfnis etagen- oder abschnittsweise durchführen. Die verschiedenen Ausbaustandards müssten dabei die Möglichkeit bieten, individuelle, unternehmensspezifische Gestaltungsrichtlinien umzusetzen sowie eine bedarfsgerechte informationstechnische Infrastruktur bereitzustellen. Ein mögliches Marktsegment könnten beispielsweise Bürogebäude sein.

- Die Gebäudetechnik nimmt als Teilsystem bei der Optimierung der Life-Cycle-Kosten eines Gebäudes eine Schlüsselfunktion ein. Eine Dimension der Systemkompetenz eines Anbieters kann sich daher insbesondere dadurch ergeben, dass er Gebäude hinsichtlich ihres *Grades der Gebäudetechnik-Integration* sowie hinsichtlich der *Interaktion von bestimmten System-komponenten* des Teilsystems „Gebäudetechnik" optimiert. Seine Kompetenz besteht dabei zum Beispiel in der Bewertung und Realisierung unterschiedlicher Fassadensysteme mit intelligenten Luft-/Wärme-Strömungen in direkter Abstimmung mit der Nutzenergieerzeugung und -verteilung.

- Eine weitere mögliche Kompetenz-Dimension ist die Standardisierung von Prozessen zur Planung, Erstellung und Bewirtschaftung von Gebäudesystemen. Hierdurch bewältigt der SysBau-Anbieter innerhalb seines SysBau-Konzeptes die hohe Systemkomplexität, welche die teilsystemübergreifende und life-cycle-orientierte Gebäudeoptimierung bewirkt.

## 5.8 Entwicklung der Modelldimension: Kunde-Anbieter-Struktur

Im Folgenden wird die Entwicklung der Modelldimension Kunde-Anbieter-Struktur vorgenommen. Dabei werden zum einen dynamische Veränderungen im Umfeld des Marktes für SysBau-Leistungen antizipert. Anschliessend werden die im Rahmen des Kapitel 4 erarbeiteten Positionierungsgesichtspunkte als Zielfunktion für das Marketing von SysBau-Anbietern verwendet. Hierbei dienen die Zielfunktionen als Handlungsalternativen zur Positionierung von SysBau-Anbietern im Markt.

### 5.8.1 Antizipierung dynamischer Veränderungen im Marktumfeld von SysBau-Anbietern

Als massgeblicher auftraggeberseitiger Input-Faktor des unter Kapitel 5.6 vorgestellten Modells zum Marketing von SysBau-Leistungen wurde das *auftraggeberspezifische Vergabeverhalten* dargestellt. Dieses bildet zusammen mit den vergaberelevanten Aspekten aus *Art- und Umfang des Leistungsgegenstandes* die Bedürfnisebene des Auftraggebers. Die heutigen Kriterien, nach denen ein Auftraggeber die Bewertung des Leistungspotenzials eines Anbieters vornimmt, sind dabei das Ergebnis der heute vorherrschenden Auftraggeberbedürfnisse[449]. Daher ist zu erwarten, dass sich unter einer Veränderung der heutigen Marktstrukturen auf der Auftraggeberseite und der sich daraus ergebenden Veränderungen hinsichtlich der Art- und des Umfangs des nachgefragten Leistungsgegenstandes auch die Kriterien verändern werden, nach denen ein Auftraggeber das Leistungspotenzial eines Anbieters bewertet.

Das unter Kapitel 5.6 vorgestellte Modell unterliegt somit hinsichtlich seines Abgrenzungsbereiches einem eingeschränkten Raum-Zeit-Bezug. Innerhalb der vorgestellten Modellstrukturen werden im Folgenden unter Anwendung des Modells auf sich verändernde Auftraggeberstrukturen die Auswirkungen auf das Marketing von SysBau-Anbietern antizipiert.

Im Folgenden werden daher im Sinne einer Prognose zur Zeit am Markt zu beobachtende Veränderungsprozesse in ihrer Bedeutung für das Marketing von SysBau-Leistungen analysiert werden. Unter Beibehaltung der unter Kapitel 5.6 vorgestellten odellstruktur wird dabei am Beispiel der unterschiedenen Auftraggebergruppen, *gewerbliche Selbstnutzer* und *institutionelle Investoren*, analysiert, welchen Einfluss Veränderungen hinsichtlich des auftraggeberspezifischen Input-Faktors auf das Marketingverhalten eines erfolgreichen SysBau-Anbieters nehmen.

---

[449] vgl. Kapitel 4.2

Zur Modifizierung des auftraggeberspezifischen Input-Faktors wird von den folgenden Strukturveränderungen ausgegangen (vgl. Abbildung 5–6):

- Verlagerung der Immobiliennachfrage von gewerblichen Selbstnutzern auf institutionelle Anleger
- Überführung von Immobilieninvestitionen von direkten in indirekte Anlageformen

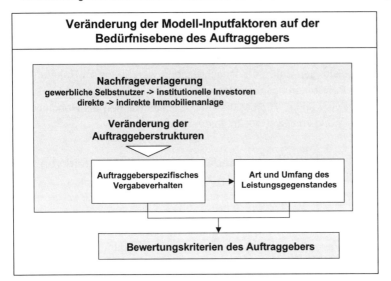

Abbildung 5–6:    *Veränderung der Modell-Inputfaktoren auf der Bedürfnisebene des Auftraggebers*

Nach der mit Hilfe des Modells vorgenommenen Prognose dieser Veränderungen werden Handlungsalternativen für das Marketing von SysBau-Anbietern entwickelt werden.

### 5.8.1.1  Verlagerung der Immobiliennachfrage von gewerblichen Selbstnutzern auf institutionelle Anleger

Als eine strukturelle Veränderung lässt sich zur Zeit die Verlagerung der Nachfrage nach Immobilien von den gewerblichen Selbstnutzern auf die institutionellen Investoren beobachten. Die Motive für diese Verlagerung werden im Folgenden vorgestellt.

- **Motive zur Verringerung des Immobilienbesitzes auf Seiten der gewerblichen Selbstnutzer**

Innerhalb vieler Unternehmen findet zunehmend ein Umdenken in Bezug auf unternehmenseigene Immobilien statt. Anstrengungen zur Erzielung von Kostensenkungen und Wettbewerbsvorteilen beziehen in verstärktem Masse auch die bestehenden Immobilienbestände und deren Bewirtschaftung mit ein. Zur Erklärung der stattfindenden Übertragung von Immobilien von gewerblichen Selbstnutzern auf institutionelle Investoren werden im Folgenden die Motive der gewerblichen Selbstnutzer zur Reduzierung ihres Immobilienbestandes aufgezeigt.

- **Realisierung von Kosteneinsparungen**

Die Beziehung zwischen den Immobilienaktivitäten und den operativen Kernaktivitäten entspricht innerhalb der Organisationsstrukturen vieler gewerblicher Selbstnutzer nicht der einer transparenten Marktbeziehung. Kosten für die Nutzung einer Immobilie werden nicht direkt und transparent ihren eigentlichen Verursachern zugeordnet, sondern über Verrechnungsschlüssel verteilt. Die Ausgliederung von Immobilienbesitz bedeutet demgegenüber den Aufbau einer transparenten Marktbeziehung. Durch die eindeutige Zuordnung entstehender Immobilienkosten sowie den real stattfindenden Geldabfluss wird eine effizientere Ausnutzung der zur Verfügung gestellten Immobilien erreicht. Raumbedürfnisse einzelner Unternehmenseinheiten werden intensiver auf ihre Zweckmässigkeit hin überprüft; die abgerechneten Immobilienkosten werden zudem stärker kontrolliert und überwacht. Institutionelle Investoren, die grosse Immobilienportfolios halten und betreuen, können das Gebäudemanagement vielfach aufgrund von Skalen- und Spezialisierungseffekten kostengünstiger ausüben bzw. ausüben lassen als gewerbliche Selbstnutzer. Erzielte Einsparungen werden dabei unter dem herrschenden Wettbewerbsdruck an den nachfragenden gewerblichen Selbstnutzer weitergegeben. Dabei führen Anstrengungen zur Erhöhung der Wettbewerbsstärke häufiger zu Leistungsinnovationen, die eine höhere Produktivität und ausgeprägtere Kundenorientierung erlauben.[450]

- **Streben nach strategischer Flexibilität**

Die gewerblichen Selbstnutzer von Immobilien sehen sich auf ihren Märkten sowie innerhalb ihres wirtschaftlichen Umfeldes einer zunehmenden Dynamisierung ausgesetzt. Unternehmensübernahmen, Fusionen, das rasche Entstehen neuer Wirtschaftszweige sowie die anhaltende Globalisierung sind Ursache und Ausdruck dieser Entwicklung. Als Antwort auf diese Dynamisierung streben die einzelnen Unternehmen nach einer grösstmöglichen unternehmerischen Flexibilität, die es erlaubt, auf kommende Veränderungsprozesse schnell reagieren zu können. Unternehmen, die sich nicht mehr dem Zwang ausgesetzt sehen, eigene Immobilien zu nutzen, können dabei ihren Raumbedarf flexibel zum Zeitpunkt des Auslaufens eines Mietvertrages neu definieren. Die Konsequenzen veränderter Raumbedürfnisse werden somit an den Markt weitergegeben.

- **Steigerung der Rentabilität**

Die operative Rendite von Immobilien bezogen auf ihren Marktwert beträgt nach Abzug aller Kosten[451] in der Regel zwischen 3 und 5%.[452] Diese liegt somit weit unter den von einem gewerblichen Selbstnutzer angestrebten Renditen auf das eingesetzte Kapital.

---

[450] vgl. HAUB, Erfolgschancen, 1998, S. 158-159

[451] Solche Kosten sind in erster Linie Aufwendungen zur technischen und kaufmännische Verwaltung sowie die Verbuchung von Rückstellungen für werterhaltende bauliche Investitionen.

[452] HENGARTNER, Immobilien, 1999

In den meisten Fällen steht für einen gewerblichen Selbstnutzer zudem nicht das Eigentum an einer Immobilie, sondern ihre Verfügbarkeit im Mittelpunkt.[453]

Dies zeigt, dass Immobilienbesitz nicht nur dem eigentlichen Kerngeschäft und der unternehmerischen Zielsetzung vieler Unternehmen widerspricht, sondern auch in vielen Fällen zu einer Verschlechterung der Gesamtunternehmensrentabilität beiträgt.

Der Vorteil einer Immobilieninvestition, nämlich der vergleichsweisen konstanten und sicheren Ertragsauschüttung in Form von Mieten interner oder externer Nutzer, ist demgegenüber aus der Sicht der gewerblichen Selbstnutzer von untergeordneter Relevanz. Immobilien als sicheres aber in der Regel ertragsschwaches Investment stellen einen Widerspruch zu dem eigentlichen Zweck einer unternehmerischen Tätigkeit dar, nämlich der Erzielung eines maximalen Unternehmensgewinns unter der bewussten Inkaufnahme unternehmerischer Risiken.

- **Konzentration auf Kernkompetenzen**

Die Veräusserung von Immobilien setzt auf Seiten eines gewerblichen Selbstnutzers Kapital frei, das dieser in seine rentableren Kerntätigkeiten investieren kann. Die zur Verfügung stehenden finanziellen Ressourcen werden im Bereich der Kernkompetenzen des Unternehmens konzentriert.

Die Management-Ressourcen von gewerblichen Selbstnutzern, die ihren Immobilienbesitz und dessen Bewirtschaftung ausgelagert bzw. veräussert haben, können sich verstärkt auf ihre eigentlichen Kerntätigkeiten konzentrieren und ihre Management-Ressourcen effizienter zur Entwicklung ihres eigentlichen Kerngeschäftes nutzen.[454]

Eine Ausgliederung des Immobilienbestandes zwingt zudem auch zu einer genauen Definition der im Rahmen der Bereitstellung, Bewirtschaftung und Nutzung von Immobilien bestehenden Teilprozesse und bietet Gelegenheit zu deren Optimierung.[455]

- **Motive der institutionellen Anleger zum Kauf von Immobilien**

Im Folgenden werden die Motive der institutionellen Anleger zum Kauf von Immobilien dargestellt.

- **Realisierung ihrer Investitionsziele**

Institutionelle Anleger sind im Rahmen ihrer Investitionsstrategie daran interessiert, in attraktive Immobilien zu investieren. Denn im Gegensatz zu den gewerblichen Selbstnutzern stellen für sie Investitionen in Immobilien ein Kerngeschäftsfeld dar. Immobilien dienen innerhalb ihrer Investitionstätigkeit der Optimierung ihrer Portfoliostruktur. Sie tragen zur Anlagediversifizierung bei, da sie neben festverzinslichen Wertpapieren und Aktien eine weitere Anlageform darstellen

---

[453] WESSA, Mittel, 1998, S. 23

[454] vgl. HAUB, Erfolgschancen, 1998, S. 159-160

[455] vgl. DÜRR, Lösungen, 1999, S. 25

und zudem nur eine geringe Korrelation zu den Entwicklungen auf den Kapital-märkten besitzen.

Aufgrund der Grösse der von ihnen bewirtschafteten Immobilienportfolios sind grosse institutionelle Investoren vielfach in der Lage, im Rahmen eines modernen Immobilienmanagements Immobilien im Vergleich zu vielen gewerblichen Selbst-nutzern ertragswirksamer zu betreuen. Die bewusste Betrachtung der Immobi-lienbewirtschaftung als unternehmerische Kernkompetenz führt häufig über die Professionalisierung ihrer Bewirtschaftung zu einer Erhöhung der Immobilienren-diten.

- **Ausgleich der komplementären Interessen durch Übertragung von Immobi-lien**

  Zum Ausgleich der bestehenden komplementären Interessenlagen zwischen ge-werblichen Selbstnutzern und institutionellen Investoren erfolgt zunehmend eine Verlagerung von Einzelliegenschaften bzw. ganzen Liegenschaftenportfolios von gewerblichen Selbstnutzern auf institutionelle Investoren. Immobilienanalysten rechnen mit einer weiteren Fortführung dieses Trends und beziffern das für die nächsten Jahre zu erwartende Transfervolumen auf ca. 15 Mrd. sFr.[456]

  Der Transfer von Immobilienbesitz von gewerblichen Selbstnutzern auf institutio-nelle Anleger zeigte sich insbesondere in folgenden Formen[457]:

  - Veräusserung gesamter Immobilien-Portfolios

  - Verkauf nicht betriebsnotwendiger Liegenschaften

  - Verkauf von Betriebsimmobilien bei gleichzeitigem Zurückmieten zur Kapital-freisetzung (Sale-and-Lease-back)

- **Voraussetzungen der Übertragbarkeit von Immobilien**

  Zur Klärung der Frage, ob eine Immobilie bzw. ein Immobilienprojekt von einem gewerblichen Selbstnutzer auf einen institutionellen Anleger übertragen werden kann, ist insbesondere von Interesse, ob es sich bei einer Immobilie im Sinne ei-ner flexiblen Nutzungsmöglichkeit um eine Standard- oder eine Spezialimmobilie handelt.

  So ist zu unterscheiden zwischen marktgängigen Immobilien, die aufgrund ihrer Attraktivität bzw. ihrer vielseitigen Verwendbarkeit jederzeit am Markt veräussert werden können oder für die vergleichsweise einfach ein neuer Mieter gefunden werden kann. Man spricht daher auch von Immobilien mit einer hohen Drittver-wendungsfähigkeit.

---

[456] N.N., Immobilienmarkt, 1999, S. 29

[457] N.N., Immobilienmarkt, 1999, S. 29

Auf der anderen Seite sind Immobilien zu unterscheiden, die in ihrer Art, Funktion bzw. Lage so speziell auf die Bedürfnisse einen individuellen Nutzers zugeschnitten sind, dass nach Ablauf bzw. Beendigung eines Mietverhältnisses ein Verkauf oder eine Anschlussvermietung sehr schwierig wäre. Solche Objekte würden bei der risikogerechten Kalkulation unter Einbeziehung ihrer geringen Marktgängigkeit aus Sicht des institutionellen Anlegers sehr hohe Mietzinse erforderlich machen. Eine Übertragung auf einen institutionellen Investor ist für einen gewerblichen Selbstnutzer im Rahmen eines Sale-and-lease-back-Transfers (Verkauf und anschliessendes Zurückmieten einer Immobilie) wirtschaftlich nicht mehr von Vorteil. Denn der institutionelle Investor muss sich das seinerseits nur bedingt zu beeinflussende Risiko der Beendigung des Mietverhältnisses unter einer nicht vorhandenen Drittverwendungsfähigkeit durch entsprechende Risikozuschläge vergüten lassen[458]. In diesem Sinne sind Immobilien mit einer nur geringen Drittverwendungsfähigkeit nur bedingt leasingfähig. Es lassen sich daher am ehesten solche Immobilien übertragen, die in ihrer Nutzung flexibel und somit marktgängig sind.

- **Fortsetzung der Nachfrageverlagerung im Bereich der Neubauten**

Der Trend auf Seiten der gewerbliche Selbstnutzer, Immobilienbesitz auf institutionelle Investoren zu übertragen, lässt sich auch im Bereich von neu zu erstellenden Immobilien feststellen. Viele gewerbliche Selbstnutzer decken ihren Raumbedarf insbesondere im Bereich von Büroimmobilien durch die Einmietung in von institutionellen Investoren bereitgestellte Immobilienobjekte. Handelt es sich um einen indviduellen Bedarf, so wird seitens des späteren Nutzers in Verbindung mit einem institutionellen Investor, der als späterer Immobilieneigner fungiert, ein Immobilienprojekt realisiert. Wie im Bereich der Bestandsimmobilien gilt allerdings auch bei Neubauten, dass eine Realisierung in Zusammenarbeit mit einem institutionellen Investor nur dann attraktiv ist, wenn eine ausreichende Drittverwendungsfähigkeit für eine Immobilie besteht.

Daher kann insofern von einer zunehmenden Polarisierung der Nachfrage gesprochen werden, dass im Bereich der nicht drittverwendungsfähigen Spezialimmobilien der gewerbliche Selbstnutzer auch künftig Eigentümer einer Immobilie sein wird und somit eigenständig seine Immobilien- bzw. Baunachfrage auslöst (vgl. Abbildung 5–7).

Im Bereich der drittverwendungsfähigen Standardimmobilien wird der gewerbliche Selbstnutzer demgegenüber als Mieter auftreten und im Dreiecksverhältnis mit einem institutionellen Investor, dem eigentlichen Auftraggeber, seine Nachfrage realisieren.

---

[458] vgl. KRÄUCHI, Liegenschaften, 1998, S. 26

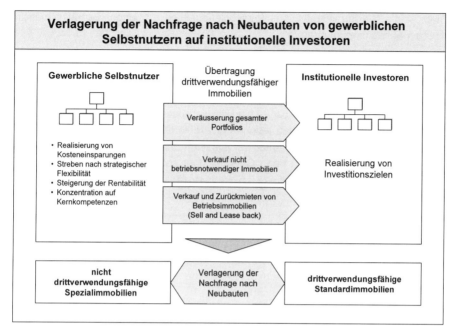

Abbildung 5–7:   *Polarisierung der Nachfrage – Verlagerung der Nachfrage nach Neubauten im Bereich von drittverwendungsfähigen Immobilien von gewerblichen Selbstnutzern auf institutionelle Investoren*

### 5.8.1.2  Überführung von Immobilieninvestitionen von direkten in indirekte Anlageformen

Neben der zunehmenden Übertragung von Immobilien von institutionellen Investoren auf gewerbliche Selbstnutzer lassen sich auch innerhalb des Segmentes der institutionellen Investoren strukturelle Veränderungen beobachten. Immobilien werden in zunehmenden Masse von *direkten* in *indirekte* Anlageformen überführt[459].

• **Charakteristika direkter Immobilienanlagen**

Im Folgenden werden die Charakteristika direkter Immobilienanlagen erläutert:

▪ **Geringe Liquidität**

Direkte Immobilienanlagen haben den Nachteil, dass sie nur sehr schlecht handelbar sind. So sind sie zumeist nur als Ganzes unter einem verhältnismässig grossen Aufwand zu verkaufen. Aus diesem Grund spricht man bei direktem Immobilienbesitz von illiquiden Anlageformen, die sich nur unter hohen Transaktionskosten veräussern lassen. Aufgrund der geringen Transparenz des Immobilienmark-

---

[459] Direkte Immobilienanlagen bedeuten den Besitz von Einzelimmobilien, während indirekte Immobilienanlagen eine Beteiligung an Immobilienportfolios in Form von Anteilsscheinen (z.B. Aktien oder Fondsanteile) darstellen.

tes ist die Wertermittlung eines Immobilienobjektes mit einem verhältnismässig hohen Aufwand verbunden.[460]

### ▪ Eingeschränkte Teilbarkeit

Investitionen in gewerbliche Immobilien stellen vielfach eine sehr grossvolumige Anlageform dar, wobei die Investitionssummen für attraktive Immobilienobjekte in den letzten Jahren stetig gestiegen sind. Immobilien, die eine gewisse Grössenordung überschreiten, beinhalten jedoch die Problematik, dass die nötige Investitionssumme einen erheblichen Anteil der jährlichen Mittelzuflüsse eines Investors in Anspruch nimmt. Durch das hohe Gewicht einer solchen Einzelinvestition gehen gewünschte Diversifikationseffekte im Rahmen des Anlagemanagements verloren.[461]

### ▪ Erschwerte Diversifizierung

Risikodiversifizierungen in Form gemanagter Immobilienportfolios lassen sich bei direkten Immobilienanlagen erst bei entsprechend grossen Anlagevolumina erzielen. Aus diesem Grund sind insbesondere die Immobilienportfolios kleinerer Investoren diesbezüglich vielfach problembehaftet.

### ▪ Kosten der Bewirtschaftung und des Anlagemanagements

Immobilien direkt zu besitzen ist auch bei weitgehender Fremdvergabe des Gebäudemanagements mit einem Koordinationsaufwand verbunden. Dieser stellt zusammen mit den Erfordernissen eines aktiven Anlagemanagements insbesondere für kleinere Investoren einen beachtenswerten Kostenfaktor dar. Beim Management grosser Portfolios lassen sich demgegenüber Skaleneffekte erzielen, die sich aus einer Degression der betreuungs- und managementimmanenten Fixkosten ergeben.[462] Man spricht in diesem Zusammenhang auch von Immobilien als unterhaltsintensiver Kapitalanlage.[463]

### ● Charakteristika indirekter Immobilienanlagen

Im Folgenden werden die Charakteristika direkter Immobilienanlagen erläutert:

### ▪ Höhere Anlageliquidität

Indirekte Immobilienanlagen bieten den Vorteil, dass sie als Wertpapier leicht handelbar sind, weshalb sie eine sehr liquide Anlageform darstellen. Eine entsprechende Marktliquidität (z.B. Free-Float bei Immobilien-Aktien) vorausgesetzt, lassen sich Immobilienbeteiligungen jederzeit an den Kapitalmärkten veräussern oder durch Rückgabe an den Emittenten verkaufen.

---

[460] vgl. N.N., Anleger, 2000, S. 32
[461] vgl. HAUB, Erfolgschancen, 1998, S. 174
[462] vgl. HAUB, Erfolgschancen, 1998, S. 175
[463] vgl. N.N., Anleger, 2000, S. 32

▪ **Teilbarkeit einzelner Objekte**

Die Aufteilung ganzer Immobilienportfolios in handelbare Anteilspapiere bedeutet, dass sich Investoren auch mit vergleichbar geringen Investitionsbeiträgen an grossen Portfolios mit grossen Immobilienobjekten beteiligen können. Insbesondere bei der Realisierung der Immobilieninvestition lassen sich Beträge in beliebiger Höhe veräussern, ohne dass auf die Grösse einzelner Objekte Rücksicht genommen werden müsste.

▪ **Effizientere Diversifizierung**

Da Fonds und Immobilienaktiengesellschaften in der Regel eine Vielzahl von Einzelobjekten enthalten, können Investoren bereits mit kleinen Anlagebeträgen eine hohe Anlagediversifizierung erreichen.

▪ **Geringere Management- und Verwaltungskosten**

Grössere Volumina beinhalten darüber hinaus Vorteile in der effizienten Bewirtschaftung (z.B. über Einkaufsvorteile). Institutionelle Anleger, die ihre Immobilienanlagen auf indirekte Weise realisieren, können sich ganz auf ihre Investorenrolle zurückziehen, was insbesondere für kleinere Anleger von grossem Vorteil ist. Indirekte Immobilienanlagen sind durch die Delegierung von Bewirtschaftungs- und Anlagemanagement im Gegensatz zu direkten Anlageformen nicht mit einem intensiven Betreuungsaufwand verbunden.

• **Übertragung direkter in indirekte Anlageformen**

Das Marktvolumen indirekter Immobilien-Anlageformen ist mit insgesamt ca. 19 Mrd. sFr.[464] verglichen mit dem schweizerischen Gesamtbestand zur Zeit zwar noch gering. Experten erwarten allerdings, dass zur Befriedigung des Marktbedürfnisses nach indirekten Anlageformen die in letzter Zeit zu beobachtende verstärkte Auflage von Immobilien-Fonds und börsenkotierten Immobilien-Aktiengesellschaften zu einer erheblichen Steigerung des Anteils indirekter Anlageformen führen wird. Immobilien werden dabei zunehmend von direkten in indirekte Anlageformen überführt (vgl. Abbildung 5–8).[465]

---

[464] Fonds = ca. 13 Mrd. sFr.; börsenkotierte Immobilienaktiengesellschaften = ca. 6 Mrd. sFr.

[465] vgl. N.N., Immobilienmarkt, 1999, S. 29

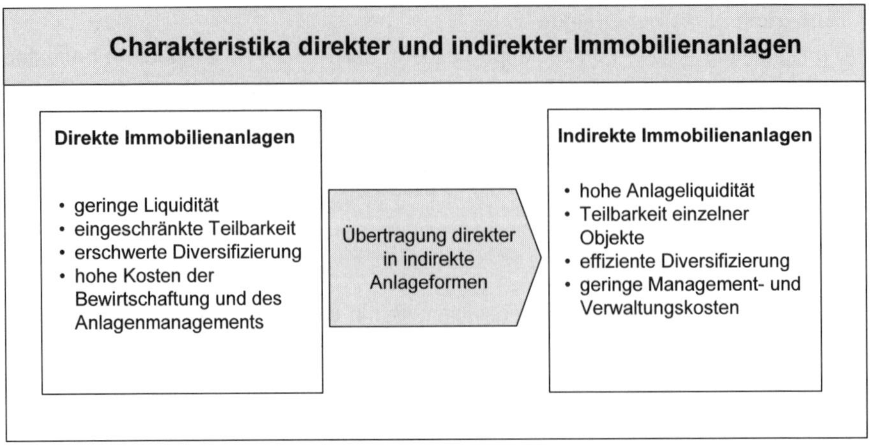

**Charakteristika direkter und indirekter Immobilienanlagen**

| Direkte Immobilienanlagen | | Indirekte Immobilienanlagen |
|---|---|---|
| • geringe Liquidität<br>• eingeschränkte Teilbarkeit<br>• erschwerte Diversifizierung<br>• hohe Kosten der Bewirtschaftung und des Anlagenmanagements | Übertragung direkter in indirekte Anlageformen | • hohe Anlageliquidität<br>• Teilbarkeit einzelner Objekte<br>• effiziente Diversifizierung<br>• geringe Management- und Verwaltungskosten |

*Abbildung 5–8:    Charakteristika direkter und indirekter Immobilienanlageformen*

Ein Vergleich mit den Niederlanden bietet einen Hinweis auf das bestehende Entwicklungspotenzial des Schweizer Immobilienmarktes zur Etablierung indirekter Anlageformen. Die Niederlande gelten innerhalb Europas als führend hinsichtlich indirekter Immobilien-Anlageformen. Von 1980 bis 1997 erhöhte sich hier der Anteil indirekter Anlageformen im Immobilienmarkt von 5% auf 31%.[466] Der Vorsprung der Niederlanden ist dabei auch darauf zurückzuführen, dass der holländische Immobilienmarkt in Bezug auf seinen Marktzyklus früher in eine Erholungsphase eintrat als die meisten übrigen europäischen Immobilienmärkte.[467]

---

[466] vgl. N.N., Immobilienmarkt, 1999, S. 33

[467] vgl. N.N., Immobilienmarkt, 1999, S. 29

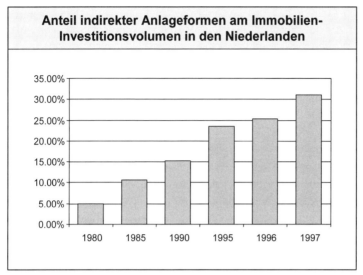

**Anteil indirekter Anlageformen am Immobilien-Investitionsvolumen in den Niederlanden**

*Abbildung 5–9:    Anteil indirekter Anlageformen am Immobilien-Investitionsvolumen in den Niederlanden[468]*

### 5.8.1.3 Auswirkungen auf das Marketing von SysBau-Leistungen

Neben der Verlagerung vorhandener Immobilienbestände wird sich entsprechend auch die Nachfrage nach Bauleistungen zum Umbau und zur baulichen Werterhaltung von gewerblichen Selbstnutzern auf institutionelle Investoren verlagern. Neubauten werden in Zukunft ebenfalls weniger als bisher von betrieblichen Nutzern, sondern vermehrt von institutionellen Investoren, ggf. in enger Abstimmung mit einem späteren Nutzer, nachgefragt werden.

Diese Entwicklung der Nachfrageverlagerung auf die institutionellen Investoren hat entsprechende Auswirkungen auf die Nachfragestruktur nach Bauleistungen im Hochbaubereich, die im Folgenden erläutert werden.

### 5.8.1.4 Implikationen der Nachfrage-Strukturveränderungen für das Marketing von SysBau-Anbietern

Veränderungen, die sich aus den beschriebenen Marktveränderungen für das Marketing eines SysBau-Anbieters ergeben, werden im Folgenden analysiert und beschrieben.

- **Verlagerung der Kriterien zur Bewertung der Attraktivität von Sys-Bau-Anbietern**

Aufgrund der zunehmenden Verlagerung der Nachfrage nach Immobilien und dementsprechend nach Leistungen zu deren Erstellung wird sich eine Verschiebung der Krite-

---

[468] eigene Darstellung in Anlehnung an: N.N., Anleger, 2000, S. 33

rien, nach denen ein Auftraggeber das Leistungspotenzial eines Anbieters bewertet, von den Präferenzen der gewerblichen Selbstnutzer zu denen der institutionellen Anleger einstellen. Die Erfüllung der Bewertungskriterien der institutionellen Investoren wird somit in Zukunft an Bedeutung zunehmen (vgl. Abbildung 4–34).

GU-/TU-Anbieter, die sich für eine Entwicklung von SysBau-Leistungen entscheiden, werden diesen Umstand im Rahmen ihrer Positionierungsüberlegungen berücksichtigen müssen.

- **Konzentration der Nachfrager**

Aufgrund der Tatsache, dass gewerbliche Selbstnutzer kleiner und mittlerer Grösse, die in der Vergangenheit als Auftraggeber aufgetreten sind, vermehrt die Rolle eines Mieters einnehmen, wird sich die Auftraggeberstruktur konsolidieren. Es erfolgt eine Konzentration der Nachfrage vieler gewerblicher Selbstnutzer auf wenige institutionelle Investoren, die grosse Immobilienportfolios verwalten. Kleinere institutionelle Investoren werden sich zunehmend mit Hilfe indirekter Anlageinstrumente an diesen grossen Portfolios beteiligen.

Aus der Konzentration der Nachfrage auf eine geringere Anzahl von Auftraggebern resultiert insgesamt eine Erhöhung ihrer Nachfragemacht. Dadurch, dass einzelne grosse institutionelle Investoren häufiger als Auftraggeber auftreten, wird insgesamt die Bedeutung von Wiederkaufsituationen für das Marketing zunehmen. Darüber hinaus ergibt sich immer mehr die Notwendigkeit, die eigene Marketingtätigkeit im Rahmen *eines Relationship-Marketings* statt eines *Transaction-Marketings* zu gestalten. Denn es ist davon auszugehen, dass die Auftraggeber zur Nutzung ihrer Nachfragemacht eine Verbundwirkung zwischen einzelnen Transaktionen herstellen werden. Gesichtspunkte des *Key-Account-Marketings* sowie der Aufbau kundenspezifischer Spezialkenntnisse werden dabei als Erfolgsfaktoren für einen SysBau-Anbieter verstärkte Relevanz erhalten.

- **Trennung der Auftraggeberfunktionen vom operativen Kerngeschäft der Auftraggeber**

Durch die zunehmende Trennung der Immobilieneigner- sowie des Auftraggeber-Funktion vom operativen Kerngeschäft der gewerblichen Selbstnutzer ist zu erwarten, dass Aspekte des Gegengeschäftspotenzials in Zukunft eine geringere Bedeutung als Bewertungskriterium einnehmen werden. Die Berücksichtigung von Subunternehmern, die beim Auftraggeber aufgrund einer Gegengeschäftsbeziehung eine Präferenzstellung einnehmen, wird daher in Zukunft ebenfalls an Bedeutung verlieren. Für einen SysBau-Anbieter ergibt sich hieraus u.a. der Vorteil, dass er seine Lieferantenbeziehungen verstärkt auf operative Interessen hin ausrichten kann. Kooperationen zur Transaktionskostenreduzierung werden somit in Zukunft verstärkt an Bedeutung gewinnen.

Demgegenüber ist zu erwarten, dass die Bedeutung des baulichen Gegengeschäftspotenzials zunehmend relevant wird. Denn die institutionellen Investoren werden zur Realisierung ihrer Investitionsziele verstärkt auf attraktive Projektentwicklungsangebote angewiesen sein.

- **Gestaltung der Leistungstiefe der institutionellen Investoren**

Zur Gestaltung der optimalen Leistungstiefe eines Anbieters und damit zum Erfolg von SysBau-Anbietern stellt sich insbesondere die Frage, ob die zunehmende Konzentration der Nachfrage auf grosse institutionelle Investoren zu einer verstärkten Leistungsintegration auf Auftraggeberseite führen wird und diese verstärkt eigene Baukompetenzen aufbauen. Der in den letzten Jahren zu beobachtende Trend der zunehmenden Bedeutung von GU- und TU-Leistungen lässt jedoch vermuten, dass es zu keiner solchen Leistungsintegration kommen wird. Zudem werden sich die institutionellen Investoren zur Optimierung ihrer Eigenwertschöpfung verstärkt auf wertschöpfungsintensive Leistungen konzentrieren und Baukompetenzen zunehmend am Markt nachfragen.

Aufgrund der klaren Schnittstelle und dem zunehmenden Bedürfnis nach Garantieleistungen zur Absicherung baulicher Renditeziele ist davon auszugehen, dass sich der Trend zu Gesamtleistungen durch die zunehmende Bedeutung von institutionellen Investoren als Auftraggebern eher noch beschleunigen wird. Insbesondere die steigende Bedeutung von indirekten Immobilienanlageformen wird dazu führen, dass es auf Seiten der institutionellen Investoren zu einer weiteren Reduzierung ihrer Baukompetenz kommen wird. Denn nach Ansicht von Analysten sollten beispielsweise Immobilien-Aktiengesellschaften, eine Form indirekter Immobilienanlagegesellschaften, über keine eigenen Inhouse-Projektentwicklungs- bzw. -Baukompetenzen verfügen.[469,470]

Die geschilderten Auswirkungen der Nachfragestrukturveränderungen für das Marketing von SysBau-Anbietern werden in der folgenden Abbildung 5–10 zusammenfassend dargestellt:

---

[469] vgl. DANGEL, Investment, 1999

[470] Investorenbefragung im Rahmen einer empirischen Untersuchung von Morgan Stanley Dean Witter hinsichtlich des optimalen Profils einer Immobilien-Aktiengesellschaft. Vgl. N.N., Anleger, 2000, S. 32

Abbildung 5–10:   Auswirkungen der Nachfragestrukturveränderungen für das Marketing von
                  SysBau-Leistungen

## 5.8.2 Zielfunktion für Handlungsalternativen des SysBau-Anbieters bezüglich der Kundenerwartungen

Die Erweiterung von GU-/TU-Leistungen hin zu SysBau-Leistungen stellt eine Erweiterung des Leistungsgegenstandes dar. Sie nimmt daher Einfluss auf die Bewertungskriterien eines Auftraggebers (vgl. Abbildung 5–11).

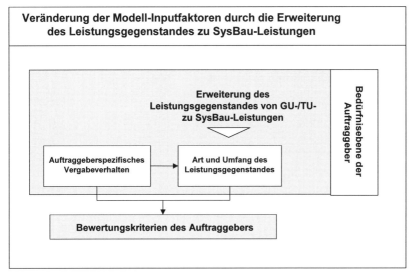

*Abbildung 5–11:   Veränderung der Modell-Inputfaktoren durch die Erweiterung des Leistungs-gegenstandes zu SysBau-Leistungen*

Ausgehend von der Veränderung der Bewertungskriterien, die durch die Erweiterung des Leistungsgegenstandes erfolgt, ergeben sich für einen SysBau-Anbieter gegen-über einem Anbieter von GU-/TU-Leistungen andere Optionen und Notwendigkeiten zur Positionierung als Zielfunktion zur Erfüllung der Kundenanforderungen.

Aufbauend auf den in Kapitel 4 dargestellten Erkenntnissen zur Positionierung von GU-/TU-Anbietern werden im Folgenden Handlungsalternativen für die Positionierung eines Anbieters von SysBau-Leistungen abgeleitet.

### 5.8.2.1  Positionierung durch die Mitarbeiter

Mit der verstärkten Integration des externen Faktors in den Prozess der SysBau-Leistungserstellung wächst zugleich das Erfordernis, diesen Prozess nach Gesichts-punkten des Marketings zu gestalten. Denn aus der Herstellung einer positiven Anbie-ter-Kunde-Interaktion ergeben sich schliesslich Effizienzvorteile hinsichtlich der Ab-wicklung einer Transaktion sowie Kundenbindungseffekte als Folgewirkungen eines Austausches.

Meffert/Bruhn[471] weisen in diesem Zusammenhang ausdrücklich darauf hin, dass im Rahmen der Personalpolitik bei Dienstleistungsunternehmen u.a. eine Mitarbeiter-Kunde-Partnerschaft anzustreben ist.

Die Bewertung der Mitarbeiter eines SysBau-Anbieters als Bestandteil der Vergabe-entscheidung beinhaltet für die Anbieter daher einen erfolgversprechenden Ansatz zur

---

[471] MEFFERT/BRUHN, Dienstleistungsmarketing, 1997, S. 449

Differenzierung ihres Leistungspotenzials. So schreiben Kotler/Bliemel[472], dass Unternehmen einen Wettbewerbsvorteil auch dadurch erlangen können, dass sie bessere und motiviertere Mitarbeiter einstellen und sie gründlicher ausbilden als ihre Wettbewerber. Ihrer Auffassung nach zeigt sich die Güte der Mitarbeiter dabei u.a. anhand der folgenden Eigenschaften[473]:

- Fachkompetenz
- Höflichkeit
- Vertrauenswürdigkeit
- Zuverlässigkeit
- Geistige Beweglichkeit
- Kommunikationsfähigkeit

Die vorangegangene Aufstellung macht deutlich, dass einen „guten Dienstleister" neben der reinen Fachkompetenz unter anderem auch seine Sozialkompetenz auszeichnet.

Diese Erkenntnis wird insbesondere auch für die Mitarbeiter eines SysBau-Anbieters zur Erreichung des Interaktionsziels im Rahmen der Integration des externen Faktors Gültigkeit haben.

Im Rahmen des Dienstleistungsmarketings messen Meffert/Bruhn[474] der persönlichen Kommunikation als Teil der Kommunikationspolitik von Dienstleistungsunternehmen eine bedeutende Stellung zu. Diese leitet sich für sie direkt aus dem Leistungscharakter von Dienstleistungen[475] ab. Auch sie beschreiben den Wert der persönlichen Kommunikation sowohl als Bestandteil der kommunikativen Aktivitäten zur *Leistungserbringung* als auch zur *Leistungsdarstellung*.

- **Zunehmende Bedeutung des persönlichen Verkaufs:**
Aufgrund der höheren Komplexität des Leistungsgegenstandes „SysBau" gegenüber GU- und TU-Leistungen ergibt sich eine höhere Bedeutung des persönlichen Verkaufs als Akquisitionsinstrument zur Angebotserläuterung und Interaktion.

Backhaus[476] beschreibt die hohe Bedeutung des persönlichen Verkaufs bei Geschäften, die aufgrund ihrer Integrations- und Technologieanforderungen sehr komplex und erläuterungsbedürftig sind. Bei solchen Geschäften nehmen persönliche Gespräche bezüglich Leistungen und Leistungsinhalten eine besonders wichtige Bedeutung ein. Er hebt damit insbesondere den *Informationsaspekt* einer persönlichen Beziehung in Form eines Verkaufsgespräches hervor.

---

[472] KOTLER/BLIEMEL, Marketing-Management, 1999, S. 493

[473] PARASURAMAN/ZEITHAML/BERRY, Model, 1985, S. 41-50

[474] MEFFERT/BRUHN, Dienstleistungsmarketing, 1997, S. 373-376

[475] vgl. Kapitel 3.2.2.1

[476] BACKHAUS, Industriegütermarketing, 1997, S. 666

Da aufgrund des teilweisen Dienstleistungscharakters von SysBau-Leistungen mit steigender Komplexität eines zu vergebenden Auftrages insbesondere die Bedeutung von Vertrauens- und Erfahrungsaspekten (*Credence* und *Experience Qualities*) zunimmt, beinhalten persönliche Beziehungen für einen Auftraggeber zumeist ein verstärktes Vertrauen in die Vorteilhaftigkeit eines Angebotes. Der Aufbau von Vertrauen zur Reduzierung auftraggeberseitiger Unsicherheit wird somit von zunehmender Bedeutung für das Marketing von SysBau-Leistungen sein. Dies umso mehr, da aus der Erweiterung des Leistungsbündels zu SysBau-Leistungen eine höhere Transaktionsintensität und eine i.d.R. längere Transaktionsdauer resultiert. Wegen der sich hieraus ergebenden grösseren Entscheidungsunsicherheit des Auftraggebers aufgrund einer höheren Bedeutung von Credence und Experience Qualities werden Aspekte des Relationship- bzw. Key-Account-Marketings eine höhere Relevanz für die Gestaltung des anbieterseitigen Marketingverhaltens einnehmen. Zur Reduktion von unsicherheitsbedingten Transaktionskosten werden die Auftraggeber ihr Vergabeverhalten zunehmend nach Gesichtspunkten des Relationship Buyings gestalten, um auf bestehende Erfahrungswerte im Rahmen ihres Leistungsbezugs Rückgriff nehmen zu können.

Nach Auffassung von Kotler/Bliemel[477] weist der persönliche Verkauf u.a. die in der folgenden Tabelle 5–1 dargestellten Eigenschaften auf[478]:

| Eigenschaften des persönlichen Verkaufs | |
| --- | --- |
| *Persönliche Wechselbeziehung* | Lebendige, direkte und interaktive Beziehung zwischen den Beteiligten. |
| | Möglichkeit jedes Beteiligten, unmittelbar auf das Verhalten und die Wünsche des Gegenübers einzugehen und sich darauf einzustellen. |
| *Beziehungsgestaltung* | Möglichkeit zum Beziehungsaufbau (sachliche Geschäftsbeziehung/persönliche Freundschaft) |
| | Berücksichtigung der Kundeninteressen zum Aufbau einer langfristigen Beziehung. |
| *Reaktionsverpflichtung* | „Innere" Verpflichtung eines Käufers, auf die Anstrengungen des Verkäufers zu reagieren. |

Tabelle 5–1:     Eigenschaften des persönlichen Verkaufs

Die obige Aufzählung beinhaltet neben der Möglichkeit, im Rahmen des persönlichen Verkaufs eine persönliche Beziehung aufzubauen (*Beziehungsgestaltung*) sowie eine optimale persönliche Interaktion zu gewährleisten (*persönliche Wechselbeziehung*) insbesondere die Möglichkeit, durch die Anstrengungen des Anbieters beim Auftraggeber die angesprochene *Reaktionsverpflichtung* aufzubauen.

Auftraggeberbezogene Vorleistungen eines Anbieters erlauben es vor diesem Hintergrund, neben der Darstellung der eigenen Leistungsfähigkeit, auf Seiten des Auftraggebers eine persönliche Reaktionsverpflichtung aufzubauen.

---

[477] KOTLER/BLIEMEL, Marketing-Management, 1999, S. 958-959
[478] BÖNSCH, 1993, S. 958

Kotler/Bliemel[479] heben die Bedeutung persönlicher Beziehungen innerhalb der Leistungsdarstellung dadurch hervor, dass sie den persönlichen Verkauf als das im Allgemeinen wirkungsvollste Instrument der absatzfördernden Kommunikation bezeichnen.

- **Optimierung der Projektleiter-Einsatzplanung**

Die höhere Komplexität des Leistungsgegenstandes und die durch sie unsicherheitsbedingten höheren Transaktionskosten bewirken insgesamt höhere Anforderungen an das Personalmanagement eines SysBau-Anbieters gegenüber dem von GU- und TU-Anbietern. Aufgrund der höheren Interaktionsintensität wird es dabei u.a. von Bedeutung sein, die innerhalb der eigenen Unternehmung verfügbaren Mitarbeiterressourcen optimal den einzelnen Auftraggebern bzw. deren Mitarbeitern zuzuordnen. Hierdurch wird dem auftraggeberseitigen Unsicherheitsempfinden gezielt durch das Management von Vertrauensgesichtspunkten entgegengewirkt. Auch wird es für einen SysBau-Anbieter im Rahmen seiner Akquisitionsbemühungen erforderlich sein, in verstärktem Masse die verfügbaren Mitarbeiter hinsichtlich ihrer individuellen Referenzen kundenspezifischen Anforderungen zuzuordnen.

- **Projektbezogene Projektleiter-Kontinuität**

Aufgrund der mit zunehmender Interaktionsintensität steigenden Bedeutung der Mitarbeiter für den Marketingerfolg eines SysBau-Anbieters könnte ein Wettbewerbsansatz darin bestehen, den Auftraggebern aktiv eine Garantie bezüglich der kontinuierlichen Betreuung ihres Projektes durch einen bestimmten Projektleiter anzubieten. Das Aufgreifen entsprechender Entwicklungen auf Seiten einiger Best-Practice-Auftraggeber könnte zur Reduzierung von anbieterseitigen Verhaltensunsicherheiten beitragen und die Chance für den SysBau-Anbieter zum Zustandekommen eines Austausches erhöhen.

Die Kosten einer solchen Kontinuitäts-Garantie ergeben sich neben den Aufwendungen zur Bindung der Mitarbeiter an das eigene Unternehmen insbesondere aus der eingeschränkten Flexibilität hinsichtlich der anbieterseitigen Zuordnung der Mitarbeiterressourcen. Die Reduzierung entsprechender Unsicherheiten auf Auftraggeberseite trägt jedoch zu einer Verringerung der Transaktionskosten eines Austausches bei und lässt die von einem SysBau-Anbieter offerierte Problemlösung insbesondere unter Wettbewerbsgesichtspunkten gegenüber bestehenden Austauschalternativen als vorteilhaft erscheinen.

- **Institutionalisierung des Projekterfolges**

Über die bestehenden Optionen zur Verbesserung der Mitarbeiter-Kunde-Interaktion hinaus sollte ein SysBau-Anbieter nach Möglichkeiten suchen, den Projekterfolg aus Sicht des Kunden nicht zu stark an einzelne Mitarbeiter zu koppeln. Zur Reduzierung von mitarbeiterbezogenen Unsicherheitspotenzialen sollte er darauf bedacht sei, die Beziehung zwischen seinem Unternehmen und dem Auftraggeber zu institutionalisie-

---

[479] KOTLER/BLIEMEL, Marketing-Management, 1999, S. 958

ren. Dies umso mehr, als die Auftraggeber die Leistungsfähigkeit der Anbietermitarbeiter auch in Bezug auf deren anbieterspezifische Arbeitsumgebung bewerten.

Möglichkeiten im Bereich des Projektcontrollings sollten zum Aufbau einer internen Kontrollinstanz genutzt werden, die als Ansprechpartner für den Auftraggeber fungiert und aus dessen Sicht den Projekterfolg auch über die Leistungen einzelner Mitarbeiter hinaus garantiert. Der Erfolg eines Projektes lässt sich somit verstärkt nicht nur auf die Mitarbeiter sondern auf das Leistungspotenzial des SysBau-Anbieters als Ganzes beziehen. Auf diese Weise wird erreicht, dass eine Kundenbindung an das Unternehmen und nicht vorzugsweise an die Mitarbeiter erreicht wird.

Die Institutionalisierung des mitarbeiterbezogenen Transaktionserfolges sollte daher integraler Bestandteil des von Seiten eines SysBau-Anbieters aufzubauenden Systemkonzeptes sein. Als Bestandteil des Anbieterleistungspotenzials trägt sie zu einer Reduktion anbieterseitiger Unsicherheit und damit der Reduktion der Ex-Post-Transaktionskosten einer SysBau-Transaktion bei.


### 5.8.2.2 Positionierung durch die Gestaltung des Leistungs-Integrationsgrades

Die Vorteilhaftigkeit einer über die Teilleistungsintegration sowie das Projektmanagement des eigenen Auftrags- und Aufgabenbereiches hinausgehender eigenen Wertschöpfung durch den SysBau-Anbieter wird im Folgenden für die unter Kapitel 4.2.2 genannten Ressourcenarten analysiert. Es wird dabei unterschieden, ob ein durch das Vorhalten der analysierten Ressourcen erzielbarer Wettbewerbsvorteil eher den Charakter eines *Anbietervorteils* oder eines *Kundenvorteils*[480] besitzt.


- **Projektentwicklung (PE) durch den SysBau-Anbieter**

Aus der Verknüpfung von SysBau-Leistungen mit Projektentwicklungstätigkeiten lassen sich vielfältige Kunden- und auch Anbietervorteile realisieren, die im Folgenden einer vertieften Analyse unterzogen werden (vgl. Tabelle 5–2).


- **Projektentwicklungstätigkeit als zusätzliche Vertriebsfunktion für den Sys-Bau-Anbieter**

Die Synergien, die sich aus der Verbindung der SysBau-Tätigkeit mit einer PE-Tätigkeit ergeben, bestehen zum einen in der Vertriebsfunktion der PE-Tätigkeit. Durch die Integration der PE-Tätigkeit in das Leistungsspektrum des SysBau-Anbieters schafft dieser sich insbesondere während der Markteinführung von SysBau-Angeboten zusätzliche Vertriebspotenziale.

Er ist dabei nicht mehr nur in der Lage, auf dem Baumarkt SysBau-Leistungen anzubieten, sondern offeriert den institutionellen Investoren aktiv bauliche Investitionsmöglichkeiten. Gerade die nachfragerelevanten institutionellen Bauherren realisieren ihre

---

[480] Nach Plinke lässt sich ein Wettbewerbsvorteil definieren als „die Fähigkeit eines Anbieters, im Vergleich zu seinen aktuellen oder potenziellen Konkurrenten nachhaltig effektiver (mehr Nutzen für den Kunden schaffen = *Kundenvorteil*) und/oder effizienter zu sein (geringere Selbstkosten zu haben oder schneller zu sein = *Anbietervorteil*)", vgl. PLINKE, Grundlagen, 2000, S. 89

Immobilieninvestitionsziele zunehmend durch die Prüfung und Annahme der ihnen seitens der Projektentwickler offerierten Investitionsangebote.

Die aus der Projektentwicklung hervorgegangenen Referenzen[481] lassen sich für einen Anbieter zur Akquisition von SysBau-Aufträgen im freien Wettbewerb nutzen.

- **Frühzeitige Garantie der Anfangsrendite als Differenzierungsmerkmal der Verknüpfung von SysBau- und Projektentwicklungsaktivitäten**

Der Kundenvorteil für institutionelle Auftraggeber, der sich aus der Koppelung eines PE-Vorschlages und eines SysBau-Angebotes ergibt, besteht dabei neben der umfassenden, anbieterseitigen Gebäudeoptimierung[482] durch das System-Know-how des SysBau-Anbieters auch in der frühzeitigen Garantie der Investitionskosten, der Folgekosten einer Immobilie sowie der Anfangsmieteinnahmen.

Durch die Garantie einer Anfangsmindestrendite erhält der SysBau-Anbieter als Projektentwickler darüber hinaus ein Eigeninteresse an einer attraktiven Projektgestaltung und einer möglichst reibungslosen Projektdurchführung. Die Zielsetzung des Projektentwicklers, d.h. die Erreichung des Leistungszieles (Leistungsergebnis) und des Interaktionszieles (Leistungserstellungsprozess), verbindet sich mit den Zielen des Investors, wodurch eine weitgehende Interessengleichrichtung beider Seiten resultiert.

Der SysBau-Anbieter garantiert dabei intern gegenüber den PE-Aktivitäten für die Projekterstellungs- und Folgekosten sowie für die Einhaltung eines bestimmten Fertigstellungstermins. Im Gegenzug erhält der SysBau-Anbieter seitens der PE-Aktivitäten exklusiv den Auftrag zur Projektrealisierung und -bewirtschaftung. Im Unterschied zu einer Berücksichtigung von PE-Vorschlägen sogenannter „freier" Projektentwickler ergibt sich für einen institutionellen Investor aus der Annahme des PE-Vorschlages eines SysBau-Anbieters somit eine Gesamtgarantie für die Anfangsrendite eines Immobilienprojektes. Dem Bedürfnis der institutionellen Investoren nach einer maximalen Anlagesicherheit wird auf diese Weise bestmöglich Rechnung getragen.

- **Aufbau von Gegengeschäftspotenzialen gegenüber Investoren sowie Planern und Architekten**

Bei der Ausarbeitung eines besonders attraktiven Projektinvestitionsangebotes befinden sich die institutionellen Investoren in einem Investorenwettbewerb, bei dem i.d.R. demjenigen Investor der Projektzuschlag erteilt wird, der sich mit der geringsten Projektrendite zufrieden stellt. Neben der Erzielung einer maximalen Projektvergütung beinhaltet die Vergabe eines attraktiven Projektentwicklungsangebotes darüber hinaus auch die Möglichkeit zum Aufbau von Gegengeschäftspotenzialen gegenüber den Buying Centern der interessierten Investoren[483]. Eine Investitionsmöglichkeit kann daher zum Zwecke des Aufbaus von Gegengeschäftspotenzialen von einem SysBau-Anbieter nicht nur unter dem Gesichtspunkt des Höchstgebotes, sondern auch in Ab-

---

[481] vgl. Kapitel 4.2.11

[482] vgl. Abbildung 4–3

[483] vgl. Kapitel 4.2.7.2

hängigkeit möglicher zukünftiger SysBau-Aufträge seitens der einzelnen Investoren vergeben werden.

Im Rahmen der Entwicklung eines Investitionsangebotes werden neben der Bestimmung der Projektorganisation auch die an einem Projekt zu beteiligenden Partner, ggf. unter der Berücksichtigung der individuellen Interessen eines Investors, vom PE festgelegt. Neben der Berücksichtigung eigener Kapazitäten bietet es sich dabei an, solche Planer und Architekten als Subunternehmer zu berücksichtigen, von denen sich ein SysBau-Anbieter als eine Form des Gegengeschäftes eine Akquisitionsbeihilfe[484] bei anderen Projekten erhoffen kann[485].

- **Ausbau und synergetische Nutzung des Beziehungsnetzes**

Die Ausdehnung der geschäftlichen Aktivitäten eines SysBau-Anbieters auf eine PE-Tätigkeit ermöglicht auch die Erweiterung und Intensivierung seines Beziehungsnetzwerkes sowie dessen gemeinsame, synergetische Nutzung durch die SysBau- und die PE-Aktivitäten.

Institutionelle Investoren sind zur Erreichung ihrer Immobilieninvestitionsziele an einem Beziehungsaufbau zu Projektentwicklern interessiert. Daher ergibt sich im Sinne eines *Relationship Marketings*[486] insbesondere durch den Aufbau einer PE-Tätigkeit für einen SysBau-Anbieter die Möglichkeit zum Aufbau und zur Verbesserung der eigenen Geschäftsbeziehungen zu den nachfragerelevanten institutionellen Investoren. Dies erweist sich insofern als vorteilhaft, dass Auftraggeber von SysBau-Leistungen vermehrt zu *einem Relationship Buying* übergehen werden[487]. Effizienz- bzw. Effektivitätsverluste in der Gestaltung des anbieterseitigen Marketings werden vermieden[488].

Der Verkauf eines entwickelten Projektes an einen Investor, mit dem ein SysBau-Anbieter noch keine Transaktionen durchgeführt hat, ermöglicht diesem den Aufbau einer neuen Geschäftsbeziehung *(Nutzen aus der Folgewirkung einer Transaktion[489])*. Der SysBau-Anbieter gibt einem potenziellen Auftraggeber die Möglichkeit zum Erfahrungsaufbau bzgl. der projektspezifischen Zusammenarbeit *(Transaktionsnutzen[490])* (vgl. Abbildung 5–12).[491]

---

[484] So weist KLEMMER auf die Marktmacht von Planern und Architekten hin, die er durch ihre *Intermediärfunktion* zwischen Auftraggeber und Anbieter begründet. So können Planer und Architekten solche Leistungsmerkmale definieren, die bestimmte Anbieter begünstigen bzw. benachteiligen. Zusätzliche Marktmacht haben diese aufgrund ihrer *Selektionsfunktion* bei Auftragsvergaben, indem sie beispielsweise die in einen Vergabeprozess einzubeziehenden Anbieter bestimmen bzw. die zu ihrer Bestimmung heranzuziehenden Kriterien festlegen.
Vgl. KLEMMER, Neustrukturierung, S. 59-60

[485] vgl. Kapitel 4.2.3.2

[486] vgl. Kapitel 3.2.1.5

[487] vgl. Kapitel 5.8.2.1

[488] vgl. Tabelle 3–5

[489] vgl. Kapitel 2.1.2.1

[490] vgl. Kapitel 2.1.2.1

[491] vgl. Kapitel 4.2.9

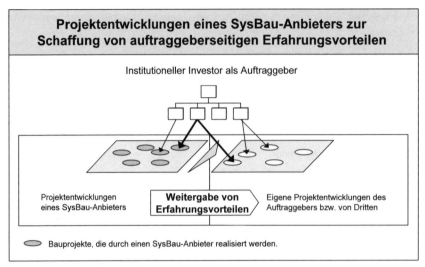

**Projektentwicklungen eines SysBau-Anbieters zur Schaffung von auftraggeberseitigen Erfahrungsvorteilen**

Institutioneller Investor als Auftraggeber

Projektentwicklungen eines SysBau-Anbieters

**Weitergabe von Erfahrungsvorteilen**

Eigene Projektentwicklungen des Auftraggebers bzw. von Dritten

⬭ Bauprojekte, die durch einen SysBau-Anbieter realisiert werden.

*Abbildung 5–12:   Projektentwicklungen eines SysBau-Anbieters zur Schaffung von anbieter-seitigen Erfahrungsvorteilen in der Abwicklung von SysBau-Transaktionen*

Im Rahmen der PE-Tätigkeit hat die Evaluation und Sicherung attraktiver Grundstücke eine Schlüsselstellung für den Erfolg einer Projektentwicklung. Denn neben anderen Faktoren nimmt für die institutionellen Investoren insbesondere die Attraktivität der Lage eines Immobilieninvestitionsangebotes als Bewertungsgesichtspunkt eine wichtige Bedeutung ein. So gaben die im Rahmen der Experteninterviews befragten Projektentwickler auf Anbieterseite sowie die befragten Experten auf Seite der institutionellen Investoren an, dass der wichtigste Erfolgsparameter einer PE-Tätigkeit die Evaluation und Sicherung von entwicklungsfähigen Grundstücken in attraktiven Lagen ist.

Projektentwickler, die ihrerseits wiederum vom Beziehungsnetzwerk sowie der Bekanntheit und der Reputation eines etablierten SysBau-Anbieters profitieren können, besitzen hierbei den Vorteil, dass sie verstärkt von Grundstückseignern angefragt werden, in Verbindung mit diesen ein vorhandenes Grundstück durch eine professionelle Projektentwicklung zu „veredeln".

Die oben dargestellten Vorteile einer Verknüpfung von SysBau-Aktivitäten mit einer PE-Tätigkeit werden in der folgenden Tabelle zusammengefasst.

| Positionierung durch die Verknüpfung von SysBau- und PE-Tätigkeit | |
| :--- | :--- |
| **Anbietervorteile** | **Kundenvorteile** |
| • Zusätzlicher Vertriebsweg für den Sys-Bau-Anbieter über eine rückwärtige Leistungsintegration<br><br>• Interne frühzeitige Garantieleistung der SysBau- gegenüber der PE-Tätigkeit<br><br>• Aufbau von Gegengeschäftspotenzialen gegenüber Planern sowie Planern und Architekten<br><br>• Ausbau und synergetische Nutzung des Beziehungsnetzes | • Realisierung der Immobilien-Investitionsziele<br><br>• Wahl zwischen bedürfnisgerechten und umfassend optimierten Investitionsangeboten<br><br>• Frühzeitige Garantie der Mindestanfangsrendite einer Immobilieninvestition<br><br>• Marktkenntnis des PE aufgrund der SysBau-Tätigkeit |

Tabelle 5–2:     *Erzielung von Wettbewerbsvorteilen durch die Verknüpfung der SysBau-Aktivitäten mit einer PE-Tätigkeit*

• **Planungsleistungen des SysBau-Anbieters**

Die heutigen Auftraggeber präferieren in der Mehrzahl Anbieter, die zur Erbringung von TU-Leistungen auf externe Planungsressourcen zurückgreifen.[492] SysBau-Anbieter, die unter der Entfaltung eines Systemkonzeptes Gebäude einer life-cycle-umfassenden Gesamtoptimierung unterwerfen, werden jedoch über eigene Planungsressourcen verfügen müssen. Da die Entwicklung eines Systemkonzeptes und dessen Umsetzung in gesamtheitlich optimierte Gebäudelösungen ein wesentliches Differenzierungsmerkmal eines SysBau-Anbieters darstellt, ist das Vorhandensein eigener Planungskompetenzen vor allem aus strategischen Überlegungen erforderlich, um einen Know-how-Abfluss über projektspezifisch beigezogene Fremdunternehmen zu vermeiden. Die Entwicklung und Realisierung von Gebäudekonzepten, die in ihrer Planungsphase die Gesichtspunkte einer effizienten Gebäudebewirtschaftung berücksichtigen, ist darüber hinaus ohne eigene Planungsressourcen auch aus operativer Sicht nicht zu realisieren.

Die Vorteile der Gesamtoptimierung eines Gebäudes werden in Zukunft die Skepsis der Auftraggeber gegenüber integrierten Leistungsanbietern überkompensieren.

Ein weiterer wichtiger Gesichtspunkt zum Vorhalten einer eigenen Planungstätigkeit besteht für einen SysBau-Anbieters in der Chance zur Herstellung eines frühzeitigen Kundenkontaktes sowie in der verbesserten Möglichkeit zur Herstellung einer Kundenbindung.

• **Eigene Planungskompetenz als Instrument zur frühzeitigen Kundenansprache**

Zu Beginn eines Bauprojektes stehen stets Fragen zur Definition des baulichen Anforderungsprofils eines Bauherrn und zu dessen Umsetzung in einen ersten Projektentwurf im Vordergrund. Die entscheidende Grundlage für den Erfolg eines Projektes wird zu grossen Teilen in dieser Frühphase gelegt. Um die Bedürfnisse eines Kunden mit

---

[492] vgl. Kapitel 4.2.2.3

Hilfe eines SysBau-Konzeptes in frühen Projektphasen erfüllen zu können und ihm damit eine Motivation zur frühzeitigen Miteinbeziehung des SysBau-Anbieters in ein Bauprojekt zu geben, werden SysBau-Anbieter über eigene Planungs- und Architekturabteilungen verfügen müssen.

Das Ziel aus Sicht des Marketings ist es hierbei u.U. auch, einen Planungsauftrag durch die Vorstellung des eigenen Systemkonzeptes in einen umfassenden SysBau-Auftrag auszuweiten.

- **Eigene Planungskompetenz als Instrument zur Kundenbindung**

Aufgrund des hohen Erfolgseinflusses der frühzeitigen Projektphasen führen Kunden die erfolgreiche Abwicklung eines Bauprojektes zu starken Anteilen auf die Leistungen der beteiligten Planer zurück. Da eine Erbringung von Planungsleistungen darüber hinaus auch den Aufbau einer vergleichsweise intensiven Interaktion[493] zwischen Planer und Auftraggeber beinhaltet, können SysBau-Anbieter mit ihren eigenen Planungskapazitäten bezüglich der Kundenbindung Vorteile gegenüber Wettbewerbern ohne eigene Planungsleistungen aufbauen.

Zur Generierung von Anbietervorteilen sollte ein SysBau-Anbieter mindestens die generelle und projektspezifische Planungskompetenz für das eigentliche Systemkonzept sowie zu dessen projektspezifischen Intergration in ein kundenspezifisches Projekt vorhalten. Die Vorhaltung dieser Kompetenz kann wie folgt erfolgen:

▪ Inhouse-Kapazitäten

▪ Strategische Allianzen mit Architektur- und/oder Ingenieurbüros

Für den kundenspezifischen, architektonischen Vorentwurf kann ein namhafter Architekt eingeschaltet werden. Die Aufgabe für das SysBau-Planungsteam besteht dann darin, das Systemkonzept in die Genehmigungs- und Ausführungsplanung des Architekten zu integrieren. Eine weitere Variante bestünde darin, dass der Anbieter selbst oder mit Kooperationspartnern in Form einer strategischen Allianz auch die Entwurfs- und Genehmigungsplanung erbringt. Damit vereinfacht sich zwar die Integration des Systemkonzeptes in den Entwurf. Jedoch wird die Imagegestaltung des einzelnen Projektes als Mittel zur Steigerung der Anbieterattraktivität durch ad-hoc-Kooperationen mit einem namhaften Architekten limitiert.

Insbesondere bei Projekten, bei denen der Auftraggeber hinsichtlich der Gestaltung der Projektorganisationsform noch nicht entschieden hat, ob die Beauftragung eines SysBau-Anbieters zweckmässig ist, erhalten Anbieter mit eigenen Planungskapazitäten ggf. über ihre Planungsaktivitäten einen ersten Projektzugang, der ihnen ansonsten verwehrt bliebe.

Anbieter, die über keine eigenen Planungsleistungen verfügen, und daher Planungsunternehmen als Partner bzw. Subunternehmer beauftragen, riskieren, dass sich die aus

---

[493] vgl. Kapitel 3.2.1.2

einer erfolgreichen Projektabwicklung hervorgehende Kundenzufriedenheit in erster Linie auf die beteiligten Planer und weniger auf das eigene Unternehmen erstreckt.

Ein weiterer Vorteil einer ausgeprägten eigenen Planungskompetenz besteht in der verbesserten Fähigkeit zur Koordination und Kontrolle externer Planer, die in der Funktion eines Subplaners für Standardaufgaben vom SysBau-Anbieter an der Projektabwicklung beteiligt werden.

- **Eigene Bauausführungskapazitäten**

Insgesamt ist durch die im Rahmen der Entwicklung von SysBau-Leistungen erfolgende Leistungserweiterung um Gesichtspunkte einer umfassenden Gebäudeoptimierung davon auszugehen, dass langfristig Fragen der Ausführung von Bauleistungen durch den SysBau-Anbieter mit eigenen oder fremden Bauproduktionskapazitäten einen insgesamt geringeren Stellenwert einnehmen werden. Dies liegt zum einen darin begründet, dass die Kosten zur Gebäudeerstellung einen relativ zum Gesamtumfang des beauftragten Leistungsbündels geringeren Anteil einnehmen werden. So weist Klemmer[494] darauf hin, dass Produktivitätssteigerungen in Höhe von ca. 4% bei der Nutzung von Bürogebäuden sämtlichen Kosten zur Gebäudeplanung und -erstellung sowie zum Erwerb des Grundstückes entsprechen. Gelingt es daher einem SysBau-Anbieter, durch die Entfaltung seines SysBau-Konzeptes zu einer frühzeitigen, unter Nutzungsgesichtspunkten erfolgenden Gebäudeoptimierung beizutragen, so lassen sich hierdurch de facto die gesamten Anschaffungskosten eines Gebäudes einsparen.

Insbesondere in der Phase der Einführung von SysBau-Leistungen in die Schweizer Bauwirtschaft sollte jedoch den heutigen Bedürfnissen der Auftraggeber hinsichtlich der geringen Fertigungstiefe eines Anbieters Rechnung getragen werden. Demgegenüber wird langfristig im Rahmen der zunehmenden Bedeutung von SysBau-Leistungen jedoch die Bewertung der Eigenfertigung als Vergabekriterium an Bedeutung verlieren, wodurch andere, marketingrelevante Gesichtspunkte der Eigenfertigung in den Vordergrund treten können.

Zur Erzeugung von Anbietervorteilen werden sich zukünftige Eigenleistungskonzeptionen von SysBau-Anbietern verstärkt auf operative Kernleistungen konzentrieren, die diese mit eigenen Produktionskapazitäten oder mittels Partner im Rahmen strategischer Allianzen erbringen. Bei Grossunternehmen werden solche Bauleistungen meist bedarfsbezogen aus den jeweiligen Sparten bezogen, die eine weitgehende Selbständigkeit besitzen. Die Leistungen, die nicht zu den eigentlichen Kernleistungen zählen, werden von Subunternehmern bezogen. Dieses Konzept der Vorhaltung von Kernkompetenzen ermöglicht es z.B., Fast-track-Projekte[495] schnell durch den Rückgriff auf eigene Kapazitäten zu starten. Ferner können Leistungsdefizite oder ein Ausfall von Subunternehmern schneller ausgeglichen werden.

---

[494] KLEMMER, Neustrukturierung, S. 125-126

[495] GIRMSCHEID, Fast Track Projects, 1996, S. 471-484

Das Vorhandensein eigener Bauausführungskapazitäten beinhaltet für einen Sys-Bau-Anbieter zum einen die Möglichkeit eines *erleichterten Zugriffs auf Bauausführungs-Know-how* zur schnittstellenübergreifenden Optimierung seines Sys-Bau-Konzeptes hinsichtlich einer ausführungsgerechten Gebäude- und Bauprozess-gestaltung. Da SysBau-Anbieter sich u.a. durch die frühzeitige Übernahme weitgehender Garantieverpflichtungen auszeichnen, bedeutet für sie der Zugriff auf eigene Ausführungskapazitäten zum anderen die *interne Weitergabe* von ausführungsrelevanten Gesichtspunkten dieser *Garantiezusagen*. Des weiteren ermöglichen eigene Bauausführungskapazitäten aus der Sicht des Marketings die Chance zur *Erweiterung des eigenen Beziehungsnetzwerkes*.

Die genannten Positionierungsoptionen werden im Folgenden näher beschrieben.

- **Vereinfachter Zugriff auf Bauausführungs-Know-how**

Bei der Ausarbeitung technisch anspruchsvoller SysBau-Angebote werden die Anbieter im Rahmen ihrer Systemgestaltung darauf angewiesen sein, einen direkten Zugriff auf umfangreiches bautechnisches Know-how zu erhalten. Dieses können sie durch einen Rückgriff auf ihre eigenen Planungsressourcen oder durch die Zusammenarbeit mit externen Planungsunternehmen erhalten. Insbesondere jedoch bei Fragestellungen, die sich auf die bauliche Ausführbarkeit technischer Lösungen sowie deren Randbedingungen (z.B. Kosten, Ausführungszeiten, Staub- und Lärmemissionen etc.) beziehen, wird es für einen SysBau-Anbieter erforderlich sein, spezielles Ausführungs-Know-how zur Lösungserarbeitung heranzuziehen.

SysBau-Anbieter, die in ihrem eigenen Unternehmensverbund auf solche Ausführungskenntnisse zurückgreifen können, besitzen in dieser Hinsicht den Vorteil, eigene Experten beiziehen zu können, ohne eine Bauausführungsunternehmung in das Anbieterkonsortium aufnehmen bzw. für den Fall eines Vergabezuschlages exklusiv die Beauftragung der entsprechenden Bauleistungen zusichern zu müssen.

- **Abgabe interner Garantiezusagen**

SysBau-Anbieter werden im Rahmen der Angebotskalkulation für die Erstellung eines schlüsselfertigen Gebäudesystems Preisanfragen an für die Ausführung baulicher Teilleistungen in Frage kommende Unternehmen richten. Aus der Summe der eingehenden Angebote sowie unter Berücksichtigung der eigenen Kostenkenntnisse stellen sie anschliessend ein umfassendes Gesamtangebot zusammen. Nach erfolgter Beauftragung durch den Bauherren werden dann mit den für eine Projektbeteiligung in Frage kommenden Subunternehmen konkrete Vergabeverhandlungen geführt.

Da SysBau-Anbieter bereits zu einem sehr frühen Zeitpunkt in ein Bauprojekt eintreten, resultiert für sie aus der zeitlichen Differenz zwischen der Angebotskalkulation, der Einreichung eines verbindlichen Gesamtangebotes sowie der Beauftragung der Subunternehmungen ein beträchtliches Kostenrisiko. Denn falls sich im Zeitraum zwischen der Preisanfrage und Kostenkalkulation sowie dem Beauftragungszeitpunkt der Subunternehmungen das allgemeine Preisniveau für Bauleistungen erhöht hat, so resultieren aus der Differenz zwischen erwartetem und realisiertem Weitervergabepreis Mehrausgaben zu Lasten des SysBau-Anbieters.

Da die heute zwischen Anbietern und Auftraggebern üblichen Verträge i.d.R. keine Preisgleitklauseln enthalten und baumarktbedingte Kostenüberschreitungen somit sowohl bei Kostendach- als auch bei Pauschalverträgen voll zu Lasten der Anbieter gehen, resultiert hieraus bei einer ähnlichen Vertragsgestaltung ein nicht unerhebliches Gewinnrisiko für einen SysBau-Anbieter.

SysBau-Anbieter, die auf unternehmenseigene Bauausführungskapazitäten zurückgreifen können, profitieren hierbei von dem Vorteil, dass diese intern gegenüber dem SysBau-Anbieter für die tatsächliche Höhe ihres Angebotspreises garantieren. Freie Bauleistungsanbieter sind demgegenüber eher schwer dazu zu bewegen, langfristige Preisgarantien abzugeben. Dies gilt insbesondere für solche Marktsituationen, in denen mit tendenziell steigenden Baupreisen gerechnet wird.

• **Ausbau und synergetische Nutzung des eigenen Beziehungsnetzwerkes**
SysBau-Anbieter, die organisatorisch mit Bauausführungskapazitäten verbunden sind, können in gewissem Umfang durch diese Verbindung eine Erweiterung des eigenen Beziehungsnetzwerkes erreichen. Bauausführungsunternehmen, die im Rahmen ihres Akquisitionstätigkeit Marktchancen für SysBau-Aufträge erkennen, können solche Informationen an den SysBau-Anbieter weitergeben und im Gegenzug mit einer bevorzugten Berücksichtigung bei der Vergabe von Bauaufträgen rechnen.

### 5.8.2.3 Positionierung durch Folgekostenkompetenz

Der zur Zeit auf Seiten der professionellen Auftraggeber festzustellende Trend, die Attraktivität von Immobilieninvestitionen vermehrt unter der Anwendung der DCF-Methode (Discounted-Cash-Flow-Methode) zu analysieren, wird seinen Beitrag dazu leisten, dass die Folgekosten einer Immobilieninvestition, z.B. hinsichtlich ihrer Nutzungskosten, verstärkt in Investitionsentscheidungen mit einbezogen werden.

Im Rahmen einer empirischen Erhebung gaben von den befragten Investoren im Jahre 1999 17,2% an, Immobilienbewertungen mit Hilfe der DCF-Methode durchzuführen. Demgegenüber lag der Anteil der Investoren, die die DCF-Methode zur Bewertung von Immobilieninvestitionen einsetzen im Jahre 1995 mit 8,3% nur gut halb so hoch.[496]

Es ist zu erwarten, dass Immobilieninvestoren, die die Bewertung von Bestandsimmobilien mit Hilfe der DCF-Methode vornehmen, in Zukunft auch Investitionsangebote von Immobilienprojektentwicklern oder Angebote von Totalunternehmungen verstärkt hinsichtlich der damit verbundenen Folgekosten analysieren werden. Durch die Abzinsung zukünftiger Mehr- oder Minderausgaben im Bereich der Nutzungskosten einer Immobilie auf den Zeitpunkt der Immobilieninvestition lassen sich verschiedene vorliegende Angebotsalternativen nicht nur hinsichtlich ihrer Investitionskosten, sondern auch in Bezug auf ihre Nutzungskosten monetär quantifizieren. Investitionskosten und die in-

---

[496] N.N., Anleger, 2000, S. 32

nerhalb einer bestimmten Periode voraussichtlich anfallenden Nutzungskosten lassen sich im Rahmen einer Gesamtwirtschaftlichkeitsbetrachtung bewerten.

Um den anbieterseitig vorzunehmenden Wirtschaftlichkeitsberechnungen hinsichtlich der Folgekosten einer Immobilieninvestition eine hinreichende Verbindlichkeit zukommen zu lassen, werden die Anbieter in zunehmenden Masse die von ihnen prognostizierten Nutzungsparameter mit Garantien absichern müssen, wodurch sie hinsichtlich der von ihnen angebotenen Leistungen de facto zu SysBau-Anbietern werden.

Im Rahmen der Kundenbefragung hat die Mehrzahl (88%) der befragten Auftraggebervertreter dementsprechend die Fähigkeit eines Anbieters zur Bewertung der Folgekosten eines Immobilien- bzw. Erstellungs- und Planungsangebotes als eine wichtige zukünftige Schlüsselkompetenz dargestellt (vgl. Abbildung 5–13). Hierdurch wird die angestellte Prognose einer Verlagerung zukünftiger Wettbewerbe innerhalb der Bauwirtschaft von einer reinen Erstellungs- hin zu einer Gesamtwirtschaftlichkeitsbetrachtung bestätigt.

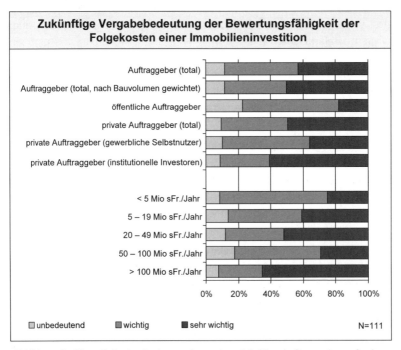

*Abbildung 5–13:    Folgekostenkompetenz als zukünftige Auftraggeberanforderung*

Kruschwitz stellt verschiedene Standardsituationen dar, die die Funktion der Wirtschaftlichkeitsrechnung für die Akquisition verdeutlichen[497]. Im Folgenden werden diese Situationen auf das Marketing von SysBau-Leistungen übertragen:

---

[497] KRUSCHWITZ, Investitionsrechnung, 2000, S. 454-455

- *Situation 1:* Im Rahmen ihrer langfristigen Investitionsentscheidungen nehmen Auftraggeber Wirtschaftlichkeitsanalysen vor, mit denen sie beurteilen, ob und in welchem Umfang eine Beauftragung eines SysBau-Anbieters eine interessante Austauschalternative darstellt. Hierbei haben insbesondere die Höhe der durch die Investitionsentscheidung ausgelösten Folgekosten als Bestandteil eines umfassenden Gebäude-Life-Cycle-Costings eine hohe Bedeutung.

Für einen SysBau-Anbieter ist es von grossem Vorteil, die Methodik von Life-Cycle-Costing-Analysen zu beherrschen, um die Überlegungen des Auftraggebers nachvollziehen zu können und auf diese Weise die Voraussetzung dafür zu schaffen, ihm eine überzeugende Lösung anzubieten.

- *Situation 2:* Andere Anbieter demonstrieren einem Auftraggeber mit Hilfe von Wirtschaftlichkeitsrechnungen, worin die Vorteilhaftigkeit ihres Angebotes in Bezug auf die Folgekosten einer Gebäudeerstellung besteht.

Der SysBau-Anbieter ist nun aufgerufen, dem Auftraggeber ebenfalls eine Folgekostenrechnung aufzustellen, um nicht einen Kompetenzrückstand gegenüber seinen Wettbewerbern hinnehmen zu müssen oder aber hinsichtlich seines Angebotes als unattraktiv zu gelten.

- *Situation 3:* Der Auftraggeber befragt den SysBau-Anbieter zur Wirtschaftlichkeit seines Angebotes. Er erwartet von diesem die Vorlage einer nachvollziehbaren Aufstellung zur Höhe der zu erwartenden Folgekosten.

Als kompetentem Lösungsanbieter bietet sich dem SysBau-Anbieter durch die Aufstellung einer Folgekostenrechnung die Möglichkeit zu einer nachhaltigen Differenzierung gegenüber den Wettbewerbern.

Dementsprechend ergibt sich für einen SysBau-Anbieter ein erhebliches Positionierungspotenzial durch die Fähigkeit, Wirtschaftlichkeitsrechnungen zur Bestimmung der Folgekosten einer Gebäudeerstellung unter Einbezug eines umfassenden Life Cycle Costings zu erstellen.

Zudem können SysBau-Anbieter hierdurch eine erhebliche Verbesserung ihrer Wettbewerbsposition im Vergabeprozess erzielen. Denn sie schaffen zum einen die Voraussetzung, um in Interaktion mit einem Auftraggeber ein bestehendes Optimierungspotenzial hinsichtlich des ausgewogenen Verhältnisses zwischen den Erstellungs- und Folgekosten einer Gebäudeinvestition auszuschöpfen. Der SysBau-Anbieter erzielt als gesamtheitlicher Gebäudeoptimierer einen seitens des Auftraggebers wahrgenommenen Kompetenzvorsprung und kann sich nachhaltig gegenüber seinen Wettbewerbern differenzieren.

Aufgrund seiner Folgekostenkompetenz erreicht er ggf. eine Verbesserung seiner Position im Vergabeprozess, da er etwaige Mehrkosten zur Gebäudeerstellung glaubhaft und detailliert quantifizierbar mit den diskontierten Einsparungen während der Nutzungsphase verrechnen kann. Trotz höherer Erstellungskosten wird er somit ggf. unter Gesamtwirtschaftlichkeitsbetrachtungen einem TU-Anbieter vorgezogen, der über keine Folgekostenkompetenz verfügt. Bezüglich verschiedener Szenarien zum Einsatz der Wirtschaftlichkeit als Akquisitionsinstrument vgl. Abbildung 5–14.

| Szenarien bzgl. des Einsatzes der Wirtschaftlichkeitsrechnung als Akquisitionsinstrument | | | |
|---|---|---|---|
| **Auftraggeber** | **Wettbewerber** | **Anbieter** | **Position des Anbieters** |
| Fall 1: rechnet | rechnet | rechnet nicht | Verlierer |
| Fall 2: rechnet nicht | rechnet | rechnet nicht | potenzieller Verlierer |
| Fall 3: rechnet | rechnet nicht | rechnet nicht | passiv neutral |
| Fall 4: rechnet nicht | rechnet nicht | rechnet nicht | neutral |
| Fall 5: rechnet | rechnet | rechnet | neutral |
| Fall 6: rechnet nicht | rechnet | rechnet | aktiv neutral |
| Fall 7: rechnet nicht | rechnet nicht | rechnet | potenzieller Sieger |
| Fall 8: rechnet | rechnet nicht | rechnet | Sieger |

*Abbildung 5–14:   Szenarien bezüglich des Einsatzes der Wirtschaftlichkeitsrechnung als Akquisitionsinstrument*

Die Fähigkeit der life-cycle-bezogenen Optimierung der Gebäudekosten bietet einem Auftraggeber darüber hinaus einen wirksamen Anreiz, den SysBau-Anbieter zu einem frühen Zeitpunkt, zu dem die maximale Beeinflussung und Optimierung der Life Cycle Costs erfolgen kann, in den Projektablauf zu integrieren. Die Verlagerung der Vergabekriterien während eines frühen Vergabezeitpunktes führt dazu, dass unter den Wettbewerbern vornehmlich ein Wettbewerb der Leistungspotenziale stattfindet. Etwaige Mehrkosten des Auftraggebers, die dadurch entstehen, dass er den Schwerpunkt des Wettbewerbes nicht auf die Bedingungen eines Austausches, wie z.B. detaillierte Angebote hinsichtlich des Preises und der Art und des Umfang des zu erstellenden Gebäudes führen kann, werden durch Kostenvorteile aufgrund der Reduktion der Life-Cycle-Kosten eines Gebäudes überkompensiert. Durch die Garantie der Folgekosten eines Gebäudes während der Nutzungsphase erfolgt zudem ein Abbau des wahrgenommenen Risikos hinsichtlich des Eintreffens der vom SysBau angestellten Wirtschaftlichkeitsrechnungen.

• **Realisierung der Life-Cycle-Kompetenz durch den SysBau-Anbieter**

Durch die Integration von Gebäudemanagement-Know-how in die Projektentwicklung und -planung werden SysBau-Anbieter in die Lage versetzt, die baulichen Voraussetzungen für gesamtoptimierte Gebäudesysteme zu schaffen und sich die beschriebene Life-Cycle-Kompetenz anzueignen.

Da insbesondere die Anbieter von Gebäudemanagement-Leistungen auf diesem Gebiet über Spezialisierungsvorteile gegenüber den bisherigen GU-/TU-Anbietern verfügen, könnte es sich aus der Sicht der GU-/TU-Anbieter zunächst anbieten, diese Leistungen an entsprechende Spezialisten fremdzuvergeben. Demgegenüber stellt jedoch gerade die Verbindung von Life-Cycle-Kompetenz und nutzergerechter Projektentwicklung und -planung ein massgebliches Differenzierungsmerkmal des SysBau-Anbieters dar. Aus diesem Grund bietet es sich aus Sicht der bisher als GU-/TU-Anbieter am Markt auftretenden Unternehmen an, sich an Gebäudemanagement-Dienstleistern zu beteiligen oder entsprechende projektübergreifende Kooperationen einzugehen. Auf diese Weise lässt sich opportunistisches Verhalten eines projektbezogen beauftragten Gebäudemanagement-Dienstleisters verhindern, das z.B. in einer Nutzung des vom SysBau-Anbieter erworbenen Know-hows in der Zusammenarbeit mit anderen Anbietern bzw. in der Eigenentwicklung von SysBau-Angeboten bestünde.

### 5.8.2.4 Positionierung durch die Wahl von Partner- bzw. Subunternehmen

Wie GU- und TU-Anbieter werden sich SysBau-Anbieter hinsichtlich ihrer Attraktivität u.a. auch über die Wahl ihrer Sub- und Partnerunternehmen sowie der Gestaltung ihrer Beziehung zu diesen bei potenziellen Auftraggebern profilieren. Damit erstreckt sich ihr Positionierungspotenzial über die Grenzen des eigenen Unternehmens hinaus.

Günter[498] weist bereits darauf hin, dass die Wettbwewerbsvorteile, die ein Unternehmen aufgrund des Zusammenschlusses mit anderen Unternehmen erwirbt, in einem direkten Zusammenhang stehen mit der Positionierung jedes der betrachteten Unternehmen bei getrennter Betrachtung[499].

Zur Optimierung ihrer Beauftragungschancen sollten daher auch SysBau-Anbieter bestehende Positionierungschancen durch die Wahl ihrer Partner- und Subunternehmen nutzen. So sollten im Bereich von Leistungsbeziehungen mit geringen Transaktionskosten neben weiteren Auswahlkriterien insbesondere Subunternehmen in eine Anbieterkoalition aufgenommen werden,

- die beim Auftraggeber eine Präferenzstellung einnehmen,
- die eine Gegengeschäftsbeziehung zum Auftraggeber pflegen,
- deren Mitarbeiter eine Vertrauensbeziehung zu Mitgliedern des Buying-Centers pflegen oder
- die bereits bei vergangenen Projekten mit dem Auftraggeber zusammen gearbeitet haben.

Zum Aufbau von Anbietervorteilen sollte der SysBau als Bestandteil einer gesamtheitlichen Betrachtung über die oben genannten Gesichtspunkte hinaus auch darauf bedacht sein, sich durch die Zusammenarbeit mit den beauftragten Subunternehmern den Zugang zu komplementären Kernkompetenzen zu sichern, die ihn bei der Leistungserbringung unterstützen. Dies lässt sich beispielsweise durch den Aufbau längerfristiger Geschäftsbeziehungen erreichen, bei denen der Subunternehmer in der Funk-

---

[498] GÜNTER, Projektkooperationen, 1998, S. 269
[499] GÜNTER, Projektkooperationen, 1998, S. 292-293

tion eines Kooperationspartners motiviert wird, Kosten-, Termin- und Qualitätsziele zu erreichen.

### 5.8.2.5 Positionierung durch Stabilität und Konstanz

SysBau-Leistungen unterscheiden sich von GU- bzw. TU-Leistungen u.a. durch den höheren Wert des Vertragsgegenstandes sowie durch die längere Dauer der Transaktionsbeziehung. Insbesondere auch aufgrund der seitens des SysBau-Anbieters zu übernehmenden Garantieverpflichtungen nimmt seine Stabilität und Konstanz eine erhöhte Bedeutung für seinen Marketingerfolg ein. Je länger und umfassender die Transaktionsbeziehung zu einem Anbieter aufgrund des Inhaltes des Vertragsgegenstandes ist, desto mehr lässt sich durch die Kommunikation der Stabilität das Vertrauen des Auftraggebers in die erfolgreiche Abwicklung einer Transaktion steigern. Durch den Abbau anbieterseitiger Unsicherheit kommt es somit zu einer Verringerung der ex-ante-Transaktionskosten; die Wahrscheinlichkeit der Beauftragung steigt.

Insbesondere grosse Anbieter haben dabei den Vorteil, dass sie gemäss der Portfoliotheorie durch einen internen Risikoausgleich Probleme im Zuge der Leistungserbringung mit Hilfe anderer Aufträge ausgleichen können.

### 5.8.2.6 Positionierung durch regionale Präsenz

Grossen Anbietern bietet das SysBau-Konzept die Möglichkeit, aus ihrer breiten geographischen Marktpräsenz Betriebsgrössenvorteile gegenüber kleineren Unternehmen zu entwickeln. Ein Anbieter, der beispielsweise in einem Marktsegment, z.B. zur Bereitstellung innerstädtischen Parkraums, innovative Lösungskonzepte erarbeitet hat, kann diese einem breiten Markt zugänglich machen und auf diese Weise seine Aufwendungen zum Aufbau des SysBau-Konzeptes auf eine ausreichende Projektanzahl verteilen. Segmentspezifisches Wissen wird mehrfach genutzt; es werden Know-how-bezogene Skalenvorteile erzeugt.

### 5.8.2.7 Positionierung durch Gegengeschäftspotenzial

Aufgrund des höheren Wertes des Vertragsgegenstandes von SysBau- gegenüber GU- und TU-Leistungen ist zu erwarten, dass Gegengeschäftsbetrachtungen für das Marketing von SysBau-Anbietern eine zukünftig geringere Bedeutung einnehmen werden. Denn die Interessen im Bereich der Immobilienentscheidung werden hierdurch gegenüber operativen Interessen des Kerngeschäftsfeldes an Bedeutung gewinnen.

Des Weiteren wird die mit der Etablierung von SysBau-Angeboten einhergehende Leistungsverlagerung von Planungs- und Gebäudemanagementleistungen vom Auftraggeber bzw. der von ihm beauftragten Dienstleister auf die Anbieter solcher Leistungen zu einer zunehmenden Trennung der Immobilien- und Bauentscheidungen vom operativen Kerngeschäft führen. Denn im Rahmen von Outsourcingentscheidungen stehen häufig auch Überlegungen einer erhöhten Leistungs- und Kostentransparenz im Vordergrund. Die direkte Vergleichbarkeit vorliegender Angebote nimmt durch die Weiterentwicklung der Leistungsangebote von GU- über TU- zu SysBau-Leistungen ab, da die Komplexität des Leistungsgegenstandes insgesamt steigt. Da Gegengeschäftsbetrachtungen häufig zur Vergabeentscheidung bei mehreren annähernd ähnlich attraktiven Angebote herangezogen werden, treten sie in Zukunft gegenüber anderen Vergabeaspekten, die sich direkt auf das Leistungsangebot des Anbieters beziehen, in den Hintergrund.

Zur Optimierung der eigenen Beauftragungschancen sollte ein SysBau-Anbieter jedoch auch die verbleibenden Positionierungschancen im Bereich seines Gegengeschäftspotenzials nutzen. Hierzu gehören insbesondere:

- Management von Subunternehmer- und Lieferantenbeziehungen auch nach Gesichtspunkten des Gegengeschäftspotenzials.

- Berücksichtigung des Gegengeschäftspotenzials als Teil des Beschaffungsverhaltens durch die Beauftragung von Institutionen, die ihrerseits SysBau-Aufträge vergeben.

- Dokumentation des Beschaffungsverhaltens als Argument für Gegengeschäftsdiskussionen bei kommenden Vergaben von SysBau-Leistungen

- Aktives Einfordern von Gegengeschäftsbetrachtungen gegenüber Auftraggebern, die dieses nur passiv bewerten.

- Berücksichtigung des seitens des Investors bestehenden Gegengeschäftspotenzials bei der Vergabe von Projektentwicklungsangeboten.


### 5.8.2.8 Positionierung durch die Optimierung von Referenzwirkungen

Referenzen werden aufgrund der Neuheit von SysBau-Angeboten ein wichtiges Positionierungsinstrument zur Beurteilung eines SysBau-Anbieters darstellen. Der optimale Einsatz dieses Instrumentes ist daher für die Anbieter von Bedeutung, um beim Auftraggeber einen möglichst guten Eindruck im Hinblick auf die Erfüllung anbieterbezogener Bewertungskriterien zu erreichen sowie anbieterseitige Unsicherheit im Umgang mit diesen neuen Leistungsangeboten abzubauen.

Damit mit Hilfe eines Referenzobjektes beim Auftraggeber seitens eines Anbieters eine möglichst hohe Referenzwirkung erzielt werden kann, sind nach Auffassung von Jakob[500] insbesondere die folgenden Aspekte von Bedeutung[501]:

- Übereinstimmung des Anwendungsproblems von Referenzträger und Referenztarget

- grundsätzliche Ähnlichkeit zwischen Referenzobjekt und Anwendungsproblem des Referenztargets

- Bereitschaft von Referenzkunde und Referenztarget zur Kontaktaufnahme

- Glaubwürdigkeit des Referenzträgers[502]

---

[500] vgl. JAKOB, Auftragsmanagement, 1998, S. 36;

[501] Gemäss der eingangs vorgenommenen Begriffserweiterungen wurden die von JAKOB vorgeschlagenen Aspekte unter der Berücksichtigung der Resultate der Experteninterviews zur Anwendung auf das Marketing von SysBau-Leistungen modifiziert.

[502] KROEBER-RIEL/WEINBERG, Konsumentenverhalten, 1996, S. 506

Die Erfüllung der beiden erstgenannten Aspekte setzt die Existenz entsprechender Referenzen voraus. Dies stellt gerade bei der Etablierung von SysBau-Leistungen eine Herausforderung für den Anbieter dar. Ferner kommt der geschickten Auswahl der Referenzobjekte sowie der Referenzträger im Hinblick auf den zu erzielenden Referenznutzen durch den SysBau-Anbieter eine hohe Bedeutung zu.

Aufgrund der höheren Komplexität von SysBau-Leistungen gegenüber GU- und TU-Leistungen wird es jedoch einem SysBau-Anbieter erschwert, seine Referenzen gegenüber potenziellen Auftraggebern umfassend zu kommunizieren. Daher ist es für ihn wichtig, bestehende Kunden als Referenzträger zur Erteilung einer umfassenden Referenzaussage zu bewegen.

- **Motivation des Referenzträgers**

Die Frage, aus welchem Grunde ein glaubwürdiger Referenzträger einem Referenztarget Auskunft erteilen soll, ist u.a. deshalb von Interesse, weil eine solche Kommunikationsbereitschaft nach den obengenannten Voraussetzungen zur Erzielung einer Referenzwirkung von grosser Bedeutung ist zur Herstellung einer vollständigen Referenzaussage. Aspekte, die gegen eine solche Kontaktbereitschaft sprechen können, sind[503]:

- mögliche Risiken für den Referenzträger bei Nichtzufriedenstellung des Referenztargets durch das Referenzsubjekt (Vertrauensverlust, Rufschädigung etc.)
- Konkurrenzbeziehung zwischen Referenzträger und Referenztarget

Mögliche Motive für einen Referenzträger, einem Referenztarget Auskunft zu erteilen, sind in der nachfolgenden Tabelle dargestellt.

---

[503]in Anlehnung an KOTLER/BLIEMEL, Marketing-Management, 1999, S. 946-947

| Motive für einen Referenzträger zur Erteilung einer Referenzauskunft | |
|---|---|
| *Innere Verpflichtung des Referenzträgers* | Referenzträger kommt seiner inneren Verpflichtung nach, dem Referenzsubjekt durch die Erzielung eines Referenznutzens für seine guten Leistungen zu belohnen. |
| *Stärkere Bindung zwischen SysBau-Anbieter und Referenzträger* | Intensivierung einer Geschäftsbeziehung zwischen Referenzträger und Referenzsubjekt zum beiderseitigen Vorteil, z.B. Effizienz der projektbezogenen Interaktion. |
| *Belohnung des Referenzträgers durch den SysBau-Anbieter* | Kunden, die z.B. aufgrund ihrer Auskunftsbereitschaft oder ihrer brancheninternen Rolle als Lead User[504] bzw. als Meinungsführer[505] als effiziente Referenzträger gelten, können u.U. dadurch profitieren, dass der durch sie erzielbare Referenznutzen im Rahmen der Angebotskalkulation berücksichtigt wird und sich somit ggf. mindernd auf den Angebotspreis auswirkt (Nutzen aus den Folgewirkungen eines Austausches[506]). |

Tabelle 5–3: *Motive für einen Referenzträger zur Erteilung einer Referenzauskunft gegenüber einem Referenztarget[507]*

## 5.9 Entwicklung der Modelldimension: Marktentwicklungsstruktur

Im Folgenden wird unter Bezug auf das Lebenszyklus-Konzept ein Modell zur Vermarktung von SysBau-Leistungen im Schweizer Hochbau entwickelt. Dieses Modell ist marktphasenbezogen und stellt als zeitbezogene Marktentwicklungsstruktur die zweite Modelldimension dar. Aus ihr werden Handlungsalternativen für das Marketing von SysBau-Leistungen entwickelt.

Da es sich bei SysBau-Leistungen um Leistungs-Innovationen handelt, die bei ihrer Einführung eine Neuheit darstellen werden, wird es insbesondere darauf ankommen, im Rahmen einer erfolgreichen Einführungs- und Wachstumsphase zu ihrer Etablierung beizutragen. Die Anwendung des Lebenszyklus-Konzeptes zur Entwicklung von Handlungsalternativen für das Marketing von SysBau-Leistungen ist daher aufgrund des Neuheits-Charakters dieser Leistungen besonders zweckmässig. Es gibt wertvolle Hinweise zur Gestaltungsebene[508] des Sys-Bau-Anbieters hinsichtlich der phasengerechten Positionierung seines Leistungspotenzials (vgl. Abbildung 5–15).

---

[504] Als Lead User gelten solche Kunden, deren Nachfrage repräsentativ für einen betrachteten Markt ist und die neue Leistungsangebote bereitwillig akzeptieren. Vgl. VON HIPPEL, Lead Users, 1986, S. 791-805; URBAN/VON HIPPEL, Lead User Analysis, 1988, S. 569-582; HERSTATT/VON HIPPEL, From Experience, 1992, S. 213-221; zitiert in: BACKHAUS, Industriegütermarketing, 1997, S. 106-107

[505] Als Meinungsführer gelten demgegenüber Kunden, die als kompetent und glaubwürdig gelten und ihre Erfahrungen überdurchschnittlich intensiv kommunizieren. Vgl. KROEBER-RIEL/WEINBERG, Konsumentenverhalten, 1996, S. 506 f.

[506] vgl. Kapitel 2.1.2.1

[507] In Anlehnung an KOTLER/BLIEMEL, Marketing-Management, 1999, S. 946-947; erweitert um die Resultate der Experteninterviews

[508] vgl. *Abbildung 5–2*

*Abbildung 5–15:  Lebenszyklusorientiertes Vermarktungsmodell zur Positionierung von Sys-
Bau-Anbietern – Gestaltungsebene*

### 5.9.1  Relevante Zielkunden

Die relevanten Zielkunden für einen SysBau-Anbieter zeichnen sich anfangs im Idealfall vor allem dadurch aus, dass sie eine *hohe Umsatzbedeutung* sowie eine vergleichsweise *hohe Innovationsfreudigkeit* aufweisen. Solche Kunden lassen sich in Anlehnung an Abbildung 5–18 als A-Kunden bezeichnen.

#### 5.9.1.1  Umsatzbedeutung

Kunden, die eine hohe Umsatzbedeutung aufweisen, sind relevante Zielkunden eines
SysBau-Anbieters. Sie sind geeignet, schnell zu einer weiten Verbreitung von Sys-
Bau-Leistungen beizutragen. Über ihre intensive Bautätigkeit und die hohe Anzahl der
von ihnen abgewickelten Projekte tragen sie, nachdem sie einmal von der Vorteilhaftigkeit der Leistungsinnovation „SysBau" überzeugt sind, zu einer schnellen Etablierung
von SysBau-Anbietern in der Bauwirtschaft bei.[509]

---

[509] vgl. hierzu auch Kapitel 5.9.1

### 5.9.1.2 Innovationsfreudigkeit

Kunden, die eine hohe Innovationsfreudigkeit aufweisen, stehen neuen Leistungsangeboten offen gegenüber. Sie sind trotz der anfänglich bestehenden, allgemeinen Unsicherheit gegenüber Leistungsinnovationen vergleichsweise einfach zu akquirieren.

Die Frage nach der Dauer, innerhalb derer sich Leistungsinnovationen am Markt durchsetzen, wird im Rahmen der Diffusionstheorie behandelt. Der Verlauf der Diffusion eines Produktes in der Gesamtheit seiner potenziellen Nachfrager wird dabei als statistische Verteilung der individuellen Adoptionszeit bestimmt (vgl. Abbildung 5–16).

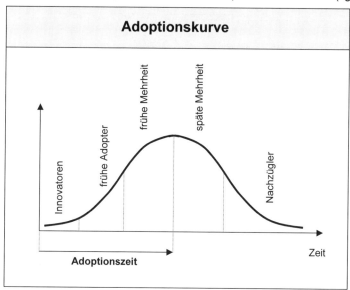

*Abbildung 5–16:    Darstellung einer typischen Adoptionskurve[510,511]*

Als Hinweis auf die zu erwartende Adoptionszeit für SysBau-Leistungen in der Schweizer Bauwirtschaft, d.h. als Hinweis auf die Dauer der Einführungsphase, wurden im Rahmen der quantitativen Marktbefragung die Auftraggeber dahingehend befragt, ob sie in Zukunft Totalunternehmer- und Gebäudemanagementleistungen als gesamtheitliches Leistungsbündel vergeben werden (Abbildung 5–17). Hierbei gaben 8% der Befragten an, dass sie eine solche Vergabe für denkbar halten bzw. beabsichtigen. Es lässt sich abschätzen, dass dementsprechend 8% der Nachfrager als Nachfrager-Innovatoren bzw. frühe Adopter zu bezeichnen sind, die bereits in der Einführungsphase die entsprechenden Leistungen annehmen werden.

Diese Nachfrager sind insofern als relevante Zielkunden des SysBau-Anbieters zu verstehen, da sie im Gegensatz zu anderen Kunden eher als Erste dazu bereit sein werden, die Leistungsinnovation „SysBau" aufzunehmen.

---

[510] vgl. GIERL, Diffusion, 1987, S. 905-906

[511] vgl. ROGERS, Diffusion, 1962

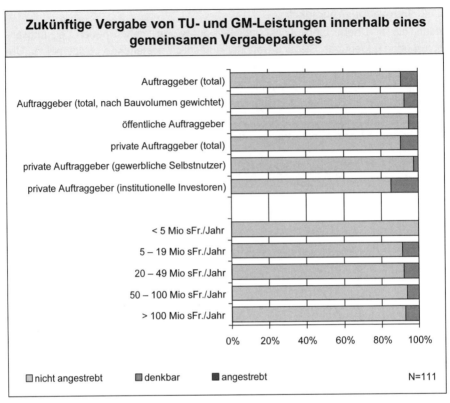

*Abbildung 5–17: Anzahl der Nachfrager-Innovatoren und Früh-Adoptern
für SysBau-Leistungen*

Aufgrund der hohen Anzahl von Früh-Adoptern ist das Potenzial der Schweizer Bauwirtschaft zur Annahme von SysBau-Leistungen damit als vergleichsweise hoch zu bezeichnen; es ist von einer entsprechend kurzen Adoptionsdauer auszugehen.

Abbildung 5–18 fasst die vorher dargestellten Kriterien zur Bestimmung der relevanten Zielkunden für einen SysBau-Anbieter zusammen. Je nachdem, in welchem Masse ein Kunde die Kriterien erfüllt, lässt er sich hinsichtlich seiner Attraktivität als A-, B-, C- oder D-Kunde klassifizieren. Da sich ein SysBau-Anbieter in seinem Marketing-Verhalten zunächst auf die attraktiven Kunden konzentrieren wird, ist davon auszugehen, dass SysBau-Leistungen entsprechend der vorgenommenen Zielkunden-Klassifizierung in die Bauwirtschaft diffundieren werden.

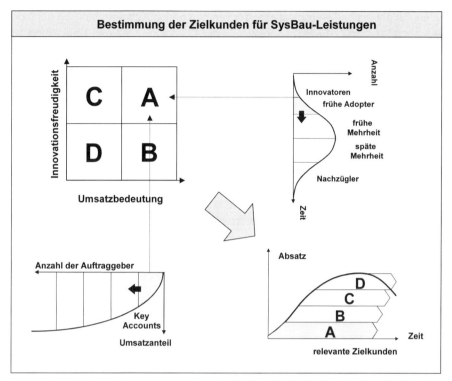

Abbildung 5–18:   Bestimmung der relevanten Zielkunden für SysBau-Anbieter in Abhängigkeit des Kundenumsatzes sowie der Innovationsfreudigkeit des Kunden

## 5.9.2  Einführungsphase

Im Rahmen der Einführungsphase werden SysBau-Leistungen erstmals seitens eines oder mehrerer Anbieter auf dem Markt angeboten. Da der Markt für diese neuen Leistungen zunächst noch entwickelt werden muss, besitzen die SysBau-Leistungen anfangs noch den Charakter einer Vision[512]. Aufgrund der Neuheit der angebotenen Leistungen ist davon auszugehen, dass die Auftraggeber diesen zunächst noch skeptisch gegenüberstehen werden und sich nur zögerlich zu einer Annahme und Beauftragung entschliessen werden. Hierbei besteht insbesondere das Problem, dass zu diesem Zeitpunkt noch keine oder nur sehr wenige Erfahrungen und Referenzen bezüglich der Abwicklung dieser Leistungen vorliegen. Zusätzlich zu dieser Neuheit wird die erhöhte Komplexität des Leistungsgegenstandes „SysBau-Leistungen" dazu führen, dass anfangs ein erhöhtes Unsicherheitsempfinden auf Seiten der Auftragnehmer gegen eine Beauftragung von SysBau-Leistungen spricht.

Eine besondere Herausforderung besteht für den SysBau-Anbieter somit darin, ausgewählte Auftraggeber als erste Referenzkunden zu gewinnen. Im Rahmen der Preis-

---

[512] HEINZ, Entwicklung, 1996, S. 63

gestaltung ist dabei der Referenznutzen, der von den ersten Auftraggebern auf künftige Auftragnehmer ausgeht, als Folgenutzen aus der Durchführung einer Transaktion zu betrachten. Unter langfristigen, strategischen Betrachtungen kann es dabei angebracht sein, diesen Folgenutzen monetär zu bewerten und gegen notwendige Investitionen in der Einführungsphase zu verrechnen.

Vom SysBau-Anbieter müssen insbesondere Entscheidungen hinsichtlich der Art und Dimensionierung des bereitzustellenden Leistungspotenzials sowie der Gestaltung der durchzuführenden Prozesse getroffen werden.[513]

- **Markteinstieg über Projektentwicklungen**

Für die erstmalige Etablierung bieten sich dabei für einen SysBau-Anbieter bevorzugt eigene Projektentwicklungen an, bei denen er die Anwendung von SysBau-Leistungen zur Schaffung von Erstreferenzen durchsetzen kann. Bereits heute werden Vergaben von Projektentwicklungen seitens der GU- und TU-Anbieter, die über unternehmenseigene Gebäudemanagementressourcen verfügen, an die Bedingung geknüpft, dass Leistungen des Gebäudemanagements anfangs mit anbietereigenen Ressourcen erbracht werden. Die Übernahme zusätzlicher Risiken durch die Bereitstellung von Folgekostengarantien sind im Rahmen der Einführungsphase, soweit sie sich nicht durch entsprechende Risikoprämien vergüten lassen, als Investitionen in die Markteinführung des SysBau-Angebotes zu verstehen.

- **Geringe Leistungsintegration in der Einführungsphase**

Zur beschleunigten Etablierung von SysBau-Leistungen ist besonders die Frage nach der optimalen Leistungstiefe der Anbieter von Bedeutung. Aufbauend auf eine Evaluierung der erfolgsrelevanten Kernkompetenzen eines SysBau-Anbieters ist dabei in Form einer umfassenden Make-or-Buy-Entscheidung die Frage zu beantworten, welche Leistungen er selbst erbringen oder am Markt frei zukaufen bzw. in Form langfristiger Kooperationen beschaffen soll.

Aufgrund der Erfahrungen der im Rahmen dieser Arbeit geführten empirischen Untersuchungen ist zu erwarten, dass unter Marketinggesichtspunkten während der Einführungsphase ein weitgehender Fremdleistungsbezug ratsam ist, der es erlaubt, Auftraggeberpräferenzen in der Wahl der Lieferanten bzw. Konsortialpartner zu berücksichtigen.

Solche aus Marketingüberlegungen resultierenden Gesichtspunkte der Beschaffungsstrategie eines SysBau-Anbieters sind dabei gegen Vorteile in der Konzeption und Bereitstellung (*Leistungspotenzial*) sowie der Erbringung (*Leistungserstellungsprozess*) von SysBau-Leistungen abzuwägen.

Da insbesondere institutionelle Investoren eine weitgehende Leistungsintegration auf Anbieterseite als unattraktiv bewerten, sollte bei einem Einstieg über dieses Kunden-

---

[513] MEFFERT/BRUHN, Dienstleistungsmarketing, 1997, S. 129

segment solchen Vorbehalten in der Gestalltung der Fertigungstiefe Rechnung getragen werden.

- **Etablierung über Kostendachverträge**

Einen erfolgversprechenden Ansatz zur Etablierung von SysBau-Leistung in der Bauwirtschaft bilden Kostendachlösungen, die sowohl den SysBau-Anbieter wie auch den Nutzer bzw. Besitzer eines Gebäudes zur Einsparung von Folgekosten motivieren. Der Auftraggeber verspürt einen Anreiz zur Optimierung seines Nutzerverhaltens bzw. des Verhaltens eines Drittmieters und trägt insbesondere in der Phase der Gebäudeplanung ein Eigeninteresse zur Folgekostenoptimierung. Ebenso wird der SysBau-Anbieter motiviert, im Rahmen der Gestaltung und Betreuung eines Gebäudesystems nach einer maximalen Ausschöpfung des bestehenden Optimierungspotenzials zu suchen. Die Aufteilung von Kosten-unterschreitungen während der Nutzungsphase eines Gebäudes sollte dabei entsprechend der Beeinflussbarkeit der auftretenden Kosten auf SysBau-Anbieter und Auftraggeber vorgenommen werden.

In der Einführungsphase liegen noch keine umfangreichen Auftraggeber-Erfahrungen in Bezug auf die Kalkulation und Abwicklung von SysBau-Leistungen vor. Aufgrund der erhöhten Transparenz von Kostendachverträgen reduzieren diese aus Auftraggebersicht insbesondere die Unsicherheit, im Rahmen weitgehender Leistungspauschalierungen die Leistungen des SysBau-Anbieters durch zu hohe Zahlungen zu vergüten.

- **Kurze Garantielaufzeiten während der Einführungsphase**

Damit sich Anbieter wie Nachfrager schrittweise an die neuen Leistungen herantasten können, ist es ratsam, die Dauer abgegebener Folgekostengarantien in der Einführungsphase zunächst auf eine vergleichsweise kurze Dauer (z.B. 1–2 Jahre) zu beschränken.

Vorteile für den Auftraggeber bestünden neben der Folgekostengarantie innerhalb der zwar kurzen Garantielaufzeit in einer verbesserten Überführung des Gebäudes von der Erstellungs- in die Betriebsphase.

- **Einstieg über das Segment der institutionellen Investoren**

Für den Markteinstieg eignet sich für einen SysBau-Anbieter insbesondere das Marktsegment der institutionellen Anbieter. Die Gründe hierfür werden im Folgenden erläutert.

- **Nachfrage nach Projektentwicklungen**

  Institutionelle Investoren treten als Nachfrager nach entwickelten Projekten auf und lassen sich damit für einen SysBau-Anbieter mit eigener Projektentwicklungstätigkeit am ehesten als Erstkunden akquirieren.

- **Nachfrage nach Standardimmobilien**

  Institutionelle Anleger zeichnen sich darüber hinaus dadurch aus, dass sie zumeist in marktgängige Projekte investieren, d.h. Projekte, die aufgrund ihrer flexiblen Nutzungsmöglichkeit unter technischen Gesichtspunkten keine Spezialgebäude darstellen. Die vergleichsweise höhere technische Vergleichbarkeit der Projekte, die von institutionellen Auftraggebern in Auftrag gegeben werden, ermöglicht es einem SysBau-Anbieter, mit einer vergleichsweisen geringeren Anzahl erstellter Projekte ein Systemkonzept zu entwickeln, das ihm eine den ganzen Gebäudelebenszyklus übergreifende Kostenoptimierung erlaubt.

### ▪ Nachfrage nach umfassenden Leistungsbündeln

Aufgrund der zunehmenden Verlagerung der Baunachfrage auf indirekte Formen der Immobilienanlage lässt sich zudem erwarten, dass insbesondere die institutionellen Investoren zur Konzentration auf ihre eigentlichen Kernkompetenzen, Leistungen der Gebäudeplanung, -erstellung und -bewirtschaftung vorzugsweise innerhalb eines Leistungsbündels an einen SysBau-Anbieter vergeben werden. Entsprechend viele der im Rahmen der quantitativen Befragung befragten institutionellen Investoren sind als Nachfrage-Innovatoren bzw. frühe Adopter zu bezeichnen (15%) (vgl. Abbildung 5–17).

### ▪ Hohe Anzahl potenzieller Projekte

Aufgrund der hohen Anzahl an potenziellen Projekten lassen sich für einen SysBau-Anbieter vergleichsweise schnell Erfahrungsvorteile gegenüber anderen Anbietern, die zu einem späteren Zeitpunkt in dieses Segment eintreten, aufbauen.

### ▪ Hohe Nachfrageintensität

Institutionelle Investoren treten aufgrund der Intensität ihrer Bautätigkeit mit einer hohen Häufigkeit als Nachfrager am Markt auf. Dabei ist in Anlehnung an Kapitel 5.8.1.1 davon auszugehen, dass institutionelle Investoren in Zukunft als Nachfrager weiter an Bedeutung zunehmen werden. Sie sind somit in Bezug auf ihre Umsatzbedeutung als A-Kunden zu bezeichnen. Aus diesem Grund lässt sich gerade über die institutionellen Investoren vergleichsweise schnell eine Etablierung von SysBau-Leistungen erreichen. Denn liegen auf Seiten eines institutionellen Investors erste Erfahrungen in der Beauftragung und Abwicklung von SysBau-Aufträgen vor, so ist zu erwarten, dass er bei einer entsprechenden Kundenzufriedenheit in Zukunft verstärkt SysBau-Leistungen zur Befriedigung seiner Baunachfrage beauftragen wird. Die interne Weitergabe von Erfahrungsvorteilen hinsichtlich der Abwicklung von SysBau-Aufträgen trägt dabei zu einer Verringerung der auftraggeberspezifischen Adoptionszeit bei (vgl. Abbildung 5–19).

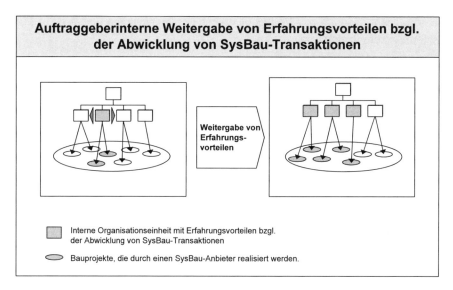

Abbildung 5–19:   Auftraggeberinterne Weitergabe von Erfahrungsvorteilen bezüglich der
                  Abwicklung von SysBau-Transaktionen

- **Strategische Ziele der Einführungsphase**

Die Ziele der Durchführung erster Transaktionen von SysBau-Leistungen in der Einführungsphase bestehen vornehmlich in der Ausschöpfung eines möglichst hohen Folgenutzens. Dieser Folgenutzen besteht aus Sicht des Anbieters hauptsächlich aus den folgenden Elementen:

- Schaffung von Referenzen, die den Anbieter bei der Akquisition von weiteren Aufträgen unterstützen.
- Aufbau von Erfahrungsvorteilen in der Konzeption und Erbringung von SysBau-Leistungen sowie in der Höhe und Form des im Rahmen der Gebäudekonzeption bestehenden Optimierungspotenzials
- Erarbeitung von Erfahrungsvorteilen im Marketing von SysBau-Leistungen
- Positionierung im Markt als kompetenter Anbieter von SysBau-Leistungen

### 5.9.3  Wachstumsphase

Die Wachstumsphase ist dadurch geprägt, dass die Auftraggeber den Leistungen des SysBau-Anbieters nicht mehr nur in einer passiven, abwartenden Haltung gegenüberstehen. Der Markt akzeptiert zunehmend die neuen Leistungsangebote und fragt diese aktiv nach. Daher ist für die Wachstumsphase zu erwarten, dass entsprechend der steigenden Nachfrage zunehmend weitere Anbieter versuchen werden, in den Markt für SysBau-Leistungen einzutreten. Aufgrund des zunehmenden Marktanteils von SysBau-Angeboten zu Lasten der konventionellen GU- und TU-Leistungen ist jedoch davon auszugehen, dass das zur Verfügung stehende Marktvolumen ausreichend Platz für weitere Anbieter bieten wird.

Durch diese zunehmende Akzeptanz von SysBau-Leistungen kann angenommen werden, dass innerhalb der Wachstumsphase die Nachfrage nach SysBau-Leistungen aus dem Segment der institutionellen Investoren als Zielkunden der Einführungsphase zunehmend in das Segment der gewerblichen Selbstnutzer diffundiert (vgl. Abbildung 5–20). Dies wird u.a. durch die Tatsache unterstützt, dass institutionelle Investoren und gewerbliche Selbstnutzer häufig in der Funktion des Auftraggebers und späteren Mieters gemeinsam an der Realisierung eines Bauprojektes beteiligt sind, wodurch gewerbliche Selbstnutzer entsprechende Erfahrungsvorteile in der Durchführung von SysBau-Transaktionen aufbauen.

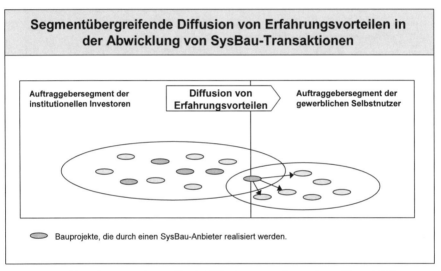

Abbildung 5–20:   Segmentübergreifende Diffusion von auftraggeberseitigen Erfahrungsvorteilen in der Abwicklung von SysBau-Transaktionen

Ziel der SysBau-Anbieter, die bereits in der Einführungsphase am Markt aufgetreten sind, muss es sein, ihre Folgenutzen aus den in der Einführungsphase abgewickelten Transaktionen am Markt zum Aufbau von wirksamen Markteintrittsbarrieren gegenüber anderen Wettbewerbern auszuspielen.

- **Erweiterung der angebotenen Garantieleistungen**

Aufgrund ihres Erfahrungsvorsprunges hinsichtlich der Folgekosten eines Gebäudes sowie deren optimalen Beeinflussung während der Gebäudeprojektierung können die ersten als SysBau-Anbieter aufgetretenen Unternehmen die von ihnen angebotenen Garantieleistungen erweitern (Umfang der Garantien, Dauer der Garantiezeit). Hierdurch werden sie in die Lage versetzt, eine wirksame Differenzierung gegenüber ihren Wettbewerbern aufzubauen und diese entweder zur Margenverbesserung oder zur Verteidigung ihrer Marktanteile zu nutzen.

- **Profilierung über Referenzen aus der Einführungsphase**

Mit Hilfe der Referenzwirkung von bereits abgewickelten Projekten haben die Erst-SysBau-Anbieter zudem die Möglichkeit, sich als kompetente Anbieter am Markt zu positionieren. Es wird ihnen daher entsprechend leichter fallen, bereits zu frühen Projektzeitpunkten in die Abwicklung von Bauprojekten miteinbezogen zu werden.

- **Zunehmende Leistungsindividualisierung im Hinblick auf einzelne Kunden**

Aufgrund der zunehmenden Akzeptanz von SysBau-Leistungen ist im Rahmen der Wachstumsphase zu erwarten, dass die Auftraggeber in steigendem Masse Erfahrungen im Umgang mit diesen sammeln[514]. Im Zusammenhang mit ihren jeweiligen kundenspezifischen Bedürfnissen entwickeln die Auftraggeber daher zunehmend projektspezifische Anforderungen an die Konfiguration, d.h. die Gestaltung und den Umfang, von SysBau-Leistungen. In Erkenntnis dieser sich verändernden und modifizierenden Kundenanforderungen ist es nun die Aufgabe der Anbieter, ihre SysBau-Leistungen im Hinblick auf einzelne Kunden bzw. einzelne Marktsegmente innerhalb eines Key-Account- bzw. Relationship-Marketings zu spezifizieren[515]. Diese weitere Leistungsspezifizierung bietet den etablierten SysBau-Anbietern die Möglichkeit, über Leistungsinnovationen ihren Wettbewerbsvorsprung gegenüber neu in den Markt eintretenden Wettbewerbern zu verteidigen bzw. auszubauen. Insbesondere die Möglichkeiten eines Key-Account-Marketings sind gegenüber besonders erfolgsrelevanten institutionellen Investoren als Nachfragern zu nutzen, um Kunden aus der Einführungsphase von einer Multiple-Sourcing-Strategie abzuhalten und in eine längerfristige Geschäftsbeziehung zu überführen.

- **Ziele der Wachstumsphase**

Ziel der Wachstumsphase ist es, die im Rahmen der Einführungsphase erreichte Marktposition zu konsolidieren. Darüber hinaus sind durch den SysBau-Anbieter neue Leistungsangebote zur Ansprache weiterer Marktsegmente zu entwickeln. Des weiteren ist eine Ausweitung der Folgekostengarantien und der übernommenen Contracting-Leistungen in der Betriebsphase anzustreben. Durch den Aufbau von Markteintrittsbarrieren ist die erreichte Marktpositionen gegenüber anderen potenziellen SysBau-Anbietern abzusichern[516]. Dies kann beispielsweise durch die Entwicklung von technischen Innovationen geschehen, um das Systemkonzept ganzheitlich weiterzuentwickeln. Durch die Schaffung weiterer Anbieter- und Kundenvorteile ist die Wettbewerbsposition des SysBau-Anbieters gegenüber potenziellen Nachahmern auszubauen.

---

[514] vgl. KLEINALTENKAMP, Wettbewerbsstrategie, 2000, S. 156

[515] vgl. Tabelle 3–6

[516] vgl. MEFFERT/BRUHN, Dienstleistungsmarketing, 1997, S. 129

### 5.9.4 Stagnationsphase

Währen der Stagnationsphase kommt die weitere Ausdehnung des Marktanteils von SysBau-Leistungen zum Stillstand. SysBau-Leistungen haben sich am Markt neben den bestehenden Projektabwicklungsformen etabliert. Entsprechend der Ergebnisse der qualitativen und quantitativen Auftraggeberbefragung ist zu erwarten, dass die Entscheidung zur Beauftragung von SysBau-Leistungen, ähnlich wie die heute erfolgende Bestimmung der Projektabwicklungsform, problembezogen anhand von projekt- und auftraggeberspezifischen Anforderungen erfolgen wird.

- **Zunehmende Untersegmentierung des SysBau-Marktes**

Zur Verteidigung seiner Marktposition wird es für einen erfolgreichen SysBau-Anbieter während der Stagnationsphase darauf ankommen, sein Leistungsangebot im Rahmen einer Konzentrationsstrategie auf ausgewählte Markt- und Kundensegmente hin individuell zu gestalten.

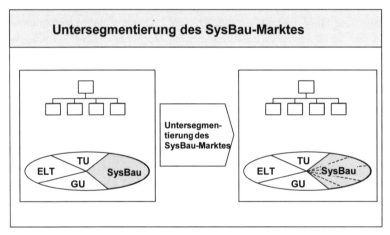

Abbildung 5–21:    Untersegmentierung des SysBau-Marktes

Insbesondere im Segment der gewerblichen Selbstnutzer ergibt sich die Möglichkeit, massgeschneiderte SysBau-Angebote im Bereich von nicht marktgängigen Spezialimmobilien zu entwickeln. Die besondere Herausforderung für einen SysBau-Anbieter wird darin bestehen, innerhalb dieser ausgewählten Marktsegmente spezifisches Nutzer-Know-how[517] zu entwickeln, dass ihn in die Lage versetzt, besser als der Auftraggeber selbst eine life-cycle-umfassende Gebäudeoptimierung vorzunehmen.

Mit Hilfe einer Spezialisierung kann innerhalb des evaluierten Zielmarktes sowohl eine Kostenführerschaft als auch eine segmentspezifische Differenzierung erreicht werden. Durch die Konzentration der unternehmerischen Anstrengungen auf ein begrenztes strategisches Wettbewerbsfeld wird ein SysBau-Anbieter in der Lage sein, seine stra-

---

[517] bzgl. der unterschiedlichen Betriebskosten von Gebäuden vgl. Abbildung 1–1

tegischen Ziele effektiver als diejenigen Wettbewerber, die über die Gesamtbreite des Marktes operieren, umzusetzen.[518]

Die Untersegmentierung des Marktes für SysBau-Leistungen eröffnet dabei die Möglichkeit, neue Lebenszyklen innerhalb der Untersegmente zu etablieren (vgl. Abbildung 5–22). Hierbei kommen dem SysBau-Anbieter seine erworbenen Kernkompetenzen aus dem von ihm bereits entwickelten SysBau-Konzept bzw. aus dessen ständiger Weiterentwicklung zugute.

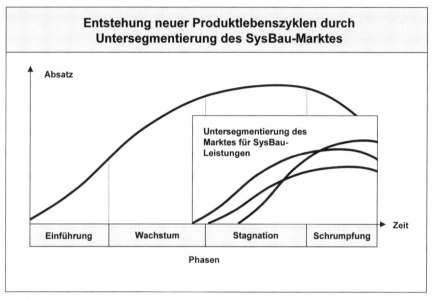

Abbildung 5–22:   *Entstehung neuer Produktlebenszyklen durch fortschreitende Untersegmentierung des SysBau-Marktes*

Die Entwicklung der Baunachfrage ist zyklischen Schwankungen ausgesetzt, die auch von den Anbietern von SysBau-Leistungen nicht beeinflusst werden können. SysBau-Anbieter, die es verstehen, ihren Umsatz massgeblich an einige erfolgversprechende Zielsegmente zu koppeln und in diesen nachhaltige Vorsprünge gegenüber ihren Wettbewerbern zu entwickeln, werden die Auswirkungen zukünftiger Baurezessionen weit weniger ausgeprägt als andere Wettbewerber erleben. Umsatzrückgänge im allgemeinen Baugeschäft werden sich zwar auch auf die Zielsegmente eines erfolgreichen SysBau-Anbieters niederschlagen. Die mit der zielgerichteten Differenzierung erreichte Preisabschirmung trägt jedoch verbunden mit der aus Effizienzvorteilen entwickelten Kostenführerschaft letztendlich dazu bei, die innerhalb des Segmentes erreichte Vormachtstellung langfristig zu verteidigen und im Branchenvergleich zufriedenstellende Renditen zu erzielen. Die zyklischen Ausprägungen der allgemeinen Baukonjunktur

---

[518] vgl. SCHULTE/GIRMSCHEID, Lösungsansätze, S. 13

werden durch die längerfristigen Entwicklungsverläufe der evaluierten Zielsegmente überlagert.

- **Aufbau von segmentspezifischen Ressourcen-Vorteilen**

Aufbauend auf dem im Rahmen von Einzelprojekten gewonnenen Know-how wird es darauf ankommen, dieses im Unternehmen zu bündeln und für Folgeprojekte nutzbar zu machen. Durch das Aufzeigen eines Kompetenzvorsprungs in ausgewählten Einzelsegmenten bietet sich einem SysBau-Anbieter die Chance, besser als seine breit ausgerichteten Wettbewerber die Anforderungen z.B. eines gewerblichen Selbstnutzers zur Planung, Erstellung und zum Betreiben einer Immobilie zu erfüllen.

Die Konzentration bietet wegen des verkleinerten Zielmarktes aus Sicht des Marketings die Möglichkeit, ein effektives Key-Account-Marketing gegenüber potenziellen Auftraggebern durchzuführen. Ein auf einige Kundensegmente konzentrierter Anbieter kennt die Kunden seines Zielsegmentes und deren Bedürfnisse genau. Eine Kundenorientierung fällt ihm deshalb sehr viel leichter als seinen breit ausgerichteten Wettbewerbern.

SysBau-Anbieter, die als erste eine segmentspezifische Fokussierung vornehmen, profitieren zudem von dem Vorteil, dass sie sich ggf. knappe segmentspezifische Ressourcen sichern können. Hierbei kann es sich beispielsweise um bestimmte Kooperationspartner oder Mitarbeiter handeln, die über entsprechende Erfahrungsvorteile im Zielsegment verfügen (vgl. Abbildung 5–23).

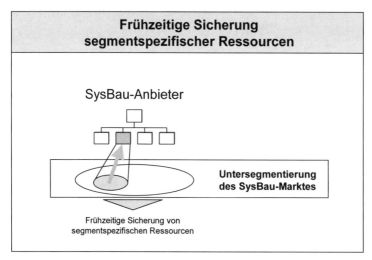

*Abbildung 5–23:    Frühzeitige Sicherung segmentspezifischer Ressourcen im Rahmen der Untersegmentierung des SysBau-Marktes*

- **Auswahl der Zielsegmente**

Die Zielsegmente müssen zum Unternehmen passen; sie sind nach verschiedenen Kriterien zu beurteilen, wie z.B. Lage und Ausdehnung der regionalen Teilmärkte, Grösse des Zielmarktes im Verhältnis zum Unternehmen, Anforderungen an das technische Know-how, Kapitalbedarf des Markteintritts etc. In Abhängigkeit der jeweiligen Kernkompetenzen eines SysBau-Anbieters ist ein Zielsegmentportfolio aufzubauen, das es erlaubt, unvorhergesehene Nachfrageentwicklungen innerhalb eines Segmentes auszugleichen. Angestrebt werden sollte zudem, mögliche Synergien zwischen den Segmenten zur Nutzung von Breitenvorteilen (Economies of Scope) herzustellen. Der Aufbau der für die einzelnen Zielsegmente anzuwendenden Systemkonzepte sollte dabei ausgehend von dem Systemkonzept erfolgen, das seitens des SysBau-Anbieters für den breiten Markt der institutionellen Investoren entwickelt wurde. Dieses ist insofern zu erweitern, dass es die Besonderheiten des neuen Marktsegmentes berücksichtigt und gleichzeitig die Erfahrungsvorteile aus der Anwendung des bereits bestehenden SysBau-Konzeptes zur Wirkung bringt.

Wie bei der Erstetablierung von SysBau-Leistungen im breit angelegten Segment der institutionellen Investoren wird eine besondere Herausforderung darin bestehen, Erstreferenzen und Erfahrungsvorteile herzustellen. Der Einstieg in die Übernahme von Folgekostengarantien sollte dabei wiederum durch die Übernahme anfangs nur vergleichsweise kurzfristiger Garantieverpflichtungen erfolgen.

- **Implikationen der Untersegmentierung für die Positionierung des Sys-Bau-Anbieters**

Die Kriterien zur Bewertung der Attraktivität eines Anbieters von SysBau-Leistung gehen aus der Synthese des *auftraggeberspezifischen Vergabeverhaltens* sowie der *Art* und des *Umfangs des Leistungsgegenstandes* hervor[519]. SysBau-Anbieter, die sich in ihrer Tätigkeit auf ausgewählte Marktsegmente fokussieren, werden ihre Anbieterpositionierung im Hinblick auf die in dem von ihnen gewählten Segment überprüfen und ggf. zur Erreichung einer starken *relativen Anbieter-Marktposition*[520] anpassen müssen. Je nachdem, ob die Fokussierung im Hinblick auf Auftraggebersegmente oder bestimmte Objektarten erfolgt, ergeben sich Verschiebungen hinsichtlich der Kriterien zur Bewertung der Anbieterattraktivität durch einen Auftraggeber (vgl. Abbildung 5–24).

---

[519] vgl. Kapitel 5.6.1.1
[520] vgl. Kapitel 5.6.1.2

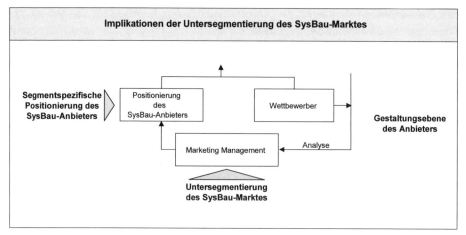

*Abbildung 5–24:* *Implikationen der Untersegmentierung für die Positionierung des Sys-*
*Bau-Anbieters*

- **Risiken der Untersegmentierung**

Die Konzentration auf ausgewählte Zielsegmente birgt neben den genannten Chancen
für einen SysBau-Anbieter auch Risiken. Ein Risiko besteht in der mangelnden Aus-
gleichsmöglichkeit plötzlich auftretender Nachfrageeinbrüche im Zielmarkt. Ein Systemanbieter, der sich z.B. auf die Erstellung schlüsselfertiger Multiplex-Kinos konzentriert hat, könnte durch eine zukünftige Trendwende im Freizeitverhalten oder durch eine Marktübersättigung mit einer abrupt nachlassenden Nachfrage konfrontiert werden.
Ein weiteres Risiko besteht in der Gefahr, durch übertriebene Differenzierungsbemü-
hungen und einer zu stark auf Kosten der Prozessorientierung geführten Kundenorientierung Kostennachteile aufzubauen. Die Life-Cycle-Wirtschaftlichkeit der Kundenlö-
sung muss auch hier im Sinne des Gesamtnutzwertes für den Auftraggeber im Vordergrund stehen.

Eine weitere Gefahr könnte sich dann ergeben, wenn die zielmarktspezifische Differenzierung keine Besonderheit mehr darstellt, weil die Anforderungen des Gesamt-
marktes sich an die des Zielmarktes annähern. Einem erlangten Wettbewerbsvorsprung würde dadurch die Basis entzogen. Ein SysBau-Anbieter wäre dann der Situation gegenübergestellt, seine Aktivitäten auf einen Teilmarkt beschränkt zu haben,
ohne in diesem längerfristige Wettbewerbsvorteile erreicht zu haben.

### 5.9.5 Schrumpfungsphase

Die Schrumpfungsphase innerhalb eines Produktlebenszyklus ist vor allem dadurch
geprägt, dass sich die innerhalb eines Marktes- bzw. Marktsegmentes erzielbaren Absatzzahlen verringern und sich damit die Absatzchancen für die am Markt auftretenden

Anbieter reduzieren.[521] Der Grund für dieses Absinken der Absatzzahlen ist – unter der Annahme eines nach wie vor bestehenden Kundenbedürfnisses – in der Verfügbarkeit attraktiverer Angebotsalternativen, d.h. anderer Angebotsformen, zur Lösung des Nachfrageproblems sowie einer einhergehenden zunehmenden Wettbewerbsintensität zu sehen.

Angesichts dieser Situation sehen sich die Anbieter der strategischen Frage gegenübergestellt, in welcher Form sie der zunehmenden Wettbewerbsintensität am erfolgreichsten begegnen können.[522] Gelingt es den Anbietern von SysBau-Leistungen nicht, durch weitere Leistungsinnovationen Differenzierungspotenziale gegenüber ihren Wettbewerbern aufzubauen, so verbleibt ihnen unter Umständen nur die Option eines zunehmenden Preiswettbewerbs oder aber des Marktaustritts zu wählen.

Aufgrund der im Vergleich zu anderen, innovationsintensiveren Branchen lang andauernden Produktlebenszyklen der Bauwirtschaft ist jedoch davon auszugehen, dass die Schrumpfungsphase im Segment der SysBau-Leistungen nicht zu einer im Rahmen dieser Arbeit absehbaren Zeit einsetzen wird.

---

[521] vgl. KLEINALTENKAMP, Wettbewerbsstrategie, 2000, S. 156

[522] vgl. MEFFERT/BRUHN, Dienstleistungsmarketing, 1997, S. 130

## 5.10 Gestaltungsvorschlag für SysBau-Leistungen am Beispiel einer systemübergreifenden Gebäudetechnik

Aufbauend auf dem Erklärungs- und Entscheidungsmodell zur Vermarktung von Sys-Bau-Leistungen in den verschiedenen Marktphasen wird im Folgenden ein Vorschlag zur Gestaltung von SysBau-Leistungen in der Einführungs- und Wachstumsphase unterbreitet. Bei seiner Konkretisierung fokussiert sich dieser Vorschlag auf die Optimierung der Life-Cycle-Kosten eines Gebäudes. Besonderes Gewicht wird der integrierten Betrachtung des Teilsystems „Gebäudetechnik" zugewiesen.

### 5.10.1 Einführungsphase

Während der Einführungsphase sollte versucht werden, etablierte TU-Angebote um eine teilweise Absicherung der zu erwartenden Betriebskosten eines Gebäudes zu Sys-Bau-Angeboten zu erweitern. Diese Kosten werden massgeblich bestimmt durch die *Energiekosten,* die *Kosten des Gebäudemanagements* sowie die *Kosten für den Unterhalt*. In diesen beiden Bereichen sind in der Schweiz in letzter Zeit Entwicklungen zu beobachten, die geeignet erscheinen, zu einer erhöhten Kostensicherheit für den Auftraggeber beizutragen. Die oben gegebenen Hinweise zur Gestaltung von SysBau-Leistungen in der Einführungsphase lassen sich dabei am einfachsten realisieren, indem diese Entwicklungen aufgegriffen werden; sie können als Basis für die stufenweise Entwicklung und Etablierung[523] von SysBau-Angeboten dienen.

- **SysBau-Entwicklung als Teil der Einführungsphase**

Zu Beginn der Einführungsphase existiert die in späteren Marktphasen angestrebte vollständige Entfaltung von SysBau-Leistungen zunächst nur in Form einer Vision, die von Projekt zu Projekt zunehmend konkretisiert wird. Als Teilabschnitt der Einführungsphase steht somit zu Beginn die Entwicklung von ersten SysBau-Leistungscharakteristiken zur nutzungs- und bewirtschaftungsorientierten Gebäudeoptimierung, die den bestehenden und etablierten TU-Angeboten als komplementäre Ergänzung beigefügt werden. Zur Erfüllung erster Garantieverpflichtungen hinsichtlich der Gebäude-Betriebskosten übernehmen TU-Anbieter während ihrer Entwicklung zum SysBau-Anbieter erste Leistungen des technischen Gebäudemanagements. Während der Einführungsphase sollte der SysBau-Anbieter dabei zunächst versuchen, Leistungsergebnisse, für die er selbst bzw. durch die Beauftragung Dritter verantwortlich ist, durch Garantieleistungen abzusichern.

Gleichzeitig sollte er bestrebt sein, seine Leistungen mit denjenigen von weiteren Vertragspartnern des Auftraggebers komplementär zu ergänzen, so dass letztendlich für den Auftraggeber eine weitestgehende Betriebskostensicherheit resultiert. Hierdurch wird erreicht, dass sich der kundenorientierte SysBau-Anbieter bereits während der Einführungsphase aus der Sicht des Auftraggebers als umfassender Problemlöser empfiehlt, ohne bereits integrierte, teilsystemübergreifende Systemleistungen zu er-

---

[523] bzgl. eines Vorschlages zur stufenweisen Etablierung von SysBau-Leistungen vgl. Kapitel 5.10.3

bringen. Garantiert beispielsweise ein Contracting-Anbieter dem Auftraggeber die maximalen Kosten pro Einheit Nutzenergie, so kann der SysBau-Anbieter dem Auftraggeber die maximal zu verbrauchende Menge an Nutzenergie garantieren. Für den Auftraggeber wird so eine Maximalkostensicherheit für den Energieverbrauch erreicht.

- **Absicherung von gebäudetechnischen Zielgrössen**

Ein SysBau-Anbieter sollte beispielsweise die von ihm als Teil seines Leistungsbündels angebotene Gebäudetechnikplanung und -ausführung insofern mit einer Absicherung versehen, dass sich seine Vergütung auch (z.B. als Bonus-/Malus-Regelung) nach der Erreichung einer definierten Zielgrösse bezüglich des Energiebedarfs des von ihm realisierten Gebäudes richtet. Die Festlegung der Zielgrösse[524] sollte dabei Teil des Sys-Bau-Angebotes (als Bestandteil der Wirtschaftlichkeitsrechnung) sein, um eine wettbewerbsinduzierte Optimierung[525] zu erfahren. Die Höhe dieser Zielgrösse ist abhängig vom jeweiligen Gestaltungsentwurf eines Anbieters. Sie sollte zur Vergleichbarkeit mit den Zielgrössen anderer Anbieter daher als relative Grösse, z.B. als prozentuale Unterschreitung des sich aus den Normen ergebenden theoretischen Energiebedarfes, angegeben werden. Hierdurch kann die Bestimmung dieser Zielgrösse zumindest in der Phase des Wettbewerbs losgelöst vom konkreten Gebäudeentwurf, d.h. als Einzelfaktor, bewertet werden. Es muss noch keine endgültige Kompromissfindung zwischen den Gestaltungszielen der Gebäudearchitektur und den Zielen einer betriebsoptimierten Gebäudekonzeption erfolgen. Die Anbieter stehen somit insbesondere auch hinsichtlich ihrer Fähigkeit zur Betriebskostenoptimierung untereinander im Wettbewerb.

Wird nach Erteilung des Auftrags eine Anpassung des Gestaltungsentwurfs vorgenommen, so bleibt die vereinbarte zu erreichende prozentuale Unterschreitung des Norm-Energiebedarfes bestehen. Auf diese Weise lässt sich das energietechnische Gebäudeverhalten einer wettbewerbsinduzierten Optimierung unterziehen, selbst wenn in frühen Projektphasen der Gebäudeentwurf noch nicht abschliessend feststeht. Des Weiteren lässt sich so verhindern, dass der SysBau-Anbieter aufgrund seiner möglicherweise unzureichenden Kenntnisse der Auftraggeberpräferenzen einen aus Sicht des Auftraggebers nicht optimalen Kompromiss zwischen dessen architektonischen Gestaltungszielen (z.B. Glas-Architektur) und dessen Betriebszielen erreicht.

Als weitere Voraussetzung für eine Zielgrössenvereinbarung sind Annahmen über die Art und Intensität der Nutzung eines Gebäudes zu treffen. Diese Faktoren beeinflussen neben dem Verhalten des individuellen Nutzers und den allgemeinen Klima- und Witterungsbedingungen in einem Betrachtungszeitraum den Energiebedarf eines Gebäudes

---

[524] Die Bestimmung dieser Zielgrösse kann durch den Rückgriff auf vorhandene Energiekennzahlen zum Energieverbrauch bestimmter Gebäudekategorien erfolgen, indem diese mit einem Zielvereinbarungswert multipliziert werden. Vgl. N.N., SIA 380/1 - Thermische Energie im Hochbau; N.N., SIA 180/4 - Energiekennzahl, N.N., SIA 380/1 - Energie im Hochbau; SIA 380/4 Elektrische Energie im Hochbau, SWKI-Richtlinie 95-3

[525] Beispielsweise wurden bei der Realisierung des Erweiterungsneubaus der Inter-Community School in Zumikon (1998) vom Auftraggeber zwingende Vorgaben bzgl. des maximalen Heizenergiebedarfes sowie des maximalen Bedarfes an Elektrizität gemacht. Vgl. Kunz, Erweiterungsneubau, 1999, S. 32

massgeblich[526]. So ist es beispielsweise von Bedeutung, ob eine Immobilienfläche durch Einzel- oder Grossraumbüros genutzt wird. Bei der späteren Überprüfung, ob eine zuvor vereinbarte Zielgrösse bzgl. des energietechnischen Gebäudeverhaltens eingehalten wurde, ist daher auch eine Prüfung von Art u. Intensität der Gebäudenutzung vorzunehmen. Bei der modernen Messung, Steuerung und Regelung von Gebäudesystemen ist es heute möglich, permanent das Verhalten einzelner Nutzer zu überwachen und zu optimieren. Des Weiteren lässt sich eine Unterscheidung des Energiebedarfes des Gebäudesystems sowie des Energiebedarfes der einzelnen Nutzer an ihrem individuellen Arbeitsplatz vornehmen.

Der SysBau als Anbieter der entsprechenden Leistungen kann die Bonus-/Malus-Motivation an den für die Planung verantwortlichen Unternehmensteil bzw. Sub-Planer ganz oder teilweise weitergeben, damit das Optimierungsinteresse die ausführende Stelle mit einbezieht. Der Abgleich zwischen der vereinbarten Zielgrösse und der tatsächlich durchschnittlich verbrauchten Menge an Nutzungsenergie sollte in einem Betrachtungszeitraum von anfangs zwei bis drei Jahren ermittelt werden. Die Schlussrechnung der Gebäudetechnikplanung bzw. ein ihr entsprechender Anteil an der Vergütung des SysBau-Anbieters wird nach Ablauf des Betrachtungszeitraums erstellt und mit vorher für die entsprechenden Leistungen erfolgten Abschlagszahlungen verrechnet.

Hierdurch wird der SysBau-Anbieter nicht nur zu einer optimierten Gebäudetechnik-Planung in Bezug auf die Einhaltung vorgegebener Verbrauchsmengen motiviert, sondern erhält auch ein *Eigeninteresse zur Betriebsoptimierung* des Gebäudes während der Nutzungsphase. Sein Beitrag zur Betriebsoptimierung ermöglicht ihm zudem während des Betrachtungszeitraumes die *Erhebung von Datenmaterial*[527], das ihn bei der späteren projektübergreifenden Verbesserung seines SysBau-Konzeptes und der Akquisition von weiteren Aufträgen[528] unterstützt.

Die Motivation des Immobilien-Nutzers zur Betriebskostenoptimierung beizutragen, ergibt sich dadurch, dass er die Betriebskosten zu tragen hat und somit von entsprechenden Einsparungen direkt profitiert. Eine Unterstützung entsprechender Bemühungen durch den Nutzer in Form einer Einflussnahme auf die Einzelnutzer (z.B. Mitarbeiter) sowie die energiekostenoptimale Gestaltung der Gesamtnutzung resultiert aus dem Anreiz, auch über den Betrachtungszeitraum hinaus eine Minimierung der Brutto-Mietkosten zu erreichen. Für den Immobilien-Investor trägt die Optimierung des energietechnischen Verhaltens einer Immobilie insofern zu deren Wertsteigerung bei, dass sie aus Sicht möglicher Nutzer an Attraktivität gewinnt.

---

[526] Vgl. hierzu die SWKI-Richtlinie 95-3, aus der sich Richtannahmen (z.B. für die Formulierung von Zielvereinbarungen) für die Art und Intensität der Nutzung von Standardimmobilien entnehmen lassen.

[527] Beispielsweise bieten Systeme zur automatischen Zählerfernablesung die Möglichkeit, jederzeit den Wasser-, Gas-, Strom- und/oder Wärmeverbrauch einzelner Gebäudeeinheiten (Büros, Wohnungen etc.) zu messen bzw. sogar zu regeln. Vgl. N.N., IT-Lösungen, 2001, S. 22-23

[528] Nach Angaben eines interviewten Experten sind Vergleichsdaten bestehender Gebäude besonders geeignet, aus Sicht eines Auftraggebers zur Glaubwürdigkeit von Wirtschaftlichkeitsrechnungen und -simulationen beizutragen.

- **Integration von Leistungen des Anlagen-Contractings**

Die Optimierung des Energieverbrauchs einer Immobilie ist für sich genommen nur ein Teilbeitrag zur Minimierung der energiebezogenen Betriebskosten. Ebenso wichtig ist es, zu einer möglichst effizienten und effektiven Art der Bereitstellung von Nutzenergie beizutragen. Denn nach Einschätzung von Branchenexperten sind die Kosten für Unterhalt, Wartung, Instandhaltung sowie Anpassung einer gebäudetechnischen Anlage bei modernen Gebäuden langfristig von höherer Bedeutung als die reinen Kosten des Energieverbrauchs.

Als Anlagen-Contracting wird das Outsourcing von Planung, Finanzierung, Installation und Betrieb von Energieversorgungs-Anlagen verstanden.[529,530] Contracting-Anbieter bieten die entsprechenden Leistungen aus einer Hand. Die Vergütung ihrer angebotenen Leistungen erfolgt in der Regel pro gelieferter Einheit an Nutzenergie auf der Basis einer im Voraus definierten Abnahmemenge.[531] Der Energienutzer bezieht somit nicht mehr Öl, Gas und Strom sondern die Energieform, die er eigentlich benötigt, nämlich Wärme, Kälte, Licht etc. Contracting bedeutet somit die vertragliche Ausgliederung der Bereitstellung von Nutzenergie an einen externen Fachmann.[532] Anbieter solcher Leistungen sind Energieversorger, Installateure, Brennstoffhändler, Beratungs- und Planungsfirmen, aber auch Gebäudemanagement-Dienstleister.[533]

Beim Contracting sind Planer, Ersteller und Betreiber einer Anlage zur Erzeugung von Nutzenergie identisch. Hierdurch entfallen Anreize zur Anlagen-Überdimensionierung; es wird vermehrt in rationelle Techniken investiert. Denn zur Gewinnmaximierung ist der Contractor an Anlagen mit einem hohen Wirkungsgrad interessiert. Sein Know-how über modernste Technologien führt zu einer optimierten Energieversorgung.[534] Über Einkaufsvorteile aufgrund erhöhter Bezugsmengen (Anlagentechnologie, Primärenergie) sowie seiner Marktkenntnis erhöht er seine Wirtschaftlichkeit gegenüber einem Gebäude-Auftraggeber, der die entsprechenden Leistungen direkt bezieht.

Die Kombination der beiden komplementären Leistungen, die Absicherung des zu erwartenden Energiebedarfes eines Gebäudes und die intensive Betriebsoptimierung während der ersten zwei bis drei Betriebsjahre sowie die effiziente Bereitstellung und Verteilung der Nutzenergie, scheint somit besonders geeignet zur Gestaltung von Sys-Bau-Angeboten.

Die Kompetenz des SysBau-Anbieters liegt insbesondere in der Schnittstellenkoordination zwischen der Gebäudetechnikplanung, der Betriebsoptimierung sowie der Contracting-Leistung. Teilleistungen des SysBau-Anbieters, bezogen auf den Bereich des Contractings, sind die Beratung des Auftraggebers bei der Auswahl eines geeigneten

---

[529] vgl. SOMMER, Contracting, 1998, S. 29

[530] N.N., Contracting, 2001, S.1

[531] vgl. N.N., Energiecontracting, 2001, S. 23

[532] vgl. SPIRIG/BRAUNSCHWEIG, Contracting, 1998, S. 1

[533] vgl. SPIRIG, Energie-Contracting, 1999, S. 96-97

[534] SPIRIG, Contracting, 1998, S. 3-4

Contracting-Anbieters, die Ausschreibung und Vergabe sowie die Überwachung der entsprechenden Leistungen. Der Vertrag über die Contracting-Leistungen ist wegen der langfristigen Laufzeit, die in der Einführungsphase die Vertragsdauer zwischen Auftraggeber und SysBau-Anbieter weit übertrifft, direkt zwischen dem Auftraggeber und dem Contracting-Anbieter abzuschliessen. Dabei ist der SysBau-Anbieter über eine Beteiligung an Mehrkosten oder Einsparungen, die sich auf einen im SysBau-Angebot dargestellten Zielwert für die Contracting-Kosten beziehen, zur Erreichung einer möglichst optimalen und bedarfsgerechten Lösung zu motivieren.

- **Optimierung der Kosten des Gebäudemanagements**

Der Interaktion zwischen der Planung und Bewirtschaftung einer Immobilie im Bereich des Gebäudemanagements wird bis anhin vielfach noch zuwenig Beachtung geschenkt. So entstehen nach der erfolgten Schlüsselübergabe dem Immobilieneigner häufig unnötige Kosten, die bei einer betriebsgerechten Gebäudeplanung vermeidbar gewesen wären, z.B. wenn bei der Planung und Erstellung ansprechender Glasdächer nicht beachtet wurde, dass diese in regelmässigen Abständen zu reinigen sind und entsprechende Vorkehrungen vergessen wurden.

Teil einer betriebsoptimierten Gebäudeplanung durch den SysBau-Anbieter ist die Erstellung eines Betriebskonzeptes. Bei diesem denkt der SysBau-Anbieter aufgrund seiner Systemkompetenz, die er projektübergreifend aufbaut und weiterentwickelt, die wesentlichen Prozessabläufe des späteren Gebäudebetriebes voraus. Durch ggf. vorzunehmende Anpassungen der Gebäudeplanung erfolgt eine Optimierung der späteren Nutzungsphase bereits frühzeitig während der Gebäudeplanung.

Anbieter von Gebäudemanagement-Dienstleistungen gehen heute zunehmend dazu über, ihre Leistungen als Pauschalen anzusetzen und ihren Auftraggebern somit eine Sicherheit bzgl. der zu erwartenden Maximalkosten zu bieten.

Da viele professionelle Auftraggeber objektübergreifende Gebäudemanagement verträge abschliessen, sollte es zunächst als Option der SysBau-Leistung angeboten werden, dass sich der SysBau-Anbieter an der Ausschreibung, Vergabe und Überwachung der entsprechenden Leistungen beteiligt. Aufbauend auf einer Zielvereinbarung für diese Leistungen (Kosten, Umfang, Qualität) sollten Auftraggeber, SysBau-Anbieter sowie der Gebäudemanagement-Dienstleister gemeinsam von einem Unterschreiten der vereinbarten Kostenziele profitieren und zu entsprechenden Optimierungsbemühungen motiviert werden.

In der folgenden Tabelle 5–4 werden die im Vorhinein unterbreiteten Vorschläge zur Gestaltung von SysBau-Leistungen in der Einführungsphase zusammengefasst.

## Gestaltung von SysBau-Leistungen in der Einführungsphase zur Erreichung einer auftraggeberseitigen Betriebskostensicherheit

| | Optimierung der Kosten aus der Energieversorgung des Gebäudes | | Optimierung des energietechnischen Gebäudemanagements |
|---|---|---|---|
| | Menge verbrauchter Energie | Kosten / Einheit | |
| **Erbrachte Teilleistungen** | Generalplanung als Bestandteil des SysBau-Angebotes: <br> – Planung und Optimierung der Gebäudetechnik | Anlagen-Contracting als „Quasi"-Sub-Unternehmer-Leistung des SysBau-Anbieters: <br> – Installation und Betrieb einer energietechnischen Anlage | Gebäudemanagement-Dienstleistung <br> –technisch <br> –(kaufmännisch) <br> –(infrastrukturell) |
| **Aufgaben des SysBau-Anbieters** | – Schnittstellenintegration zwischen Gebäudetechnik und Contracting-Dienstleistung <br><br> – Koordination der Gebäudetechnik-Planung und der Betriebskostenoptimierung | <br><br> – Ausschreibung, Vergabe und Überwachung der Contracting-Leistungen | Optional: <br> – Ausschreibung, Vergabe und Überwachung der Gebäudemanagement-Leistungen |
| **Optimierte Zielgrösse** | verbrauchte Energiemenge <br> – Erreichen bzw. Unterschreiten einer Zielvereinbarung bzgl. des Verbrauches an Nutzenergie | Energiekosten je verbrauchter Einheit Nutzenergie: <br> – Lieferung von Nutzenergie zu vertraglich vereinbarten Konditionen | Kosten des energietechnischen Gebäudemmanagements |
| **Externe Einflussparameter** | – Art und Umfang der Gebäudenutzung <br> – Verhalten der Einzelnutzer <br> – Wetter/Klima | – Kosten des Primärenergiebezugs <br> – gesetzliche Abgaben und Gebühren | –Art und Umfang der Gebäudenutzung <br> –Verhalten der Einzelnutzer <br> –Kosten des Fremdleistungsbezugs |
| **Vertragsform** | – Pauschal-Vergütung mit Bonus-/Malus-Regelung in Abhängigkeit der Zielerreichung in einem Zeitraum von 2–3 Jahren | – Einheitspreisvertrag (Kosten/abgenommene Menge) zwischen Auftraggeber und Contractor | –Einheitspreis-Vertrag mit Kostendach zwischen Auftraggeber und GM-Dienstleister |
| **Motivation des SysBau-Anbieters zur Optimierung** | – Anreiz der Bonus-/Malus-Regelung <br> – Aufbau von Erfahrungswerten <br> – Aufbau einer Kundenbindung | – Anreiz der Bonus-/Malus-Regelung <br> – Aufbau von Erfahrungswerten <br> – Aufbau einer Kundenbindung | – Anreiz der Bonus-/Malus-Regelung <br> – Aufbau von Erfahrungswerten <br> –Aufbau einer Kundenbindung |
| **Motivation des Teileistungs-Anbieters zur Optimierung** | – Zielgrösse des Energie-Verbrauchs unterliegt dem Wettbewerb <br> – ggf. Anreiz der Bonus-/Malus-Regelung <br> – Anreiz für Anbieter zur Betriebsoptimierung im Betrachtungszeitraum | – wettbewerbsinduzierte Optimierung durch funktionale Ausschreibung der Contracting-Leistung <br> – hoher Anlagen-Wirkungsgrad bewirkt Margenverbesserung | –Beteiligung des Anbieters an einer Kostendachunterschreitung |
| **Motivation des Gebäudenutzers zum Einbringen des Optimierungs-beitrages** | – Kosten des Energieverbrauchs werden weitestgehend von ihm selbst getragen | – nicht erforderlich | –durch Einheitspreis-Vertrag direkte Partizipation an Einsparungen |
| **Motivation des Gebäudeeigners zum Erbringen des Optimierungsbeitrages** | –Niedrige Betriebskosten steigern durch Reduktion der Bruttomietkosten die Attraktivität einer Immobilie <br> –Maximierung der Nettomieteinnahmen durch die Minimierung der Betriebskosten möglich <br> –> Erhöhung der Immobilienrentabilität | | |

*Tabelle 5–4:   Energietechnische Gestaltung von SysBau-Leistungen in der Einführungsphase zur Erreichung einer auftraggeberseitigen Betriebskostensicherheit*

## 5.10.2 Wachstumsphase

Die in der Einführungsphase ergriffenen Massnahmen, um TU-Angebote über die teilweise erfolgende Absicherung von Betriebskosten zu SysBau-Leistungen zu ergänzen, sind in der Wachstumsphase auszuweiten. Wurde der SysBau-Anbieter in der Einführungsphase über Bonus-/Malus-Regelungen zu Optimierungen motiviert, so muss in der Wachstumsphase erreicht werden, dass der Auftraggeber umfassende Garantien für die ihm angebotenen Leistungen erhält.

Die Wachstumsphase ist dabei insbesondere auf Seiten des SysBau-Anbieters dadurch gekennzeichnet, dass er sein Systemkonzept entwickelt und durch dessen Entfaltung zu einer weitreichenden life-cycle-orientierten Kostenoptimierung der von ihm realisierten Gebäude gelangt.

- **Erweiterte Garantie des maximalen Gebäudeenergiebedarfes**

Die im Rahmen von Wirtschaftlichkeits- und Simulationsrechnungen prognostizierten Kosten sind vom SysBau-Anbieter für eine erweiterte Laufzeit von 4–5 Jahren zu garantieren. Aufbauend auf den Erfahrungen während der Betriebsoptimierung von Gebäuden in der Einführungsphase verfügt der SysBau-Anbieter über Erfahrungen zur Einschätzung der zu erwartenden Betriebskosten einer Immobilie. Gemeinsam mit dem Auftraggeber formuliert er eine Zielvereinbarung für die energiebezogenen Betriebskosten eines zu realisierenden Gebäudes. Die aus Einsparungen bzw. Überschreitungen dieser Zielvorgabe resultierenden Mehr- oder Minderkosten werden auf den Nutzer und den SysBau-Anbieter verteilt. Der SysBau-Anbieter wird somit nicht nur zur Einhaltung gegebener Zielvorgaben motiviert, sondern haftet über eine entsprechende Garantie teilweise für deren Einhaltung.

- **Integration der Contracting-Leistungen**

Der Contracting-Anbieter ist nun Auftragnehmer des SysBau-Anbieters und nicht des Gebäude-Auftraggebers. Aufgrund des verlängerten Betrachtungszeitraumes ist bei einer durchschnittlichen Mindestlaufzeit von Contracting-Verträgen von 10 Jahren nach der Hälfte der Laufzeit der Vertrag vom SysBau-Anbieter auf den Auftraggeber zu übertragen.

Durch die Kombination aus der teilweisen Garantie des Energieverbrauchs einer Immobilie sowie der Bereitstellungskosten der benötigten Nutzungsenergie resultiert eine Gesamtkostensicherheit des Auftraggebers und des Nutzers einer Immobilie. Ihre Beteiligung an Kostenunterschreitungen bzw. -überschreitungen erfolgt vorwiegend mit dem Ziel, diese zur Betriebsoptimierung zu motivieren.

Durch den Einbezug der Nutzenergieerzeugung in die vom SysBau-Anbieter integrierten Teilleistungen ermöglicht dieser aufbauend auf einem gestalterischen und funktionalen Gebäudeentwurf eine umfassende energietechnische Gebäudeoptimierung. Seine wettbewerbsinduzierten Optimierungsbemühungen schliessen sämtliche Gebäudebereiche ein.

- **Integration der Gebäudemanagement-Leistungen**

Auch während der Wachstumsphase sollten SysBau-Anbieter Gebäudemanagement-Dienstleistungen wiederum als Option in ihr Leistungsangebot integrieren. Dabei wird der Gebäudemanagement-Anbieter zum Auftragnehmer des SysBau-Anbieters. Der SysBau-Anbieter kann dem Auftraggeber somit eine Kostensicherheit auch im Hinblick auf die Erbringung des Gebäudemanagements bieten. Der Vertrag zwischen dem SysBau-Anbieter und dem Auftraggeber bzgl. der Kosten des Gebäudemanagements sollte wiederum so gestaltet werden, dass sowohl der Immobiliennutzer als auch der SysBau-Anbieter sowie der Gebäudemanagement-Dienstleister einen Anreiz zur Kosten- und Leistungsoptimierung erhalten.

- **Gesamtheitliche Gebäudeoptimierung**

Die Optimierung eines Gebäudes im Hinblick auf sein energietechnisches Verhalten sowie das zu leistende Gebäudemanagement sind als Optimierung von Teilsystemen innerhalb des Gesamtkonzeptes eines SysBau-Anbieters zu verstehen. Dadurch, dass das Gesamtangebot eines SysBau-Anbieters im Wettbewerb mit anderen Anbietern steht, wird eine einseitige Gebäudeoptimierung (z.B. in energietechnischer Hinsicht) verhindert. Denn erfolgreiche SysBau-Anbieter werden sämtliche Kundenanforderungen in ein Gesamtangebot integrieren müssen und dabei eine interne Kompromissfindung zwischen unterschiedlichen, sich ggf. widersprechenden Optimierungsinteressen verschiedener Teilsysteme finden. Die Kompetenz des SysBau-Anbieters entfaltet sich dabei in der kundenorientierten Integration einzelner Teilsysteme zum Gesamtsystem.

- **Teilsystemübergreifende Entfaltung der Systemkompetenz**

Durch die integrierte Betrachtung verschiedener Systemkomponenten[535] zur Optimierung eines Teilsystems[536] entfaltet der SysBau seine Systemkompetenz zur ganzheitlichen Gebäudeoptimierung. Einsparungspotenzial lässt sich dabei insbesondere auch durch die integrierte Betrachtung von Gebäudetechnik und technischem Gebäudemanagement erreichen.

Im Folgenden werden Beispiele für die Optimierungsmöglichkeiten einer teilsystemübergreifenden Gebäudeoptimierung gegeben. Diese ergeben sich dabei erst aus einer ganzheitlichen Bewertung der Life-Cycle-Kosten eines Gebäudes:

---

[535] z.B. Menge der jährlich verbrauchten Nutzenergie, jährliche Kosten der Nutzenergieerzeugung und deren Verteilung, Erstellungskosten der Installationen zur Nutzenergieerzeugung und -verteilung, jährliche Kosten des technischen und kaufmännischen Gebäudemanagements zur Optimierung und Zuweisung der Nutzenergiekosten etc.

[536] z.B. Kosten der Nutzenergie

- Beispielsweise existieren im Bereich der Gebäudeautomatisierung neue technische Möglichkeiten, das energietechnische Verhalten eines Gebäudes in Kombination mit dem Nutzerverhalten zu regeln. So ist es möglich, die Beheizung und Belüftung eines Einzelbüros, Schulzimmers etc. in Abhängigkeit seiner Belegung (Ferienplan bzw. Stundenplan, elektronisches Mitarbeiter-Zeiterfassungssystem[537]) und des Tür- und Fensterstandes zu regeln (–> *SysBau-Kompetenz zur Optimierung des Grades der Gebäudetechnik-Integration*).

- Auch wäre es denkbar, im Rahmen einer frühzeitigen betriebsoptimierten Planung ein Gebäudesicherheitssystem zu entwickeln, das gebäudetechnische Massnahmen (wie z.b. Überwachungskameras, automatische Zugangskontrollen etc.) sowie die Organisation der Gebäudeüberwachung mit Sicherheitsfachkräften einer integrierten Betrachtung unterzieht.

- Zur frühzeitigen Gesamtkostenoptimierung ist es als Teil der Systemkompetenz des SysBau zu erreichen, dass im Rahmen der Kostenkalkulation für ein Gebäude eine Verknüpfung der Erstellungskosten eines Gebäudeelementes mit den Kosten seines späteren Unterhaltes erreicht wird. Auf diese Weise ist der SysBau in der Lage, unter Zugrundelegung verschiedener *Betrachtungszeiträume (–> SysBau-Kompetenz zur Optimierung von Gebäudesystemen hinsichtlich verschiedener Nutzungsdauern)* eine life-cycle-optimierte Abwägung von vorliegenden Entscheidungsalternativen vorzunehmen. Hierdurch differenziert er sich massgeblich von anderen Anbietern (z.B. TU-Anbietern), die nur zu einer Kalkulation der Herstellungskosten in der Lage sind.

- Moderne Zählerfernablesungen erlauben beispielsweise, den Verbrauch von Strom, Gas, Heizung und Kühlung automatisch zu jedem beliebigen Zeitpunkt abzulesen. Sie sind jedoch mit höheren Investitionskosten als herkömmliche, manuelle Ablesegeräte verbunden. Die Höhe eines Kostenvorteils, der sich durch ihren Einsatz ggf. erzielenden lässt, ergibt sich erst innerhalb einer Life-Cycle-Betrachtung durch die integrative Abwägung der Investitionsmehrkosten mit ggf. zu erzielenden wiederkehrenden Einsparungen. Diese sind u.a. Personalkosteneinsparungen durch die automatische Ablesung sowie die Möglichkeit einer unmittelbaren, jederzeitigen Rückkoppelung zwischen Nutzerverhalten und Energieverbrauch.[538] Eine wichtige Voraussetzung ist es dabei, innerhalb des Systemkonzeptes die Interessen der Teilsysteme „Gebäudetechnik" und „Gebäudemanagement" zu koordinieren und auf ein gemeinsames Ziel, nämlich die Erreichung einer Gesamtkostenoptimierung, hin auszurichten (–> *SysBau-Kompetenz zur Optimierung des Grades der Gebäudetechnik-Integration*).

---

[537] Meldet sich beispielsweise ein Mitarbeiter am Zeiterfassungssystem eines Gebäudes an, so kann die Gebäudeleittechnik dessen Büro mit Heizung, Klima, Lüftung und elektrischer Energie versorgen. Vgl. BITTERMANN, Datenerfassung, 2001, S. 78-80

[538] vgl. KLEGER, IT-Lösungen rund ums Gebäude, 2001, S. 22-23

• Hohes Potenzial zur umfassenden Systembeherrschung besteht für den SysBau in einer informationsgestützten Prozessstandardisierung (–> SysBau-*Kompetenz zur Standardisierung von Prozessen)*. Diese beinhaltet die durchgängige informationstechnische Planung sämtlicher Phasen eines Gebäudes, d.h. der Planungs-, Erstellungs- und Betriebsphase. Während der Planung und Erstellung eines Gebäudes lassen sich durch die integrierte Produktionsplanung und Projektkommunikation auf der Basis von CAD-Daten bereits erhebliche Effizienzvorteile generieren[539]. Die Informationen, die bei der Gebäudeerstellung generiert werden, sind anschliessend für die effiziente und effektive Gebäudebewirtschaftung zu nutzen. Die geordnete Übernahme des bestehenden Datenbestandes in die Bewirtschaftungsphase verspricht dabei ein beträchtliches Einsparungspotenzial. Denn Erfahrungen beim Aufbau von Computer Aided Facility Management (CAFM) Lösungen zum EDV-unterstützten Gebäudemanagement haben gezeigt, dass 70% der erforderlichen Investitionen allein in die Stammdatenerhebung fliessen[540]. Voraussetzung zum frühzeitigen Aufbau eines effizienten CAFM sind dabei insbesondere die Kenntnis der sich im Gebäudes vollziehenden Prozesse sowie Art und Struktur des eigentlichen Gebäudesystems[541]. Die Systemkompetenz des SysBau-Anbieters äussert sich daher darin, dass er bereits bei der Organisation und Strukturierung der Prozesse der Gebäudeerstellung bezüglich der Vorgaben an ein EDV-Pflichtenheft (Verpflichtung der teilnehmenden Unternehmen auf ein einheitliches EDV-System und Definition von Schnittstellen[542]) die Erfordernisse der EDV-gestützten Bewirtschaftung berücksichtigt. Hierzu gehört insbesondere die Erfassung massgeblicher Gebäudedaten, wie z.B. der Architektur des Gebäudes mit den zugehörigen Flächenangaben (Mietflächen, Reinigungsflächen, Netto-Geschossflächen etc.) oder der Daten-Aufnahme der Gebäudetechnik (Heizung, Klima, Lüftung, Sanitär, etc.). Dabei lassen sich technische Daten zu einzelnen Gebäudebestandteilen in einer Datenbank hinterlegen und dezentral abfragen[543]. Bei der späteren Gebäudebewirtschaftung liefern hinterlegte Flächen-, Personal- und Anlagendaten wichtige Informationen für Kostenanalysen, Raumbelegungen und Wartungspläne[544]. Wird ein Monteur beispielsweise von einem Nutzer zur Reparatur einer Gebäudeanlage gerufen, kann er sich bereits im Vorfeld über Art und Zusammensetzung des entsprechenden Bauteils informieren und benötigte Ersatzteile beim ersten Besuch gleich mitbringen. Durch die eindeutige Zuordnung von Wartungs- und Reparaturaufwendungen zu einzelnen Kostenstellen bzw. Nutzereinheiten lassen sich die Gebäudenutzer zudem zu einem kostenbewussten Nutzerverhalten motivieren[545].

---

[539] vgl. GIRMSCHEID/HOFMANN, Industrielles Bauen, 2001, S. 12

[540] CLAUSEN/GERMER, Daten, 2001, S. 48-53

[541] CLAUSEN/GERMER, Daten, 2001, S. 48-50

[542] BITTERMANN, Datenerfassung, 2001, S. 78-80

[543] BITTERMANN, Datenerfassung, 2001, S. 78-80

[544] PINKEPANK, Facility Management, 2001, S. 27-28

[545] PINKEPANK, Facility Management, 2001, S. 27-28

### 5.10.3 Innovationsstufen zur Etablierung von SysBau-Leistungen in der Einführungs- und Wachstumsphase

Eine besondere Herausforderung für einen SysBau-Anbieter wird es sein, seinen Wettbewerbsvorsprung aus der Einführungsphase innerhalb der Wachstumsphase und den nachfolgenden Marktphasen zu behaupten.

Hierbei wird es insbesondere darauf ankommen, über kontinuierliche Innovationen einen erreichten Wettbewerbsvorsprung gegenüber anderen Mitbewerbern aufrecht zu erhalten. Innerhalb der Einführungsphase tragen die Innovationen, die das SysBau-Konzept zunächst beinhaltet, über eine Bedienung latenter Kundenbedürfnisse zu einer Akquisition von SysBau-Aufträgen bei. Das Ziel eines SysBau-Anbieters muss es sein, durch die Erreichung einer hohen Kundenzufriedenheit zu einer weitgehenden Kundenbindung zu gelangen. Aus einer erreichten Kundenbindung heraus ist es dann die Aufgabe eines SysBau-Anbieters, Leistungsinnovationen zur noch besseren Erfüllung neu erkannter Kundenbedürfnisse zu entwickeln.

Die Kenntnis dieser Bedürfnisse resultiert dabei aus der projektbezogenen Zusammenarbeit mit den verschiedenen Auftraggebern. Aus dieser ergibt sich neben einer Aneignung auftraggeberspezifischen Wissens auch ein besseres Verständnis für allgemeine Problemstellungen, die die Beauftragung von SysBau-Leistungen aus Kundensicht bewirkt.

Immer neue Innovationsstufen führen dabei zu einer stetigen Erfüllung bestehender oder neuer Kundenbedürfnisse und tragen wiederum zu einer verbesserten Auftragsakquisition und einer verstärkten Kundenbindung bei.

Die Umsetzung auftraggeberspezifischen Wissens in eine auftraggeberspezifische Individualität der vom SysBau angebotenen Leistungen berührt dabei sowohl die Gestaltung und Realisierung eines Gebäudes als auch die Gestaltung begleitender Dienstleistungen. Die Berücksichtigung individueller Ansprüche und die Entwicklung massgeschneiderter SysBau-Angebote sind dabei Voraussetzungen zur Maximierung des Kundennutzens.

Bei der Weiterentwicklung von SysBau-Leistungen wird es erforderlich sein, dokumentierte Erfahrungen aus abgeschlossenen Projekten im Entwicklungsprozess der Sys-Bau-Angebote zu berücksichtigen und damit langfristig den Erfolg der eigenen Marktleistung zu sichern. Entsprechend dem Masse, wie der Kunde das Angebot als erfolgreich auf seine speziellen Anforderungen zugeschnitten empfindet, steigert sich seine Identifikationsbereitschaft mit dem fertiggestellten Gebäude.

Basierend auf den zuvor unterbreiteten Vorschlägen zur Gestaltung von Sys-Bau-Leistungen in der Einführungs- und Wachstumsphase werden in der Tabelle 5–5 die verschiedenen Innovationsgesichtspunkte zur stufenweisen Etablierung und innovationsgetriebenen Optimierung von SysBau-Leistungen dargestellt und mit einem Vorschlag zu ihrer Ausgestaltung versehen.

| Innovationsstufen zur Etablierung von SysBau-Leistungen in der Einführungs- und Wachstumsphase | | |
| --- | --- | --- |
| Innovations-gesichts-punkt | Einführungsphase | Wachstumsphase |
| Umfang der Leistungs-integration | – Generalplanung und Bau als Teil der SysBau-Leistung<br>– Anlagen-Contractor als Auftragnehmer des Gebäude-Auftraggebers<br>– Gebäudemanagement-Dienstleister als Auftragnehmer des Gebäude-Auftraggebers<br>– SysBau-Anbieter erbringt in der Projektorganisation die externe Schnittstellenintegration zwischen Gebäudetechnik und Anlagen-Contracting<br>– SysBau-Anbieter koordiniert Gebäudetechnik-Planung und Betriebskostenoptimierung<br>– SysBau-Anbieter erbringt Ausschreibung, Vergabe und Überwachung der Contracting-Leistungen –> Frühzeitige Kostensicherheit für den Auftraggeber<br>– SysBau-Anbieter erbringt optional Ausschreibung, Vergabe und Überwachung der Gebäudemanagement-Leistungen<br>– Übernahme von Garantieleistungen durch den SysBau | – Generalplanung und Bau als Teil der SysBau-Leistung<br>– Anlagen-Contractor als Auftragnehmer des SysBau-Anbieters<br>– Gebäudemanagement-Dienstleister optional als Auftragnehmer des SysBau-Anbieters<br>– Schnittstellenintegration innerhalb der SysBau-Organisation<br>– Ausschreibung, Vergabe und Überwachung der Contracting-Leistungen und optional der Gebäudemanagement-Leistungen als Teil des SysBau-Leistungsbündels –> Frühzeitige, umfassende Kostensicherheit für den Auftraggeber<br>– Übernahme von Garantieleistungen durch den SysBau |
| Formen weiterer Innovationen: | | |
| Umfang der Gewährleistung | – Bonus-Malus-Regelung der Planungsleistung in Bezug auf den Gebäude-Energieverbrauch<br>– Garantie der Kosten je abgenommener Einheit Nutzenergie durch den Contracting-Anbieter (EP-Vertrag)<br>– Pauschalierung der Gebäude-Management-Kosten | – Garantie der Gebäudeenergiekosten (Verbrauch und Bereitstellung der Nutzungsenergie) durch den SysBau-Anbieter unter Beteiligung von Gebäudenutzer und Gebäudeeigner<br>– optionale Garantie der Gebäudemanagement-Kosten |
| Gewährleistungsfristen | – Bonus-Malus-Schlussabrechnung nach 2–3 Jahren<br>– Contracting-Garantie in Abhängigkeit der Vertragslaufzeit (i.d.R. 10 Jahre) | – Gesamtenergie-Kostendachgarantie für eine Laufzeit von 4–5 Jahren<br>– Contracting-Garantie in Abhängigkeit der Vertragslaufzeit (i.d.R. 10 Jahre) |
| Wirtschaftlichkeitsrechnung | – In Bezug auf Teilbereiche des Gebäudesystems sowie auf Aufgabenteilbereiche (z.B. Gebäudemanagement) | – Integrierte Gesamtwirtschaftlichkeitsrechnung für das gesamte Gebäude |
| Leistungsoptimierung | – Leistungsoptimierung erfolgt durch teilsystemspezifische Anreize –> Teilsystemoptimierung (Energieverbrauch / Nutzenergieerzeugung / Gebäudemanagement) | – Erkennen und Optimieren von Interpendenzen zwischen verschiedenen Gebäude- und Aufgabenteilsystemen –> wettbewerbsinduzierte Gesamtoptimierung in Abhängigkeit der Auftraggeberziele<br>– Gesamtheitliche Gebäudeoptimierung für einen Betrachtungszeitraum von 4–5 Jahren |

Tabelle 5–5: *Innovationsstufen zur Etablierung von SysBau-Leistungen in der Einführungs- und Wachstumsphase*

Mit Bezug auf die Ziele der Stagnations- und Schrumpfungsphase wird es für einen erfolgreichen SysBau-Anbieter massgebend sein, über kontinuierliche Innovationen eine permanente Steigerung der Kundenzufriedenheit zu erreichen und sich aus Kundensicht von nachahmenden Wettbewerbern zu differenzieren.

Aufgrund der in dem erarbeiteten Vermarktungsmodell zugrunde gelegten variablen Modellinput-Faktoren „Auftraggeberspezifisches Vergabeverhalten" sowie „Art und Umfang des Leistungsgegenstandes" resultiert die Innovationsnotwendigkeit für den Sys-Bau-Anbieter jedoch nicht allein aus einem sich entwickelnden Kundenbedürfnis und dem Anstreben von Kundenvorteilen. Insbesondere auch Ausseneinflüsse, die die Gestaltung von Gebäuden sowie die Nachfragetätigkeit der Auftraggeber im Allgemeinen betreffen, erfordern eine ständige Optimierung des angebotenen SysBau-Konzeptes. Die projektübergreifende Weiterentwicklung des von einem SysBau angebotenen Systemkonzeptes ist daher elementarer Bestandteil der SysBau-Tätigkeit[546].

---

[546] vgl. die Definition des Systemanbieters Bau (SysBau) nach GIRMSCHEID, Kapitel 1.1.2

## 5.11 Zusammenfassung des Kapitels 5

Aufbauend auf die heutigen Erfolgsfaktoren im Marketing von GU-/TU-Leistungen erfolgt im vorliegenden Kapitel die Konstruktion eines Vermarktungsmodells zur strukturierten Ableitung von Handlungsalternativen zum Marketing von SysBau-Anbietern. Das Modell besteht aus einer Kunde-Abieter- und einer Marktentwicklungsstruktur. Die Kunde-Anbieter-Struktur bildet die Mechanismen ab, nach denen die Bewertung der Anbieter von SysBau-Leistungen durch einen Auftraggeber erfolgt. Die Marktentwicklungsstruktur berücksichtigt die Veränderungen, denen diese Bewertung während der verschiedenen Marktphasen von SysBau-Leistungen unterworfen ist.

Allgemeine Optionen zur erfolgreichen Positionierung von SysBau-Anbietern sind insbesondere in den Mitarbeitern, der Gestaltung des Leistungsintegrationsgrades, der Folgekostenkompetenz, der Auswahl von Partner- und Subunternehmen, der Stabilität und Konstanz, der regionalen Präsenz, dem Gegengeschäftspotenzial sowie den vorzuweisenden Referenzen zu sehen.

Bei der Entwicklung von Handlungsalternativen zur Positionierung von Sys-Bau-Anbietern in den verschiedenen Marktphasen von SysBau-Leistungen sind die zur Zeit auf dem Schweizer Immobilienmarkt stattfindenden Strukturveränderungen zu berücksichtigen. Diese bestehen in einer zunehmenden Nachfrageverlagerung von gewerblichen Selbstnutzern auf institutionelle Investoren, wobei insbesondere indirekte Anlageformen zunehmende Bedeutung erlangen.

Die im dem vorgestellten, marktphasenorientierten Vermarktungsmodell für Sys-Bau-Anbieterleistungen für die verschiedenen Lebenszyklusphasen von Sys-Bau-Leistungen entwickelten Handlungsalternativen zum Marketing werden in der nachfolgenden Abbildung 5–25 qualitativ zusammengefasst. Die einzelnen Gesichtspunkte werden dahingehend unterschieden, ob sie sich auf die Gestaltung des *Leistungsgegenstandes* oder die Auswahl und Bestimmung von *Zielkunden* eines SysBau–Anbieters beziehen. Im Rahmen einer qualitativen Darstellung wird die Bedeutung der einzelnen Gesichtspunkte innerhalb der verschiedenen Lebenszyklusphasen qualitativ abgeschätzt.

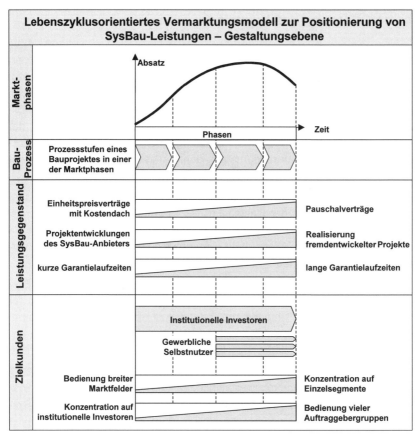

*Abbildung 5–25: Lebenszyklusorientierte Positionierung von SysBau-Leistungen*

Während der Einführung von SysBau-Leistungen in die Schweizer Bauwirtschaft sollte versucht werden, etablierte TU-Leistungen schrittweise zu SysBau-Leistungen zu erweitern. Hierzu bietet es sich an, die Planung der Gebäudetechnik mit Garantien hinsichtlich des energietechnischen Verhaltens des späteren Gebäudes zu versehen und diese bereits in der Angebotsphase unter Wettbewerb zu stellen. Im Weiteren kann ein Anbieter dann auch Leistungen des Anlagen-Contractings oder des Gebäudemanagements in sein Leistungsbündel integrieren und sich zum SysBau-Anbieter entwickeln.

Zum langfristigen Markterfolg eines SysBau-Anbieters wird es erforderlich sein, durch immer neue Leistungsinnovationen zu einer kontinuierlichen Erfüllung der Kundenbedürfnisse zu gelangen, eine langfristige Kundenbindung zu erreichen und sich von der nachahmenden Konkurrenz zu differenzieren.

# 6 Rückkoppelung der Forschungsergebnisse zu den Fragen der Praxis und der Forschung

Im Folgenden werden die zu Beginn gestellten Fragen der Praxis und Fragen der Forschung mit den vorliegenden Ergebnissen der Arbeit verglichen. Die Fragen der Forschung resultierten dabei aus dem Vergleich der Fragen der Praxis mit dem Stand der Forschung. Die sich ergebende Forschungslücke war die Basis zur Formulierung der Fragen der Forschung.

Zu Beginn der Arbeit wurde als Einführung in die Grundlagen der Marketingwissenschaft erläutert, mit welchen Theorien heute *Markt- und Transaktionsprozesse* beschrieben und erklärt werden können. Aufbauend auf diesem theoretischen Bezugsrahmen erfolgte die *Beschreibung von Grundlagen-zusammenhängen aus der Bauwirtschaft* als Verständnisgrundlage für die nachfolgenden Untersuchungen. Hierzu zählte die Beschreibung verschiedener *Auftraggeberarten*, *des Bauprozesses*, der bei Bauprojekten zur Anwendung kommenden *Projektorganisationsformen*, der *verschiedenen Formen von Anbietern* baulicher Leistungen, anzutreffender *Vertragsformen*, der verschiedenen *Arten von Wettbewerben* sowie der in der Bauwirtschaft angewendeten *Vergabeverfahren*.

Als Voraussetzung für eine strukturierte Untersuchungsführung sollte zunächst der Frage nach der *Einordnung von GU-/TU- und SysBau-Leistungen in das Erkenntnisumfeld des Business-to-Business-Marketings* nachgegangen werden. Hierbei zeigte sich zunächst, dass GU-/TU- und SysBau-Leistungen aufgrund der vielfältigen, verschiedenartigen Teilleistungen, aus denen sie sich zusammensetzen, als *Leistungsbündel* zu bezeichnen sind. Aufbauend auf der Beschreibung von GU-/TU- und SysBau-Leistungen als Bündel verschiedener Teilleistungen erfolgte deren Analyse im Hinblick auf die in der Marketing-Wissenschaft zur Beschreibung von Transaktions-Typologien angelegten Kriterien. GU-/TU- und SysBau-Leistungen wurden dahingehend analysiert, ob sie einen hohen Grad an *Integrativität*, *Interaktion*, *Individualisierung* und *Immaterialität* beinhalten und welchem *Kauftyp* Transaktionen von GU- und TU-Leistungen heute in der Regel folgen. Anschliessend wurden GU-/TU- und SysBau-Transaktionen hinsichtlich der in der Marketing-Wissenschaft zur Anwendung kommenden *Transaktionstypologisierungen* analysiert. Unter Rückgriff auf die in der Marketing-Wissenschaft für verschiedene Transaktionstypologien zu finden-den Marketing-Hinweise wurden erste Schlüsse zum Marketing dieser Leistungen gezogen. Es hat sich dabei u.a. gezeigt, dass das Marketing von GU-/TU- und SysBau-Leistungen als ein Marketing von Leistungspotenzialen zu verstehen ist. Zum Abschluss des Kapitels 3 lagen somit neben einer Einordnung von GU-/TU- und SysBau-Leistungen in die Marketing-Forschung bereits erste theoriegeleitete Hinweise zum Marketing dieser Leistungen vor.

Als eine wichtige Implikation der Weiterentwicklung von GU-/TU- zu Sys-Bau-Leistungen konte gezeigt werden, dass aus ihr u.a. eine höhere Bedeutung der Anbieter-Attraktivität für die Vergabeentscheidung eines Auftraggebers resultiert. Hierdurch erlangte die eingangs gestellte Frage nach den Kriterien, mit denen Auftraggeber heute die Attraktivität von GU-/TU-Anbietern bezogen auf deren Leistungspotenzial bewerten, zusätzliche Bedeutung.

Basierend auf den Erkenntnissen, die bei der Erläuterung des theoretischen Bezugsrahmens hinsichtlich der Transaktionstheorie gewonnen wurden, erfolgte die Analyse der verschiedenen Vergabekriterien zur Beauftragung von GU-/TU- und SysBau-Leistungen. Hierbei hat sich gezeigt, dass bei einer Erweiterung von GU- und TU-Leistungen zu SysBau-Leistungen von einer zunehmenden Bedeutung solcher Vergabekriterien auszugehen ist, die sich auf die Beurteilung des Anbieter-Leistungspotenzials und nicht auf die Bedingungen eines durchzuführenden Austausches beziehen. Dies ergibt sich zum einen aus der zuvor im Rahmen von Kapitel 3 ermittelten höheren Bedeutung von Experience und Credence Qualities sowie der Tatsache, dass SysBau-Anbieter zur Life-Cycle-Optimierung eines Gebäudes zu einem vergleichsweise frühen Zeitpunkt in ein Projekt eintreten, zu dem das zu realisierende Gebäude noch nicht hinreichend beschrieben ist. Kosten und Nutzen aus dem zu realisierenden Vertragsgegenstand (Gebäude als Leistungsergebnis) treten daher gegenüber der Beurteilung des Anbieter-Leistungspotenzials zurück.

Mit der Durchführung und strukturierten Auswertung der qualitativen und quantitativen Auftraggeberbefragung wurden die Kriterien, anhand derer ein Auftraggeber heute das Leistungspotenzial eines Anbieter von GU-/TU-Leistungen ermittelt, eingehend beschrieben und bewertet. Die Frage nach diesen Kriterien als heutige Erfolgsfaktoren für das Marketing von GU-/TU-Anbietern konnte somit beantwortet werden. Sie sind die Kundenvorteile im Wettbewerb um GU-/TU-Aufträge und können zur Optimierung der Marketinganstrengungen heutiger GU- und TU-Anbieter herangezogen werden.

Hierauf aufbauend wurde der Frage nach den Optionen zur erfolgversprechenden Positionierung des Leistungspotenzial eines SysBau-Anbieters in der Bauwirtschaft nachgegangen. Aufbauend auf den Erkenntnissen zur Marketing-Wissenschaft sowie zur heutigen Bewertung von GU-/TU-Anbietern wurde hierzu ein Vermarktungs-Modell entwickelt, welches einerseits den Prozess der Anbieterbewertung sowie ihn beeinflussende Faktoren abbildet. Andererseits zeigt es die Veränderungen auf, denen dieser Prozess mit zunehmender „Marktreife" des „Produktes" SysBau-Leistung unterworfen ist.

In diesem marktphasenorientierten Vermarktungsmodell für SysBau-Anbieter wurden die Optionen zur Positionierung des Leistungspotenzials analysiert. Aufbauend auf den Untersuchungen zu den heutigen Erfolgsfaktoren von GU-/TU-Anbietern wurden diese unter Rückgriff auf die theoriegeleitete Einordnung von SysBau-Leistungen in die Marketing-Forschung und die Ableitung von Hinweisen zu deren Marketing auf die künftigen Anbieter von SysBau-Leistungen projiziert und mit teilweise konkreten Handlungsalternativen versehen.

In dem Vermarktungsmodell für SysBau-Anbieter wurden potenzielle Veränderungen der umgebenden Marktbedingungen antizipiert. Beispielhaft wurden daher aktuelle Veränderungen auf der Nachfrageseite nach Immobilien vorgestellt. Besonders eingegangen wurde dabei auf den sich zur Zeit abzeichnenden Trend der zunehmenden *Übertragung von Immobilienbesitz von gewerblichen Selbstnutzern auf institutionelle Investoren*. Des Weiteren wurde eingegangen auf die zu beobachtende *Übertragung von direkten in indirekte Anlageformen*. Diese Prognosen wurden in dem Vermarktungsmodell als *Zielfunktionen für Handlungsalternativen zum Marketing* von SysBau-Leistungen beschrieben.

SysBau-Leistungen stellen eine Leistungsinnovation dar. Sie werden als solche heute in der Schweizer Bauwirtschaft noch nicht angewendet. Neben einer möglichst erfolgreichen Positionierung als Anwender dieser Leistungen stellt sich für Unternehmen der Baupraxis zudem *die Frage nach deren bestmöglichen Markteinführung*. In dem entwickelten Vermarktungsmodell wurde daher für die *verschiedenen Marktphasen*, denen Leistungsinnovationen unter idealen Voraussetzungen von ihrer Einführung bis zu ihrer Ablösung am Markt unterliegen, *Empfehlungen zur Gestaltung des Marketings* für SysBau-Leistungen unterbreitet. Die Ableitung dieser Empfehlung erfolgte wiederum durch die unter Rückgriff auf die Marketing-Forschung erfolgende Projektion der Erfolgsfaktoren für GU-/TU-Anbieter auf die künftigen Anbieter von SysBau-Leistungen. Darüber hinaus wurde für die Einführungs- und Wachstumsphase eine exemplarische Handlungsempfehlung in Form eines *Vorschlages zur konkreten Gestaltung von SysBau-Leistungen* gegeben.

Mit der vorliegenden Arbeit wurden Möglichkeiten für die Erzielung von Kundenvorteilen im Wettbewerb um SysBau-Leistungen erarbeitet. Des Weiteren wurden Empfehlungen für die Gestaltung von SysBau-Leistungen im Hinblick auf ihre optimale Einführung und Etablierung in der Bauwirtschaft gegeben. Die erarbeiteten deskriptiven und präskriptiven Forschungsergebnisse entfalten ihren Wert dabei nicht nur im Hinblick auf das Marketing von zukünftigen SysBau-Anbietern, sondern können auch heutigen Anbietern Hinweise zur Gestaltung des Marketings im Wettbewerb um GU- und TU-Aufträge geben.

# 7 Ausblick

Abschliessend lässt sich festhalten, dass aufgrund der zu erwartenden kurzen Adoptionszeit von SysBau-Leistungen diese ein bestehendes Marktbedürfnis bedienen und somit unter strategischen Gesichtspunkten einen vielversprechenden Ansatz zur Verbesserung der Wettbewerbssituation der heutigen Anbieter darstellen.

Die erforderlichen Aufwendungen zum Aufbau von SysBau-Leistungen sind dabei als Markteintrittsbarrieren zu betrachten, die es Nachzüglern erschweren werden, in diesen Markt einzudringen und erreichte Erfolge zu imitieren. Die im Rahmen dieser Arbeit unterbreiteten Vorschläge zur Gestaltung von SysBau-Leistungen, die auf den heute bereits angebotenen Teilleistungen im Bereich des Gebäudemanagements und des Anlagen-Contractings aufbauen, lassen vermuten, dass bereits in kurzer Frist solche Leistungen am Markt vorhanden sein werden. Sie bewirken eine ganzheitliche Gebäudeoptimierung und bedienen damit ein latentes Kundenbedürfnis.

Zur weiteren Konkretisierung des Konzeptes des Systemanbieters Bau (SysBau) sind in der Zukunft ausgehend von der vorliegenden Arbeit noch verschiedene Fragestellungen zu untersuchen. Diese werden im Folgenden in Form eines Ausblickes dargestellt. Es wird dabei eine Unterscheidung vorgenommen, ob sich diese hinsichtlich eines *marktorientierten* Ansatzes auf marktgerichtete Faktoren und Fähigkeiten oder hinsichtlich eines *ressourcenorientierten* Ansatzes[547] auf die interne Organisation und die internen Fähigkeiten der SysBau-Anbieter beziehen:

- **Marktorientierte Untersuchungen**

Im Rahmen dieser Arbeit wurde besonderes Gewicht auf den *Life-Cycle-Charakter* von SysBau-Leistungen und die Untersuchung des *Segments der professionellen Auftraggeber* (Business-to-Business-Marketing) innerhalb der *Schweizer Bauwirtschaft* gelegt. Ausgehend von dieser Abgrenzung des Untersuchungsgegenstandes ist es somit die Aufgabe der Praxis, die Übertragbarkeit der Ergebnisse dieser Arbeit auf andere Märkte (z.B. andere Länder) sowie andere Marktsegmente (z.B. private Haushalte) vorzunehmen. Anhand weitergehender Untersuchungen wäre zu überprüfen, inwieweit diese Ergebnisse einen allgemeingültigen Charakter aufweisen und inwieweit sie als markt- und segmentspezifisch zu betrachten sind. Da sich diese Arbeit vorwiegend der strategischen Positionierung von SysBau-Leistungen widmet, stellt sich zudem die Frage nach der Gestaltung eines operativen Marketing-Mix zum Marketing dieser Leistungen. Des weiteren wäre es von Interesse zu untersuchen, wie man bei SysBau-Leistungen aus vorhandenen Kundenbeziehungen eine langfristige Kundenbindung herstellen kann.

Offene Fragen, die zur Bereitstellung von SysBau-Leistungen zu klären sind, beziehen sich insbesondere auf die detaillierte Ausgestaltung von SysBau-Konzepten sowie der entsprechenden Leistungsbündel in den verschiedenen Marktphasen. Entsprechende

---

[547] vgl. GIRMSCHEID, Baumanagement, S. 573-574

Vorschläge wurden als Bestandteil der Handlungsalternativen zum Marketing in dieser Arbeit zwar angedacht, allerdings nicht detailliert untersucht. Im Rahmen der angestrebten Übernahme von Folgekostengarantien stellt sich insbesondere die Frage, inwieweit die Kosten eines Gebäudes durch den SysBau-Anbieter im Rahmen der Gebäudeplanung und -erstellung beeinflusst werden können und inwieweit das Verhalten des Immobiliennutzers einen Einfluss auf die Höhe der Immobilienfolgekosten nimmt.

Auch die Frage der Handhabung von Folgekosten, die weder vom SysBau-Anbieter noch vom Nutzer und auch nicht vom Eigner einer Immobilie beeinflussbar sind (z.b. Energiekosten, Witterungseinflüsse, Steuern etc.), wird detailliert zu untersuchen sein. Bestehender Forschungsbedarf liegt somit in der detaillierten Ausgestaltung von SysBau-Angeboten unter einer verursachergerechten Verantwortungsverteilung zwischen SysBau-Anbieter und Auftraggeber. Dabei wird es ferner erforderlich sein, juristische Untersuchungen zur Bewertung von Transaktionsbeziehungen zwischen einem SysBau-Anbieter und seinen Kunden durchzuführen. Ein wichtiger Schwerpunkt wird dabei auch auf der rechtlichen Bewertung von SysBau-Verträgen liegen müssen.

- **Ressourcenorientierte Untersuchungen**

Kommende Arbeiten, die sich mit Themen aus dem Bereich der SysBau-Leistungen auseinandersetzen, sollten ihre Untersuchungen auch auf die heute in der Bau- und Immobilienwirtschaft vorhandenen Ressourcen (z.B. Know-how) konzentrieren. Ausgehend von diesen Ressourcen sollten dann wiederum Vorschläge zur Gestaltung von SysBau-Leistungen erarbeitet werden. Denn erst aus der Zusammenführung von ressourcen- und marktgetriebenen Überlegungen kann dann ein wettbewerbs-, markt-, und gewinnfähiges Leistungsangebot entstehen.

Im Rahmen von umfassenden Outsourcingbetrachtungen ist unter Anwendung von strukturierten Make-or-Buy-Analysen zudem die Frage nach der optimalen Fertigungstiefe des SysBau-Anbieters im Hinblick auf die verschiedenen Bestandteile von SysBau-Leistungen zu untersuchen. Neben marketingorientierten Gesichtspunkten werden dabei insbesondere ressourcenorientierte Gesichtspunkte eines verbesserten operativen Leistungspotenzials zur Erzielung von Anbietervorteilen eine wichtige Rolle spielen.

Damit SysBau-Anbieter in die Lage versetzt werden, innovative SysBau-Konzepte zu erarbeiten und in Form von nutzungs- und kostenoptimierten Gebäudesystemen zu realisieren, sind durch die heutigen GU-/TU-Anbieter eine Reihe von Fähigkeiten zu entwickeln, die bisher erst in geringem Masse vorhanden sind.

Hierzu gehört insbesondere die Fähigkeit, durch ein *Innovationsmanagement* die projektübergreifende, aktive Weiterentwicklung des SysBau-Kozeptes zu erreichen. Bestehende Herausforderungen sind darin zu sehen, dass von den heutigen Anbietern vielfach noch zu stark projekt- und ausschreibungsbezogen gehandelt wird. Die bei einer Projektrealisierung erarbeiteten Erkenntnisse werden zumeist nicht in ausreichender Weise projektübergreifend genutzt. Offene Fragen beziehen sich somit auf ein zweckmässiges *Knowledge-Management* zur Nutzung des innerhalb einer SysBau-

Anbieterorganisation vorhandenen Wissens und als Voraussetzung zur Entwicklung von projektübergreifenden Innovationen.

Aufgrund der Ausdehnung von Garantieleistungen von der Planungs- und Erstellungsphase in die Betriebsphase eines Bauprojektes stellt sich zudem die Frage nach der Bewertung und Handhabung der hierbei einzugehenden Risiken. Die Fähigkeit zur Gestaltung eines *Risikomanagements* wird für die Anbieter von SysBau-Leistungen somit einen noch höheren Stellenwert einnehmen als für die heutigen Anbieter von GU- und TU-Leistungen.

# Anhang – Befragte Personen

Folgende Personen[548] wurden im Rahmen des dieser Arbeit zugrunde liegenden Forschungsprojektes in Form von Experteninterviews befragt:

**Anbietervertreter:**

- Bernard Koechlin
  Zschokke Holding AG, Präsident des Verwaltungsrats

- Christian Bubb
  Zschokke Holding AG, CEO

- Hans-Peter Domanig
  Zschokke Generalunternehmung AG, Vors. der Geschäftsleitung

- Roland Ghenzi
  Zschokke Generalunternehmung AG, Leiter Niederlassung Zürich

- Peter von Büren
  Zschokke Generalunternehmung AG, Leiter Niederlassung Aarau

- Dominique Langer
  Zschokke Generalunternehmung AG, Leiter Niederlassung Neuenburg/Freiburg

- Herbert Weber
  Zschokke Generalunternehmung AG, Leiter Niederlassung St. Gallen

- François Dieu
  Zschokke Generalunternehmung AG, Leiter Niederlassung Genf

- Gérald Visinand
  Zschokke Generalunternehmung AG, Leiter Niederlassung Waadt

- Heinz Litscher
  Zschokke Management AG, Leiter

- Robert Aerni
  Zschokke Holding AG, Key Account Manager

- Loris Lüscher
  Zschokke Generalunternehmung AG, Mitglied der Geschäftsleitung

- Fabio Cella
  Robert Aerni AG, Geschäftsführer

**Auftraggebervertreter**

- Rolf Hauri
  Genossenschaft Migros Zürich, Leiter Bau & Technik

- Jürg Burkhard
  Winterthur Versicherungen, Leiter Bauten, Mitglied d. Direktion

- Andreas Brönnimann
  Schweizerische Post, Leiter Post Immobilien (IMP)

---

[548] Die Personen sind bezüglich ihrer Firmenzugehörigkeit sowie bezüglich ihrer Funktion entsprechend des Standes zum Zeitpunkt der Befragung aufgeführt.

- Rudolf Glesti
  Swiss Re Investors, Leiter Bau, Mitglied d. Direktion
- Roland Stockmann
  Turegum AG, Leiter Bereich Consulting
- Alfred G. Zürcher
  UBS AG, Leiter Bau Schweiz, Vizedirektor
- Niklaus Wild
  Flughafen Immobilien Gesellschaft (FIG), Stellvertretender Direktor
- Dr. Robert Bider
  Hirslanden Gruppe, Direktionspräsident
- Christian Blumer
  Hirslanden Gruppe, Leiter Stabstelle Bau
- Dr. Patrick Eberle
  TA-Media AG, Mitglied d. Geschäftsleitung
- Andreas Lamparter
  Bundesamt f. Armeematerial u. Bauten, Vizedirektor
- Heiri Jezler
  Kant. Liegenschaftenverw. Zürich, Leiter
- Paul Schneider
  PAX – Schw. Lebensvers.-gesellschaft, Stv. Vors. der Geschäftsleitung
- Fritz Kühni
  SBB AG, Stv. Leiter Grossprojekte
- Renzo Fagetti
  ABB Immobilien AG, Delegierter des VR
- Marino Buser
  Novartis International AG, Head Corporate Purchasing

**Vertreter weiterer Funktionsträger**

- Dr. Georg H. Steiner
  GSG Projekt Partner AG, VR-Präs &-Del., Partner
- Dr. Markus Stokar
  GSG Projekt Partner AG, Mitglied VR, Partner
- Carlo Galmarini
  Union Suisse des Ingenieur-Conseils (usic), Präsident
- Dr. Frank Krayenbühl
  Bund Schweizer Architekten, Präsident
- Kurt Aellen
  SIA, Präsident

# Literatur

Abramowitz, M.: Monopolic Selling in a Changing Economy. In: QJE, Ausg. 52., 1937

Backhaus, K.: Industriegütermarketing. 6., erweiterte und überarbeitete Auflage. München: Vahlen, 1999

Backhaus, K.; Günter, B.: A Phase-Differential Interaction Approach to Industrial Marketing Decisions. In: IMM, Ausg. 5, 1976

Bahr, M.: Kundenzufriedenheit als Strategieelement in der Bauindustrie. Berlin: Technische Universität Berlin, 1999

Baily/Farmer, 1992, zitiert in: Günter, B.; Kuhl, M.: Beschaffungspolitik industrieller Nachfrager. In: Kleinaltenkamp, Michael; Plinke, Wulf: Technischer Vertrieb. Grundlagen. Berlin: Springer-Verlag, 1995

Baldauf, A.: Strategische Gruppen in der Bauindustrie. Wiesbaden: Gabler-Verlag, 1996

Bayrische Staatsbauverwaltung, zitiert in: Staudt, E.; Kriegesmann, B.; Thomzik, M.: Facility Management: Der Kampf um Marktanteile beginnt. Frankfurt am Main: Frankfurter Allgemeine Zeitung, Verl.-Bereich Buch, 1999

Belz, Ch.: Erfolgreiche Leistungssysteme, Stuttgart, 1991, zitiert in: Backhaus, K.: Industriegütermarketing. 5., erweiterte und überarbeitete Auflage. München: Vahlen, 1997

Belz, Ch.: Internes Arbeitspapier des Forschungsinstituts für Absatz und Handel an der Hochschule St. Gallen. Zitiert in: Tomczak, T.: Forschungsmethoden in der Marketingwissenschaft – Ein Plädoyer für den qualitativen Forschungsansatz. In: Marketing Zeitschrift für Forschung und Praxis (ZFP), Heft 2, Verlage C.H. Beck Vahlen, 1992

Benkenstein, M.: Die Gestaltung der Fertigungstiefe als wettbewerbsstrategisches Entscheidungsproblem. In: zfbf Schmalenbachs Zeitschrift für betriebswirtschaftliche Forschung, Hrsg. Verlagsgruppe Handelsblatt, Düsseldorf/Frankfurt, 1994

Bittermann, H.J.: Konsequente Datenerfassung zahlt sich aus: CAD/FM-Kombination bewährt sich als effektiver Gebäude-Manager. In: Bauflash. Ausg. 7–8, Seltisberg: Dek-Verlags AG, 2001

Bönsch, 1993, S. 3–5 zitiert in: Kotler, P.; Bliemel, F.: Marketing-Management. Analyse, Planung, Umsetzung und Steuerung. 9., überarbeitete und aktualisierte Auflage. Stuttgart: Schäffer–Poeschel, 1999

Bradley, M.F.: Buying Behavior in Irelands Public Sector, in: IMM, Ausg. 6, 1977

Brandenberger, J.; Ruosch, E. (Hrsg.): Projektmanagement im Bauwesen. 4., überarbeitete und aktualisierte Auflage. Dietikon: Baufachverlag AG, 1996

Braun, H.-P.; Haller, P.; Oesterle, E.: Facility Management: Erfolg in der Immobilienbewirtschaftung, Berlin: Springer-Verlag, 1996

Bronder, Ch.; Pritzl, R.: Wegweiser für strategische Allianzen: Meilen und Stolpersteine bei Kooperationen. Hrsg.: Frankfurter Allgemeine Zeitung GmbH; Wiesbaden: Gabler, 1992

Bütikofer, H.: Fakten und Ansichten zu Garantien und Bürgschaften. In: Schweizer Bauwirtschaft. Hrsg. Schweizer Baumeisterverband. Ausg. 12.09.97

Čadež, I.: Bauverträge mit garantierter Maximum-Preis-Vergütung. In Bauwirtschaft. Ausgabe 1. Hrsg.: Hauptverband der deutschen Bauindustrie und Bundesverband Baustoffe/Steine und Erden. Walluf: Bauverlag, 2000

Čadež, I.: Risikowertanalyse als Entscheidungshilfe zur Wahl des optimalen Bauvertrags. Fortschrittberichte VDI Reihe 4 Nr. 149. Düsseldorf: VDI Verlag, 1998

Clausen, O.; Germer, A.: Ohne Daten kein CAFM – Effektive Bewirtschaftungsprozesse durch strukturierte Stammdaten. In: Facility Management. Hrsg. Bertelsmann Fachzeitschriften, Gütersloh: 2001

Coase, R. H.: The Nature of The Firm. In: Economia, Nr. 4, 1937

Commons, J. R.: Institutional Economics. In: The American Economic Review, Ausg. 21, 1934

Cornelsen, 1998, S. 3, zitiert in: Backhaus, K.: Industriegütermarketing. 5., erweiterte und überarbeitete Auflage. München: Vahlen, 1997

Dangel, M. B.: Investment criteria for Real Estate Investment Companies. Vortrag anlässlich des Immobilienkongresses „Immobilien als Anlage neu entdeckt. 29.11.–01.12.99, Zürich: 1999

Diederichs, C. J.: Grundlagen der Projektentwicklung. In: Handbuch Immobilien-Projektentwicklung. Hrsg: Prof. Dr. Karl-Werner Schulte. Verlagsgesellschaft Rudolf Müller. Köln: 1996

Diekmann, A.: Empirische Sozialforschung – Grundlagen, Methoden, Anwendungen. 5. Auflage. Reinbek bei Hamburg: Rohwolt Verlag, 1999

Drescher, V.. Projektentwicklung, 1989, zitiert in: Amelung, Volker E.: Gewerbeimmobilien – Bauherren, Planer, Wettbewerbe. Springer Verlag. Berlin: 1995

Drucker, P. F.: Management: tasks, Responsibilities, Practices. London: Heinemann; New York: Harper and Row, 1974

Dürr, D.: Massgeschneiderte Lösungen statt Mietverträge – Über die Rechtsverhältnisse beim Immobilienleasing. In: Neue Zürcher Zeitung. Nr. 42. Zürich: Verlag Neue Zürcher Zeitung, 2000

Engelhardt, W. H.: Produktlebenszyklus und Substitutionsanalyse. In: Handwörterbuch der Planung. Stuttgart: 1989

Engelhardt, W. H.; Günter, B.: Investitionsgütermarketing, Stuttgart: 1981

Engelhardt, W. H.; Kleinaltenkamp, M.; Reckenfeldbäumer, M.: Leistungsbündel als Absatzobjekte. Ein Ansatz zur Überwindung der Dichotomie von Sach- und Dienstleistungen, in: Zeitschrift für betriebswirtschaftliche Führung, Ausg. 45, 1993

Fayol, H.: General and Industrial Management. London: Pitman, 1949

Ferry, D.J.O., Flanagan, R.: Life Cycle Costing – a radical approach, Report 122 Construction Industry Research and Information Association (CIRIA), London, 1991

Fliess, S.: Industrielles Kaufverhalten. In: Kleinaltenkamp, Michael; Plinke, Wulff (Hrsg.): Technischer Vertrieb. Grundlagen. 2. Auflage, Berlin: Springer-Verlag, 2000

Fliess, S.: Vertriebsmanagement. In: Plinke Wulff: Grundkonzeption des Industriellen Marketing-Managements. In: Kleinaltenkamp, M.; Plinke, W. (Hrsg.): Technischer Vertrieb. Grundlagen. 2. Auflage. Berlin: Springer-Verlag, 2000

Floeting, H; Barthelme, G.: Facility Management – Zum Stand der Modernisierung von Liegenschaftsverwaltung und Gebäudewirtschaft in deutschen Städten. Zitiert in: Staudt, E.; Kriegesmann, B.; Thomzik, M.: Facility Management: Der Kampf um Marktanteile beginnt. Frankfurt am Main: Frankfurter Allgemeine Zeitung, Verl.-Bereich Buch, 1999

Froschauer, Ulrike; Lueger, Manfred: Das qualitive Interview zur Analyse sozialer Systeme. 2. Auflage. Wien: Universitätsverlag, 1998

Frutig, D.; Reiblich, D.: Facility Management: Objekte erfolgreich verwalten und bewirtschaften. Zürich: Versus Verlag, 1995

Gabler Wirtschaftslexikon. 14. Auflage, Wiesbaden: Gabler Verlag, 1997

Gauch, P.: Der Werkvertrag. 4 Aufl., Zürich: Schulthess Polygraphischer Verlag, 1996

Girmscheid, G.: Baumanagement der Zukunft – Neue Chancen nutzen oder auf alte Rezepte bauen? In: Bauingenieur, Band 75, Düsseldorf: Springer VDI Verlag, 2000

Girmscheid, G.: Fast Track Projects – Anforderungen an das moderne Projektmanagement. In: BAUTECHNIK, Heft 73, Berlin: Verlag Ernst & Sohn, 1996

Girmscheid, G.: Neue unternehmerische Strategien in der Bauwirtschaft – Systemanbieterwettbewerb und virtuelle Unternehmen. Hrsg.: Institut für Bauplanung und Baubetrieb. Zürich: 1997

• Girmscheid, G.: Projektabwicklungsformen – Betriebswirtschaftliche und baubetriebliche Aspekte, Dietikon: Bauverlag Dietikon, 2001

Girmscheid, G.: Projektabwicklungsformen als Schlüssel zu Innovation, Risikomanagement sowie Kostenoptimierung. In: Städtischer Tunnelbau – Bautechnik und funktionale Ausschreibung. Berichte des Internationalen Tunnelbau-Symposiums vom 18. März 1999 in Zürich. Hrsg.: Prof. Dr. K. Kovari, Prof. Dr. G. Girmscheid. Zürich: Eidgenössische Technische Hochschule Zürich

Girmscheid, G.: Systemanbieterkonzept als Querschnittsthema. In: Jahresbericht 1999. Hrsg.: Institut für Bauplanung und Baubetrieb, ETH Zürich. Zürich: 1999

Girmscheid, G.: Wettbewerbsvorteile durch kundenorientierte Lösungen – Das Konzept des Systemanbieters Bau (SysBau). In: Bauingenieur, Band 75, Düsseldorf: Springer VDI Verlag, 2000

• Girmscheid, G.: Wettbewerbsvorteile für Bauunternehmen, Dietikon: Bauverlag Dietikon, 2001

Girmscheid, G.; Hofmann, E.: Industrielles Bauen – Die Herausforderung für KMU. Hrsg. Schweizerischer Baumeisterverband. Zürich: 2001

Günter, B., 1979, S. 145–151, zitiert in: Jakob, F.: Auftragsmanagement. In: Auftrags- und Projektmanagement. Hrsg.: Wulff Plinke. Berlin, Heidelberg, New-York: Springer Verlag, 1998

Günter, B.: Projektkooperationen. In: Auftrags- und Projektmanagement. Hrsg.: Wulff Plinke. Berlin, Heidelberg, New-York: Springer Verlag, 1998

Günter, B.; Kuhl, M.: Beschaffungspolitik industrieller Nachfrager. In: Kleinaltenkamp, M.; Plinke, W.: Technischer Vertrieb. Grundlagen. Berlin: Springer-Verlag, 1995

Gutenberg, E.: Grundlagen der Betriebswissenschaften, Band 1, Berlin: 1951

Gutenberg, E., 1962 zitiert in: Reuter, E.: Manager. In: Handwörterbuch der Betriebswirtschaft. Teilband 3, 5. Auflage. Stuttgart: Schäffer-Poeschel Verlag, 1993

Haberfellner, R.: Systems Engineering. Zürich: Verlag Industrielle Organisation 1999. Zitiert in: Hintze, Martin: Betreibermodelle bei bautechnischen und maschinellen Anlagenprojekten. Hrsg.: Prof. Dr. Dr. h.c. Dietger Hahn und Prof. Dr. Wilfried Krüger. Giessen: Verlag der Ferber'schen Universitäts-Buchhandlung

Haub, Ch.: Erfolgschancen einer Ausgliederung des Immobilienbereichs in eine börsennotierte Aktiengesellschaft und deren Steuerung mit dem Shareholder Value-Konzept. In: Hens, M.; Haub, C.; Meyer, T.-J.: Shareholder Value und Immobilien: Konzepte wertsteigernder Strategien. Köln: Verlagsgesellschaft Rudolf Müller, 1998

Haworth, D. P.: The Principles of Life Cycle Costing. In: Industrialization Forum, 6. Jahrgang, Heft 3/4, 1975, zitiert in: Zehbold, Cornelia: Lebenszykluskostenrechnung. Hrsg.: Prof. Dr. Wolfgang Männel. Wiesbaden: Verlag Dr. Th. Gabler, 1996

Heinz, I.: Die Entwicklung zum Systemanbieter auf neuen Märkten – Ein Beispiel für den fundamentalen Wandel von Grossunternehmen. Bern; Stuttgart; Wien: Haupt, 1996

Herstatt, C.; Hippel, E. von: From Experience: Developing New Product Concepts Via the Lead User Method. In: The Journal of Product Innovation Management, Ausg. 9, 1992

Heskett, J. L.: Managing in the Service Economy, Boston: 1986. Zitiert in: Meffert, Heribert; Bruhn, Manfred: Dienstleistungsmarketing. Grundlagen – Konzepte – Methoden. Mit Fallbeispielen. 2., überarbeitete und erweiterte Auflage. Wiesbaden: Gabler, 1997

Hippel, E. von: Lead Users: A Source of Novel Product Concepts. In: Management Science, Ausg. 7, 1986

Hofmann, R.: Führt Kundenzufriedenheit automatisch zu Kundenbindung? Ergebnisse einer empirischen Studie aus den USA. In io management, Nr. 10, 1998

Isselstein, Th.; Schaum, F.: Auftragsfinanzierung und Financial Engineering. In: Auftrags- und Projektmanagement. Hrsg.: Wulff Plinke. Berlin, Heidelberg, New-York: Springer Verlag, 1998

Jakob, F.: Auftragsmanagement. In: Auftrags- und Projektmanagement. Hrsg.: Wulff Plinke. Berlin, Heidelberg, New-York: Springer Verlag, 1998

Jones/Sasser 1995, S. 91ff; Stauss 1997, zitiert in: Tomczak, T.; Dittrich, S.: Erfolgreich Kunden binden. Eine kompakte Einführung. Zürich: Werd, 1997

Kaas, K. P.: Kontraktgütermarketing als Kooperation zwischen Prinzipalen und Agenten, Arbeitspapier Nr. 12, Johann Wolfgang von Goethe-Universität, Frankfurt, 1992

Kapellmann, K.; Schiffers, K.-H.: Vergütung, Nachträge und Behinderungsfolgen beim Bauvertrag – Band 1 Einheitspreisvertrag. 3. Aufl., Düsseldorf: Werner-Verlag, 2000

Kelly, J. P.: Functions Performed in Industrial Purchase Decisions with Implications for Marketing Strategy, in: Journal of Business Research, Ausg. 2, 1972, S. 421–433

Kennedy, C.: Management Gurus: 40 Vordenker und ihre Ideen. Wiesbaden: Gabler, 1998

Kern, E.: Der Interaktionsansatz im Investitionsgütermarketing, Berlin, 1990

Kern, W.: Industrielle Produktionswirtschaft, 5. Ausgabe, Stuttgart: 1992

Kirsch, W.; Kutschker, M.: Das Marketing von Investitionsgütern – Theoretische und empirische Perspektiven eines Interaktionsansatzes, Wiesbaden, 1978

Kleger, R.: IT-Lösungen rund ums Gebäude. In: Elektrotechnik – Schweizerische Zeitschrift für angewandte Elektrotechnik, Ausgabe 09, Aarau: AZ Fachverlage, 2001

Kleinaltenkamp, M., Kundenintegration, 1997, S. 350–354, zitiert in: Kleinaltenkamp, M.: Einführung in das Business-to-Business-Marketing. In: Kleinaltenkamp, M.; Plinke, W. (Hrsg.): Technischer Vertrieb. Grundlagen. 2. Auflage, Berlin: Springer-Verlag, 2000

Kleinaltenkamp, M.: Business to Business Marketing. In: Gabler Wirtschaftslexikon. 14. Auflage, Wiesbaden: Gabler Verlag, 1997

Kleinaltenkamp, M.: Einführung in das Business-to-Business-Marketing. In: Kleinaltenkamp, M.; Plinke, W. (Hrsg.): Technischer Vertrieb. Grundlagen. 1. Auflage, Berlin: Springer-Verlag, 2000

Kleinaltenkamp, M.: Typologien von Business-to-Business-Transaktionen – Kritische Würdigung und Weiterentwicklung, in: Marketing-ZFP, Ausg. 16, 1994

Kleinaltenkamp, M.; Fliess, S.: Marketingstrategie. In: Kleinaltenkamp, M.; Plinke, W. (Hrsg.): Strategisches Business-to-Business Marketing, Berlin: Springer-Verlag,1999

Kleinaltenkamp, M; Plötner, O.: Business-to-Business-Kommunikation – Die Sicht der Wissenschaft. In: Werbeforschung und Praxis, 39. Jahrgang, 1994

Klemmer, J.: Neustrukturierung bauwirtschaftlicher Wertschöpfungsketten – Leistungstiefenoptimierung als strategisches Problemfeld. Wiesbaden: Gabler-Verlag, 1998

Köhler, R. 1975, Modelle, S. 2708, zitiert in: Hintze, M.: Betreibermodelle bei bautechnischen und maschinellen Anlagenprojekten. Hrsg.: Prof. Dr. Dr. h.c. Dietger Hahn und Prof. Dr. Wilfried Krüger. Giessen: Verlag der Ferber'schen Universitäts-Buchhandlung

Kotler, Ph.; Bliemel, F.: Marketing-Management. Analyse, Planung, Umsetzung und Steuerung. 9., überarbeitete und aktualisierte Auflage. Stuttgart: Schäffer-Poeschel, 1999

Kräuchi, D.: Liegenschaften versilbern? In: KPMG dialog. Ausg.: 2/1998, Hrsg: KPMG Immobilienberatung. Zürich: 1998

Kraus, M.: Bau, Liegenschaften und Beschaffung – Reorganisation des Bundes abgeschlossen. In: Schweizer Ingenieur und Architekt. Heft 42, 2000

Kroeber-Riel, W.; Weinberg, P.: Konsumentenverhalten. München: Vahlen 1996

Kromrey, H.: Empirische Sozialforschung – Modelle und Methoden der Datenerhebung und Datenauswertung. 8. Auflage. Opladen: Leske u. Budrich, 1998

Kruschwitz, L.: Investitionsrechnung. 8., neu bearb. Aufl., München: Oldenbourg-Verlag, 2000

Krüsselberg, U.: Theorie der Unternehmung und Institutionenökonomik. Heidelberg: Physica-Verlag. 1992

Kühn, R.; Grünig, R.: Grundlagen der strategischen Planung. Bern: Paul Haupt Verlag, 1998

Kunz, M.: Erweiterungsneubau der Inter-Community School in Zumikon – Funktional, ökologisch und wirtschaftlich. In: Schweizer Energie-Fachbuch. 16. Jahrgang, St. Gallen: Künzler-Bachmann, 1999

Lütolf, J.: Kundenanforderungen an Totalunternehmerleistungen und Auswirkungen auf die Unternehmensorganisation, Diplomarbeit am Institut für Bauplanung und Baubetrieb, ETH Zürich, Zürich: 2000

Mag, W.: Die Modellunterstützung in der Unternehmensplanung. In: WISU, 24. Jahrgang, 1995

Maleri, 1994, S. 131, zitiert in: Meffert, H.; Bruhn, M.: Dienstleistungsmarketing. Grundlagen – Konzepte – Methoden. Mit Fallbeispielen. 2., überarbeitete und erweiterte Auflage. Wiesbaden: Gabler, 1997

Marhold, K.: Marketing-Management für mittelständische Bauunternehmungen – ein managementorientierter Ansatz zum marktstrategischen Führungsverhalten, Hrsg.: Univ.-Prof. Dr.-Ing. C.J. Diederichs, Wuppertal: DVP-Verlag, 1992

Markowitz, H.: Portfolio Selection, 2. Auflage, Oxford: Blackwell Publishers, 1991

Mayring, Ph.: Einführung in die qualitative Sozialforschung, Eine Anleitung zu qualitativem Denken, 4. Auflage, Psychologie Verlags Union, Weinheim, 1999

Meffert, H.: Grundlagen marktorientierter Unternehmensführung: Konzepte – Instrumente – Praxisbeispiele; mit neuer Fallstudie VW Golf. 8., vollständig neubearbeitete und erweiterte Auflage. Wiesbaden: Gabler, 1998

Meffert, H.; Bruhn, M.: Dienstleistungsmarketing. Grundlagen – Konzepte – Methoden. Mit Fallbeispielen. 2., überarbeitete und erweiterte Auflage. Wiesbaden: Gabler, 1997

Meffert, H.; Burmann, Ch.: Das Marketing in der Betriebswirtschaftslehre. In: Lexikon der aktuellen Marketing-Begriffe. Hrsg.: Heribert Meffert. Frankfurt am Main: Fischer Verlag, 1994

Messerli, T.: Umfassendes Facility Management erhöht den Kundennutzen. In Schweizer Baujournal. Ausgabe 3. 1999

Meyer, T.-J.: Immobilien als strategisches Geschäftsfeld von Non Property Unternehmen? – Darstellung der Kriterien für eine Diversifikationsentscheidung. In: Hens, M.; Haub, C.; Meyer, T.-J.: Shareholder Value und Immobilien: Konzepte wertsteigernder Strategien. Köln: Verlagsgesellschaft Rudolf Müller, 1998

Moslener, W.; van der Vlies, H.: A Focus on the Core Business Process to Enhance the Bottom Line, Hauptreferat vom 17.10.1996 auf der Facility Management Konferenz der ORGATEC – Internationale Fachmesse für Büroeinrichtungen, Köln

Murray, Th.J.: Systems Selling. Industrial marketing's New Tool. In: Dun's Review and Modern Industry (1964) 10

N.N.: Bauabwicklungsverfahren – Fallbeispiele, Hrsg.: Effibau Forschungsauftrag Bauabwicklungsverfahren, Zürich, 1999

N.N.: Das neue Vergaberecht der Schweiz – Rechtsgrundlagen. Hrsg.: Institut für schweizerisches und internationales Baurecht, Universität Freiburg (CH), Neue, überarbeitete Version, 1998

N.N.: Der Entscheidungsprozess bei Investitionsgütern – Beschaffung, Entscheidungskompetenzen, Informationsverhalten, Hamburg: Spiegel-Verlag, 1982

N.N.: Der Schweizer Immobilienmarkt wird ein Stück mobil. In: Neue Zürcher Zeitung. Ausgabe Nr. 295, 18/19. Dez., Zürich: Verlag Neue Zürcher Zeitung, 1999

N.N.: Die aktuelle Situation des Facility Management in Deutschland. Hrsg.: GEFMA Deutscher Verband für Facility-Management in Deutschland. Bonn: 1997

N.N.: Empfehlungen für die Ausschreibung und Durchführung von Gesamtleistungswettbewerben im Bauwesen. Hrsg. Vereinigung Schweizerischer Generalunternehmer. Zürich: 1996

N.N.: Ergebnisse der Eidgenössischen Betriebszählung 1995, zitiert in: Schweizer Bauwirtschaft in Zahlen. Ausgabe 1999. Hrsg.: Schweizerischer Baumeisterverband (SBV). Zürich: 1999

N.N.: Facility Managament Guide der ORGATEC – Internationale Fachmesse für Büroeinrichtungen in Köln, Hrsg.: IFMA – International Facility Management Association, Köln: 1996

N.N.: Hochbau-Prognose 1999–2005. Hrsg.: Konjunkturforschung Basel AG. Basel 1999

N.N.: Institutionelle Anleger in der Schweiz – Immobilienanlagen im Wandel. Hrsg.: Arthur Andersen AG / Karl Steiner AG. Zürich: 2000

N.N.: IT-Lösungen rund ums Gebäude. In: Elektrotechnik, Ausg. 9, Aarau: AZ Fachverlage, 2001

N.N.: Neue Energiecontracting-Pakete der IWB. In: Schweizer Baublatt. Ausgabe 59/60, Rüschlikon: Schück-Verlag, 2001

N.N.: Outsourcing Umfrage – Executive Summary. Hrsg.: PriceWaterhouseCoopers, Zürich: 4. Januar 2000

N.N.: Pressemitteilung des Walter-Bau-Konzerns zum Abschluss des Geschäftsjahres 1998, Augsburg: 1999

N.N.: Schweizer Bauwirtschaft in Zahlen. Ausgabe 1999. Hrsg.: Schweizerischer Baumeisterverband (SBV). Zürich: 1999

N.N.: SIA V112/1, Leistungsmodell 95: Phasengliederung, Leistungsmodule, Hrsg.: Schweizerischer Ingenieur- und Architekten-Verein. Zürich: 1996

N.N.: Statistisches Jahrbuch der Schweiz. Ausgabe 2000. Hrsg.: Bundesamt für Statistik. Zürich: Verlag Neue Zürcher Zeitung, 1999

N.N.: Systems Selling. Hrsg.: Arbeitskreis „Marketing in der Investitionsgüterindustrie" der Schmalenbach-Gesellschaft, in: Zeitschrift für betriebswirtschaftliche Führung, Ausg. 27, 1975

N.N.: Unternehmenspräsentation der Bauwens AG. Köln: 2000

N.N.: VDMA-Einheitsblatt 24196: 1996–08 – Gebäudemanagement, Begriffe und Leistungen, Hrsg.: VDMA Verband Deutscher Maschinen- und Anlagenbau e.V. Berlin: 1996

N.N.: Vom Baumeister zum Systemführer. Essen. Unternehmenspräsentation der Hochtief AG. Essen: 1999

N.N.: VSGU Jahresbericht 1998. Hrsg.: Vereinigung Schweizerischer Generalunternehmer. Zürich: 1998

N.N.: Was ist Contracting? Kommunikations-Unterlagen des Verbandes "Swiss Contracting", 2000

N.N.: WerWasWo – Bau, Liegenschaften und Beschaffung in der Bundesverwaltung. Hrsg: Koordination der Bau- und Liegenschaftsorgane des Bundes (KBOB). Bern: 1998

N.N: Empfehlungen für die Ausschreibung und Durchführung von Gesamtleistungswettbewerben im Bauwesen. Hrsg: Verband Schweizerischer Generalunternehmer (VSGU), Zürich: 1995

Nieschlag, R.; Dichtl, E.; Hörschgen, H.: Marketing. 17., neu bearbeitete Auflage. Berlin: Duncker und Humblot, 1994

Ohmae, K.: The Mind of the Strategist, New York, 1982

Ott, M.: Facility Management als Beratungsleistung. In: Sertl, W.; Zapotoczky, K.: Neue Leistungsinhalte und internationale Entwicklung der Unternehmensberatung, Stuttgart/Berlin/Köln, 1989

Parasumaran, A.; Zeithaml, V. A.; Berry, L. L.: A Conceptual Model of Service Quality and its Implications for Future Research. In: Journal of Marketing, 1985

Pausenberger, E.: Unternehmenszusammenschlüsse. In: Handwörterbuch der Betriebswirtschaft. Teilband 3. 5. Auflage. Stuttgart: Schäffer-Poeschel Verlag, 1993

Picot, 1991, zitiert in Benkenstein, M.: Die Gestaltung der Fertigungstiefe als wettbewerbsstrategisches Entscheidungsproblem. In: zfbf Schmalenbachs Zeitschrift für betriebswirtschaftliche Forschung, Hrsg. Verlagsgruppe Handelsblatt, Düsseldorf/Frankfurt, 1994

Picot, A.; Reichwald, R., Wigand, R. T.: Die grenzenlose Unternehmung – Information, Organisation und Management. Wiesbaden: Gabler-Verlag, 1996

Pinkepank, C.: Facility Management von Anfang an – Call Center der DiBa Allgemeine Deutsche Direktbank in Hannover. In: Facility Management. Ausg. 2, Hrsg. Bertelsmann Fachzeitschriften, Gütersloh: 2001

Plinke, W.: Grundkonzeption des Industriellen Marketing-Managements. In: Kleinaltenkamp, M.; Plinke, W. (Hrsg.): Technischer Vertrieb. Grundlagen. 2. Auflage. Berlin: Springer-Verlag, 2000

Plinke, W.: Grundlagen des Geschäftsbeziehungsmanagements. In: Kleinaltenkamp, M.; Plinke, W. (Hrsg.): Geschäftsbeziehungsmanagement. Berlin: Springer, 1997

Plinke, W.: Grundlagen des Marktprozesses. In: Kleinaltenkamp, M.; Plinke, W. (Hrsg.): Technischer Vertrieb. Grundlagen. 2. Auflage. Berlin: Springer-Verlag, 2000

Plinke, W.: Investitionsgütermarketing, in: Marketing-ZFP, Ausg. 13, 1991

Plötner 1993, S. 24. Zitiert in: Fliess, S.: Industrielles Kaufverhalten. In: Kleinaltenkamp, M.; Plinke, W. (Hrsg.): Technischer Vertrieb. Grundlagen. 2. Auflage, Berlin: Springer-Verlag, 2000

Plötner, 1995, zitiert in: Tomczak, T.; Dittrich, S.: Erfolgreich Kunden binden. Eine kompakte Einführung. Zürich: Werd, 1997

Racky, P.; Schubert, E.: Entwicklung einer Entscheidungshilfe zur Festlegung der Vergabeform, Bauingenieur, Bd. 73, Ausg. 12, 1998

Raffée, H.: Marktorientierung der BWL zwischen Anspruch und Wirklichkeit. In: Die Unternehmung, Ausg. 38, Nr 1, S. 3–18, 2000

Richter, R.; Furubotn, E.: Neue Institutionenökonomik – Eine Einführung und kritische Würdigung. Tübingen: Verlag J. C. B. Mohr, 1996

Riebel, P.: Typen der Markt- und Kundenproduktion in produktions- und absatzwirtschaftlicher Sicht, in Zeitschrift für betriebswirtschaftliche Führung, Ausg. 17, 1965, S. 633–685

Robinson, P.J.; Faris, C.W.; Wind, Y.: Industrial Buying and Creative Marketing, Boston, 1967

Rose, G.; Glorius Rose, C.: Unternehmensformen und -verbindungen. 2. Auflage. Köln: Verlag Dr. Otto Schmidt, 1995

Sachs, L.: Angewandte Statistik – Planung und Auswertung, Methoden und Modelle. 4. Auflage. Berlin: Springer-Verlag, 1974

Sanvido, V. E.; Konchar, M. D.: Projekt Delivery Systems: CM at Risk, Design-Build, Design-Bid-Build, Hrsg. Pennsylvania State University. Pennsylvania: 1998

Schneider, D.: Marketing als Wirtschaftswissenschaft oder Geburt einer Marketingwissenschaft aus dem Geiste des Unternehmerversagens? In: Zeitschrift für betriebswirtschaftliche Forschung, Nr.3, S. 197–222, 1983

Scholz, A.: Vertrags-Management für Immobilien. In: Das grosse Handbuch Immobilien-Management. Hrsg.: Bernd Falk. Landsberg/Lech: Verlag Moderne Industrie, 1997

Schoppe, S. G. : Moderne Theorie der Unternehmung, München/Wien: Oldenbourg cop, 1995

Schräder, A.: Management virtueller Unternehmungen, Frankfurt/New York: Campus Verlag, 1996

Schulte, M.: Ergebnis einer empirischen Untersuchung der Erfolgsfaktoren im GU-, TU- und SysBau-Marketing, Hrsg.: Institut für Bauplanung und Baubetrieb, ETH Zürich. Zürich:2002

Schulte, M.: Kostenermittlung von Baumassnahmen des Hochbaus auf der Grundlage von Einheitspreis-Datenbanken. Diplomarbeit am Institut für Bauwirtschaft und Baubetrieb, Technische Universität Braunschweig, 1997

Schulte, M.; Girmscheid, G.: Auswege aus dem Dilemma des reinen Preiswettbewerbs – Marktorientierte Lösungsansätze für Bauunternehmen. Hrsg.: Institut für Bauplanung und Baubetrieb, ETH Zürich. Zürich:1998

Schuster, 1998 zitiert in: Günter, B.; Kuhl, M.: Beschaffungspolitik industrieller Nachfrager. In: Kleinaltenkamp, M.; Plinke, W.: Technischer Vertrieb. Grundlagen. Berlin: Springer-Verlag, 1995

Sherif, Y. S.; Kolarik, W. J.: Life Cycle Costing: Concepts and Practice. In: Omega, 9. Jahrgang, Heft 3, 1981

Sherth/Gardner/Garett, 1988, zitiert in: Jakob, F.: Auftragsmanagement. In: Auftrags- und Projektmanagement. Hrsg.: Wulff Plinke. Berlin, Heidelberg, New-York: Springer Verlag, 1998

Sigrist, R.: Bauen als gesamtheitlicher Prozess. In: Auf Nummer sicher bauen. Hrsg. Verband Schweizerischer Generalunternehmer VSGU, Nr. 16, Nr. 1, Zürich: 2000

Sommer, H.: Contracting – Leitfaden und Vertragsmodelle zur Energieeinsparung. In: Energie-Contracting – Mit Drittinvestoren Energie und Geld sparen. Hrsg.: ÖBU – Schweizerische Vereinigung für ökologisch bewusste Unternehmensführung. St. Gallen: Tschudy, 1998

Spirig, K.: Energie-Contracting – Win-Win-Energiesparpartnerschaft, Contracting im Aufwind. In: Schweizer Energie-Fachbuch. 16. Jahrgang, St. Gallen: Künzler-Bachmann, 1999

Spirig, K.; Braunschweig, A.: Contracting. In: Energie-Contracting – Mit Drittinvestoren Energie und Geld sparen. Hrsg.: ÖBU – Schweizerische Vereinigung für ökologisch bewusste Unternehmensführung. St. Gallen: Tschudy, 1998

Spremann, K.: Investition und Finanzierung. 4. Auflage. München, Wien: R. Oldenbourg Verlag, 1991

Stachowiak, H.: Modell. In: Handlexikon zur Wissenschaftstheorie. Hrsg.: Helmut Seiffert und Gerard Radnitzky. München: Ehrenwirth Verlag, 1989, S. 219–220

Staehelin, E.: Investitionsrechnung – Investitionspolitik und Investitiionsrechnung. 8. Auflage. Chur, Zürich: Verlag Rüegger AG, 1993

Staehle, 1990 zitiert in: Reuter, E.: Manager. In: Handwörterbuch der Betriebswirtschaft. Teilband 3, 5. Auflage. Stuttgart: Schäffer-Poeschel Verlag, 1993

Stahl, H. K.: Die Qualität der Kundenbeziehung. Parallelen zwischen Beziehungs- und Total-Quality-Management. In: iomanagement, Heft Nr. 9/1997, Zürich: HandelsZeitung Fachverlag AG, 1997

Staudt, E.; Kriegesmann, B.; Thomzik, M.: Facility Management: Der Kampf um Marktanteile beginnt. Frankfurt am Main: Frankfurter Allgemeine Zeitung, Verl.-Bereich Buch, 1999

Steinmann, Schreyögg, zitiert in: Reuter, E.: Manager. In: Handwörterbuch der Betriebswirtschaft. Teilband 3, 5. Auflage. Stuttgart: Schäffer-Poeschel Verlag, 1993

Tafel, J.: Die Entscheidungsprozesse beim Kauf von Investitionsgütern – Möglichkeiten und Grenzen ihrer Beeinflussbarkeit durch Absatzstrategien der Hersteller, Dissertation: Erlangen–Nürnberg: 1967

Taylor, W. B.: The Use of Life Cycle Costing in Acquiring Physical Assets. In: Long Range Planning, 14. Jahrgang, 1981

Tomczak, T.: Forschungsmethoden in der Marketingwissenschaft – Ein Plädoyer für den qualitativen Forschungsansatz. In: Marketing Zeitschrift für Forschung und Praxis (ZFP). Heft 2, Verlage C.H. Beck Vahlen, 1992

Tomczak, T.: Relationship-Marketing – Grundzüge eines Modells zum Management von Kundenbeziehungen. In: Kundennähe realisieren. Hrsg.: T. Tomczak, Ch. Belz. St. Gallen: Verl. Thexis, 1994

Tomczak, T.; Dittrich, S.: Erfolgreich Kunden binden. Eine kompakte Einführung. Zürich: Werd, 1997

Tomczak; Reinecke; Karg; Mühlmeyer zitiert in: Tomczak, T.; Karg, M.: Die Kundenakquisition. Wiesbaden: Gabler, 1999

Ulrich, H.: Systemorientiertes Management: das Werk von Hans Ulrich. Hrsg.: Stiftung zur Förderung der Systemorientierten Managementlehre St. Gallen, Bern: Paul Haupt, 2001

Urban, G. L.; Hippel, E. von: Lead User Analysis for the Development of New Industrial Products. In: Management Science, Ausg. 34, 1988

Vahs, D.: Organisation – Einführung in die Organisationstheorie und -praxis. Hrsg.: Bernd P. Pietschmann; Dietmar Vahs. Stuttgart: Schäffer-Poeschel Verlag, 1997

Webster, F. E.: Modeling the Industrial Buying Process, in: Journal of Marketing Research, Ausg. 2, 1965

Webster, F. E.; Wind, Y.: A General Model of Organizational Buying Behavior, in: Journal of Marketing, Ausg. 36, 1972

Webster, F. E.; Wind, Y.: Organizational Buying Behavior, Englewood Cliffs, N. J., 1972

Weder, K.: Die Generalunternehmung im Hochbau. Winterthur: Verlag Hans Schellenberg, 1974

Weiber, R.: Das Management von Geschäftsbeziehungen im Systemgeschäft. In: Kleinaltenkamp, M.; Plinke, W. (Hrsg.): Geschäftsbeziehungsmanagement. Berlin: Springer, 1997

Weiber, R.; Adler, J.: Positionierung von Kaufprozessen im informationsökonomischen Dreieck, in: ZfbF, Ausg. 47, 1995

Weng, R. E.: Entwicklung von Strategien für das zielgruppen-orientierte Absatzmarktverhalten mittelständischer Bauunternehmen – Ein am Beschaffungsverhalten von Bauherren-Organisationen orientierter Ansatz, Hrsg.: Univ.-Prof. Dr.-Ing. C.J. Diederichs, Wuppertal: DVP-Verlag, 1995

Wessa, H.: Liquide Mittel freihalten. Immobilienleasing – eine interessante Finanzierungsform für KMU. In: KPMG dialog. Ausg. 2/1998, Hrsg: KPMG Immobilienberatung. Zürich: 1998, S. 23

Widmer, Ch.; Trümpy, D.; Kaufmann, K.: Einzelne ausgewählte Klauseln bei Generalunternehmerverträgen. In: Schwerpunkte im Bauvertragsrecht, Hrsg: Martin Lendi: Daniel Trümpy. Zürich: Verlag der Fachvereine Zürich: 1989

Williamson, O. E.: The Economic Institutions of Capitalism. Firms, Markets, Relational Contracting, 11. Auflage, New York: The Free Press, 1985

Woodruffe, 1995, S. 178 zitiert in: Meffert, H.; Bruhn, M.: Dienstleistungsmarketing. Grundlagen – Konzepte – Methoden. Mit Fallbeispielen. 2., überarbeitete und erweiterte Auflage. Wiesbaden: Gabler, 1997

Woodward, D.: Life Cycle Costing for Optimum Asset Management. In: Accounting World, 3. Jahrgang, Heft 3, 1990

Wübbenhorst, K.: Konzept der Lebenszykluskosten – Grundlagen, Problemstellungen und technologische Zusammenhänge. Darmstadt: 1984

Yin, R. K.: Case Study Research: Design and Methods. Ausg. 2, Thousand Oaks (California): Sage Publications, 1994

Zehbold, C.: Lebenszykluskostenrechnung. Hrsg.: Prof. Dr. Wolfgang Männel. Wiesbaden: Verlag Dr. Th. Gabler, 1996

# Über den Autor

| | |
|---|---|
| Name: | Markus M. Schulte |
| Geburtstag: | 21.10.1971 |
| Geburtsort: | Soest (D) |
| Staatsangehörigkeit: | Deutsch |

## Schulbildung

| | |
|---|---|
| 1978 – 1982 | St. Stephanus Grundschule, Hamm (D) |
| 1982 – 1991 | Gymnasium Hammonense, Hamm, Abschluss: Abitur |

## Wehrdienst

| | |
|---|---|
| Juli 1991 – Juni 1992 | Grundwehrdienst |

## Ausbildung

| | |
|---|---|
| Okt. 1992 – Dez. 1997 | Studium des Bauingenieurwesens an der Technischen Universität Carolo Wilhelmina in Braunschweig (D) <br> Akad. Grad: Dipl.-Ing. (TU) |
| Feb. 1998 – Nov. 2001 | Doktorat an der ETH Zürich, Institut für Bauplanung und Baubetrieb, Bereich Baubetriebswissenschaften und Bauverfahrenstechnik, Prof. Dr.-Ing. G. Girmscheid |

## Beruf

| | |
|---|---|
| Feb. 1998 – Juli 2000 | Wissenschaftlicher Mitarbeiter an der ETH Zürich, Institut für Bauplanung und Baubetrieb, Baubetriebswissenschaften und Bauverfahrenstechnik, Prof. Dr.-Ing. G. Girmscheid |
| Seit Aug. 2000 | Gründung und Aufbau der OLMeRO AG als Spin-off der ETH Zürich, Verwaltungsrat und Mitglied der Geschäftsleitung |